☠ SENHOR
DOS VENENOS

STEPHEN KINZER

Autor dos best-sellers *The Brothers* e *Todos os Homens do Xá*

SENHOR DOS VENENOS

A Busca de Sidney Gottlieb e da **CIA** pelo **Controle da Mente**

ALTA CULT
EDITORA
Rio de Janeiro, 2021

Senhor dos Venenos

Copyright © 2021 da Starlin Alta Editora e Consultoria Eireli.
ISBN: 978-85-5081-652-4

Translated from original Poisoner in Chief: Sidney Gottlieb and the CIA search for mind control. Copyright © 2019 by Stephen Kinzer. ISBN 978-1-2501-4043-2. This translation is published and sold by permission of Henry Holt and Company, the owner of all rights to publish and sell the same. PORTUGUESE language edition published by Starlin Alta Editora e Consultoria Eireli, Copyright © 2021 by Starlin Alta Editora e Consultoria Eireli.

Todos os direitos estão reservados e protegidos por Lei. Nenhuma parte deste livro, sem autorização prévia por escrito da editora, poderá ser reproduzida ou transmitida. A violação dos Direitos Autorais é crime estabelecido na Lei nº 9.610/98 e com punição de acordo com o artigo 184 do Código Penal.

A editora não se responsabiliza pelo conteúdo da obra, formulada exclusivamente pelo(s) autor(es).

Marcas Registradas: Todos os termos mencionados e reconhecidos como Marca Registrada e/ou Comercial são de responsabilidade de seus proprietários. A editora informa não estar associada a nenhum produto e/ou fornecedor apresentado no livro.

Impresso no Brasil — 1ª Edição, 2021 — Edição revisada conforme o Acordo Ortográfico da Língua Portuguesa de 2009.

Erratas e arquivos de apoio: No site da editora relatamos, com a devida correção, qualquer erro encontrado em nossos livros, bem como disponibilizamos arquivos de apoio se aplicáveis à obra em questão.
Acesse o site **www.altabooks.com.br** e procure pelo título do livro desejado para ter acesso às erratas, aos arquivos de apoio e/ou a outros conteúdos aplicáveis à obra.

Suporte Técnico: A obra é comercializada na forma em que está, sem direito a suporte técnico ou orientação pessoal/exclusiva ao leitor.

A editora não se responsabiliza pela manutenção, atualização e idioma dos sites referidos pelos autores nesta obra.

Produção Editorial
Editora Alta Books

Gerência Comercial
Daniele Fonseca

Editor de Aquisição
José Rugeri
acquisition@altabooks.com.br

Produtores Editoriais
Maria de Lourdes Borges
Thales Silva
Thiê Alves

Marketing Editorial
Livia Carvalho
Gabriela Carvalho
Thiago Brito
marketing@altabooks.com.br

Equipe de Design
Larissa Lima
Marcelli Ferreira
Paulo Gomes

Diretor Editorial
Anderson Vieira

Coordenação Financeira
Solange Souza

Produtor da Obra
Illysabelle Trajano

Equipe Ass. Editorial
Brenda Rodrigues
Caroline David
Luana Rodrigues
Mariana Portugal
Raquel Porto

Equipe Comercial
Adriana Baricelli
Daiana Costa
Fillipe Amorim
Kaique Luiz
Victor Hugo Morais
Viviane Paiva

Atuaram na edição desta obra:

Tradução
Carlos Bacci

Copidesque
Igor Farias

Revisão Técnica
Flávio Rodrigues Barbosa
(Sociólogo e Cientista Político)

Revisão Gramatical
Kamilla Wozniak
Jana Araujo

Diagramação
Melanie Guerra

Capa
Marcelli Ferreira

Ouvidoria: ouvidoria@altabooks.com.br

Editora afiliada à:

Dados Internacionais de Catalogação na Publicação (CIP) de acordo com ISBD

K56s	Kinzer, Stephen
	Senhor dos Venenos: a busca de Sidney Gottlieb e da CIA pelo controle da mente / Stephen Kinzer ; traduzido por Carlos Bacci. - Rio de Janeiro : Alta Books, 2021.
	352 p. ; 16cm x 23cm.
	Tradução de: Poisoner in Chief
	Inclui índice e bibliografia.
	ISBN: 978-85-5081-652-4
	1. Biografia. 2. Sidney Gottlieb. I. Bacci, Carlos. II. Título.
	CDD 920
2021-3464	CDU 929

Elaborado por Odilio Hilario Moreira Junior - CRB-8/9949

Rua Viúva Cláudio, 291 — Bairro Industrial do Jacaré
CEP: 20.970-031 — Rio de Janeiro (RJ)
Tels.: (21) 3278-8069 / 3278-8419
www.altabooks.com.br — altabooks@altabooks.com.br

LIGARIUS: O que há para fazer?
BRUTUS: Algo que trará saúde a homens doentes.
LIGARIUS: Mas não queremos que homens saudáveis adoeçam?
BRUTUS: Isso também.

—Shakespeare, *Júlio César*

Agradecimentos

Tudo que foi apresentado neste livro é verdadeiro, mas nem toda a verdade está neste livro. As histórias contadas aqui descrevem apenas uma fração, e provavelmente pequena, das atividades de Sidney Gottlieb em seus 22 anos na CIA. A maior parte continuará desconhecida. Apesar de ter ordenado a destruição dos registros do MK-ULTRA, Gottlieb não conseguiu eliminar totalmente seu legado da história. Mas certamente impediu que o mundo conhecesse todos os fatos da sua vida e carreira.

Logo após a morte de Gottlieb, o *Washington Post* apontou: "O nome de Sidney Gottlieb é apenas uma obscura nota de rodapé na história da nação." Anos mais tarde, conversei com um ex-diretor da CIA e lhe disse que estava escrevendo uma biografia de Gottlieb. "Nunca ouvi falar", disse ele, fazendo um gesto negativo. Outros oficiais que trabalharam na CIA décadas depois da aposentadoria de Gottlieb me disseram a mesma coisa. Acredito neles. Para montar as peças da vida de Gottlieb, foi necessário mergulhar profundamente em uma história obscura. Sou grato a muitas pessoas que me ajudaram nessa jornada.

Vários autores pesquisaram aspectos da vida e da carreira de Gottlieb. O primeiro foi John Marks, que se baseou na Lei da Liberdade de Informação para solicitar a divulgação dos documentos do MK-ULTRA que Gottlieb não conseguira destruir. Com esses dados, Marks escreveu o revelador *The*

Search for the "Manchurian Candidate", que, em 1979, ganhou o prêmio da Investigative Reporters and Editors por trazer "o melhor das reportagens investigativas". Outros livros vieram depois, abordando diversas camadas do mistério de Gottlieb. Uma ótima fonte de informações é a obra *A Terrible Mistake*, de H. P. Albarelli. Linda Hunt, Alfred McCoy, Egmont R. Koch e Michael Wech, Ed Regis e Colin Ross também escreveram excelentes livros.

Também quero agradecer às pessoas que me concederam entrevistas sobre suas ligações com Gottlieb e o trabalho dele. Manfred Kopp, historiador da cidade alemã de Oberursel, onde ficava a sede do Camp King, foi generoso em compartilhar suas ideias e arquivos. O atual proprietário da Villa Schuster, onde os oficiais da CIA realizavam terríveis experiências nos anos 1950, permitiu que eu visitasse o porão onde ficavam as celas. Lanessa Hill, supervisora de relações-públicas de Fort Detrick, em Maryland, organizou um tour pelo local e conversas com os cientistas da base. Norman Covert, um historiador aposentado que estudava o Fort Detrick, transmitiu-me valiosas informações sobre o passado da base. Sidney Bender, um advogado de Nova York que fez perguntas para Gottlieb em dois processos judiciais extensos, compartilhou caixas de arquivos que há anos estavam intactas. Os arquivistas da Presbyterian Historical Society, na Filadélfia, que me ajudaram a localizar cartas e ensaios escritos por Margaret, esposa de Gottlieb. Eric Olson, filho do químico e oficial da CIA Frank Olson, passou horas respondendo a perguntas sobre sua busca pela verdade no caso da morte do pai. Advogados e investigadores que atuaram nas comissões parlamentares que tomaram depoimentos de Gottlieb na década de 1970 forneceram informações valiosas. Sob anonimato, vários funcionários da CIA que tiveram algum contato com Gottlieb compartilharam suas lembranças. O setor de relações-públicas da CIA confirmou detalhes importantes sobre a carreira de Gottlieb. Embora tenha se recusado a fornecer algumas das informações solicitadas, o setor divulgou três fotografias de Gottlieb da época em que ele atuava na Agência — as primeiras de que se tem notícia.

Vários norte-americanos bem informados também compartilharam suas ideias, mas não querem que seus nomes sejam divulgados. Eles sabem quem são. Meus agradecimentos a essas pessoas.

Durante a elaboração deste livro, vários alunos da Brown University, muito motivados, escreveram notas informativas que me ajudaram na composição da obra. Sarah Tucker descobriu registros sobre o início da vida de Gottlieb. June Gersh analisou a Operação Paperclip, que trazia cientistas nazistas para trabalhar em agências norte-americanas. Hansol Hong estudou profundamente a história de Fort Detrick. Weng Yin Isaac Leong pesquisou as origens do MK-ULTRA e o papel de Gottlieb na fabricação dos alfinetes letais fornecidos aos pilotos dos U2. Drashti Brahmbatt analisou os subprojetos do MK-ULTRA e a supervisão exercida por Gottlieb sobre eles. Oliver Hermann estudou os centros clandestinos onde oficiais da CIA conduziam interrogatórios extremos na década de 1950. Fiona Bradley analisou a literatura sobre controle da mente. Benjamin Guggenheim compilou informações valiosas obtidas de fontes primárias. Daniel Steinfeld analisou o envolvimento de Gottlieb em atentados e suas ações como chefe da Equipe de Serviços Técnicos da CIA. Isabel Paolini analisou os materiais divulgados, incluindo os depoimentos de Gottlieb às comissões do Congresso. Sean Hyland estudou o papel de Gottlieb na disseminação do LSD na contracultura norte-americana. Brandon Wen Long Chia examinou casos de norte-americanos célebres que conheceram o LSD nos experimentos de Gottlieb e descobriu materiais sobre o trabalho dele depois da sua saída da CIA. Vladimir Borodin pesquisou aspectos da vida de Gottlieb após sua aposentadoria. Michelle Schein identificou o fluxograma entre o trabalho de Gottlieb e as técnicas de interrogatório aplicadas pela CIA na América Latina, no Vietnã, em Abu Ghraib e em Guantánamo. Ethan Jampel, estudante da Universidade Emory, ajudou na coleta de imagens.

Meus profundos agradecimentos aos colegas do Watson Institute for International and Public Affairs da Brown University. Edward Steinfeld, o diretor do instituto, e Steven Bloomfield, seu vice-diretor, incentivaram-me a realizar pesquisas fora do comum. Nina Tannenwald, diretora do programa de relações internacionais da Brown, Claudia Elliott, sua vice-diretora, e Anita Nester, a gestora dos programas acadêmicos, apoiaram incondicionalmente minhas ambições acadêmicas.

O manuscrito deste livro foi revisado e melhorado consideravelmente por alguns leitores perspicazes. James Stone identificou uma seção muito longa e detalhada demais. Michael Rezendes sugeriu um método melhor para organizar o livro. Jonathan Sperber apontou uma falha em uma seção importante. Paul Golob, meu editor, deixou o texto mais claro e elegante.

O codinome do projeto chefiado por Gottlieb aparece com e sem hífen. Aqui, padronizei o nome como MK-ULTRA para evitar confusões.

Descobrir Sidney Gottlieb durante a escrita deste livro foi uma experiência fascinante e, ao mesmo tempo, estressante. Agradeço a todos que me ajudaram. As conclusões e avaliações mencionadas aqui são minhas, bem como os erros factuais e interpretativos.

SOBRE O AUTOR

STEPHEN KINZER é autor de nove livros, incluindo *The True Flag*, *The Brothers*, *Overthrow* e *Todos os Homens do Xá*. Correspondente internacional premiado, Kinzer chefiou os escritórios do *New York Times* na Nicarágua, na Alemanha e na Turquia. Atualmente, é pesquisador sênior do Watson Institute for International and Public Affairs da Brown University, e assina uma coluna sobre política externa no *Boston Globe*. Kinzer mora em Boston.

SUMÁRIO

1. Eu Precisava de Algo Mais Desafiador — 1
2. Negócio Sujo — 11
3. Cobaias, Voluntárias ou Não — 35
4. A Chave que Abriria as Portas do Universo — 49
5. Abolindo a Consciência — 75
6. Não é Permitida Nenhuma Interferência no Projeto MK-ULTRA — 91
7. Caiu ou Pulou — 109
8. Operação Clímax da Meia-noite — 129
9. O Cogumelo Divino — 153
10. A Comissão de Alteração da Saúde — 169
11. Devemos Sempre Lembrar de Agradecer à CIA — 185
12. Isso Tem que Morrer Conosco — 199
13. Alguns Agentes Estavam Fora de Controle Naquela Época — 213
14. Eu me Sinto Perseguido — 231
15. Se Gottlieb For Condenado, Será a Primeira Vez — 243
16. Você Nunca Vai Saber Quem Ele Realmente Era — 263

Notas — 281
Bibliografia — 321
Índice — 331

SENHOR DOS VENENOS

1

Eu Precisava de Algo Mais Desafiador

Anos vagando por terras longínquas, sem saber quem nem o que virá pela frente! Eis uma visão que inflama qualquer alma aventureira. Durante a segunda metade do século XX, poucos norte-americanos tiveram almas tão inquietas quanto a de Sidney Gottlieb. Toda a sua carreira foi construída no mundo secreto de Washington. Ninguém sabia o que ele fazia, mas, em todo caso, isso lhe rendera uma aposentadoria bastante confortável.

Um homem de índole mais comum teria se contentado em passar seus últimos anos de vida relaxando, relembrando os velhos tempos ou curtindo os netos. Esse não era o caso de Gottlieb, que tinha um espírito totalmente oposto ao estereótipo do servidor público. Ele morava em uma casa rústica e ecologicamente correta no meio do mato, com uma horta e um banheiro ao ar livre. Lá, meditava, escrevia poemas e criava cabras.

Gottlieb tinha apenas 54 anos quando se aposentou. Sua carreira teve um fim digno, com uma cerimônia na qual lhe foi concedida uma medalha pelos ótimos serviços prestados. Logo depois, ele e a mulher venderam a casa e quase tudo que possuíam. No outono de 1973, o casal partiu para uma aventura humanitária e espiritual. O plano era do tipo "deixe a vida me levar": embarcar em um cargueiro em São Francisco e seguir a rota do navio. Eles não se interessavam por cartões-postais nem pelo turismo convencional. A família Gottlieb queria passar a velhice cuidando das pessoas mais carentes.

A Austrália foi a primeira parada. Depois de um tempo no país, o casal deu continuação à viagem. Após um ano de peregrinação, eles chegaram à Índia. Lá, souberam de um hospital que atendia vítimas de hanseníase e se ofereceram como voluntários. Vivendo entre os pacientes, eles passaram a cuidar dos párias da sociedade. Então, no verão de 1975, uma mensagem de Washington destruiu o mundo de Gottlieb. Alguém descobrira quem ele era. O Senado dos Estados Unidos queria interrogá-lo.

Nas duas décadas em que atuara na CIA [Agência Central de Inteligência], Gottlieb comandara a pesquisa mais sistemática da história sobre técnicas de controle da mente, bem como a produção de venenos. Havia um sigilo tão absoluto em torno do seu cargo que ele era praticamente invisível. Mas agora, precisava voltar. Devia prestar contas e, possivelmente, falar em público. Ele jamais teria imaginado um golpe tão violento do destino.

Logo após a chegada de Gottlieb a Washington, seus amigos disseram que ele precisava de um advogado. Um deles sugeriu Terry Lenzner, que havia atuado no Comitê Watergate, uma comissão do Senado. Gottlieb ligou para ele. Depois de conhecê-lo, Lenzner escreveu: "Estive com o Dr. Morte em pessoa."

Durante muitos anos, Gottlieb supervisionou experimentos médicos e projetos de "interrogatório especial", nos quais centenas de pessoas sofreram e, em muitos casos, perderam completamente seu equilíbrio mental. Até então, ninguém havia se encarregado desse tipo de trabalho com mais ambição e entusiasmo. Gottlieb se justificou dizendo que fizera tudo isso em nome da ciência e da pátria — até que, no último momento, caiu em si.

Nos anos que se seguiram ao relutante retorno de Gottlieb a Washington, vieram à tona muitas informações sobre seu trabalho. Ele prestou depoimento em duas rodadas de audiências no Senado. Mais tarde, teve que se defender de ações movidas por pessoas que alegavam estar entre suas vítimas. Mas ele não revelou quase nada além de que, antes de sair da CIA, havia destruído todos os registros das suas atividades. Gottlieb nunca foi condenado por nenhum crime. Em 1999, a cerimônia do seu funeral foi um evento fechado.

A morte de Gottlieb causou um rebuliço entre os redatores de obituários. O *New York Times* publicou uma nota circunspecta, com o título: MORRE SIDNEY GOTTLIEB AOS 80 ANOS; O HOMEM QUE LEVOU O LSD À CIA. O texto informava que Gottlieb era "um gênio que havia se dedicado a explorar as fronteiras da mente humana em nome do seu país e a procurar um sentido religioso e espiritual em sua vida. Ele atuou por duas décadas como cientista sênior e esteve à frente de alguns dos segredos mais sombrios da CIA". Já o obituário do *Los Angeles Times* começava assim: "James Bond tinha Q, o mago que fornecia ao 007 engenhocas magníficas para enfrentar os agentes inimigos. A CIA tinha Sidney Gottlieb."

Outros veículos foram mais cáusticos. No obituário do iconoclasta site *Counterpunch*, lia-se: TRAFICANTE, ASSASSINO & CAFETÃO: MORRE O ENVENENADOR OFICIAL DOS EUA. Para outro redator, Gottlieb "está situado entre os Jekyll e os Hyde do século XX no imaginário norte-americano. Ao defender seu lugar nas verdes colinas da Virgínia e zelar pela segurança nacional com suas sessões experimentais de tortura, Gottlieb sempre se manteve fiel à cartilha positivista, segundo a qual a exploração racional e a disciplina produtiva só geram o bem".

Na Grã-Bretanha, onde os obituários são famosos pela falta de restrições, o tom foi mordaz. O *Guardian* chamou Gottlieb de "tudo aquilo que se imagina de um cientista louco em um romance barato sobre a CIA — mas de verdade". Para o *Independent*, ele fora "o melhor argumento para o discurso dos teóricos da conspiração de que não há nada, por mais cruel, insensato e lunático que seja, que as agências de inteligência, operando sem controle, não farão para vencer suas guerras secretas". O *Times* foi bem mais longe:

> Quando falou de um mundo "obscurecido pelas luzes sombrias da ciência pervertida", Churchill se referia às terríveis experiências dos médicos nazistas com seres humanos nos campos de concentração. Mas esse comentário pode, com igual justiça, ser aplicado às atividades de Sidney Gottlieb, da CIA. De fato, as ações de Gottlieb e dos seus capangas da CIA só não foram iguais em escala às atividades que levaram vários cientistas nazistas para a forca em Nuremberg, em 1946... As drogas não foram as únicas armas de Gottlieb na luta contra os inimigos da CIA. Ele também se envolveu em assassinatos que hoje lembram uma peça de vingança da era jacobina.

Após a notoriedade gerada pela sua morte, Gottlieb voltou gradualmente ao esquecimento. Mas seu nome apareceu em alguns estudos históricos. Um deles relata que ele era "conhecido como o 'bruxo das trevas' por suas ações nas zonas mais sinistras da CIA. Um dos seus pés era torto, e isso facilitava muito as caricaturas, como a que sugeria um cruzamento entre um vilão do

007 e o Dr. Strangelove, um cientista que sempre queria ir mais longe sem se preocupar com as questões morais que surgiam ao longo do processo." No livro *The World's Worst: A Guide to the Most Disgusting, Hideous, Inept and Dangerous People, Places, and Things* ["O Pior do Mundo: Um guia para as pessoas, lugares e coisas mais repugnantes, medonhas, absurdas e perigosas da Terra", em tradução livre], Gottlieb é chamado de "o mais louco dos cientistas loucos". Com certa dose de sarcasmo, o autor reconhece que ele merecia crédito "por ter tido a inteligência de trabalhar para uma organização que não apenas permitia que ele envenenasse e assassinasse pessoas com tanta desenvoltura, como também o protegeu das consequências aplicáveis aos demais sociopatas".

Gottlieb também faz uma rápida aparição em dois romances norte-americanos contemporâneos. Um retrato da vida no Congo, o livro *A Bíblia Envenenada*, de Barbara Kingsolver, refere-se ao papel dele no plano da CIA para assassinar o primeiro-ministro Patrice Lumumba: "Um cientista chamado Dr. Gottlieb foi contratado para produzir um veneno que causaria uma doença tão horrível (como disse o bom doutor, mais tarde, em depoimento ao Senado norte-americano) que, caso não o matasse de imediato, deixaria Lumumba desfigurado e incapacitado para governar." Em *Harlot's Ghost*, Norman Mailer escreve uma crônica frenética das ações secretas norte-americanas; em certo trecho, um personagem descobre uma carta de um agente fictício da CIA que, cheio de entusiasmo, descreve Gottlieb como alguém dotado de "um tino cósmico, interessado em tudo".

Na década de 1960, Gottlieb comandava a Divisão de Serviços Técnicos, setor que desenvolve as ferramentas utilizadas pelos agentes da CIA. Situada em Washington, essa fábrica de apetrechos era bastante movimentada, e ele supervisionava centenas de cientistas e técnicos no mundo inteiro. Esse grupo criou uma variedade impressionante de "artigos para espionagem", como um avião de borracha e um kit de fuga que ficava escondido em um supositório retal. Gottlieb e sua equipe forneciam ferramentas aos agentes que operavam na União Soviética e em dezenas de países.

"Nas últimas décadas do século XX, o aparato técnico mais crítico para a execução de praticamente todas as operações clandestinas dos EUA no mundo foi criado pela Divisão de Serviços Técnicos, sob a liderança de Gottlieb", escreveu um dos seus sucessores. "No entanto, apesar do seu tempo de serviço público e das suas ações filantrópicas, Gottlieb sempre estará vinculado ao período de dez anos do programa MK-ULTRA e às implicações sinistras de termos associados a drogas, LSD, assassinato e controle da mente."

Nos seus primeiros vinte anos de vida, Sidney Gottlieb passava quase todo dia pela entrada lateral da James Monroe High School, no Bronx. Era inevitável. O imenso prédio da escola fica do outro lado da rua, em frente à casa geminada onde a família dele morava. Sempre que saía, ele via uma frase austera esculpida na fachada triangular do pórtico de pedra. É uma advertência do estadista britânico William Pitt: onde termina a lei, começa a tirania.

Muitos moradores da região já haviam sentido essa verdade na pele. O bairro abrigava uma miscelânea de imigrantes, na maioria, judeus que emigraram para os EUA em busca de refúgio contra a opressão. Era o caso de Fanny e Louis Gottlieb, judeus ortodoxos de origem húngara que vieram da Europa central no início do século XX. Em Nova York, Louis Gottlieb encontrou trabalho na indústria têxtil, abriu um ateliê e conseguiu alugar metade de uma casa geminada na Boynton Avenue, 1333. Sidney, nascido em 3 de agosto de 1918, era o caçula dos quatro filhos do casal. Na época, a comunidade era bastante dinâmica. Como hoje, havia muito movimento na Westchester Avenue, a rua principal, que ficava a apenas dois quarteirões da casa dele. Muitos colegas de classe eram como Sidney: crianças inteligentes de famílias judias praticantes, ainda bastante imersas na experiência da imigração, mas ávidas por aproveitar as oportunidades disponíveis nos Estados Unidos. Como a maioria delas, Sidney aprendeu o hebraico, teve um bar mitzvá e estudou muito.

Porém, o jovem Sidney se destacava dos amigos em dois aspectos importantes. Primeiro, ele nasceu com os pés deformados. Um parente disse que a mãe não conteve o grito quando os viu pela primeira vez. Durante a maior parte da infância, ele não andou; era carregado pela mãe. O ateliê da família faturou o bastante para bancar três operações, parcialmente bem-sucedidas. Aos 12 anos, o menino andou sem aparelhos pela primeira vez. Nunca mais precisou deles, mas foi coxo a vida toda.

Outro desafio encarado por Sidney foi a gagueira. Em parte, talvez fosse uma reação às chacotas dos colegas de escola (segundo um relato, "violentíssimas") sobre sua deficiência. Durante o ensino médio, no ostracismo e com o corpo marcado por cicatrizes, o rapaz era incapaz de andar e falar normalmente. Essas desvantagens teriam levado outro adolescente à frustração e à mortificação, mas Sidney saiu disso determinado a se destacar.

Em 1936, depois de concluir o ensino médio e seguindo os passos dos filhos mais ambiciosos dos imigrantes de Nova York, Sidney se matriculou na City College of New York, conhecida na época como a "Harvard do proletariado" devido ao excelente nível da educação gratuita da instituição. Lá, ele estudou alemão em nível avançado e obteve notas altas em matemática, física e química. Fez também dois cursos de oratória, evidentemente com o objetivo de superar a gagueira: "Exposição e Rudimentos da Fala" e "Declamação e Oratória". Além disso, frequentou um curso de música — o início de um interesse em dança folclórica que cultivou como hobby por toda a vida, apesar de ter nascido com pés tortos (ou talvez por isso mesmo).

A City College não oferecia cursos de biologia agrícola, o campo que Sidney desejava seguir. Então, ele decidiu ir para uma universidade com um programa estrito nessa área. Como a Universidade de Wisconsin tinha um curso bem cotado, Sidney escreveu uma carta perguntando se era possível se matricular nele. A resposta foi curta, mas cordial, e terminava da seguinte forma: "Terei o maior prazer em ajudá-lo em tudo que puder." A carta trazia a assinatura de Ira Baldwin, diretor-assistente da Faculdade de Agricultura. Essa data, 24 de fevereiro de 1937, foi o início de um relacionamento que seria crucial para o futuro da história secreta.

Para cursar matérias específicas e se qualificar para entrar na Universidade de Wisconsin, Gottlieb se matriculou na Arkansas Polytechnic College, a atual Arkansas Tech University. A pequena cidade de Russellville não tinha as ruas movimentadas do Bronx da sua infância, e o campus não era tão animado quanto o da City College, mas ele aproveitou os cursos: Botânica Geral, Química Orgânica, Conservação do Solo, Elementos Florestais e Princípios da Indústria Leiteira. Além disso, ele cantava no Glee Club. No anuário, Gottlieb é descrito como "um ianque que sabe agradar os sulistas". Segundo uma coluna de fofocas do campus, ele andava sempre com uma colega, Lera Van Harmon. O colunista escreveu: "Parece que Harmon e

Gottlieb começaram um casinho. Mas, veja bem, Harmon, Nova York fica longe pra caramba." Gottlieb estava indo cada vez mais além.

"Tenho mantido uma média A sem muita dificuldade", escreveu ele a Ira Baldwin, no meio do ano escolar. "Logo, estou preparado para me dedicar ainda mais."

O sucesso de Gottlieb no Arkansas lhe abriu as portas da Universidade de Wisconsin. Baldwin o recebeu, tornou-se seu mentor e o orientou por dois anos cheios de êxitos acadêmicos. Ele se formou em química. Chocado com as condições que vira nas fábricas de Nova York, incluindo na do pai, ele se associou a uma comunidade do campus, a Liga Socialista dos Jovens. O título do seu trabalho de conclusão do curso foi "Estudo sobre o Ácido Ascórbico no Feijão-fradinho". Em 1940, Gottlieb se formou com distinção. Baldwin lhe deu uma ótima recomendação, mencionando seu "ligeiro problema na fala", mas elogiando seu intelecto e caráter.

"O Sr. Gottlieb é um garoto judeu de primeira ordem", escreveu ele. "Adapta-se com facilidade às situações que encontra e é, penso eu, estimado e respeitado por seus colegas de classe. Ele tem uma mente brilhante e é honesto, confiável, modesto e despretensioso."

O desempenho acadêmico de Gottlieb e a recomendação de Baldwin foram suficientes para sua admissão na pós-graduação do Instituto de Tecnologia da Califórnia. Três anos depois, em 11 de junho de 1943, ele se doutorou em bioquímica. Nesse período, sua vida mudou em dois pontos importantes.

Primeiro, ele conheceu uma mulher muito diferente das pessoas com que crescera no Bronx. Margaret Moore era filha de um pastor presbiteriano. Ela havia nascido e crescido na Índia, onde seu pai pregava o evangelho, mas, desde a infância, rejeitava a ação missionária. Quando conheceu Gottlieb, ela estudava pedagogia infantil na Broadoaks School, em Pasadena, um campus da Whittier College no qual os futuros professores aprendiam as teorias progressistas de Maria Montessori e de outros progressistas. Aparentemente, os dois tinham muito pouco em comum, sendo, talvez, até opostos. No entanto, eles compartilhavam uma inquietação espiritual. Gottlieb se afastara do judaísmo que marcara sua infância. Margaret Moore atormentava o pai com perguntas incisivas sobre o cristianismo. Ambos buscavam uma compreensão da vida que ia além das respostas oferecidas pela religião tradicional. Em 1942, em plena Segunda Guerra Mundial, eles resolveram fazer essa busca espiritual juntos.

"Alunos de pós-graduação não devem se casar, mas foi o que fizemos", disse Margaret aos pais em uma breve carta. O casamento simbolizou o pouco-caso do casal diante das convenções: uma cerimônia civil simples, sem convidados nem festa. "Casar é algo que ocorre entre duas pessoas, não com uma multidão", escreveu Margaret. Depois, ela complementou: "Como o pessoal do Sid quer um casamento judaico, vamos ter um casamento elegante de qualquer jeito. E já vamos estar casados na festa."

Os pais da noiva, acostumados ao jeito independente da filha, aceitaram com alegria o casamento. "Ficamos muito empolgados quando recebemos um telegrama no dia 17 de setembro com a informação de que nossa Margaret havia se casado com Sidney Gottlieb no dia 16 de setembro em Pasadena", escreveu a mãe dela a parentes depois de saber da notícia. "Se ela quer ser professora e ele quer trabalhar para o governo, sem dúvida a mesa vai ficar mais farta se eles ficarem juntos. Há tanta coisa acontecendo! Se eles têm um ao outro neste mundo cheio de tristeza, podem se considerar felizes."

Outro evento decisivo para Gottlieb durante seus anos na Califórnia foi a declaração da sua inaptidão para o serviço militar. Ele estava no meio da pós-graduação quando o ataque japonês a Pearl Harbor causou a entrada dos Estados Unidos na Segunda Guerra Mundial. Os demais alunos se alistaram como voluntários nas forças armadas, mas Gottlieb permaneceu na Caltech até concluir seu doutorado, em 1943. Por essa época, ele tentou se alistar, acreditando que ser coxo não era um fator impeditivo. Ao ser rejeitado pelo Exército, ele ficou arrasado.

"Queria fazer a minha parte no esforço de guerra", disse ele, algum tempo depois. "Para mim, era um dever, mas ninguém achou que eu estava em boas condições físicas."

Sem direito a um uniforme militar, Gottlieb resolveu encontrar outra maneira de servir. No outono de 1943, Margaret e ele se mudaram para Takoma Park, em Maryland, um subúrbio de Washington. Lá, Gottlieb começou a pesquisar a estrutura química do solo orgânico para o Departamento de Agricultura. Depois, foi transferido para a Food and Drug Administration [agência governamental responsável pela fiscalização dos fármacos e alimentos consumidos nos Estados Unidos], onde desenvolveu exames para medir a presença de drogas no corpo humano. Ele se destacou no órgão e atuou como perito em vários processos judiciais.

"Eu gostava de trabalhar na FDA, mas foi ficando repetitivo e, às vezes, bem monótono," recordou ele, algum tempo depois. "Eu precisava de algo mais desafiador."

Gottlieb não se fez de rogado. Em 1948, conseguiu um emprego no Conselho Nacional de Pesquisa, que integrava a National Academies of Sciences, Engineering, and Medicine [Academias Nacionais de Ciências, Engenharia e Medicina, em tradução livre], uma organização sem fins lucrativos. Nessa instituição, ele estudou fitopatologias e fungicidas e teve contato, como disse mais tarde, "com um trabalho interessante sobre o uso de alcaloides do ergot [compostos produzidos por um fungo] como vasoconstritores e alucinógenos". Logo depois, passou a atuar como pesquisador associado da Universidade de Maryland, estudando o metabolismo dos fungos.

"Nessa época, encontramos uma casinha muito antiga e rústica perto de Vienna, na Virgínia", escreveu Margaret, anos depois. "Não havia eletricidade, água encanada nem nada requintado, mas tinha três carvalhos magníficos na propriedade; logo que vi, disse: 'Aqui será a minha casa.' Sid, um nativo de Nova York, achou que era loucura, mas o convenci de que sabia viver dessa maneira e de que era possível. Então, pedimos dinheiro emprestado a todos os nossos amigos para dar entrada no imóvel e nos mudamos com nossos dois bebês e o pouco que possuíamos."

Em uma carta aos pais, um parente fez um relato bastante elogioso depois de passar quatro dias com a jovem família. "O mundo de Margaret é muito incomum e interessante — 6 hectares de floresta na Virgínia, uma pequena casa no meio da propriedade, a uns 30 quilômetros de Washington", escreveu ele. "Sid é um grande homem, cheio de energia, iniciativa e inteligência, um perfeito cavalheiro e anfitrião, nunca inconveniente. Ele acabou de conseguir um emprego na Universidade de Maryland como químico pesquisador — é o chefe do próprio laboratório e está trabalhando em um problema relacionado a madeira para a marinha. Penny (4) e Rachel (1) são crianças lindas e angelicais. Eles têm um grupo interessante de amigos, e o futuro parece sorrir para a família. Margaret parecia estar muito à vontade e feliz. Ela gosta da vida no campo tanto quanto Sid; ninguém precisa se preocupar com ela, está tudo indo muito bem."

O casal teve mais dois meninos. "Há tantos nomes bonitos que não podemos colocar neles, pois a família de Sid é judia e haveria ressentimento se escolhêssemos algo como John ou Mary", escreveu Margaret à mãe. Os meninos foram chamados de Peter e Stephen. Gottlieb se estabeleceu confortavelmente na vida familiar.

"Sid está dando tudo de si; ele é maravilhoso", escreveu Margaret enquanto amamentava um dos bebês. "Eu me sinto culpada de dormir enquanto ele ordenha as cabras."

Mas, apesar da satisfação com a vida familiar, Gottlieb estava frustrado. Ele não sabia como dar um salto de excelência na modesta pesquisa que realizava sobre produtos farmacêuticos e compostos agrícolas. Ira Baldwin, seu mentor na Universidade de Wisconsin, havia encaminhado alguns ex-alunos para cargos interessantes durante a guerra, mas Gottlieb ainda era muito jovem. Tudo indica que ele estava fadado a uma carreira como cientista em agências governamentais. E foi o que aconteceu — mas ele ainda não imaginava o tipo de ciência bizarra que praticaria no futuro.

2

Negócio Sujo

Bandeiras brancas pendiam das janelas enquanto os alemães, chocados, avaliavam sua derrota. Hitler estava morto. A rendição incondicional selara o colapso do Terceiro Reich. Munique estava em ruínas, como muitas outras cidades alemãs. Quando as armas silenciaram, pessoas começaram a se aventurar pelas ruas. Uma pichação em um muro perto da Odeonsplatz dizia: CAMPOS DE CONCENTRAÇÃO DACHAU — BUCHENWALD — TENHO VERGONHA DE SER ALEMÃO.

Quatro divisões do Exército dos Estados Unidos haviam se instalado em Munique, porém, o contingente não incluía apenas soldados de infantaria. Junto ao destacamento, veio o Corpo de Contrainteligência, um grupo semiclandestino cujos integrantes vestiam uniformes simples e se identificavam apenas como "agente" ou "agente especial". Suas metas eram acabar com o mercado negro e localizar nazistas. Munique fora o berço do Partido Nazista, o que significava abundância de caça. Os agentes elaboravam listas, seguiam pistas e capturavam suspeitos. Um deles, muito conhecido, caiu nas mãos do grupo em 14 de maio de 1945.

Fazia um dia lindo lá fora. Entre os que saíram para aproveitar o sol, perambulando silenciosamente em meio a edifícios bombardeados e pilhas de escombros, estava o Dr. Kurt Blome, que chefiara as pesquisas nazistas sobre técnicas de guerra biológica. Segundo um relatório, Blome era "um homem bem vestido, com 1,80m, 60kg, cabelos negros, olhos castanhos e uma cicatriz marcante do lado esquerdo do rosto, entre o nariz e o lábio superior". Ele não se surpreendeu quando foi abordado por um agente do Corpo de Contrainteligência, que lhe mostrou um distintivo dourado com a inscrição INTELIGÊNCIA MILITAR DO DEPARTAMENTO DE GUERRA. Quando o agente solicitou sua identificação, Blome apresentou o passaporte. O agente consultou uma lista e encontrou o nome de Blome. Ao lado do nome, havia o código para "Prisão Imediata — Prioridade Um".

Blome foi detido e levado para interrogatório. Logo concluíram que ele tinha muito a dizer. Os agentes enviaram Blome para o Castelo de Kransberg, uma fortaleza medieval perto de Frankfurt que fora transformada em centro de detenção para suspeitos de crimes de guerra do alto escalão. Lá, entre os confinados, estavam Albert Speer, Wernher von Braun, Ferdinand Porsche e os diretores da I. G. Farben, um cartel do setor químico. Foi nesse círculo extraordinário que a história de Blome começou a vir à tona.

Quando jovem, ele participou de grupos ultranacionalistas e se converteu em um antissemita virulento. Em 1922, depois de se especializar em bacteriologia, Blome foi preso por abrigar os assassinos de Walter Rathenau, ministro das Relações Exteriores da Alemanha e socialista judeu. Ele ingressou no Partido Nazista em 1931. Dois anos depois, com a ascensão de Hitler, Blome iniciou uma escalada progressiva pela hierarquia do Terceiro Reich. Na década de 1940, ele foi membro do Reichstag, Ministro da Saúde e diretor de um complexo médico na Universidade de Posen, na atual Polônia. Lá, testou os efeitos de germes e vírus em prisioneiros.

O complexo era cercado por muros de três metros e protegido por um destacamento da SS. Dentro dele, havia uma "sala ambiente", uma "sala fria", incubadoras, freezers e câmaras de vapor; laboratórios de virologia, farmacologia, radiologia e bacteriologia; uma "fazenda de tumores" para cultivar vírus malignos e um hospital de quarentena para isolar os cientistas que se contaminavam acidentalmente com os venenos que manipulavam. Nesse local, Blome desenvolveu sistemas de aerossol com gases que atacavam o sistema nervoso (testados em prisioneiros do campo de Auschwitz), criou mosquitos e piolhos infectados (testados em prisioneiros nos campos de Dachau e Buchenwald) e produziu gás para matar 35 mil prisioneiros nos campos poloneses, que recebiam pacientes com tuberculose. O complexo era oficialmente conhecido como Instituto Central do Câncer.

Blome fugiu quando o Exército Vermelho se aproximava de Posen, em janeiro de 1945. Conseguiu eliminar algumas provas incriminadoras, mas não teve tempo de destruir o complexo. Em uma carta ao general Walter Schreiber, médico-chefe do exército nazista, ele disse que estava "muito preocupado, pois as áreas do instituto dedicadas a experimentos com humanos eram facilmente identificáveis". Nos meses seguintes, Blome trabalhou em outro centro especializado em guerra biológica, também disfarçado de instituto de pesquisas sobre câncer, em um bosque próximo da cidade alemã de Geraberg. O local estava praticamente intacto, com registros e equipamentos preservados, quando os Aliados ocuparam sua estrutura, em abril de 1945. Na ocasião, Blome já estava em Munique. Sua captura era apenas uma questão de tempo.

Os interrogadores do Corpo de Contrainteligência lhe mostraram uma carta de Heinrich Himmler, chefe da SS e principal arquiteto do Holocausto. Nela, Himmler instruía Blome a produzir toxinas para matar os prisioneiros que tinham tuberculose nos campos de concentração. Blome confirmou a autenticidade da carta, mas insistiu que Himmler, e não ele, fora o chefe do programa de guerra biológica dos nazistas e supervisionara os experimentos com prisioneiros. Os interrogadores relataram essa informação a oficiais de inteligência dos EUA especializados em interrogar cientistas nazistas.

"Em 1943, Blome estava pesquisando técnicas de guerra bacteriológica", escreveram eles. "Oficialmente, eram pesquisas sobre câncer, mas isso não passava de um disfarce. Blome, ao mesmo tempo, era Ministro da Saúde do Reich. Gostariam de enviar investigadores?"

Essa pergunta levou a outra, muito mais profunda. Os médicos nazistas haviam acumulado um conhecimento único. Eles precisaram em quanto tempo as pessoas morriam após a exposição a diversos germes e produtos químicos e quais toxinas matavam com mais eficiência. Igualmente intrigante, administraram mescalina e outras drogas psicoativas a prisioneiros dos campos de concentração com o intuito de desenvolver métodos para controlar mentes e destruir a psique humana. Muitos daqueles dados eram únicos, pois só podiam ser obtidos por meio de experimentos com alto risco de sofrimento e morte para seres humanos. Isso fazia de Blome um alvo valioso — mas para quê? A Justiça exigia sua punição. No entanto, uma base do Exército em Maryland teve a audácia de sugerir o contrário: em vez de enforcar Blome, vamos contratá-lo.

———

Em 1941, chegaram a Washington relatórios aterrorizantes de grupos da inteligência norte-americana na Ásia. As forças japonesas estavam usando germes como armas na dura ofensiva contra a China — matando milhares de soldados e civis com pequenas bombas de antraz, disseminando insetos infectados e envenenando a água com o cólera. Henry Stimson, Secretário da Guerra, viu nessa tática uma possível ameaça aos Estados Unidos. Ele convocou nove dos principais biólogos do país e pediu um estudo urgente sobre o desenvolvimento de técnicas de guerra biológica no mundo todo. Quando terminaram, os Estados Unidos estavam em guerra com o Japão.

As conclusões do estudo eram alarmantes. Além dos cientistas japoneses, que já produziam armas biológicas, seus colegas da Alemanha nazista também estavam fazendo testes. O efeito dessas armas seria devastador. "A melhor defesa é o ataque e a ameaça de ataque", escreveram os biólogos. "Os Estados Unidos não podem ignorar essa arma, e providências devem ser tomadas imediatamente para abordar a questão da guerra biológica."

Stimson se mobilizou. "A guerra biológica é, sem sombra de dúvida, um 'negócio sujo', mas, diante do relatório do comitê, penso que devemos nos preparar", escreveu ele ao presidente Franklin Roosevelt. Logo depois, Roosevelt autorizou a criação da primeira agência dedicada ao estudo da guerra biológica nos EUA. Pelo seu nome anódino — Serviço de Pesquisa de Guerra —, ninguém deduziria a missão do órgão. Mas alguém mais curioso arriscaria um palpite se soubesse que o diretor do serviço era o renomado químico George Merck, presidente da empresa farmacêutica que carrega o nome de sua família.

A guerra química, que causou, pelo menos, 1 milhão de baixas na Primeira Guerra Mundial, já era bem conhecida, mas a guerra biológica, proibida pelo Protocolo de Genebra, de 1925, era uma novidade. Merck concluiu que os Estados Unidos deveriam entrar nessa corrida. "O valor da guerra biológica será discutível até que sua eficácia seja comprovada ou refutada", argumentou ele em um longo memorando. "Existe apenas uma opção lógica, a saber, estudar as possibilidades desse tipo guerra de todos os ângulos."

O memorando de Merck chegou quando os comandantes militares dos EUA estavam analisando um pedido ultrassecreto do primeiro-ministro britânico Winston Churchill. Alguns relatórios de inteligência — que posteriormente se revelaram falsos — acirraram os temores de que Hitler estivesse planejando um ataque biológico à ilha. Os líderes britânicos queriam estocar patógenos concentrados para retaliar, se isso ocorresse. Como a Grã-Bretanha não tinha instalações, expertise nem orçamento para desenvolver essas toxinas, Churchill recorreu aos norte-americanos. Roosevelt concordou em estudar a possibilidade de produzir armas biológicas para os britânicos e designou o Serviço de Guerra Química do Exército para a tarefa. Em 9 de dezembro de 1942, os comandantes reuniram um grupo de bacteriologistas e outros especialistas na Academia Nacional de Ciências, em Washington. Lá, eles fizeram uma pergunta que, na época, testou os limites da engenharia e da ciência: seria possível construir um recipiente hermeticamente fechado para produzir germes mortais em escala industrial?

Pacientemente, os cientistas explicaram aos militares por que fabricar toxinas nessa escala seria proibitivo, e até impossível. Só um deles discordava. Ira Baldwin, o bacteriologista que fora mentor de Sidney Gottlieb na Universidade de Wisconsin, disse que não via nenhum impedimento teórico ou técnico para a construção do recipiente.

"Quase todos ali que trabalhavam com bacteriologia patogênica — a bacteriologia médica — eram muito céticos", lembrou Baldwin, algum tempo depois. "Para eles, era impossível criar culturas em quantidades tão grandes ou, se fosse viável, haveria um alto risco de segurança. Em dado momento, eles me chamaram. Eu disse: 'O problema é simples. Se dá para fazer em um tubo de ensaio, dá para fazer com a mesma segurança em um tanque de 50 mil litros ou mais. É possível preservar a virulência no tanque de 50 mil litros. Só precisamos criar, no tanque de 50 mil litros, as mesmas condições que criamos no tubo de ensaio.' Então, voltei para casa, sentindo que havia feito a minha parte pelo país com aquela opinião, e não pensei mais nisso."

Pouco depois da reunião, o general W. C. Kabrich, do Serviço de Guerra Química, telefonou para Baldwin e lhe pediu para retornar a Washington. Ele respondeu que suas obrigações no campus o impediam de viajar naquele momento.

"Providencie uma licença da universidade," disse o general Kabrich. "Precisamos de você aqui, para fazer o que disse que poderia ser feito."

Baldwin relatou a situação ao reitor da Universidade de Wisconsin, que lhe concedeu uma licença para servir no esforço de guerra. Ao chegar a Washington, no final de 1942, Baldwin soube que o Exército decidira lançar um programa secreto para desenvolver armas biológicas e que essa iniciativa seria chefiada por ele: "[Era] uma tarefa de enormes proporções... Eles queriam que eu desenvolvesse um programa de pesquisa, recrutasse uma equipe, encontrasse um local para as instalações e projetasse a estrutura e os laboratórios."

Ao aceitar o trabalho, Baldwin se tornou o primeiro "bioguerreiro" dos EUA. Ele reunia todas as qualificações intelectuais e acadêmicas necessárias para esse cargo inédito. Porém, sua trajetória pessoal fazia dele um candidato improvável. Seu avô fora um pastor metodista. Austero, também pastor nas horas vagas e adepto do quakerismo, Baldwin sempre tivera aversão a todas as formas de violência. Mas, com a entrada dos Estados Unidos na Segunda Guerra Mundial, ele se dispôs a lutar pela causa do país como qualquer cidadão norte-americano.

"Para entender o programa de guerra biológica, é necessário compreender o clima tenso da época", disse ele em uma entrevista, muitos anos depois. "Nunca me ocorreu dizer: 'Não quero fazer isso.' Todos atendiam às solicitações... Sem dúvida, a ideia de usar agentes biológicos para matar pessoas representou uma mudança completa de pensamento. Mas só precisei de 24 horas para me decidir. Afinal, a imoralidade da guerra é a própria guerra. Na guerra, você começa com a ideia de matar pessoas, e isso, para mim, é a parte imoral dela... Mas eu passei a vida estudando e praticando a bacteriologia médica, tentando matar micro-organismos para impedir que eles causassem doenças. No momento, eu via que, até certo ponto, era horrível. Sem dúvida."

Baldwin permaneceu na condição de civil durante os dois anos e meio que passou estruturando e coordenando o programa de guerra biológica norte-americano. Um cargo foi criado especificamente para ele: cientista-chefe dos Laboratórios de Guerra Biológica do Serviço de Guerra Química do Exército. Baldwin recebeu do Exército uma das autorizações mais amplas concedidas durante a Segunda Guerra Mundial: tudo que você pedir, nós providenciaremos.

"Se eu dissesse: 'Quero aquele sujeito.'", Baldwin lembrou. "A menos que o Projeto Manhattan precisasse dele, ele viria até mim."

A primeira tarefa de Baldwin foi encontrar um local para o novo complexo. A escolha óbvia era Edgewood Arsenal, uma base militar com 5 mil hectares de frente para a Baía de Chesapeake, em Maryland, e sede do Serviço de Guerra Química desde sua fundação, em 1918. Entretanto, ao visitar Edgewood, Baldwin concluiu que havia gente demais lá, o que era incompatível com o complexo de armas biológicas que seria construído. Ele queria uma sede totalmente nova.

Baldwin e alguns oficiais do Serviço de Guerra Química começaram a procurar por áreas fora de Washington. Eles queriam um terreno protegido que estivesse razoavelmente perto da cidade, mas a uma distância propícia para a discrição dos experimentos, e que pudesse abrigar dezenas de edifícios, inclusive os tanques imensos nos quais os germes mortais seriam cultivados. Primeiro, eles recusaram uma oferta do National Institutes of Health em Bethesda, no estado de Maryland. Em seguida, buscaram uma ilha na Baía de Chesapeake, mas não encontraram nenhuma que fosse desabitada e do tamanho certo. Eles estudaram e rejeitaram uma antiga fábrica de calçados perto do Edgewood Arsenal, uma estação meteorológica na Virgínia e uma área na região da Sugarloaf Mountain, em Maryland. Finalmente, nos arredores de Frederick, também em Maryland, encontraram uma antiga base aérea da Guarda Nacional chamada Detrick Field, uma homenagem a um cirurgião do Exército que havia morado nas proximidades e servido na Primeira Guerra Mundial.

Os aviões da base de Detrick Field já estavam na Europa. No local, havia apenas galpões vazios, um hangar imenso, pistas e uma torre de controle. Do lado de fora, os prados se estendiam até a Montanha Catoctin, uma majestosa serra nos Apalaches que também abrigava o retiro presidencial Shangri-La — o atual Camp David; a base ficava a 80km de Washington. Com 400 hectares, o local se tornaria o epicentro da busca por métodos de aplicação de germes como armas de guerra e das ações secretas do governo dos EUA.

O Escritório de Serviços Estratégicos (agência de inteligência norte-americana em tempos de guerra) tinha uma base de treinamento que ocupava parte do Detrick Field e não queria abrir mão dela, mas foi forçado a fazê-lo porque o projeto de Ira Baldwin tinha alta prioridade. Em 9 de março de 1943, o Exército anunciou que Camp Detrick seria a sede dos Laboratórios de Guerra Biológica e que compraria várias fazendas adjacentes para obter mais espaço e privacidade. De imediato, o primeiro comandante gastou US$1,25 milhão em novos prédios. Em três meses, essa soma aumentou para US$4 milhões. Tudo que Baldwin requisitava era providenciado imediatamente: equipamentos bacteriológicos modificados, enormes quantidades de produtos químicos e grandes números de animais de laboratório — mais de 500 mil camundongos e dezenas de milhares de ratos, coelhos, porquinhos-da-índia, ovelhas, macacos, gatos, furões e canários.

O Camp Detrick estava envolto no mais profundo sigilo. O receio dos comandantes era de que, se vazassem notícias de pesquisas sobre o uso de germes como armas de guerra, os norte-americanos entrassem em pânico com a possibilidade de um ataque biológico. "Certa vez, em uma festa, alguém disse: 'Ei, tem muitos bacteriologistas por aqui, não é?'", lembrou um veterano do Serviço de Guerra Química, anos depois. "Ninguém respondeu. Era a regra de Detrick: 'Ninguém fala sobre Detrick'."

Inicialmente, Baldwin contratou um grupo de cientistas conhecidos, incluindo vários ex-alunos dele da Universidade de Wisconsin. Logo, dezenas e, depois, centenas foram chamados. Com o tempo, cerca de 1,5 mil pesquisadores passaram a atuar em Camp Detrick. Em todos foi inculcado um senso de missão — e até um sentimento de que o destino da humanidade estava em suas mãos. "Eles eram apaixonados pela ciência", afirmou mais tarde um historiador de Camp Detrick. "Eram os melhores do país. Imagine alguém dizendo: 'Tome um orçamento ilimitado, todo o equipamento necessário, bastar dizer qual é o melhor prédio para você, nós providenciaremos tudo.' Qualquer um aproveitaria a oportunidade. E foi exatamente o que eles fizeram. Mas havia uma ordem: precisamos de resultados o quanto antes."

Trabalhar em Camp Detrick era como ingressar em uma das seitas mais clandestinas do mundo. Uma nova ordem moral tinha que ser adotada. Quando entravam, todos assinavam um termo de confidencialidade que os vinculava pela vida toda.

No documento, constava: "Caso eu venha a falecer, autorizo o Comando em Camp Detrick a tomar as devidas providências quanto aos meus restos mortais e a colocá-los em um caixão selado que não será aberto posteriormente." E: "Autorizo que a autópsia dos meus restos mortais seja feita exclusivamente por representantes do Exército, a seu critério."

Os talentosos novatos, muitos com alto grau de especialização e títulos importantes, passavam pela Escola de Projetos Especiais, na qual aprendiam sobre "os fatos e potencialidades técnicas da guerra biológica". Entre os cursos, havia disciplinas como "Produção de Agentes" e "Contaminação de Alimentos e da Água". Os cientistas se entusiasmaram tanto com o novo trabalho que criaram um grito de guerra:

> Brucellosis, Psittacosis,
> Pee! You! Bah!
> Antibodies, Antitoxin,
> Rah! Rah! Rah![1]

No início de 1944, Winston Churchill fez um novo pedido de armas biológicas ao presidente Roosevelt, um ano depois do primeiro. Seu temor era de que os nazistas realizassem um último e desesperado ataque biológico à Grã-Bretanha, em uma tentativa desesperada de mudar o curso da guerra. Com urgência, Churchill disse para Roosevelt esquecer o demorado processo de desenvolvimento de novas armas e lhe enviar algo relativamente mais fácil: pequenas bombas com esporos de antraz. Ele queria meio milhão delas.

Nos EUA, poucos souberam desse pedido e nem todos foram favoráveis. O almirante William Leahy, chefe de gabinete de Roosevelt, apontou ao seu comandante que o uso do antraz como arma "violava todas as éticas cristãs de que já ouvi falar e todas as leis da guerra". No entanto, o mundo passava por um grave conflito, e a Grã-Bretanha estava sob ameaça. Roosevelt concordou em enviar a Churchill as bombas que ele julgava necessárias.

"Por obséquio, informe quando elas estarão disponíveis", Churchill escreveu em resposta. "Consideraremos a remessa como uma primeira leva."

Ira Baldwin calculou que seriam necessárias várias toneladas de esporos de antraz para atender ao pedido da Grã-Bretanha. Devido à alta prioridade do projeto, ele requisitou uma antiga fábrica de munições em Vigo, no estado de Indiana, e começou a adaptar a estrutura para produzir armas biológicas pela primeira vez nos Estados Unidos. O trabalho estava em andamento quando, em 7 de maio de 1945, o exército nazista se rendeu.

Pouco depois, Baldwin retornou à Universidade de Wisconsin. Ele tinha vários motivos para se sentir satisfeito. Chefiara o primeiro programa de armas biológicas dos Estados Unidos. Transformara Camp Detrick em um imenso complexo de pesquisa, com um posto ferroviário, um hospital, um quartel de bombeiros, um cinema e diversas salas de recreação. Centenas de cientistas, descritos em um relatório como "a elite intelectual dos EUA em seus campos", atuaram em mais de duzentos projetos. Eles produziram quantidades industriais de esporos de antraz, mosquitos infectados com

---

1 Em tradução livre: Brucelose, Psitacose / Ei! Você! Urine já! / Anticorpos, Antitoxina / Urra! Urra! Urra!

febre amarela e até um "pombo-bombardeiro", um pássaro com penas impregnadas de toxinas. Baldwin também coordenara duas bases de testes, uma em Dugway Proving Grounds, em Utah, e outra em Horn Island, no litoral do Mississippi. Ele cumprira o objeto do seu contrato com o Exército: incluir armas biológicas no arsenal dos Estados Unidos.

Em dois anos e meio de testes com materiais de guerra biológica, Baldwin e seus pesquisadores aprenderam bastante sobre como usar germes para matar um grande número de pessoas. Mas eles suspeitavam que a Alemanha e o Japão ainda estavam bem à frente dos Estados Unidos. Em meio ao caos do fim da guerra, os principais especialistas alemães e japoneses estavam à deriva — junto com seu inestimável conhecimento. Por isso, os cientistas de Camp Detrick vibraram quando souberam que Kurt Blome havia sido encontrado e estava sob a custódia dos Aliados.

Todos que ajudaram a colocar em ação a máquina nazista deveriam ser processados por seus crimes de guerra ou alguns poderiam trabalhar para o governo norte-americano? Essa pergunta chegou ao presidente Roosevelt em 1944. William Donovan, diretor do Escritório de Serviços Estratégicos, solicitou permissão ao presidente para iniciar um novo projeto de recrutamento. Entre os espiões nazistas capturados pelos norte-americanos, alguns sabiam muito sobre a União Soviética. Donovan queria oferecer imunidade e "obter permissão para que eles entrassem nos EUA após a guerra". Esse projeto ainda não envolvia cientistas, somente espiões, mas Roosevelt não concordou.

"Oferecer essas garantias seria difícil e provavelmente causaria muitos equívocos aqui e no exterior", escreveu Roosevelt ao rejeitar o pedido de Donovan. "É de se esperar que o número de alemães desesperados para salvar suas peles e propriedades cresça rapidamente. Alguns devem ser julgados por crimes de guerra ou presos por terem participação direta em atividades nazistas. Mesmo com os controles indicados, não posso autorizar a concessão de garantias."

Nem a carta nem o espírito dessa diretiva foram respeitados. O coronel Reinhard Gehlen, um dos principais oficiais da inteligência nazista, entregou-se às forças norte-americanas em maio de 1945 — poucas semanas após a morte de Roosevelt — e rapidamente fez um acordo para delatar sua rede de espionagem ao Escritório de Serviços Estratégicos em troca de proteção legal e uma generosa contrapartida. Depois que os oficiais da inteligência nazista foram perdoados na surdina e admitidos como prestadores de serviços pelos Estados Unidos, o precedente também passou a valer para os cientistas nazistas. O Exército formou um novo serviço secreto, a Agência de Objetivos de Inteligência Conjunta, cujo único propósito era encontrar e recrutar cientistas que haviam trabalhado para o Terceiro Reich. Os agentes isolavam os cientistas para que eles não retomassem sua ligação com as forças militares alemãs, impediam que eles caíssem nas mãos dos soviéticos e, quando era conveniente, providenciavam novos empregos nos Estados Unidos.

Na central de interrogatórios do Castelo de Kransberg, os escriturários começaram a usar clipes para marcar os arquivos dos prisioneiros cujos antecedentes continham "casos mais problemáticos". Dessa prática, surgiu o codinome do projeto clandestino que forjava biografias para que cientistas nazistas entrassem nos Estados Unidos: Operação Paperclip. O presidente Harry Truman iniciou essa operação em 3 de setembro de 1946. O despacho confidencial, elaborado por oficiais da inteligência e aprovado pelo subsecretário de Estado, Dean Acheson, autorizava a emissão de até mil vistos para cientistas alemães e austríacos "no interesse da segurança nacional". A ordem também proibia expressamente a cooperação com qualquer indivíduo que tivesse sido "membro do Partido Nazista, mais do que um mero participante em suas atividades ou defensor ativo do militarismo nazista".

Se essa determinação tivesse sido obedecida, a Operação Paperclip teria sido bem menor. O principal objetivo era recruta cientistas alemães especializados em foguetes, que, durante a guerra, trabalharam na produção dos mísseis que mataram milhares de civis em Londres e outras cidades europeias — algo que certamente os qualificava como defensores ativos do militarismo nazista. Com um desembaraço digno de nota, a Agência de Objetivos de Inteligência Conjunta deixou essas preocupações de lado. A Operação Paperclip prosseguiu como se a ordem de Truman não existisse. No final das contas, o projeto levou mais de setecentos cientistas, engenheiros e especialistas ligados ao Terceiro Reich para os Estados Unidos.

Pouco depois do fim das hostilidades, o Serviço de Guerra Química ganhou mais relevância e passou a se chamar Corpo de Químicos. Com certa inveja, seus comandantes acompanharam os espiões nazistas ganhando a proteção norte-americana e essas boas-vindas sendo estendidas aos especialistas em foguetes. Eles sugeriram uma ampliação da operação para chegar aos nazistas que cobiçavam: médicos, químicos e biólogos que poderiam informar os resultados dos experimentos realizados nos campos de concentração. A ideia foi considerada excelente pelos oficiais que chefiavam a Operação Paperclip. Com a ajuda deles, três cientistas alemães que haviam atuado em projetos de guerra química e biológica chegaram ao Camp Detrick menos de um ano após o término da guerra. Todos haviam sido membros do Partido Nazista. Parte das suas atribuições consistia em ensinar aos norte-americanos sobre as particularidades do sarin, um gás que foi desenvolvido na Alemanha e que tinha um grande potencial para uso no campo de batalha. Nas palestras, os recém-chegados apresentaram os registros dos seus experimentos. Esses dados mostravam que a maioria dos indivíduos avaliados morrera em até dois minutos após a inalação das primeiras doses de sarin e que "a idade parecia não fazer diferença na letalidade do vapor tóxico".

Durante a Segunda Guerra Mundial, os médicos nazistas realizaram uma série de experimentos que causaram muitas mortes. Com esse trabalho, eles, como os espiões e engenheiros de foguetes, acumularam uma experiência que, para alguns figurões de Washington, seria decisiva em uma futura guerra. Por isso, sempre que um cientista cobiçado pelos oficiais da Operação Paperclip tinha algo reprovável na ficha, eles reescreviam sua biografia. Sistematicamente, os agentes eliminavam todas as referências à participação na SS, colaboração com a Gestapo, trabalho escravo e experimentos com seres humanos. Os indivíduos que tinham sido classificados como "nazistas ferrenhos" nos interrogatórios eram reclassificados como "não nazistas ferrenhos". Suas fichas ganhavam vidas familiares exemplares. Depois que eram "sanitizados", eles se tornavam candidatos aptos para admissão no programa.

"De fato", segundo um estudo sobre o período, "as equipes científicas se faziam de cegas. Impressionados com a tecnologia alemã, anos à frente em alguns casos, os cientistas ignoravam a base maligna daquilo — as pilhas de cadáveres — e saboreavam o conhecimento nazista como um fruto proibido".

Mas essa prática também foi contestada. O Departamento de Estado designou vários diplomatas para a Operação Paperclip, e eles se opuseram à "sanitização". Alguns funcionários dos consulados ameaçaram reter os vistos de cientistas envolvidos em crimes de guerra. No país, o FBI anunciou que investigaria os ex-nazistas que queriam entrar nos Estados Unidos. A Federação Americana de Cientistas alertou o presidente Truman de que alguns candidatos escondiam um passado sinistro. Os jornais apontaram que um dos primeiros contratos da Operação Paperclip havia sido oferecido ao químico industrial Carl Krauch, um dos criadores da unidade da I. G. Farben em Auschwitz. Antes de viajar para os Estados Unidos, Krauch foi preso como criminoso de guerra na Alemanha Ocidental, acusado de promover "escravidão e maus-tratos e aterrorizar, torturar e assassinar muitas pessoas... bem como de outros crimes, como a produção e fornecimento de gás venenoso para fins experimentais e para o extermínio dos detentos dos campos de concentração".

Alguns aplaudiam quando nazistas importantes eram condenados e punidos. Não era o caso de Bosquet Wev, o ex-capitão de submarino de 42 anos que comandava a Operação Paperclip. Combativo e sempre disposto a argumentar, ele acusou o Departamento de Estado, em uma série de memorandos para Washington, de sabotar sua operação, "espancando um cavalo nazista morto" e se atendo a "picuinhas", como se os cientistas haviam sido membros da SS. Ele alertou que, se os Estados Unidos se recusassem a aceitar cientistas nazistas com currículos maculados, muitos poderiam acabar atuando em projetos parecidos na Alemanha ou na União Soviética. Essa possibilidade, segundo ele, "representa uma ameaça à segurança muito maior do que ligações nazistas anteriores e, até mesmo, simpatias atuais". A disputa chegou ao Congresso. Os diplomatas mais enfáticos eram demonizados, expostos ao público como "figuras sinistras" e "comunas enrustidos", cuja moral era um perigo para a segurança nacional. A imprensa retratava o conflito como, nas palavras de um comentarista da televisão, "uma via utilizada por algumas autoridades menores do Departamento de Estado para bloquear um programa militar de alta importância".

Quando o conflito deixou o âmbito burocrático e alcançou o campo político, veio o resultado. O medo dos norte-americanos aumentava. A Guerra Fria se instalava. Os diplomatas que queriam adaptar a Operação Paperclip aos limites estabelecidos pelo presidente Truman não tinham peso para fazer frente ao poder combinado das agências militares e de segurança. Suas objeções foram descartadas.

Os cientistas de Camp Detrick estavam muito interessados nos conhecimentos de Kurt Blome. Após longos interrogatórios na Alemanha, ele lentamente baixou a guarda — sugerindo que escondia terríveis segredos. Como recompensa e sinal de respeito, ele foi transferido da cela para um cômodo em um belo chalé. Enquanto isso, seus admiradores em Camp Detrick tentavam obter um contrato da Operação Paperclip para levá-lo a Maryland. Por pouco não tiveram êxito.

Nos meses após a rendição do Japão, em 15 de agosto de 1945, vários oficiais japoneses capturados disseram aos interrogadores norte-americanos que o país mantinha um programa secreto de guerra biológica. Eles mencionaram rumores de testes com venenos em seres humanos, que teriam ocorrido na base conhecida como Unidade 731, na região da Manchúria, uma província chinesa ocupada. Os dados obtidos nesses interrogatórios foram encaminhados aos Laboratórios de Guerra Biológica, em Camp Detrick. Os cientistas, empolgados com a possibilidade de extrair informações de Kurt Blome e de outros médicos ligados aos nazistas, também se voltaram para o Japão. Eles descobriram que o cirurgião-chefe da Unidade 731 era o general Shiro Ishii e pediram aos agentes do Corpo de Contrainteligência para encontrá-lo, como haviam feito com Blome na Alemanha. O plano era o mesmo: mantê-lo longe dos soviéticos e salvar Ishii do patíbulo para conquistar sua lealdade.

Duas obsessões moviam Shiro Ishii: os extremos do nacionalismo japonês e os extremos da medicina. Membro de uma família de ricos proprietários de terras, ele foi um estudante excepcional de medicina na Universidade Imperial de Kyoto. No final da década de 1920, ficou fascinado com o Protocolo de Genebra, que proíbe a guerra biológica. O Japão, como os Estados Unidos, se recusou a assiná-lo. Ishii acreditava que tinha o direito de desenvolver armas que outros não podiam — e que essas armas seriam decisivas em uma futura guerra. Ele via isso como sua contribuição para a glória do seu país.

Em 1928, depois de se formar em medicina, Ishii partiu para uma viagem de dois anos por laboratórios de biologia de mais de dez países, como União Soviética, Alemanha, França e Estados Unidos. Quando retornou ao Japão, passou a integrar o Corpo de Cirurgiões do Exército. Logo ele estava coordenando um laboratório químico dedicado a testes com máscaras de gás. Segundo um autor, Ishii se tornou "um mulherengo inveterado, dado a aventuras nas casas de gueixas mais sofisticadas de Tóquio", mas se sentia frustrado profissionalmente. Então, ele pediu ao ministro do Exército, seu padrinho, uma área remota para realizar experimentos com seres humanos e desenvolver técnicas de guerra biológica. Em 1936, depois que os japoneses ocuparam o nordeste da China, ele conseguiu o que queria. Os comandantes do Exército designaram para Ishii uma área ao sul de Harbin, a maior cidade da Manchúria. Oito vilarejos foram destruídos para dar lugar a um complexo de 10 quilômetros quadrados que passou a abrigar mais de 3 mil cientistas e outros funcionários. Oficialmente, tratava-se do Departamento de Prevenção de Epidemias e Purificação de Água. Para aqueles que trabalhavam ali e para os poucos que sabiam da sua existência, era a Unidade 731.

"Nossa missão divina como médicos é desafiar todos os microrganismos causadores de doenças, bloquear suas vias de entrada, aniquilar as matérias estranhas presentes nos corpos e conceber os melhores tratamentos possíveis", disse Ishii à equipe no início do projeto. "A pesquisa que estamos desenvolvendo agora é o exato oposto desses princípios."

Os soldados japoneses deram início a uma varredura na zona rural, capturando "marginais" e outras pessoas suspeitas, soldados chineses, guerrilheiros locais, criminosos comuns e pacientes com problemas mentais, e entregaram esses indivíduos a Ishii. Entre 1936 e 1942, ele recebeu entre 3 mil e 12 mil desses "insignificantes", como sua equipe os chamava. Todos tiveram mortes terríveis. Ishii era movido pela sede de aprender o máximo possível sobre as reações do corpo a diferentes formas de abuso extremo. Os "insignificantes" eram cobaias em atos inconcebíveis de vivissecção.

Para quem tem coragem e um estômago forte, aqui vão algumas das experiências realizadas com os prisioneiros na Unidade 731. Eles foram expostos a gases tóxicos para que seus pulmões fossem removidos e estudados; queimados lentamente com descargas elétricas para determinar as voltagens letais; pendurados de cabeça para baixo para indicar o progresso da asfixia natural; trancados em câmaras de alta pressão até que seus olhos saíssem das órbitas; lançados em centrífugas; infectados com antraz, sífilis, peste bubônica, cólera e outras doenças; inseminados à força para gerar bebês que foram objetos de vivissecção; amarrados a estacas e incinerados por soldados que testavam lança-chamas e congelados gradualmente para ilustrar o progresso da hipotermia. As vítimas recebiam injeções de ar para induzir embolias e transfusões de sangue animal para verificação dos efeitos. Algumas foram dissecadas vivas e tiveram membros amputados para que os assistentes monitorassem a progressão das mortes por sangramento e gangrena. De acordo com um relatório confidencial do Exército dos EUA (que posteriormente foi divulgado), grupos de homens, mulheres e crianças eram amarrados a estacas com "suas pernas e nádegas descobertas e expostas a estilhaços de bombas de antraz que explodiam a alguns metros de distância" para determinar quanto tempo viveriam — um período nunca superior a uma semana. Como Ishii exigia um fluxo constante de órgãos humanos, havia uma demanda contínua por "insignificantes", que incluíam não apenas chineses, mas coreanos, mongóis e, segundo alguns relatos, prisioneiros de guerra norte-americanos. Após cada experimento, os microbiologistas extraíam amostras de tecidos e as colocavam em lâminas para estudo. Com base nos dados obtidos, os técnicos preparavam chocolates e chicletes envenenados, bem como grampos de cabelo e canetas-tinteiro com agulhas revestidas de toxinas para uso em assassinatos. Os laboratórios industriais criavam pulgas infestadas de peste bubônica e fabricavam toneladas de antraz, colocadas nos revestimentos das bombas que mataram milhares de civis chineses.

Aos poucos, os interrogadores norte-americanos compreenderam a natureza e a extensão dos horrores perpetrados na Unidade 731, mas não encontraram provas. Nos derradeiros dias da guerra, Ishii ordenou a execução dos últimos 150 "insignificantes", orientou a equipe a "levar o segredo para o túmulo" e distribuiu cápsulas de cianeto para o caso de prisão. Depois, ordenou que as instalações fossem destruídas com explosivos.

Policiais japoneses, sob as ordens do Corpo de Contrainteligência, encontraram e capturaram Ishii, que vivia normalmente em sua cidade natal. Em 17 de janeiro de 1946, ele foi levado a Tóquio, onde ficou na casa da filha, localizada em uma pequena rua. Nas quatro semanas seguintes, ele colaborou e concedeu uma série de entrevistas para um cientista de Camp Detrick. As conversas foram informais e, até mesmo, cordiais.

"Ele literalmente implorou para que meu pai revelasse dados ultrassecretos sobre as armas biológicas", recordou a filha de Ishii. "Ao mesmo tempo, enfatizava que os dados não deveriam cair nas mãos dos russos."

O japonês não admitiu crime algum. Ele insistiu que a Unidade 731 não havia disseminado a peste na China e que seus experimentos com toxinas eram realizados somente com animais de laboratório. Os cientistas das forças norte-americanas desconfiaram dessa versão, pois os relatos dos veteranos da Unidade 731 já capturados sugeriam que Ishii havia supervisionado experimentos que causaram a morte de milhares de seres humanos. Os dados desses testes beneficiariam muito as pesquisas norte-americanas sobre guerra biológica. Então, eles deram duas opções a Ishii: contar um pouco do que ele sabia e receber proteção ou ficar em silêncio e correr o risco de ser capturado pelos soviéticos e condenado à morte. Houve também a menção à garantia que Ishii esperava: os norte-americanos estavam interessados em "informações técnicas e científicas... não em crimes de guerra".

"Se me derem um documento garantindo imunidade para mim, meus superiores e subordinados, posso repassar essas informações", Ishii respondeu. "Gostaria de ser contratado como especialista em guerra biológica."

O acordo era interessante para os dois lados. Ishii sabia que seria julgado e, provavelmente, condenado à morte caso se recusasse a cooperar. Já os cientistas de Camp Detrick queriam extrair informações dele e sentiam uma urgência que suplantava toda resistência moral. A pedido deles, o Comando Supremo das Forças Aliadas, liderado pelo general Douglas MacArthur, promulgou uma diretriz secreta: "O valor dos dados japoneses sobre armas biológicas para os EUA é de tal importância para a segurança nacional que supera, em muito, o valor dos processos por crimes de guerra."

Em seguida, esse princípio foi aplicado a Ishii e seus camaradas. O general MacArthur tinha que agir rapidamente porque o Tribunal Militar Internacional para o Extremo Oriente estava prestes a iniciar o julgamento histórico dos suspeitos de crimes de guerra japoneses. Pouco depois, o general assinou um decreto secreto que anistiava Ishii e seus colegas da Unidade 731.

"Quanto às declarações de Ishii", MacArthur ponderou, "os japoneses envolvidos devem ser informados de que os dados ficarão retidos nos canais de inteligência e não serão utilizados como evidências de 'Crimes de Guerra'."

Assim, o responsável por comandar a dissecação de milhares de prisioneiros vivos durante a guerra se safou da punição, bem como seus superiores e funcionários. Mas, diferente dos seus colegas alemães, eles não foram levados para os Estados Unidos. Na verdade, os cientistas japoneses foram instalados em laboratórios e centros de detenção no leste da Ásia. Lá, eles ajudaram os norte-americanos a conceber e realizar experimentos em seres humanos que não podiam ser conduzidos nos EUA.

"Apenas racismo não explica inteiramente por que Ishii e seus colegas não foram levados para os Estados Unidos", concluiu um estudo acadêmico. "O país não estava preparado, estrutural e politicamente, para a entrada de novos cientistas japoneses... Havia muitas barreiras técnicas e culturais."

Depois de obter imunidade contra a acusação de crimes de guerra, Ishii apareceu com várias caixas de documentos. Nos papéis, havia dados valiosos e únicos sobre a ação de várias toxinas sobre o corpo humano, suas formas de disseminação e as dosagens mais letais. Os cientistas de Camp Detrick ficaram encantados.

Depois, Ishii indicou aos norte-americanos a localização de templos e retiros nas montanhas onde ele e sua equipe haviam escondido 15 mil lâminas de microscópio quando a guerra estava chegando ao fim. Cada lâmina continha uma amostra extraída de um rim, fígado, baço ou outro órgão humano após um choque mortal. As vítimas morreram devido à exposição a temperaturas extremas, antraz, botulismo, peste bubônica, cólera, disenteria, varíola, febre tifoide, tuberculose, gangrena ou sífilis. Não raro, elas ainda estavam conscientes quando seus órgãos foram removidos, pois Ishii acreditava que os melhores dados eram os coletados no momento da morte. As lâminas foram enviadas para Camp Detrick, e os cientistas informaram que esses dados "suplementaram e ampliaram bastante" as pesquisas norte-americanas sobre guerra biológica.

"Agora, há mais informações sobre a susceptibilidade humana", indicava um relatório. "Esses dados não puderam ser obtidos em nossos laboratórios devido a escrúpulos que restringem a experimentação com seres humanos... Espera-se que os indivíduos que, voluntariamente, contribuíram com essas informações sejam poupados de constrangimentos."

Se os norte-americanos protegiam os veteranos da Unidade 731, os soviéticos capturaram doze deles e os acusaram de crimes de guerra. Todos foram condenados a penas de prisão que variavam entre 2 e 25 anos. Mas esses julgamentos não foram abertos ao público. Nos anos seguintes, sempre que surgiam relatos sobre a Unidade 731 e a cooperação de Ishii com os Estados Unidos, o governo classificava as críticas como propaganda comunista. Contudo, as sentenças aplicadas pelos soviéticos eram leves para os padrões do pós-guerra. Posteriormente, evidências indicaram que os governos soviético e chinês se valeram da experiência dos veteranos da Unidade 731 para desenvolver seus programas de armas biológicas.

Durante a guerra, Kurt Blome e Shiro Ishii conheciam, admiravam e incentivavam seus respectivos trabalhos. Nos dois casos, os designs dos centros de tortura médica eram notavelmente semelhantes. Quando o Eixo foi derrotado, em 1945, tudo indicava que eles teriam o mesmo destino. Isso, de fato, ocorreu — mas não como se esperava. Os cientistas de Camp Detrick haviam resgatado Ishii. Agora, queriam fazer o mesmo com Blome.

A PANCADA DO martelo que iniciou o "Julgamento dos Médicos" em Nuremberg foi alta e cortante. Segundo uma testemunha, ela "ressoou por toda a grande sala do tribunal". Breves formalidades se seguiram. O general Telford Taylor, promotor da ação, fez seu pronunciamento de abertura diante de um público atento.

"Todos os réus aqui presentes cometeram crimes de guerra de forma voluntária e consciente", começou Taylor. Todos realizaram "experimentos médicos sem o consentimento dos pacientes e praticaram assassinatos, brutalidades, crueldades, torturas, atrocidades e outros atos desumanos". Com detalhes pungentes, Taylor descreveu experimentos em que os prisioneiros eram mortos por congelamento, aplicação de gás mostarda em ferimentos, remoção cirúrgica de ossos e músculos, balas venenosas, exposição a pressões atmosféricas extremas e infecção por malária, tifo e tuberculose. Em seguida, acusou os réus de centenas de milhares de assassinatos por meio da "execução sistemática e clandestina de idosos, insanos, doentes incuráveis, crianças deformadas e de outras pessoas com o uso de gás, injeções letais e diversos outros meios". Algum tempo depois, a escrivã da corte relatou "que tivera muita dificuldade para manter o controle emocional e a compostura" diante dessa descrição.

No entanto, dois importantes médicos nazistas não estavam presentes na sala 600 do tribunal, instalado no Palácio de Justiça de Nuremberg, naquele 21 de novembro de 1946. Heinrich Himmler havia cometido suicídio em sua cela. Josef Mengele, que chefiara os experimentos em Auschwitz, estava desaparecido. Entretanto, os 23 réus formavam uma galeria e tanto. Entre eles, estavam o clínico pessoal de Hitler e os supervisores dos experimentos extremos e massacres realizados em Auschwitz, Buchenwald, Dachau, Bergen-Belsen, Treblinka e outros campos de concentração. Um deles era Kurt Blome.

O general MacArthur havia salvado Ishii da punição com uma canetada, mas resgatar Blome seria mais difícil. Ele ocupara posições de alta visibilidade. Os crimes nazistas eram bastante conhecidos; a Unidade 731 podia ser ocultada porque havia operado na remota Manchúria, mas os campos de concentração estavam no coração da Europa. Ademais, o sistema judicial que processava criminosos de guerra na Alemanha era mais estruturado e difícil de manipular do que o instalado no Japão. Como os admiradores de Blome em Camp Detrick não conseguiram evitar a acusação, tinham que trabalhar pela sua absolvição.

Blome se defendeu com determinação. Dirigindo-se ao tribunal em inglês fluente, ele abordou dois pontos centrais. Primeiro, argumentou que, embora houvesse muitas evidências circunstanciais contra ele — como a carta de Himmler com a instrução de administrar toxinas de "tratamento especial" para os prisioneiros —, não havia testemunhas para confirmar que ele havia, de fato, praticado as atrocidades sobre as quais escrevera, discutira e recebera ordens para comandar. Segundo, ele apresentou um artigo da revista *Life* que descrevia um estudo realizado em uma penitenciária de Illinois, onde um grupo de prisioneiros fora infectado com malária pelo Exército dos EUA para fins de determinação dos efeitos da doença. Ele alegou que esses experimentos e outros estudos que os médicos norte-americanos já haviam realizado nas prisões não eram mais antiéticos do que os seus.

O depoimento de Blome não foi o único ponto a seu favor na ação. Os cientistas de Camp Detrick comunicaram discretamente sua preocupação com o bem-estar de Blome aos oficiais dos EUA que participavam do "Julgamento dos Médicos". Os veredictos foram proferidos em 27 de agosto de 1947. Sete réus foram condenados à forca. Nove receberam penas de reclusão. Sete foram absolvidos. Blome estava entre eles. Para os juízes, existiam suspeitas de que ele havia coordenado experimentos com seres humanos, mas não provas cabais.

"As cartas estavam claramente marcadas", apontou um estudo alemão sobre o julgamento. "Não foram apresentadas provas convincentes do envolvimento de Blome nos experimentos de Rasher [Dr. Sigmund Rasher, da SS] no campo de concentração de Dachau. Seu papel nos experimentos com malária e gás venenoso não foi comprovado. Quando pediram a condenação dele, os promotores já sabiam que isso não aconteceria."

Quarenta e dois dias após o veredito de Blome, o chefe do Corpo de Químicos do Exército recebeu uma mensagem do grupo do Corpo de Contrainteligência na Alemanha: "O Dr. Kurt Blome já está disponível para interrogatórios sobre questões de guerra biológica". Ele imediatamente enviou uma equipe de cientistas de Camp Detrick. Inicialmente, Blome não queria discutir seus experimentos com seres humanos, o tópico que mais interessava aos cientistas. Porém, ele mencionou que, certa vez, investigara uma operação na qual membros da resistência polonesa mataram mais de uma dezena de oficiais da SS esguichando germes da febre tifoide nos alimentos com algo parecido com uma caneta-tinteiro. O episódio fascinou os interrogadores. Blome estudou técnicas de envenenamento indetectáveis. Era apenas o começo; ele tinha muito a ensinar aos seus novos amigos. Em dado momento, ele fez uma oferta: se fosse para os EUA, ele revolucionaria o programa de guerra biológica do país.

PARA UM SELETO grupo de norte-americanos que atuara nas agências militares e de inteligência durante a Segunda Guerra Mundial, o conflito nunca cessou de verdade, só mudou de inimigo. A União Soviética e, depois de 1949, a "China Vermelha" ocuparam o lugar da Alemanha nazista e do Japão imperial. Segundo essa nova narrativa, o Comunismo monolítico, dirigido pelo Kremlin, era uma força demoníaca que ameaçava a vida nos Estados Unidos e a humanidade como um todo. Diante desse grave risco existencial, nenhum sacrifício — de dinheiro, moral e vidas humanas — era considerado excessivo na luta contra o comunismo. Essa convicção, latente, mas quase universal em Washington, justificou um dos projetos secretos mais bizarros já elaborados por um governo.

Em 1945, o presidente Truman decidiu que os Estados Unidos não precisavam, em tempos de paz, de uma agência de inteligência clandestina e fechou o Escritório de Serviços Estratégicos [OSS]. Dois anos depois, ele mudou de ideia e assinou a Lei de Segurança Nacional, que criou a Agência Central de Inteligência [CIA]. O texto dessa lei, elaborado, em parte, por Allen Dulles, um ex-oficial do OSS que desejava voltar ao mundo clandestino, é vago. A norma autoriza a CIA a exercer "funções e ações de inteligência para fins de proteção da segurança nacional" e usar "todos os métodos apropriados" em suas atividades.

As primeiras operações secretas da CIA ocorreram na Europa, onde a Guerra Fria era mais intensa. Em 1947, os oficiais contrataram delinquentes da Córsega para minar uma greve liderada pelos comunistas no porto de Marselha. No ano seguinte, a CIA executou uma campanha bem-sucedida para impedir que os comunistas vencessem uma eleição nacional na Itália. A Agência também enviou espiões, sabotadores e pequenos grupos de ataque para incursões na União Soviética e na Europa Oriental. Eram operações ousadas, mas parecidas com as missões que os serviços secretos já realizavam há várias gerações. Porém, um episódio repentino e chocante em Budapeste despertou na CIA — e nos cientistas de Camp Detrick — um medo diferente que mudou o rumo dessas ações.

Em 3 de fevereiro de 1949, o cardeal Jozsef Mindszenty, prelado católico da Hungria, compareceu a uma audiência pública no tribunal e confessou crimes extravagantes, como tentativas de derrubar o governo, chefiar esquemas monetários no mercado negro e roubar a coroa real, em uma conspiração para restabelecer o Império Austro-húngaro. Ele foi sentenciado à prisão perpétua. Os líderes ocidentais ficaram indignados. O presidente Truman classificou o julgamento como "infame". O papa Pio XII disse que o episódio era "um grave desrespeito que abria uma profunda ferida" e excomungou todos os católicos envolvidos. Já os altos oficiais da CIA reagiram de maneira diferente. Eles analisaram o comportamento de Mindszenty durante o julgamento. Ele parecia desorientado, falava em um tom monótono e confessou crimes que, evidentemente, não havia cometido. Claramente, ele fora coagido — mas como?

A CIA chegou a uma conclusão terrivelmente óbvia: os soviéticos tinham desenvolvido drogas ou técnicas de controle mental que induziam as pessoas a dizerem coisas em que não acreditavam. Mas não havia nenhuma evidência que indicasse isso. Mindszenty fora coagido por meio de métodos tradicionais, como maus-tratos, isolamento prolongado, espancamentos e interrogatórios recorrentes. Todavia, o receio de que os comunistas tivessem uma nova e potente ferramenta psicoativa reverberou pelos corredores da CIA. E Camp Detrick ganhou uma nova missão.

Nos primeiros anos após a Segunda Guerra Mundial, os cientistas de Camp Detrick se sentiam desprestigiados. O motivo era simples: os planejadores da estrutura militar concluíram que, como os EUA agora tinham armas nucleares, as armas biológicas não eram mais uma prioridade. O foco dos políticos e os recursos (esses irmãos siameses) foram redirecionados para os programas de energia nuclear. Camp Detrick se tornou uma base pouco relevante. O trabalho diminuiu, e muitos cientistas foram remanejados ou autorizados a retornar para a vida civil. Os que ficaram estavam à procura de uma nova missão. O julgamento de Mindszenty lhes deu uma.

Os comandantes do Corpo de Químicos agiram rapidamente. Na primavera de 1949, eles criaram uma equipe secreta em Camp Detrick, a Divisão de Operações Especiais [DOE], cujos cientistas realizariam pesquisas sobre o uso de agentes químicos como armas em ações clandestinas. Segundo um dos primeiros cientistas a ingressarem na nova divisão, o grupo era "um pequeno Detrick dentro de Detrick... A maioria das pessoas não sabia o que estava acontecendo na DOE e se irritava porque ninguém dizia nada".

O uso coercitivo de drogas era um novo campo, e os cientistas da DOE tinham que definir como iniciariam as pesquisas. Os oficiais da CIA na Europa encaravam um desafio paralelo. Eles sempre capturavam possíveis agentes soviéticos, mas queriam técnicas de interrogatório para destruir suas identidades forjadas, induzi-los a revelar segredos e, talvez, programá-los para agir contra sua vontade. O julgamento de Mindszenty alimentou o medo de que os cientistas soviéticos já tivessem técnicas sofisticadas nessa área. A CIA precisava agir rápido.

3

Cobaias, Voluntárias ou Não

No laboratório da Sandoz, em 16 de abril de 1943, durante um experimento com a enzima ergot, ondas de tontura desorientaram o Dr. Albert Hofmann. Sentindo um mal-estar incomum, ele foi de bicicleta para casa, onde se deitou e fechou os olhos. A princípio, sentiu-se agradavelmente inebriado. Depois, sua imaginação começou a correr solta. Pelas duas horas seguintes, Hofmann vislumbrou o que, mais tarde, definiu como "um fluxo ininterrupto de imagens fantásticas, com extraordinária plasticidade e vivacidade, acompanhadas por um intenso jogo de cores semelhante a um caleidoscópio".

Sabe-se, há séculos, que a enzima ergot, encontrada naturalmente em fungos que crescem no centeio e em outros grãos, tem função terapêutica, mas pode causar espasmos e alucinações. Naquela ocasião, Hofmann estava testando uma nova permutação para melhorar a circulação sanguínea. Quando acordou na manhã seguinte, ele suspeitou que o ergot, que, na Idade Média, era associado a casos de bruxaria e possessão, era a causa de sua intoxicação. No entanto, aqueles sintomas não correspondiam a nenhuma descrição conhecida. Então, ele decidiu realizar um experimento e utilizar a si mesmo como cobaia. Três dias após sua primeira experiência, ele ingeriu 250 microgramas da substância, uma quantidade diminuta. Meia hora depois, ele escreveu em seu diário que não sentia "nenhum indício de efeito algum". A anotação que fez em seguida foi rabiscada e interrompida após as palavras "dificuldade de concentração, distúrbios visuais e um acentuado desejo de dar risada". Essa experiência, escreveu ele, "havia sido muito mais intensa do que a primeira".

> Tive grande dificuldade em falar coerentemente, meu campo de visão oscilava e os objetos pareciam distorcidos, como imagens em espelhos curvos... Pelo que me lembro, os sintomas mais marcantes foram os seguintes: vertigem; distúrbios visuais — os rostos das pessoas ao meu redor pareciam máscaras grotescas e coloridas —; distúrbios motores acentuados, alternados com paralisia; uma sensação intermitente de peso na cabeça, nos membros e no corpo inteiro, como se estivessem cheios de chumbo; sensação de constrição na garganta; sensação de asfixia; um claro reconhecimento da minha condição — às vezes, eu me dava conta, como se fosse um observador objetivo e imparcial, de que estava gritando meio insanamente ou murmurando palavras sem sentido. Em alguns momentos, senti como se estivesse fora do corpo... Um fluxo ininterrupto de imagens fantásticas, formas extraordinárias, um intenso jogo caleidoscópico de cores... Após uma hora, adormeci e acordei na manhã seguinte me sentindo perfeitamente bem.

O produto químico ingerido por Hofmann era o 25º de uma série de dietilamidas do ácido lisérgico que ele desenvolvera e, portanto, recebeu o nome LSD-25. Naquela primavera de 1943, ele se tornou a primeira pessoa a usá-lo. Na geração seguinte, a substância abalaria o mundo.

Nos meses após suas primeiras viagens interiores — que, mais tarde, ficaram conhecidas como "acid trips" [viagens de ácido, em tradução livre] —, Hofmann testou o LSD em colegas da Sandoz que se apresentaram como voluntários. Os resultados foram surpreendentes. Hofmann descreveu "a atividade extraordinária do LSD na psique humana" e concluiu que ele era, "de longe, o alucinógeno mais ativo e mais específico".

As implicações médicas dessa descoberta não eram claras. Para Hofmann, o LSD poderia ser utilizado em pesquisas sobre as bases bioquímicas das doenças mentais. Suas experiências prosseguiram de modo esporádico e inconclusivo. As notícias chegaram a Washington no final de 1949, quando um oficial do Corpo de Químicos informou L. Wilson Greene, diretor técnico dos Laboratórios de Química e Radiologia de Edgewood Arsenal, sobre um novo medicamento que causava alucinações, descoberto pelos químicos da Sandoz. Greene ficou fascinado. Ele reuniu as informações disponíveis sobre o assunto e elaborou um longo relatório intitulado "Guerra Psicoquímica: Um novo conceito de guerra". Em sua conclusão, Greene recomendava enfaticamente que o governo começasse a testar o uso de LSD, mescalina e sessenta outros compostos psicotrópicos para transformá-los em armas contra populações inimigas.

"A resistência seria muito enfraquecida ou totalmente neutralizada pela histeria e pelo pânico em massa", escreveu Greene. "Em termos de operações estratégicas e táticas, alguns sintomas valiosos são: ataques e convulsões, tontura, medo, pânico, histeria, alucinações, enxaqueca, delírio, depressão extrema, desespero, falta de iniciativa para coisas simples e mania suicida."

Greene propôs uma nova missão para os cientistas militares dos Estados Unidos. Estendendo os limites da imaginação, ele sugeriu que, além da artilharia e dos tanques, dos produtos químicos, dos germes e das bombas nucleares, havia uma constelação incrível de novos armamentos: as drogas psicoativas. Para Greene, essas substâncias inauguravam uma nova era da guerra. "Ao longo da história, as guerras redundaram em morte, miséria e destruição, com cada conflito sendo mais catastrófico do que o anterior", escreveu ele em seu relatório. "Estou convencido de que é possível, por intermédio das técnicas de guerra psicoquímica, conquistar um inimigo sem massacrar sua população nem destruir suas propriedades."

Esse relatório galvanizou o círculo restrito de autoridades que tiveram acesso a ele. Entre elas, estava o almirante Roscoe Hillenkoetter, diretor da CIA. Após tomar conhecimento dessas revelações, ele pediu que o presidente Truman autorizasse uma pesquisa sobre as drogas citadas por Greene — e atribuísse esse trabalho à CIA. Truman concordou. Hillenkoetter designou um grupo de oficiais da Agência para trabalhar com os químicos da Divisão de Operações Especiais [DOE] em Camp Detrick.

Com esse "acordo informal", firmado em 1950, duas das equipes norte-americanas mais clandestinas da Guerra Fria se tornaram parceiras. Os cientistas militares de Detrick criavam muitas combinações de drogas, mas não tinham autoridade para usá-las em operações. O foco da CIA, por outro lado, era a ação. Os agentes da Equipe de Serviços Técnicos, que produziam as ferramentas empregadas na espionagem, procuravam drogas capazes de soltar as línguas, enfraquecer a resistência, abrir as mentes para o controle externo e liquidar pessoas. Assim, o "acordo informal" possibilitou que os cientistas que fabricavam drogas psicoativas e convulsivas colaborassem com os interrogadores da CIA, que aplicavam essas substâncias nos prisioneiros. Esse programa conjunto, denominado MK-NAOMI — o prefixo MK indicava os projetos executados pela Equipe de Serviços Técnicos —, imediatamente recebeu uma verba orçamentária.

"À sombra do MK-NAOMI," segundo um pesquisador, "o grupo da DOE desenvolveu um arsenal de substâncias tóxicas para a CIA. Quando os agentes precisavam matar alguém em alguns segundos com, digamos, uma pílula de suicídio, a DOE fornecia uma toxina altamente letal extraída de mariscos... A mais conveniente para os assassinatos, de acordo com o pessoal da CIA e da DOE, era a toxina botulínica: como o período de incubação variava entre 8 e 12 horas, o assassino já estava longe no momento do óbito... Quando os agentes da CIA só queriam se livrar de alguém temporariamente, a DOE oferecia uma dezena de doenças e toxinas de intensidades variadas".

Além de trabalhar nos laboratórios de Camp Detrick, os cientistas designados para o MK-NAOMI realizavam testes em campo para observar como os agentes biológicos funcionavam em ambientes com muitas pessoas. Houve testes de armas biológicas conduzidos por militares britânicos, incluindo um perto da ilha caribenha de Antígua em 1949, em que centenas de animais morreram. No mesmo ano, seis membros da Divisão de Operações Especiais entraram no Pentágono disfarçados de fiscais da qualidade do ar e pulverizaram simulacros de bactérias nos dutos de ventilação. Ao final do experimento, eles estimaram que, se o ataque tivesse sido real, metade dos funcionários teria morrido.

Como alguns desses cientistas pesquisavam técnicas de guerra biológica — para ataque e defesa —, era interessante determinar como os patógenos se disseminavam em uma população concentrada e quais seriam os efeitos de um ataque desse tipo. Em 1950, eles realizaram um teste de grande escala: germes inofensivos, mas rastreáveis, foram lançados no ar de uma grande cidade norte-americana. Eles escolheram São Francisco não só porque a cidade estava no litoral e tinha prédios altos, mas porque as nuvens de germes se ocultariam no típico nevoeiro do local. A Marinha dos EUA forneceu um barco caça-minas equipado com grandes mangueiras de aerossol. A Operação Sea Spray foi classificada como uma manobra militar. As autoridades locais não foram notificadas.

Durante seis dias no final de setembro, enquanto o caça-minas navegava perto de São Francisco, os cientistas de Camp Detrick lançaram a bactéria *Serratia marcescens* na névoa costeira. Eles haviam escolhido esse agente porque ele não causava efeitos negativos conhecidos e tinha uma tonalidade vermelha que facilitava o rastreamento. De acordo com as amostras coletadas posteriormente em 43 locais, a bactéria chegou aos 800 mil residentes de São Francisco e a habitantes de Oakland, Berkeley, Sausalito e mais cinco cidades. Nas duas semanas seguintes, onze pessoas deram entrada em um hospital com infecções e gotas vermelhas na urina. Uma delas, que estava se recuperando de uma cirurgia na próstata, faleceu. Os médicos ficaram confusos. Alguns deles publicaram um artigo relatando essa "ocorrência clínica curiosa", para a qual não encontraram nenhuma explicação.

Embora a bactéria *Serratia marcescens* não tenha sido tão inofensiva quanto se acreditava, os cientistas de Camp Detrick consideraram seu "teste de vulnerabilidade" um sucesso. O experimento não fora detectado e, segundo eles, provou que as cidades eram vulneráveis à guerra biológica. "Observou-se que é possível realizar um ataque bem-sucedido de GB nessa área a partir do mar", escreveram eles no relatório, "e que dosagens eficazes podem ser lançadas em áreas relativamente grandes".

A CIA desempenhou apenas o papel de observador na operação Sea Spray. A guerra total não era a praia da agência. O interesse dos oficiais estava nas formas como os agentes químicos e biológicos poderiam ser usados para controlar a mente dos indivíduos. Em 1950, Roscoe Hillenkoetter, diretor da CIA, avançou nesse intento. Ele criou um novo programa que levaria a busca da CIA por técnicas de controle mental a um novo patamar.

Segundo algumas versões, o programa teria recebido o codinome Bluebird depois que alguém, durante uma reunião de planejamento, descreveu seu objetivo como "encontrar maneiras de induzir os prisioneiros a cantarem como pássaros". Um dos primeiros memorandos do Bluebird estabelecia que os experimentos seriam "amplos e abrangentes, envolvendo tanto as atividades domésticas quanto as realizadas no exterior". Outro documento indicava que os melhores alvos para os testes eram os prisioneiros, como "desertores, refugiados, prisioneiros de guerra [e] outros". Os experimentos teriam como meta, segundo um terceiro memorando, "investigar a possibilidade de controlar um indivíduo por meio da aplicação de técnicas especiais de interrogatório".

Depois de iniciado, o Bluebird despertou um grande entusiasmo. Mal transcorridos seis meses do lançamento, os agentes solicitaram permissão para expandi-lo, mencionando "a criação e treinamento de quatro equipes adicionais, além das duas atualmente em atividade". Essas equipes, segundo eles, "conduziriam experimentos e desenvolveriam técnicas para determinar a possibilidade e a viabilidade do uso positivo do Interrogatório Especial nas cobaias, voluntárias ou não, para fins operacionais. O uso positivo do IE seria a prática de controlar os indivíduos, por meio da sugestão pós-hipnótica, para fins de execução de tarefas específicas... Essa área, se for constatado que a aplicação do IE é possível e praticável, oferece possibilidades ilimitadas aos agentes operacionais".

Na época em que o relatório foi escrito, uma mudança fatídica transformou a CIA. O general Walter Bedell Smith assumiu o cargo de diretor em outubro de 1950. Uma das suas primeiras decisões foi contratar o ambicioso Allen Dulles, o veterano mestre da espionagem do OSS. Embora tivesse, em muitos aspectos, um intelecto limitado, Dulles gostava de se imaginar na vanguarda da espionagem. Durante a guerra, quando esteve na Suíça, ele conheceu e passou a admirar o psicanalista Carl Jung. Ao iniciar sua longa carreira na CIA, Dulles estava fascinado com a ideia de usar a ciência para descobrir maneiras de manipular a psique humana.

Após trabalhar seis semanas na CIA como consultor, Dulles ingressou oficialmente na Agência em 2 de janeiro de 1951 como diretor-adjunto de planejamento. Esse título disfarçava sua função de supervisionar as operações secretas da Agência — um empreendimento que consumia a maior parte do orçamento do órgão. Do início ao fim da sua carreira na CIA, Dulles promoveu entusiasticamente todo tipo de projeto de controle mental. Para ele, essa área era um elemento indispensável na sua guerra secreta contra o comunismo.

Os sinais da escalada dessa guerra eram inequívocos. Dulles não completara nem um mês de trabalho na CIA quando os Estados Unidos realizaram seu primeiro teste nuclear no deserto de Nevada, mostrando aos norte-americanos a aterrorizante nuvem em forma de cogumelo que podia engoli-los a qualquer momento. Logo depois, onze líderes do Partido Comunista dos Estados Unidos foram condenados à prisão quando a Suprema Corte confirmou sua conspiração para derrubar o governo. A esses choques, somou-se o da notícia do desaparecimento de dois oficiais da inteligência britânica, Guy Burgess e Donald Maclean. Eles vinham repassando segredos do Ocidente para a União Soviética há anos, e mais tarde foi constatado que estavam em Moscou.

Esses eventos assustadores intensificaram a sensação de pânico generalizado que caracterizou os primórdios da CIA. Allen Dulles logo voltou sua atenção para o Bluebird. Após algumas semanas no cargo, ele enviou um memorando impactante a dois funcionários seniores que havia designado para assessorá-lo, Frank Wisner e Richard Helms.

"Em nossa conversa de 9 de fevereiro de 1951", escreveu Dulles, "relatei as possibilidades de expandir os métodos habituais de interrogatório utilizando drogas, hipnose, choque etc., e enfatizei tanto os aspectos defensivos quanto as oportunidades ofensivas desse campo da ciência médica aplicada. A pasta em anexo, 'Técnicas de Interrogatório', foi preparada pela minha Divisão Médica para fornecer um subsídio adequado". Dulles acrescentou que essa "expansão" só poderia ser realizada no exterior porque muitos aspectos "não eram permitidos pelo governo dos Estados Unidos (ou seja, antraz etc.)".

Outros memorandos desse período contêm passagens igualmente reveladoras. Um deles determina: "As equipes do Bluebird devem incluir agentes qualificados em medicina, interrogatório psicológico, uso do eletroencefalógrafo, choque elétrico e polígrafo." Outro instrui os pesquisadores a desenvolverem métodos para induzir uma pessoa "a realizar atos úteis para nós por meio de sugestão pós-hipnótica", bem como formas de "condicionar nosso pessoal para repelir orientações pós-hipnóticas". Um terceiro pergunta: "Uma pessoa sob hipnose pode ser forçada a cometer assassinato?"

EM OBERURSEL, UMA pacata cidadezinha alemã escondida nas colinas ao norte de Frankfurt, os nazistas haviam operado um campo de detenção provisória para pilotos britânicos e norte-americanos. O Exército dos EUA assumiu o controle da instalação em 1946 e passou a chamá-la de Camp King, em homenagem a um oficial de inteligência assassinado alguns anos antes. As celas e salas do complexo acomodavam os ex-nazistas e outros presos que seriam submetidos a "interrogatórios especiais". Oficialmente, o local abrigava o 7707º Centro de Comando da Inteligência na Europa. Mas o nome não contava toda a história.

O Camp King era a base dos "caras durões", um grupo de agentes do Corpo de Contrainteligência conhecido pelo tratamento abusivo com prisioneiros. Alguns dos métodos deles eram tradicionais, como mergulhar as vítimas em água gelada e forçá-las a atravessar o "corredor polonês", no qual eram espancadas pelos soldados com tacos de beisebol e outras armas. Mas também havia métodos farmacológicos. Em algumas vítimas, os agentes injetavam Metrazol, que na época era utilizado para soltar as línguas, mas que também causava contorções violentas; outros prisioneiros recebiam coquetéis de mescalina, heroína e anfetaminas. Às vezes, os gritos das vítimas ecoavam pela base.

"A unidade se orgulhava dos apelidos, 'caras durões' e outros, e não hesitava em utilizar nenhuma droga ou técnica", disse, algum tempo depois, um veterano do Corpo de Contrainteligência. "Você pedia, eles aplicavam."

Os "caras durões" de Camp King forneciam os músculos de que Allen Dulles precisava para as torturas tradicionais. Mais importante, segundo um oficial da CIA lotado em Frankfurt, "desovar os corpos não era nenhum problema" para eles. Dulles, no entanto, estava interessado em outras técnicas, além dos métodos clássicos de interrogatório. Ele resolveu aproveitar os recursos de Camp King para testar formas de persuasão mais sofisticadas do que o tratamento dos "caras durões".

O alto escalão da CIA via o Bluebird como um portal que levaria a um mundo inteiramente novo. Camp King era um local em que se podia testar qualquer droga ou técnica coercitiva. Lá, havia um suprimento de seres humanos à disposição. Se alguém morresse, o descarte dos corpos "não seria nenhum problema". E o melhor de tudo: como o trabalho seria feito na Alemanha Ocidental, ocupada pelos Estados Unidos, os agentes estavam fora do alcance da lei.

Em vez de priorizar a brutalidade dos "caras durões", a CIA começou a enviar equipes do Bluebird para Camp King para realizar os interrogatórios. Depois, a Agência foi mais longe. O trabalho do Bluebird era tão secreto que nem mesmo a segurança de uma base militar era suficiente. Por debaixo dos panos, um plano mais ambicioso foi tomando forma. A CIA queria uma prisão secreta, onde os agentes inimigos capturados seriam submetidos a experimentos de controle mental. O local ficaria formalmente sob o comando de Camp King, mas estaria localizado fora do perímetro da base e seria administrado pela agência. Em outras palavras: a CIA queria um "centro clandestino" protegido pelo Exército norte-americano.

A poucos quilômetros de Camp King, no final de uma antiga estrada rural no vilarejo de Kronberg, erguia-se uma imponente casa de campo. Acima das pesadas portas de madeira estava esculpida a data da construção: 1906. Durante uma geração a casa fora conhecida como Villa Schuster, em homenagem à família judia que construíra e era proprietária do local. A família foi forçada a vender a propriedade durante a era nazista. No início de 1951, os agentes da CIA e da Divisão de Operações Especiais reconheceram naquela casa o local ideal para o seu centro.

Por fora, a exuberante Villa Schuster — também conhecida como Haus Waldhof, o nome da estrada de acesso — parece uma tranquila sobrevivente das tempestades da história. Ela é espaçosa e tem um vestíbulo elegante e vigas robustas. Na grande sala de estar, de pé direito alto, há vitrais e uma esplêndida lareira. Dezenas de quartos estão distribuídos nos dois andares superiores. O porão tem vários compartimentos revestidos de tijolos, que podem facilmente ser convertidos em celas.

Com o início da Guerra Fria, no final da década de 1940, uma espécie diferente de prisioneiros começou a chegar a Camp King. Muitos vinham do Leste Europeu, inclusive da Alemanha Oriental. Alguns eram agentes soviéticos capturados. Outros se diziam refugiados, mas não eram confiáveis. Os culpados se misturavam aos azarados. Todos, no jargão da CIA, eram "descartáveis", ou seja, caso sumissem, ninguém perguntaria por eles. Os particularmente descartáveis e os que, na opinião dos agentes, guardavam segredos valiosos eram enviados para a Villa Schuster. Naquele porão, médicos e cientistas conduziram os experimentos humanos mais extremos já realizados por funcionários do governo dos Estados Unidos.

"Essa vila nos arredores de Kronberg era a casa de tortura da CIA", concluiu um documentário alemão, décadas mais tarde.

Os agentes da CIA que conduziam os interrogatórios associados ao Bluebird em Camp King e na Villa Schuster contavam com a orientação do "Dr. Fisher", um médico alemão que havia trabalhado no Hospital Geral Walter Reed em Washington e falava um bom inglês. Esse "Dr. Fisher" era o general Walter Schreiber, ex-cirurgião-geral do exército nazista. Durante a guerra, Schreiber aprovara experimentos nos campos de concentração de Auschwitz, Ravensbrück e Dachau, nos quais os presos eram congelados, recebiam injeções de mescalina e outras drogas e tinham seus corpos abertos para que o progresso da gangrena nos ossos fosse monitorado. Segundo um pesquisador norte-americano, esses experimentos "geralmente resultavam em uma agonia lenta e uma morte terrível". Depois da guerra, Schreiber foi encarcerado pelos soviéticos na famosa prisão Lubianka, em Moscou. Após algum tempo, ele convenceu as autoridades e recebeu permissão para aceitar um cargo de professor em Berlim Oriental. Lá, Schreiber fugiu para Berlim Ocidental e se apresentou aos oficiais do Corpo de Contrainteligência. Assim que a identidade dele foi confirmada, os agentes o enviaram para Camp King, onde Schreiber foi recebido como um colega admirado.

"O ex-médico-chefe do exército alemão, responsável por supervisionar muitos experimentos em campos de concentração, foi interrogado durante várias semanas", segundo um relatório. "Mas as perguntas que lhe faziam não eram as que se fazem para um acusado de crimes contra a humanidade. Ele e os agentes conversaram como cientistas e colegas, trocando conhecimentos e experiências."

Alguns meses após sua chegada, Schreiber foi admitido como médico da equipe de Camp King. Parte do seu trabalho consistia em orientar os membros das equipes visitantes do Bluebird sobre as técnicas de "interrogatório especial". Henry Beecher, pesquisador vinculado à CIA e professor da Harvard Medical School, passou uma longa noite conversando com Schreiber na Villa Schuster. Hoje, a cena é de arrepiar: sentados em um salão elegante, degustando bebidas de boa qualidade, com o fogo crepitando na lareira, esses dois admiradores recíprocos, um ex-médico nazista e um professor de Harvard que trabalhava para a CIA, trocaram informações sobre seus trabalhos. Eram dois dos poucos especialistas em drogas psicoativas do mundo e tinham muito o que discutir. Logo abaixo dos seus pés, havia celas de pedra repletas de sujeitos "descartáveis" que seriam usados como cobaias nos experimentos do Bluebird. Beecher escreveu depois que achara Schreiber um homem "inteligente e cooperativo". Ele gostara da "troca de ideias".

As equipes de interrogadores do Bluebird viajavam regularmente até a Alemanha Ocidental para realizar experimentos. Na maioria das vezes, os agentes trabalhavam em Camp King e no "centro clandestino" nas proximidades, a Villa Schuster. Muito tempo depois, pesquisadores alemães identificaram outras prisões secretas onde os norte-americanos também realizaram experimentos radicais. Uma delas ficava em Mannheim, perto do palácio barroco onde, em outras épocas, os príncipes haviam governado o Palatinado. Alguns relatos indicam outros centros em Berlim, Munique e nos arredores de Stuttgart.

Nessas prisões secretas, não havia nenhuma supervisão externa para os interrogadores da operação Bluebird. Com isso, estabeleceu-se um precedente revolucionário para a CIA. Ao fundar essas prisões, a Agência confirmava seu direito não apenas de deter e encarcerar pessoas em outros países, mas também de interrogá-las brutalmente quando elas estavam sob sua custódia, ignorando as leis dos EUA.

Essa rede de centros de detenção deu tão certo na Alemanha Ocidental que a CIA resolveu fazer a mesma coisa no Japão. Lá, as equipes de interrogadores do Bluebird injetavam várias drogas em soldados norte-coreanos, como o amital sódico, um depressivo com efeitos hipnóticos, e três estimulantes potentes: a benzedrina, que afeta o sistema nervoso central; a coramina, que atua nos pulmões, e a picrotoxina, que causa convulsões e paralisia respiratória. A transição entre os efeitos era muito debilitante, e os pesquisadores da CIA submetiam os prisioneiros nesse estado a hipnose, eletrochoques e calor extremo. O objetivo, segundo um relatório, era "induzir reações catárticas e violentas, adormecer e acordar os sujeitos alternadamente até deixá-los suficientemente confusos e suscetíveis de manipulação para reviverem uma experiência do passado". Os agentes da CIA em Washington instruíam os responsáveis pelas experiências a manter a natureza dos testes em segredo, sem revelar nada para as unidades militares com que colaboravam, que só recebiam a informação de que o processo era "um estudo intenso sobre o polígrafo".

À medida que esses experimentos se intensificavam, o interesse dos cientistas de Camp Detrick por Kurt Blome se renovava. Logo após o fim da guerra, eles recusaram a vinda dele para os Estados Unidos, porém, no início da década de 1950, o conhecimento de Blome sobre venenos e alucinógenos fazia dele um consultor ideal para o projeto Bluebird. Ele foi localizado pela CIA quando atuava como médico em Dortmund. Um dia, na primavera de 1951, um agente foi ao consultório de Blome com uma proposta. Caso ele concordasse em revelar seus segredos, a CIA providenciaria "rapidamente um contrato nos moldes da Operação Paperclip" para levá-lo aos Estados Unidos.

Blome gostava da sua nova vida, mas admitiu que a ideia de um "retorno à pesquisa biológica" era tentadora. Por fim, atraído pela perspectiva de trabalhar novamente com seu antigo camarada nazista Walter Schreiber, que assinara um contrato semelhante e estava, naquele momento, preparando-se para embarcar em um navio rumo a Nova York, ele aceitou a oferta da CIA. Blome vendeu sua clínica, colocou sua casa em uma corretora e tirou seus filhos da escola para priorizar o estudo de inglês.

Mas as circunstâncias não estavam ao seu favor. A chegada de Schreiber causou um escândalo nos Estados Unidos. O colunista Drew Pearson publicou trechos de depoimentos de Nuremberg que acusavam Schreiber de crimes de guerra, especificamente a indicação de médicos para realizar experimentos com prisioneiros em campos de concentração. A comoção foi geral. Relutantemente, os defensores norte-americanos de Schreiber cancelaram o contrato. Mas, em vez de retornar para a Alemanha Ocidental, ele se aposentou e foi para a Argentina.

O escândalo explodiu quando o coronel Garrison Cloverdale, chefe da inteligência do Exército dos EUA em Berlim, estava analisando a candidatura de Kurt Blome para um dos contratos da Operação Paperclip. Ele já havia aprovado dezenas sem maiores considerações, mas negou a solicitação. A extensão dos crimes de Blome, segundo Cloverdale, era um fator que desqualificava sua entrada nos Estados Unidos. Em um memorando para o general Lucius Clay, o Alto Comissário para a Alemanha, ele recomendou a recusa daquele "contrato da Operação Paperclip" e do visto de Blome. Clay concordou. Cloverdale, então, enviou uma breve mensagem aos cientistas de Camp Detrick: "Suspender a entrada do doutor Kurt Blome — parece ser inadmissível para o Alto Comissariado."

Os agentes da CIA que atuavam no projeto Bluebird ficaram furiosos. "O contrato de Blome foi assinado e aprovado pelo Comandante Chefe", escreveu um deles, em um memorando raivoso. "O sujeito estava concluindo os preparativos para embarcar no final de novembro. Já repassou o consultório particular em Dortmund para outro médico. Em vista da possível repercussão adversa, que pode destruir todo o programa, esta Frente recomenda que o sujeito seja embarcado."

Mas o apelo da CIA não surtiu efeito. A entrada de Blome nos Estados Unidos poderia despertar uma atenção indesejada não apenas para o caso dele, mas também para as centenas de ex-nazistas que haviam entrado discretamente no país para trabalhar em bases militares e laboratórios. Apesar disso, os agentes do Bluebird continuaram decididos a acessar o conhecimento único e valioso de Blome.

Felizmente, o emprego ideal acabara de surgir. Walter Schreiber fora membro do corpo médico de Camp King, e agora o posto estava vago. A CIA ofereceu o cargo a Blome. Ele retomaria o trabalho da era nazista: testar, segundo um memorando, o "uso de drogas e produtos químicos em interrogatórios não convencionais". Atuando em Camp King, e não nos Estados Unidos, ele também poderia coordenar os interrogatórios. Blome aceitou. Sua esposa se recusou a morar em Camp King, e o casal se separou. A partir de então, o "Dr. Blome" estava livre para dedicar todo seu tempo ao novo trabalho.

Os juízes de Nuremberg condenaram os médicos nazistas por violação dos princípios universais aplicáveis aos experimentos com seres humanos. No veredicto, eles enumeraram esses princípios, que passaram à posteridade como Código de Nuremberg, para justificar as punições impostas e estabelecer cláusulas pétreas para as futuras gerações.

Ninguém sabe se havia uma cópia do Código de Nuremberg em uma das paredes de Camp King ou nos outros locais onde as equipes do Bluebird faziam experimentos com prisioneiros. Se houvesse, os agentes teriam se interessado pelo primeiro e mais essencial princípio do Código: "É necessário obter o consentimento voluntário, com a devida informação e compreensão, do sujeito humano em condições de plena capacidade legal." Não obstante a clareza desse imperativo, e apesar das sete sentenças de morte aplicadas aos cientistas nazistas julgados por violá-lo, o Código de Nuremberg nunca foi incorporado à legislação norte-americana. A norma não valia para os pesquisadores, estudiosos e interrogadores do Bluebird que se propuseram a responder perguntas antigas e de grande relevância.

Quais eram essas questões? Depois de consultar seus novos colegas alemães e japoneses, os oficiais da CIA fizeram uma lista. As respostas, segundo um memorando do início de 1951, teriam "um valor incrível para a agência".

- É possível obter informações precisas de indivíduos dispostos ou não a prestá-las?
- É possível condicionar o pessoal da Agência (ou de interesse da agência) a repelir qualquer força externa que solicite informações por quaisquer meios conhecidos?
- Podemos induzir amnésia total em qualquer condição?

- Podemos "alterar" a personalidade de alguém? Por quanto tempo?
- Podemos conceber um sistema para converter sujeitos não colaborativos em colaboradores?
- Qual é a melhor forma de dissimular as drogas em itens comuns e acessíveis, como doces, cigarros, destilados, vinho, café, chá, cerveja, chicletes, medicamentos comuns, Coca-Cola, pasta de dentes?
- Podemos extrair fórmulas complexas de cientistas, engenheiros etc. caso eles não queiram cooperar? Podemos extrair detalhes sobre posições de artilharia, campos de pouso, fábricas, minas?
- Podemos induzi-los a elaborar esquemas detalhados, esboços, planos?
- É possível fazer isso em condições de campo e em um curto período?

"O Bluebird não está totalmente satisfeito com os resultados obtidos até o momento, mas acredita que, com a continuidade do trabalho e do estudo, avanços notáveis serão efetuados", concluía o memorando. "O problema geral do Bluebird é organizar, coordenar e realizar pesquisas (práticas, não teóricas) nessa direção."

Três dos primeiros agentes que Dulles designou para supervisionar o Bluebird faziam parte do núcleo interno da agência: James Jesus Angleton, chefe da equipe de contrainteligência; Frank Wisner, que logo se tornaria diretor-adjunto de planejamento, e Richard Helms, que, vinte anos depois, chegaria ao cargo mais alto, o de diretor da CIA. Todos eram pró-ativos e cheios de ideias. Contudo, eles perceberam que não tinham o conhecimento científico necessário para responder àquelas perguntas de vários níveis de complexidade.

Allen Dulles e seus agentes seniores concordavam que o Bluebird precisava "de um empurrão". Então, avançaram. Eles queriam injetar no programa uma infusão de conhecimento e visão de fora da CIA. Dulles e Helms pretendiam recrutar um químico cheio de imaginação e com sede de conhecimento proibido, alguém com um caráter forte e capaz de coordenar experimentos que seriam perturbadores para outros cientistas, alguém disposto a ignorar as sutilezas legais em nome da segurança nacional. Seria o primeiro profissional contratado pelo governo dos Estados Unidos para desenvolver formas de controlar a mente humana.

4

A Chave que Abriria as Portas do Universo

Ondas de calor úmido tomavam conta de Washington na manhã de 13 de julho de 1951, quando Sidney Gottlieb se apresentou para seu primeiro dia de trabalho na CIA. Hoje, consideramos aquela sexta-feira 13 um marco importante na história secreta dos EUA. Foi o início da desvairada carreira de Gottlieb, uma combinação de ciência radical e ação clandestina.

"O senhor sabe por que foi recrutado?", perguntaram a Gottlieb em seu depoimento, tomado décadas mais tarde.

"A CIA precisava de alguém com a minha formação e conhecimento para formar um grupo de químicos capazes de realizar o tipo de trabalho em que a Agência estava interessada", respondeu ele.

"Eles descreveram, naquele momento, o tipo de trabalho que o senhor faria?"

"Muito vagamente. Ninguém tinha muita certeza. O trabalho estava relacionado a uma nova unidade, ainda em fase de criação."

"O que o senhor entendeu sobre sua função?"

"O que eu entendi? Na verdade, não compreendi muito bem. Decidi fazer um período de teste de seis meses."

O Bluebird, o projeto de controle mental da CIA, estava a pleno vapor em 1951. Várias equipes já haviam sido enviadas para a Alemanha e o Japão a fim de testar técnicas de "interrogatório especial" nas prisões secretas. Lá, eles estudavam os efeitos de diversas drogas e técnicas, como hipnose, eletrochoque e privação sensorial. No entanto, isso ainda não era o bastante para o diretor-adjunto de planejamento Allen Dulles.

Dulles considerava o Bluebird um projeto de extrema importância, um elemento que poderia ser a diferença entre a sobrevivência e a extinção para os Estados Unidos. Entretanto, à medida que crescia, o programa perdia o foco. Faltava comando, e os interrogadores trabalhavam sem coordenação. Por isso, Dulles estava à procura de um químico para supervisionar todas as pesquisas da CIA sobre controle mental.

O lugar mais óbvio para iniciar essa busca era o Corpo de Químicos. Seus comandantes mantinham um estreito contato com Ira Baldwin, a quem admiravam por seu trabalho pioneiro sobre a guerra biológica durante a Segunda Guerra Mundial. Embora tivesse retornado à Universidade de Wisconsin, Baldwin visitava Washington regularmente e, como membro do comitê consultivo do Corpo, continuava influente. Segundo um estudo, Baldwin "prosseguia no seu trabalho, mas sem a responsabilidade pelas operações do dia a dia em Camp Detrick".

Vários anos antes, Baldwin havia orientado Frank Olson, um aluno fantástico e especialista em aerobiologia, em um trabalho clandestino para o governo que o levou ao círculo mais secreto de Camp Detrick, a Divisão de Operações Especiais. Ele também mantivera contato com outro ex-aluno, um talentoso bioquímico que trabalhava em Washington, sentia-se culpado por não ter servido na Segunda Guerra Mundial e desejava encontrar uma forma especial de demonstrar seu patriotismo. Da órbita de Baldwin, surgiu o homem que a CIA estava procurando.

O verão de 1951, para os norte-americanos, foi marcado pelo medo. A tensão em Berlim atingira níveis assustadores. Na Coreia, uma guerra cuja vitória, a princípio, parecia fácil se revelou um beco sem saída. Quando o general Douglas MacArthur, comandante das operações no país asiático, foi demitido por insubordinação após ter criticado o presidente Truman pelo modo como conduzia a guerra, eclodiram protestos indignados e pedidos de impeachment. No território nacional, o senador Joseph McCarthy advertia que os comunistas haviam se infiltrado no Departamento de Estado.

A maioria dos norte-americanos só podia se preocupar com a situação mundial, cada dia mais assustadora. Allen Dulles, porém, tinha mais opções.

Certa ou errada, sua carreira havia mostrado que uma ação secreta podia mudar o curso da história. No início dos anos 1950, Dulles concluiu que o controle da mente seria a arma decisiva da nova era. A nação que desenvolvesse métodos para manipular a psique humana, segundo ele, conquistaria o mundo. Dulles contratou Sidney Gottlieb para liderar a cruzada da CIA por esse graal.

Era uma escolha promissora. Gottlieb trabalhara quase uma década em laboratórios governamentais e era conhecido por ser um pesquisador dos mais ativos. Como muitos norte-americanos da sua geração, o caráter de Gottlieb foi moldado pelo trauma da Segunda Guerra Mundial — não ter ido para a linha de frente produziu nele uma reserva de fervor patriótico reprimido. Sua energia focada correspondia ao ativismo compulsivo e à maleabilidade ética que caracterizavam o pessoal da CIA.

No aspecto cultural, porém, esses homens estavam distantes de Gottlieb. Aristocratas de berço, muitos já se conheciam de laços familiares, escolas preparatórias, universidades da Ivy League, clubes, bancos de investimento, escritórios de advocacia e da experiência marcante no Escritório de Serviços Estratégicos durante a guerra. Na CIA, Allen Dulles e Richard Helms, os oficiais mais interessados em projetos de controle mental, eram membros exemplares dessa elite. Dulles tinha passagens por Princeton e pelo escritório de advocacia Sullivan & Cromwell, uma poderosa firma global de Wall Street. Helms, seu assessor de confiança, nasceu na Filadélfia e frequentou uma escola preparatória na Suíça. No entanto, quando decidiram contratar um mestre da mente, esses patrícios escolheram um indivíduo totalmente diferente deles: um judeu de 33 anos, vindo de uma família de imigrantes do Bronx, manco e gago.

Essas diferenças se estendiam à vida privada. Dulles e Helms eram figuras carimbadas no circuito social de Georgetown, como se esperava de homens do nível deles. Gottlieb era de outra natureza, bastante estranha. Ele e sua família moravam em uma casa rústica e isolada e cultivavam grande parte dos alimentos que consumiam. "É incrível", disse mais tarde, pensativo, um ex-colega. "Em muitos aspectos, Sid estava na vanguarda da contracultura antes de todo mundo saber o que era."

A estranheza de Gottlieb não se limitava ao estilo de vida. Ele confessou a John Gittinger, o psicólogo da CIA designado para sua triagem, que fora socialista na faculdade. Gittinger garantiu que um flerte juvenil com a esquerda não seria um fator desqualificante. A entrevista se voltou para assuntos mais pessoais. Gottlieb mencionou a busca por um significado mais profundo que já começava a influenciar sua vida. Depois, Gittinger escreveu que o jovem cientista "tinha um problema real para encontrar foco espiritual depois de ter se afastado do judaísmo".

Walter Bedell Smith, diretor da CIA, tinha a palavra final sobre a contratação de Gottlieb, mas, como em muitos assuntos relacionados a operações secretas, delegou a decisão para Dulles. Quando chegou a hora de escolher o cientista mais qualificado para coordenar seu programa de controle mental, Dulles deixou de lado sua classe social e econômica. Era impossível ignorar o fato de que ele e Gottlieb haviam sofrido um golpe semelhante do destino.

Dulles também nascera com os pés tortos. Mas sua condição não era tão grave quanto a de Gottlieb. Exigira apenas uma operação, realizada em segredo, pois as deficiências físicas eram vergonhosas no círculo social elevado da sua família. No entanto, os dois usaram sapatos ortopédicos durante a maior parte da vida. Além disso, nunca chegaram a caminhar normalmente. Apesar das origens e contextos diferentes, essa desvantagem em comum criou entre eles, segundo um autor, "um elo forte, mas nunca mencionado". Ao longo da década seguinte, juntos, eles dariam passos vacilantes rumo a fronteiras insólitas.

A PRIMEIRA TAREFA de Gottlieb na CIA foi participar de um curso de três meses sobre técnicas e métodos da área, cujo conteúdo mais tarde definiu como "uma história da inteligência". Depois, ele buscou mais informações. Aprendeu tudo a respeito das pesquisas da CIA sobre técnicas químicas de controle da mente, que achou promissoras, mas difusas. Dulles e Helms ficaram impressionados. Eles viram em Gottlieb uma combinação exata de zelo e criatividade, fatores essenciais para concretizar todo o potencial do Bluebird. Logo após a contratação, Dulles e Helms presentearam Gottlieb com um título oficial: chefe da nova Divisão Química da Equipe de Serviços Técnicos. A EST era responsável pelo desenvolvimento, teste e fabricação das ferramentas de espionagem. E a estrutura da Divisão Química foi criada do jeito que Gottlieb desejava.

Dulles não atribuiu só um título a Gottlieb naquele verão. Ele já havia concluído que o Bluebird não era suficientemente amplo. Agora, com Gottlieb, Dulles tinha alguém capaz de avançar no programa. Em 20 de agosto de 1951, ele determinou que o Bluebird fosse expandido, intensificado e centralizado. Além disso, o projeto ganhou um novo nome: Artichoke. Talvez o nome fosse uma referência às alcachofras [*artichokes*, em inglês], seu vegetal favorito, mas, posteriormente, alguns pesquisadores sugeriram que, na verdade, era uma referência a um gângster de Nova York, conhecido pelo curioso apelido de Rei das Alcachofras. Seja qual for a origem do nome, o Artichoke rapidamente incorporou os projetos anteriores do Bluebird e se tornou a base de poder de Gottlieb.

Nessa época, Dulles ganhou mais força. Três dias depois de lançar o Artichoke, ele foi promovido para o segundo posto mais importante na CIA, o de diretor-adjunto. Assim, ficava garantido que os experimentos de controle mental teriam o apoio e a proteção dos mais altos escalões do poder no país.

As primeiras diretrizes enviadas às equipes do Artichoke confirmam a natureza radical do projeto. Uma delas recomenda que os interrogatórios sejam realizados "em um centro ou local seguro", com uma sala adjacente para "dispositivos de gravação, transformadores etc." e um banheiro, porque, "ocasionalmente, a técnica 'Artichoke' produz náusea, vômito e outras condições que exigem a presença de instalações sanitárias". Outra diz que as "técnicas Artichoke" podem ser aplicadas em qualquer estágio do interrogatório, como "um ponto de partida para a obtenção de informações ou como último recurso, quando todas ou quase todas as tentativas de obter informações falham ou quando o sujeito demonstra uma resistência ou obstinação especial".

"Nosso principal objetivo", segundo uma terceira diretiva, "permanece o mesmo: investigar os efeitos das drogas no controle do ego e nas atividades volitivas, ou seja: é possível obter informações voluntariamente suprimidas com o uso de drogas que afetam o sistema nervoso central? Se sim, quais são os melhores agentes para esse fim?" Um quarto memorando relata que "já dispomos de drogas (e estamos produzindo novas) que podem destruir a integridade e extrair revelações do indivíduo mais confiável".

Os oficiais da CIA e seus parceiros da DOE já estavam testando uma variedade de drogas em prisioneiros na Alemanha e no Japão. A partir de

1951, eles também realizaram numerosos experimentos em um "centro clandestino" em Fort Clayton, na zona do Canal do Panamá. A primeira cobaia foi o prisioneiro Kelly, que, de fato, era o jovem político búlgaro Dmitri Dimitrov. Ele já havia compartilhado informações com a CIA, mas os agentes de ligação suspeitaram que Dimitrov estava pensando em se bandear para o serviço de inteligência francês. Para evitar isso, eles arquitetaram um sequestro e colocaram Dimitrov em uma prisão grega — um tipo de operação que, mais tarde, seria chamada de "remoção extraordinária". Depois de torturá-lo por seis meses, os interrogadores gregos concluíram que ele não sabia de nenhum segredo. Eles devolveram o prisioneiro à CIA, que o enviou para Fort Clayton. Em 1952, um agente que monitorava o caso relatou que, "devido ao seu confinamento em uma prisão grega e em um hospital militar, Kelly se tornou muito hostil com relação aos Estados Unidos e às nossas operações de inteligência". Ele recomendou a aplicação de "uma abordagem 'Artichoke' em Kelly para determinar a possibilidade de reorientá-lo a nosso favor". Kelly passou três anos em Fort Clayton. Nenhum documento conhecido menciona esse tratamento. Alguns anos depois, já nos Estados Unidos, Kelly tentou despertar o interesse da revista *Parade* por sua história, mas a CIA detonou o artigo, afirmando aos editores que ele era "um impostor", "um sujeito desprezível, nada confiável e cheio de histórias loucas sobre a CIA".

Os experimentos realizados com Kelly, como nos casos dos sujeitos "descartáveis" na Alemanha e no Japão, não aproximaram a CIA das descobertas esperadas. Mas isso não desencorajou Dulles. Ele estava convencido de que as técnicas de controle da mente não só existiam, como já haviam sido descobertas pelos comunistas, uma ameaça mortal para o resto do mundo. O Artichoke foi sua resposta.

O MEDO DOS inimigos não se limitava aos órgãos de segurança nacional em Washington; o pânico era generalizado. No início dos anos 1950, os cidadãos foram informados de que os comunistas não só estavam se infiltrando no governo, como também dispunham de métodos para controlar a mente das pessoas. Graças ao trabalho do criativo propagandista Edward Hunter, os norte-americanos aprenderam uma nova palavra: lavagem cerebral.

Hunter, jornalista e militante anticomunista, trabalhou na Europa e na Ásia nas décadas de 1920 e 1930 e, durante a Segunda Guerra Mundial, atuou como "especialista em propaganda" a mando do Escritório de Serviços Estratégicos. Depois, ingressou no Escritório de Coordenação de Políticas da CIA, sede da Operação Mockingbird, que definia os parâmetros da Agência para a cobertura das notícias mundiais pela imprensa norte-americana.

Em 20 de setembro de 1950, Hunter publicou um artigo no *Miami News* com o título "TÁTICAS DE 'LAVAGEM CEREBRAL'" FORÇAM CHINESES A INGRESSAREM NO PARTIDO COMUNISTA. Citando entrevistas com um bacharel da Universidade Revolucionária do Norte da China, Hunter afirmava ter descoberto um programa secreto implementado pelos comunistas chineses para controlar as mentes dos habitantes. O nome da técnica, segundo ele, vinha dos caracteres chineses *hsi nao*, que significavam, literalmente, "lavar o cérebro".

O conceito logo tomou conta do imaginário popular. A "lavagem cerebral" oferecia uma explicação simples para qualquer comportamento aberrante, como o antiamericanismo no exterior e as visões políticas heterodoxas no país. Hunter expandiu sua reportagem em um artigo mais longo para o *New Leader*, um veículo que tinha laços estreitos com a CIA, e no livro *Brain-Washing in Red China* ["Lavagem Cerebral na China Vermelha", em tradução livre], em que instava os norte-americanos a se prepararem para "uma guerra psicológica em uma escala que superará a imaginação de qualquer militarista do passado". Ele se tornou uma subcelebridade e era requisitado para entrevistas e depoimentos a comitês do Congresso. "Os Vermelhos dispõem de especialistas em lavagem cerebral", disse ele ao Comitê de Atividades Não Americanas da Câmara. Esses especialistas estariam preparando ataques psíquicos com o objetivo de dominar "o povo, o solo e os recursos dos Estados Unidos" e transformar os norte-americanos em "súditos de uma 'nova ordem mundial' regida por um louco grupelho de déspotas do Kremlin".

Poucos cientistas levavam a sério a retórica de Hunter, mas esse discurso correspondia ao clima da época. Os soviéticos haviam testado com sucesso sua primeira arma nuclear. Os norte-americanos foram informados sobre a possibilidade de um ataque a qualquer momento. A ameaça da "lavagem cerebral" parecia ainda mais terrível porque estava envolta em um mistério insondável.

A CIA, que promovera tão bem a versão de que os comunistas haviam dominado a técnica da "lavagem cerebral", foi vítima da própria propaganda.

Allen Dulles e outros membros do alto escalão foram tomados pelo medo de perder essa corrida decisiva. Para eles, isso não só justificava as experiências radicais com drogas, como também fomentava a visão de que os testes eram necessários para a segurança nacional dos Estados Unidos.

"Havia uma intensa preocupação com a questão da lavagem cerebral", explicou Richard Helms, muitos anos depois. "Nosso dever era não ficar atrás dos russos e dos chineses nesse campo, e a única forma de descobrir os riscos era testar o LSD e outras drogas que poderiam ser usadas para controlar o comportamento humano."

Boa parte do que a CIA classificava como "trabalho do Artichoke" tinha todas as características de tortura médica. Mas administrar drogas pesadas sem o consentimento dos pacientes, submetê-los a temperaturas e sons extremos, amarrá-los a máquinas de eletrochoque e outras formas de abuso não eram as únicas práticas adotadas por esses criativos cientistas. Um memorando da CIA, elaborado logo após o lançamento do Artichoke, sugere a abrangência do programa.

> É necessário realizar pesquisas específicas para desenvolver novas drogas e produtos químicos e aprimorar os elementos conhecidos para aplicação no trabalho do Artichoke.
>
> É necessário realizar um estudo completo sobre gases e aerossóis. As pistolas de gás, jatos e sprays, dissimulados e ostensivos, devem ser estudados. Ademais, é necessário estudar o problema da lesão cerebral permanente e da amnésia decorrentes da falta de oxigênio e da exposição a outros gases.
>
> Os efeitos de pressões altas e baixas sobre os indivíduos devem ser examinados.
>
> Há um grande potencial para pesquisas minuciosas sobre o som. Possíveis temas incluem os efeitos, em seres humanos, de vários tipos de vibrações, sons monótonos, concussões, frequências extremamente altas, ruídos ultrassônicos, palavras constantemente repetidas, barulhos, sugestões contínuas, sons não rítmicos, sussurros etc.
>
> Bactérias, culturas vegetais, fungos e todos os tipos de venenos podem causar doenças que, por sua vez, causam febres, delírios etc.
>
> A supressão de certos itens alimentares básicos, como açúcar, amido, cálcio, vitaminas, proteínas etc., da dieta de um indivíduo, durante um certo período, causará reações psicológicas e físicas. Um estudo determi-

nará se essa prática pode condicionar materialmente os sujeitos para a execução do trabalho do Artichoke.

Ainda não foi demonstrado se é viável extrair informações de um indivíduo após a aplicação de eletrochoques ou em estado de coma induzido por eletrochoques...Nada indica que os eletrochoques possam produzir amnésias controladas.

Se for possível induzir sono por meios eletrônicos para obter controle hipnótico sobre um indivíduo, esse aparelho terá um imenso valor para o trabalho do Artichoke.

A Agência não considera a lobotomia ou a cirurgia cerebral como medidas operacionais em nenhum caso. Entretanto, o tema pode ser estudado.

É necessário realizar pesquisas especiais para determinar os efeitos de longo prazo da exposição contínua dos indivíduos à radiação infravermelha e ultravioleta.

Existem muitas técnicas psicológicas aplicáveis ao trabalho do Artichoke, como salas móveis e vibratórias; ambientes distorcidos; a instigação deliberada de ansiedade, pânico e medo, a exploração de fobias já estabelecidas etc.; o efeito do calor e do frio; o efeito da umidade e da aridez; a ventilação de ar saturado e seco; o problema geral da desorientação e áreas com isolamento acústico total.

Será uma grande vantagem adaptar e embutir um spray em uma caneta tinteiro. Obviamente, será necessário incluir algum produto químico ou droga eficaz nesse dispositivo. Essa arma será muito valiosa.

Os interrogadores do Artichoke se consideravam mais sofisticados do que os "caras durões" de Camp King, mas, pelos padrões clínicos, eles eram incrivelmente desqualificados. Poucos tinham alguma formação em psicologia ou sabiam outro idioma. Esses agentes caminhavam às cegas por um território sombrio, sem saber quais técnicas funcionavam, mas determinados a tentar tudo que passava pela cabeça.

Em cada equipe do Artichoke, havia um "especialista de pesquisa", um "oficial médico" e um "técnico de segurança". No início de 1952, quatro equipes atuavam na Alemanha Ocidental, França, Japão e Coreia do Sul. Várias surgiram depois. "Como regra", de acordo com um memorando, "os indivíduos submetidos às técnicas do Artichoke serão inteiramente cooperativos, passivos e letárgicos".

Às vezes, uma equipe do Artichoke colaborava, a pedido de interrogadores do Exército ou da CIA, no trato com prisioneiros "especialmente obstinados". Por exemplo, segundo um telegrama enviado a Washington no início de 1952: "Solicitamos permissão para enviar a equipe do Artichoke [editado] na França. [Editado] não conseguiram dobrar o sujeito, mas estão convencidos de que ele [editado]." Em outras ocasiões, os cientistas do Artichoke criavam uma droga ou técnica e, para testá-la, solicitavam indivíduos "descartáveis". Em meados de 1952, eles pediram um grupo à estação da CIA na Coreia do Sul.

> Enviar para equipe do Artichoke entre 18 de agosto e 9 de setembro para testar nova técnica importante. Mínimo 10 sujeitos. Informar ao comando os tipos de sujeitos. Técnica *não* prevê descarte após a aplicação.

O desafio de produzir compostos químicos para o "trabalho do Artichoke" recaiu sobre os cientistas de Camp Detrick. Em 1950, depois de mais de dois anos de trabalho, eles concluíram a construção de uma câmara esférica hermética, onde doses controladas de toxinas eram administradas a animais e seres humanos para o estudo das suas reações. O nome oficial era Esfera de Teste de Um Milhão de Litros, mas, em Camp Detrick, todos a chamavam de Bola Oito. Projetada por Ira Baldwin e outros especialistas, a estrutura tinha mais de quatro andares e pesava 131 toneladas, o que fazia dela a maior câmara de aerobiologia construída até então. Ao longo da "linha do equador", havia cinco portas herméticas que fechavam as celas onde as toxinas eram pulverizadas nos indivíduos. Os níveis de umidade e temperatura em cada cela eram reguláveis para que os cientistas testassem a potência de várias toxinas em diferentes condições. A câmara se tornou o laboratório secreto dos EUA para, segundo um relatório oficial, "estudos aerobiológicos com agentes altamente patogênicos para humanos e animais".

Entre os membros da CIA mais ativos nos experimentos do Artichoke, estava Morse Allen, um oficial de segurança agressivo que fora o primeiro diretor do Bluebird e agora procurava incessantemente por técnicas de controle da mente. Com total apoio de Dulles, Allen promoveu alguns dos projetos mais intensos do Bluebird e do Artichoke. Ele ampliou o uso dos polígrafos, que a CIA, ao contrário das outras agências de inteligência, considerava confiáveis e aplicava extensivamente. Em 1950, Allen ficou fascinado por uma máquina de "eletrossono" que deveria induzir transes nos sujeitos. Além disso, ele estudou a aplicação de eletrochoques para induzir amnésia e reduzir os indivíduos a um "nível vegetal". Em outros experimentos, ele testou os efeitos de radiação, temperaturas extremas e ruídos ultrassônicos. Em 1952, Allen e mais dois agentes foram até a Villa Schuster, na Alemanha Ocidental, para testar, segundo um relatório, "combinações perigosas de drogas como benzedrina e tiopentato de sódio em prisioneiros russos, adotando um protocolo de pesquisa baseado no lema: 'desovar corpos não é nenhum problema'".

Allen, como outros membros da CIA que pesquisavam técnicas de controle mental, tinha um fascínio especial pela hipnose. Em Nova York, "um famoso mestre da hipnose" lhe disse que, muitas vezes, fazia sexo com mulheres hesitantes depois de colocá-las em um "transe hipnótico". Após um curso de quatro dias com esse especialista evidentemente talentoso, Allen voltou a Washington para aplicar o que aprendera. Para isso, usou como cobaias as secretárias da CIA, que várias vezes colocou em transe e induziu a fazer coisas totalmente atípicas, como flertar com estranhos e revelar segredos profissionais.

"Se for possível estabelecer um controle hipnótico sobre todos os participantes das operações clandestinas", concluiu Allen, "o operador terá um nível extraordinário de influência, um controle que ultrapassa tudo que consideramos factível".

O ARTICHOKE SE desenvolveu a partir de uma convicção que se instalou na CIA: existe uma forma de controlar a mente humana e, se ela for encontrada, o prêmio será o domínio global. Às vezes, Sidney Gottlieb e seus colegas atuavam em áreas como hipnose e eletrochoque, mas as drogas eram mais fascinantes. Eles estavam convencidos de que, em algum ponto do universo desconhecido da psicofarmacologia, a droga dos sonhos esperava para ser descoberta. Seria algo milagroso: um "soro da verdade" que soltaria as línguas mais resistentes, uma poção que abriria as portas da mente para a programação, um agente amnésico que varreria todas as memórias.

Nessa busca, o primeiro candidato foi o ingrediente ativo da maconha, o tetra-hidrocanabinol. Antes da fundação da CIA, os cientistas do OSS haviam refinado essa substância até extraírem um líquido potente sem sabor, cor ou odor. A confiança nesse agente era tão grande que eles o chamaram de DV — "droga da verdade". Os cientistas testaram doses variadas da substância durante vários meses, misturadas a doces, molho de salada e purê de batatas. Em seguida, experimentaram fumá-la. O estudo produziu conclusões óbvias: segundo eles, o ingrediente ativo da maconha induzia "um estado de irresponsabilidade...parece relaxar todas as inibições...e o senso de humor fica tão acentuado que qualquer afirmação e situação se torna extremamente engraçada". Mas essa ainda não era uma ferramenta útil para interrogatórios. Os pesquisadores seguiram em frente.

A cocaína foi a próxima candidata. A CIA promoveu experimentos em que a droga era administrada a pacientes com problemas mentais por vários meios, inclusive injeções. Um dos primeiros relatórios dizia que a cocaína causava euforia e loquacidade. Experimentos posteriores sugeriram que ela induzia um "discurso livre e espontâneo". Porém, após um breve entusiasmo, a droga também foi considerada pouco eficiente em "interrogatórios especiais".

Desapontados com a maconha e a cocaína, os pesquisadores se voltaram para a heroína. Alguns memorandos indicam que a heroína "era consumida com frequência por policiais e agentes de inteligência" e que ela e outras substâncias viciantes "poderiam ser úteis devido às tensões que produzem quando são retiradas dos viciados". No final de 1950, a Marinha, por meio do projeto secreto Chatter, repassou a G. Richard Wendt, diretor do Departamento de Psicologia da Universidade de Rochester, uma verba de US$300 mil para o estudo dos efeitos da heroína. Wendt fundou um pequeno instituto que pagava um dólar por hora aos estudantes que ingeriam determinadas doses enquanto suas reações eram observadas. A heroína, no entanto, não se revelou uma droga mais eficiente do que a cocaína. Wendt foi forçado a concluir que ela tinha "pouco valor para o interrogatório".

A mescalina, a primeira droga psicoativa a ser sintetizada em laboratório, no início do século XX, seria a resposta? Essa possibilidade causava uma grande comoção entre os cientistas de Camp Detrick. Durante várias horas, eles questionaram os cientistas alemães sobre os experimentos com mescalina realizados com prisioneiros do campo de concentração de Dachau. Os resultados variavam bastante, mas os médicos nazistas acreditavam que a mescalina tinha um potencial inexplorado. Isso despertou o interesse de alguns médicos do Bluebird. Mas, no final das contas, eles concluíram que os efeitos da mescalina — como os da maconha, da cocaína e da heroína —

eram tão imprevisíveis que inviabilizavam a aplicação dela como um agente de controle da mente.

Nos seus primeiros meses de trabalho, Gottlieb leu pilhas de relatórios sobre esses experimentos. Os documentos detalhavam vários testes de meios de acesso à psique humana: hipnose, privação sensorial, eletrochoque, combinações de estimulantes e sedativos e formulações refinadas de maconha, mescalina, cocaína e heroína. Foi durante essa leitura que uma pergunta ocorreu a Gottlieb: e quanto ao LSD?

GOTTLIEB, UM CURIOSO inveterado, queria experimentar o LSD. No final de 1951, seis meses após ser contratado, ele pediu a Harold Abramson, um dos seus novos colegas, para guiá-lo na primeira "viagem". Abramson era médico e, durante a Segunda Guerra Mundial, trabalhara no Serviço de Guerra Química. Um dos primeiros médicos a colaborar, ele ajudou a desenvolver os experimentos iniciais da CIA sobre controle da mente. O nome do projeto MK-NAOMI, no qual os agentes da CIA e da Divisão de Operações Especiais produziam toxinas e os respectivos dispositivos de disseminação, era uma referência à secretária dele. Abramson era um dos poucos cientistas do mundo que já haviam usado e administrado o LSD. Logo, era o guia ideal. Gottlieb achou essa primeira viagem psíquica muito esclarecedora.

> Era como se eu estivesse fora do corpo, era como estar debaixo de uma pele de linguiça transparente que revestia meu corpo inteiro e brilhava. Tive uma sensação de bem-estar e euforia que se estendeu por uma ou duas horas e que, depois, diminuiu gradualmente.

Depois dessa experiência, Gottlieb acelerou o ritmo dos testes com LSD. Os primeiros sujeitos foram voluntários, entre colegas da CIA e cientistas da Divisão de Operações Especiais, em Camp Detrick. Alguns concordaram em receber determinadas doses em momentos específicos e ambientes controlados. Outros permitiram surpresas nos testes para que suas diferentes reações fossem observadas. Mais tarde, alguns novatos na Agência, ainda em treinamento, receberam LSD sem nenhum aviso.

"Houve muitos voluntários", Gottlieb declarou mais tarde. "Para nós, o conhecimento direto dos efeitos subjetivos era importante para o projeto."

O LSD aguçou o apetite de Gottlieb por resultados. Os relatórios dos "interrogatórios simulados", nos quais agentes da CIA usavam LSD e eram induzidos a violar regras de conduta profissional, traziam resultados promissores. Havia o caso de um militar, que jurara não revelar um segredo, mas cometeu essa indiscrição sob a influência do LSD e, depois, esqueceu totalmente do episódio. Gottlieb e seu pelotão de cientistas estavam eufóricos com esse mistério que se abria para eles.

"A princípio", lembrou um cientista, algum tempo depois, "achamos que aquela chave abriria as portas do universo".

Dois anos antes, L. Wilson Greene, do Corpo de Químicos, insistira para que o LSD fosse o principal tema da preparação para a "guerra psicoquímica". Suas ideias foram incorporadas ao Bluebird e ao Artichoke, mas o LSD foi deixado de lado. Os pesquisadores testavam drogas e técnicas que já conheciam, pelo menos vagamente. Depois que resolveu avançar com as pesquisas, Gottlieb contatou Greene, que ainda estava no Corpo de Químicos e muito empolgado com o LSD. Os dois queriam dominar o poder da substância.

Para Greene, o LSD era uma arma de guerra para incapacitar exércitos inimigos e populações civis. Essa visão divergia radicalmente das ideias do seu inventor, Albert Hofmann, que defendia o uso do LSD no tratamento de doenças mentais. Já as ambições de Gottlieb eram outras. Para ele, o verdadeiro valor do LSD estava nos seus efeitos sobre as mentes dos indivíduos. Gottlieb estava convencido de que, de todas as substâncias conhecidas, seria o LSD que viabilizaria o controle da mente humana. Por isso, era a arma ideal para ações clandestinas.

Era uma questão de fé. Até os cientistas da Sandoz consideravam o LSD um profundo mistério. Poucos haviam estudado a substância. Dez anos após sua descoberta acidental, Gottlieb acreditava que o LSD era a chave para o controle da mente. Ele foi o primeiro visionário psicodélico.

Gottlieb coordenava um pequeno grupo de cientistas na Divisão Química. A Divisão de Operações Especiais também não era grande. Esses homens formariam o "núcleo de confiança" de Gottlieb na próxima década. Para incentivar a coerência da equipe, ele organizava retiros de fim de semana em cabanas nos estados de Maryland e Virgínia Ocidental. Nessas ocasiões, o grupo estabeleceu vínculos que possibilitaram o uso dos laboratórios de ponta em Camp Detrick e Edgewood Arsenal, onde Gottlieb desenvolvia substâncias para utilizar em experimentos de controle mental.

"Camadas desnecessárias de interações e aprovações foram eliminadas", Gottlieb explicou depois. "Muito pouco, ou quase nada, era posto no papel, exceto pelos relatórios mais essenciais. A mão direita só sabia o que a esquerda estava fazendo quando achávamos necessário."

Manejando habilmente o poder burocrático criado por Dulles, Gottlieb consolidou seu controle sobre os projetos relacionados ao Artichoke. Dulles e Helms lhe deram carta branca para iniciar os experimentos que quisesse. Mas nem todos na CIA gostaram disso. Os agentes que haviam trabalhado em projetos de controle mental antes da chegada de Gottlieb ficaram irritados com sua influência. Os militares do Corpo de Químicos também não gostavam da presença dele.

"Havia gente da CIA infiltrada nos laboratórios", declarou, anos mais tarde, um irritado pesquisador de Camp Detrick. "Eles trabalhavam por conta própria, e suspeito que poucos sabiam disso."

Em 1952, Gottlieb organizou uma conferência no Edgewood Arsenal sobre "agentes psicoquímicos, um novo conceito de guerra". No evento, os participantes — todos funcionários da CIA e do Corpo de Químicos com acesso a informações ultraconfidenciais — debateram sobre compostos químicos que induziam histeria em massa e técnicas de aerossol para pulverizar essas substâncias em grandes áreas. O palestrante que mais chamou a atenção foi L. Wilson Greene, que ainda não defendera o LSD publicamente. Quase ninguém na sala conhecia o tema ou sequer ouvira falar da droga. Foi grande a surpresa quando Greene descreveu a "incrível descoberta" de uma enzima ergot que causava sintomas como alucinações e tendências suicidas mesmo quando usada em quantidades infinitesimais. Em seguida, ele leu um relato em que um voluntário afirmava ter visto, sob a influência da droga, "um tremeluzir, um cintilar de cores brilhantes, ora lento ora rápido, borrões faiscantes rodopiando, pequenos pontos, flashes de luz e relâmpagos".

Greene especulou sobre as possíveis aplicações do LSD na guerra. "Em áreas urbanas, a nuvem proveniente de várias bombas e dispositivos cobriria a parte mais densa", disse ele. "Sabotadores e agentes de inteligência poderiam disseminar psicoquímicos por meio de dispositivos manuais...

Os próximos projetos abordarão os longos deslocamentos das nuvens e o comportamento dos aerossóis lançados sobre áreas povoadas."

Antes de terminar sua exposição, Greene mencionou a presença de Frank Olson e outros especialistas em aerossóis no evento. Segundo Greene, o trabalho deles era "essencial para o desenvolvimento dessas armas" e seus conhecimentos podiam beneficiar muitos outros. Um cientista perguntou se o LSD seria disponibilizado em grandes quantidades para as pesquisas. Em breve, respondeu Greene.

Essa apresentação deixou Gottlieb intrigado, mas não satisfeito. Ele ficou encantado ao ver que Greene também acreditava no imenso potencial do LSD. Ainda assim, havia uma diferença crucial: para Greene, o LSD era uma arma de guerra; Gottlieb queria usá-lo para controlar mentes.

"Fiquei fascinado com as ideias de Greene", disse ele, algum tempo depois. "Ele acreditava que era possível vencer um conflito sem matar ninguém nem destruir propriedades. Era uma nova abordagem à guerra, mas não me convenceu totalmente. Contudo, fiquei intrigado com a possível aplicação de psicoquímicos em situações e conflitos de escala bem menor. Nesse aspecto, as possibilidades eram formidáveis."

Antes da chegada de Gottlieb à CIA, o objetivo da maioria dos experimentos de controle da mente com drogas era encontrar um "soro da verdade". Várias substâncias foram descartadas, pois se revelaram inúteis como ferramentas para interrogatórios e ineficazes na indução de amnésia. Isso quase ocorreu com o LSD. Os primeiros experimentos mostraram que, se alguns usuários eram dóceis e desinibidos, outros tinham reações completamente diferentes, afirmando que possuíam superpoderes e se recusando a cooperar. Alguns sofreram surtos paranoicos. Os cientistas envolvidos no "trabalho do Artichoke" com LSD — principalmente na Villa Schuster, na Alemanha, e em outras prisões secretas — acabaram concluindo que a substância não era um "soro da verdade" confiável e não apagava memórias. Gottlieb, no entanto, acreditava que o LSD tinha poderes desconhecidos. A substância afetava o cérebro com muita intensidade. Como não tinha cor, sabor ou odor, era ideal para o uso clandestino — e, segundo um psiquiatra da CIA, "o aspecto mais fascinante dele era o efeito fantástico produzido por quantidades bem pequenas".

Outro fator que incentivou Gottlieb a promover mais pesquisas sobre o LSD foi o medo crescente de que os cientistas soviéticos estivessem nesse mesmo caminho. Não havia nenhuma prova disso, mas a suspeita parecia razoável. A descoberta do LSD fora informada nos periódicos russos. Analistas da CIA especulavam que talvez os cientistas soviéticos estivessem estocando enzimas ergot como matéria-prima.

"Embora não haja nenhum dado soviético sobre o LSD-25", concluíam os analistas, "deve-se presumir que os cientistas da URSS têm pleno conhecimento da importância estratégica dessa nova e poderosa droga e podem produzi-la a qualquer momento".

A grande ambição de Gottlieb logo ultrapassou seus recursos. Ele passou a realizar experimentos em Camp Detrick. Os agentes enviados para a base foram instruídos a não revelarem que trabalhavam para a CIA e a se identificarem como um "grupo de apoio". Mas alguns cientistas do Exército perceberam e criticaram a manobra.

"Você sabe o que é uma 'operação independente padrão'?", perguntou um cientista, anos depois. "Era o que a CIA fazia no meu laboratório. Os agentes testavam psicoquímicos e realizavam experimentos nos meus laboratórios, mas não diziam nada."

Os experimentos químicos de Gottlieb não se limitavam a Washington e Maryland. Ele viajava regularmente para observar e participar de "interrogatórios especiais" em centros de detenção no exterior. Gottlieb aproveitava essas ocasiões para testar suas poções nos prisioneiros.

"Em 1951, uma equipe de cientistas da CIA, liderada pelo Dr. Gottlieb, voou para Tóquio", segundo um estudo. "Em segredo, quatro japoneses suspeitos de trabalhar para os russos foram enviados para um local. Lá, eles receberam dos médicos da CIA uma variedade de drogas depressoras e estimulantes...Submetidos a interrogatórios recorrentes, ele confessaram suas ligações com os russos. Depois, foram levados para a baía de Tóquio, executados a tiros e jogados no mar. A equipe da CIA voou para Seul, na Coreia do Sul, e repetiu o experimento com 25 prisioneiros norte-coreanos. Eles se recusaram a seguir as instruções para denunciar o comunismo e foram executados...Em 1952, Dulles levou o Dr. Gottlieb e sua equipe para Munique, no sul da Alemanha. Lá, eles montaram base em um centro clandestino... No inverno de 1952/1953, dezenas de sujeitos 'descartáveis' foram levados para essa base. Enormes quantidades de drogas foram injetadas neles, algumas preparadas por Frank Olson em Detrick, para testar a possibilidade de alterar suas mentes. Outros receberam eletrochoques.

Nenhum dos experimentos teve bons resultados. Os 'descartáveis' foram mortos e seus corpos, incinerados."

Depois de vários meses de experimentos como esses, Gottlieb ficou bastante insatisfeito. Então, resolveu formalizar seu relacionamento com a Divisão de Operações Especiais em Camp Detrick. Os laboratórios bioquímicos da divisão eram os mais avançados do mundo, mas, devido ao caráter secreto do trabalho, poucos sabiam disso. O complexo tinha estruturas como a câmara de teste conhecida como Bola Oito, e não havia instalações comparáveis em nenhum outro lugar. Gottlieb queria usar esses recursos para levar o Artichoke a um novo patamar.

Por mais de um ano, nos termos do MK-NAOMI, a Divisão de Operações Especiais havia realizado pesquisas e fabricado itens para a CIA. Gottlieb pediu para Dulles negociar um acordo formal para aprofundar essa cooperação. Esse pacto estabeleceria um vínculo oficial entre o Corpo de Químicos e a CIA, mas o significado real seria mais restrito. O acordo consolidaria os elos entre as pequenas unidades supersecretas encarregadas do "trabalho do Artichoke" em cada organização: a Divisão de Operações Especiais, dirigida por uma elite de cientistas do Exército e com recursos de pesquisa avançados, e um grupo de colegas da CIA que, sob a direção de Gottlieb, planejavam dar um novo rumo ao Artichoke.

"Nos termos de um acordo firmado com o Exército em 1952", escreveram os investigadores do Senado, muitos anos depois, "a Divisão de Operações Especiais deveria colaborar com a CIA no desenvolvimento, teste e manutenção de agentes biológicos e sistemas de dispersão. Com base nesse acordo, a CIA se valeu dos conhecimentos e das instalações do Exército para desenvolver armas biológicas do seu interesse."

O pacto secreto deu a Gottlieb um novo impulso. Ele já havia observado os efeitos de várias drogas nele mesmo e em colegas. Dali em diante, Gottlieb passou a inocular doses bem maiores em prisioneiros e outros indivíduos vulneráveis em condições muito mais torturantes. Mas não era suficiente. Ele queria saber mais.

Os interrogadores de Gottlieb sabiam que, se algum dos sujeitos "descartáveis" morresse durante os experimentos, desovar o corpo "não seria nenhum problema". Esse procedimento nem sempre era totalmente eficiente, como percebeu uma tradutora norte-americana que trabalhava em Camp King. Em um fim de semana em meados de 1952, ela estava na base: "Vinda de Paris, cheguei a Frankfurt em um domingo de manhã, e o clima estava perfeito para passar o dia inteiro na piscina de Oberursel, adquirindo um belo bronzeado", escreveu ela em uma carta enviada para sua família. "Eles retiraram um homem morto da piscina às dez da manhã."

Os BOÊMIOS DE Paris frequentam o Le Select desde sua abertura, em 1925. Com seus floreios de art déco e grandes janelas com vista para o Montparnasse, é um dos cafés literários mais clássicos da cidade. Henry Miller, Emma Goldman, Samuel Beckett, Pablo Picasso, Man Ray e Luis Buñuel eram frequentadores assíduos. No romance *O Sol Também Se Levanta*, Ernest Hemingway descreve amantes descontraídos à beira do Sena, acenando para o táxi e dizendo ao motorista: "Le Select!" Hart Crane já arrumou uma briga no balcão. Isadora Duncan jogou um pires no chão em meio a uma discussão sobre o julgamento de Sacco e Vanzetti. Com esse *pedigree*, o Le Select atraiu naturalmente um jovem artista norte-americano que chegara a Paris em 1951.

Stanley Glickman já demonstrava talento para as artes desde a infância. Na época do ensino médio em Nova York, Glickman fez cursos avançados de pintura e ganhou prêmios. Em Paris, matriculou-se na Académie de la Grande Chaumière, passou o verão estudando pintura afresco em Florença e, depois, voltou para aprender com o mestre modernista Fernand Léger. Seu estúdio ficava perto do Le Select, mas, depois de um tempo, ele passou a preferir outro café, o Le Dôme, do outro lado do Boulevard du Montparnasse. Uma noite, em outubro de 1952, ele tomava um café quando um conhecido apareceu e o convidou para ir ao Le Select. Hesitante, ele concordou.

No Le Select, os dois se juntaram a um grupo de norte-americanos que se diferenciavam dos demais frequentadores pelas roupas conservadoras. Quando a política entrou na conversa, os ânimos se exaltaram; Glickman se levantou para sair, mas um dos homens insistiu em lhe pagar uma última bebida para mostrar que não havia ressentimentos. Glickman disse que tomaria um copo de Chartreuse, um licor de ervas. Em vez de chamar o garçom, o homem foi até o bar, pediu o Chartreuse e levou o copo para a mesa. O sujeito mancava, Glickman lembraria mais tarde.

Os minutos seguintes foram os últimos da vida produtiva de Glickman. Após beber alguns goles do licor, ele começou a sentir "um alargamento espacial e uma distorção da percepção". Logo passou a ter alucinações. Na mesa, os outros observavam, fascinados. Um deles disse que Glickman podia realizar milagres. Em dado momento, dominado pelo pânico e com medo de ter sido envenenado, ele saiu correndo do café.

Na manhã seguinte, Glickman teve mais alucinações. Visões povoavam sua mente. Ele abandonou os estudos e passou a vagar por Montparnasse. Um dia, entrou no Le Select, sentou-se e desmaiou. Uma ambulância levou Glickman para o Hospital Americano, que mantinha uma ligação confidencial com a CIA. Nos registros, consta que ele recebeu sedativos, mas, como Glickman afirmaria depois, houve eletrochoques e, possivelmente, mais drogas alucinógenas. Sua namorada canadense chegou uma semana depois e o tirou do hospital. Glickman a mandou de volta para o Canadá, dizendo que ela arruinaria sua vida se ficasse com ele.

Nos dez meses seguintes, Glickman viveu recluso em seu estúdio, recusando todo tipo de alimento por medo de ser envenenado. Depois de algum tempo, seus pais souberam da situação e o levaram para casa. Ele nunca se recuperou. Passou o resto da vida morando em um apartamento no East Village, em Manhattan, acompanhado somente por seus cães. Ele chegou a ter uma pequena loja de antiguidades, mas nunca mais pintou, leu, trabalhou regularmente nem teve relacionamentos.

"Havia muitas figuras caricatas naquelas ruas", segundo uma crônica, "mas ele era notável pela combinação de cabelos brancos e um cachecol de seda vermelho e preto, preso ao pescoço como se fosse uma gravata. Na maior parte do tempo, ele ficava sentado na escada com uma xícara de café".

Por que Glickman foi escolhido por Gottlieb como alvo de um experimento do Artichoke? Coincidência é uma possibilidade lógica. Talvez o "conhecido" que conduziu Glickman para o Le Select tenha considerado o rapaz sentado no café do outro lado da rua uma vítima conveniente. Todavia, investigações posteriores levantaram outra possibilidade.

Alguns meses antes do envenenamento, Glickman recebera tratamento para hepatite no Hospital Americano. Os pesquisadores do Artichoke estavam interessados em determinar se indivíduos com hepatite eram mais vulneráveis ao LSD. Logo, Glickman seria o sujeito ideal para o teste. Posteriormente, ao descrever os resultados de experimentos realizados no início da década de 1950, um memorando da CIA estabeleceria esta conclusão:

"Os indivíduos com uma ligeira modificação da função hepática apresentam uma resposta muito acentuada ao LSD."

Quando o projeto de Gottlieb já avançava rumo a novos horizontes, a estrutura política garantiu seu futuro. No dia 4 de novembro de 1952, os norte-americanos elegeram Dwight Eisenhower como presidente. Essa vitória era uma permissão para Gottlieb fazer tudo o que imaginasse.

Um dos poucos funcionários do alto escalão de Washington com quem Eisenhower já havia trabalhado de perto era o general Walter Bedell Smith, diretor da CIA, que fora seu chefe de gabinete durante a Segunda Guerra Mundial. Depois de assumir a presidência, Eisenhower nomeou Smith para o cargo de Subsecretário de Estado. O principal cargo da CIA ficou vago. Em meio a diversos candidatos, Eisenhower escolheu o que mais desejava a função: Allen Dulles.

Não há como saber o que outro diretor teria feito com o projeto de controle mental de Gottlieb — se ele reduziria ou encerraria o programa. Em todo caso, com Dulles firme no poder, Gottlieb tinha carta branca. Como se essa notícia já não fosse boa o bastante, Eisenhower também indicou John Foster Dulles, irmão mais velho de Dulles, para o cargo de Secretário de Estado. Logo, o Departamento de Estado certamente apoiaria as atividades de Gottlieb no exterior e daria aos "centros clandestinos" toda a cobertura diplomática necessária.

Revigorado, Gottlieb se dedicou com mais afinco à sua tarefa: prosseguir na pesquisa do controle da mente até onde fosse possível. Ele pressionava vários médicos próximos para realizar testes com drogas psicoativas. Paul Hoch, do Instituto Psiquiátrico de Nova York, concordou em injetar mescalina em um dos seus pacientes e observar os efeitos. Hoch escolheu um tenista profissional de 42 anos chamado Harold Blauer, que o procurara em busca de tratamento para depressão após um divórcio.

Em 5 de dezembro de 1952, um dos assistentes de Hoch começou a injetar um produto concentrado de mescalina em Blauer, sem nenhuma explicação ou aviso. No mês seguinte, Blauer recebeu mais cinco injeções. Ele reclamou de alucinações e solicitou o fim do tratamento, mas Hoch insistiu em prosseguir. Em 8 de janeiro de 1953, Blauer recebeu uma dose quatorze vezes maior do que as anteriores. Segundo os registros, ele reclamou quando lhe deram uma injeção às 9h53. Seis minutos depois, estava se debatendo violentamente. Às 10h01, seu corpo ficou rígido. Ele foi declarado morto às 12h15.

"Ninguém sabia o que ele estava recebendo, podia ser até mijo de cachorro", confessou, muito tempo depois, um dos assistentes.

Os primeiros dezoito meses de experimentos não trouxeram nenhum avanço na compreensão do uso das drogas alucinógenas para o controle da mente. Na verdade, Gottlieb teve que encarar realidades frustrantes. Essas drogas não eram um "soro da verdade". As visões que elas produziam dificultavam os interrogatórios. Os agentes não eram amnésicos eficazes: os sujeitos percebiam que haviam sido drogados e se lembravam da experiência. Tudo indicava que outra classe de drogas seria incluída na lista dos barbitúricos, sedativos, extrato de maconha, cocaína e heroína, substâncias que não podiam ser usadas com segurança para fazer as pessoas abrirem o bico.

Portanto, Gottlieb precisava escolher entre duas conclusões: 1) não havia nenhuma droga que viabilizasse o controle da mente ou 2) ela existia e estava esperando para ser descoberta. Ele fora contratado para explorar, não para desistir. Essa era sua natureza. Como seus companheiros do Artichoke, ele acreditava plenamente que podia encontrar uma forma de controlar a mente humana. Gottlieb foi o primeiro a concluir que a resposta estava no LSD. Ele considerava essa substância altamente complexa, com um potencial decisivo para ações clandestinas, e estava determinado a estudá-la com mais profundidade.

Com Allen Dulles já atuando como diretor da CIA, a ambição burocrática de Gottlieb cresceu. Ele sabia que Dulles apoiaria qualquer projeto que propusesse. Qual seria? A essa altura, Gottlieb era um "voluntário" constante dos seus experimentos com LSD, e sua imaginação andava bem fértil. Refletindo sobre a grande ambição dos projetos de controle mental da CIA, ele decidiu que chegara o momento de ir mais longe.

Gottlieb idealizou um novo projeto que incorporaria o Artichoke e colocaria sob sua responsabilidade todas as pesquisas da CIA sobre controle da mente. Nessa nova função, ele testaria todas as drogas e técnicas imagináveis, bem como algumas nunca antes cogitadas. Ele teria liberdade não apenas para fazer experimentos com sujeitos "descartáveis" em prisões secretas no exterior, mas também para administrar LSD a norte-americanos, voluntários ou não. A partir daí, Gottlieb passaria a testar, estudar e investigar todas as substâncias e métodos com potencial para servirem como ferramentas no controle da mente. Os experimentos seriam conduzidos no âmbito de um só programa, chefiado por ele.

Richard Helms, chefe de operações da Diretoria de Planejamento da CIA, estava tão entusiasmado quanto Gottlieb. Eles escreveram um memorando para Dulles com a descrição das metas do programa.

Gottlieb estava prestes a iniciar o projeto de controle da mente mais sistemático e abrangente já executado por um governo. Ele também pretendia assumir outro cargo importante: o de envenenador-chefe. Eram funções complementares. Gottlieb era o químico-chefe da CIA. Sob sua direção, quantidades e variedades desconhecidas de drogas foram aplicadas em seres humanos. Como resultado dessas experiências, Gottlieb era o norte-americano que mais compreendia os efeitos das toxinas no corpo humano. Portanto, quando os oficiais da CIA ou outros agentes do governo precisavam de venenos, ele era a pessoa ideal para produzi-los.

Na noite de 30 de março de 1953, Allen Dulles se sentou à mesa de jantar com James Kronthal, um alto oficial da agência, em sua casa em Georgetown. Companheiros desde a época do OSS na Europa, os dois mantinham um contato bem próximo. Dulles tinha notícias muito desagradáveis. Ele disse a Kronthal que agentes de segurança da CIA — dois deles estavam ouvindo secretamente a conversa naquele momento — tinham descoberto o terrível segredo dele. Kronthal era um pedófilo, havia sido flagrado e filmado e fora chantageado para trabalhar como agente duplo, primeiro para os nazistas e depois para os soviéticos.

Com tristeza, Dulles discorreu sobre como a compulsão pessoal podia destruir carreiras. Os dois se despediram por volta da meia-noite. Os agentes de segurança acompanharam Kronthal até sua casa. De manhã, ele foi encontrado morto em seu quarto, no segundo andar. Em seu relatório, o coronel Sheffield Edwards, diretor de segurança da CIA, escreveu que "havia um frasco vazio perto do corpo, e os indícios apontavam que ele tinha ingerido veneno". Anos depois, Robert Crowley, um oficial de segurança que atuava na época, especulou sobre o que teria acontecido — e quem teria preparado o veneno.

"Allen provavelmente já tinha uma poção preparada para Kronthal", disse Crowley. "O Dr. Sidney Gottlieb e a equipe médica produziam diversos venenos que uma autópsia típica não detectava."

Enquanto esse episódio dramático se desenrolava, Gottlieb e Helms estavam redigindo o memorando que recomendava um projeto de controle mental bem mais abrangente. Helms enviou o documento para Dulles em 3 de abril — quatro dias depois do jantar de despedida de Kronthal.

Uma versão editada desse memorando foi disponibilizada pelo governo. No documento, consta que um projeto de pesquisa "extremamente sensível", segundo Helms, "está em andamento desde meados de 1952 e ganhou uma tração considerável nos últimos meses". Ele recomendava que o projeto fosse expandido e incluísse experimentos de "natureza ultrassensível, que não devem ser viabilizados por meio de contratos que associem a CIA ou o governo à atividade em questão". Esses experimentos "se dividem em dois campos de ação bem definidos".

(a) desenvolver perícia no uso secreto de materiais biológicos e químicos. Essa área inclui a produção de várias condições fisiológicas para facilitar operações clandestinas, no presente e no futuro. Além do potencial ofensivo, uma perícia abrangente nesse campo da guerra química e biológica em situações clandestinas trará um conhecimento profundo do potencial teórico do inimigo, permitindo a defesa contra adversários não tão escrupulosos quanto nós com relação ao uso dessas técnicas. Por exemplo: desenvolveremos uma substância química que produzirá um estado mental aberrante, atóxico e reversível, cuja natureza específica será razoavelmente previsível para cada indivíduo. Esse material poderá ser usado para desacreditar pessoas, obter informações, implantar sugestões e outras formas de controle mental.

(b) [editado]

Em 10 de abril de 1953, enquanto analisava a proposta, Dulles descreveu o programa em um discurso revelador enunciado em uma reunião de ex-alunos da Universidade de Princeton em Hot Springs, na Virgínia. Engenhoso, ele falou do projeto como se fosse soviético, não norte-americano. Ninguém percebeu o embuste no evento, mas hoje está claro que as palavras dele se aplicavam aos experimentos que os agentes da CIA e os cientistas de Camp Detrick estavam realizando naquele momento e que logo se intensificariam.

Inicialmente, Dulles questionou "se as pessoas sabem que a batalha pela mente humana já chegou a níveis muito sinistros". Ele evitou mencionar as técnicas que seus homens usavam, mas citou os "intermináveis interrogatórios executados por equipes brutais, em que as vítimas são impedidas de dormir". O objetivo desse e de outros abusos, segundo ele, era "a perversão das mentes de indivíduos específicos que, submetidos a tal tratamento, são impedidos de expressar seus pensamentos. Como papagaios, os indivíduos condicionados repetem pensamentos implantados em suas mentes por meio de sugestão externa. De fato, nessas circunstâncias, o cérebro se torna uma vitrola, que toca um disco colocado por um agente externo, sobre o qual não tem nenhum controle".

Podemos chamar esse novo fenômeno de "guerra cerebral". Os alvos dessa guerra são as mentes humanas, em nível coletivo e individual. Seu objetivo é condicionar a mente para substituir suas reações voluntárias e racionais por respostas a impulsos implantados por uma fonte externa... A mente humana é o instrumento mais delicado de todos. Sua estrutura é muito sensível, muito suscetível a influências externas e maleável nas mãos de homens sinistros. Os soviéticos agora consideram a perversão cerebral como uma das suas principais armas na Guerra Fria. Algumas dessas técnicas são tão sutis e incompatíveis com nosso estilo de vida que evitamos observá-las.

Dulles encerrou sua apresentação com um lamento. "No Ocidente, estamos em desvantagem na guerra cerebral", disse ele. "Não dispomos de cobaias humanas para experimentar essas técnicas extraordinárias."

A verdade era totalmente outra. Afirmando a superioridade moral da nação, Dulles apontava que ele, a CIA e o governo nunca se rebaixariam a autorizar experimentos brutais, realizados sem o consentimento dos pacientes. No entanto, por meio dos projetos Bluebird e Artichoke, ele já conduzia esses experimentos há dois anos. Dulles nunca hesitou diante das implicações mais extremas da "guerra cerebral". O memorando de Helms sugeria exatamente o projeto incondicional que ele desejava.

"Fazia parte do imaginário daquele grupo essa atitude impessoal com relação a perigos, riscos e vidas humanas", disse Ray Cline, um dos primeiros agentes da CIA, muitos anos depois. "Helms acharia sentimental e idiota qualquer crítica a esse tipo de coisa."

Sob a direção de Gottlieb e com o incentivo de Dulles e a proteção burocrática de Helms, o Artichoke se tornou um dos projetos mais violentos e abusivos já promovidos por uma agência do governo dos Estados Unidos. Dulles também passou a acreditar que era o momento de intensificar e sistematizar as ações. Gottlieb havia confirmado sua competência; ele estava pronto para uma nova função, única na história norte-americana. Essa tarefa só era conhecida por um pequeno grupo.

Em 13 de abril de 1953, Dulles aprovou formalmente o projeto proposto por Helms dez dias antes, e Gottlieb se tornou o czar do controle mental nos Estados Unidos. De início, ele recebeu três ativos: um orçamento de US$300 mil sem nenhum controle financeiro; permissão para iniciar pesquisas e conduzir experimentos "sem a obrigação de firmar os contratos e acordos típicos" e um novo codinome. As regras da ação secreta determinam que os codinomes não devem ter significado para não fornecerem nenhuma pista sobre o projeto caso sejam descobertos. Porém, Dulles não resistiu e atribuiu ao novo programa um nome que indicava sua "natureza ultrassensível". O projeto de Gottlieb ficou conhecido como MK-ULTRA.

5

Abolindo a Consciência

Fazer amizade com a pessoa errada na Nova York do início dos anos 1950 podia provocar um choque psíquico no sujeito. Na época, as pessoas eram levadas para um apartamento na Bedford Street, 81, em Greenwich Village, onde recebiam bebidas batizadas com LSD. Durante as viagens alucinógenas, agentes da CIA monitoravam suas reações. Esses infelizes foram cobaias involuntárias de um dos primeiros experimentos do MK-ULTRA.

George Hunter White, contratado por Sidney Gottlieb para dirigir essa operação, destacava-se até no elenco fantástico do MK-ULTRA, que incluía químicos obcecados, espiões impiedosos, torturadores cruéis, hipnotizadores, especialistas em eletrochoques e médicos nazistas. White era um agressivo detetive do departamento de narcóticos que conhecia bem o submundo do crime e das drogas. Quando Gottlieb lhe ofereceu o cargo de chefe de um centro clandestino da CIA, onde ele administraria LSD a visitantes incautos e registraria os resultados, White aproveitou a oportunidade. Imaginou que seria outro episódio frenético na sua longa série de façanhas secretas. Foi isso e muito mais.

White tinha 1,70m, pesava mais de 90kg e costumava raspar a cabeça. Segundo alguns autores, ele era "gordo como um boi", um "sujeito desleixado e obeso" que parecia "uma aterrorizante bola de boliche". Para sua primeira esposa, que se divorciou dele em 1945, ele era "um gordo babaca".

White era usuário de drogas ilegais e sempre separava uma parte de tudo que confiscava. Seu consumo de álcool — uma garrafa de gim inteira no jantar — era lendário. Também tinha alguns fetiches sexuais, especialmente sadomasoquismo e sapatos de salto alto. Ele comprou um armário cheio de botas para sua segunda esposa e contratava prostitutas para amarrá-lo e chicoteá-lo. Um dos poucos vínculos emocionais que tinha era com seu canário de estimação. Ele adorava segurar e acariciar a ave. Quando o pássaro morreu, White ficou profundamente magoado. "O sacaninha não resistiu", anotou em seu diário. "Não sei se algum dia terei outro pássaro ou animal de estimação. Sempre é difícil quando eles morrem."

Depois de atuar muitos anos como repórter policial do *San Francisco Call Bulletin*, White ingressou no Departamento Federal de Narcóticos. Em pouco tempo, tornou-se um dos melhores agentes. Seu nome saiu nos jornais do país todo em 1937, quando ele desmantelou uma organização sino-americana que traficava ópio, supostamente depois de ter sido iniciado na gangue e concordado em ser "morto com fogo" se traísse seus segredos. A revista *True* aumentou sua fama publicando um artigo fascinante sobre o caso, cuja manchete era NOVATO ESTOURA GANGUE CHINESA. White não perdia nenhuma chance de aprimorar sua imagem. Às vezes, ele até convidava repórteres para acompanhá-lo nas operações.

Sem deixar o emprego no departamento de narcóticos, White ingressou no Escritório de Serviços Estratégicos logo no início da Segunda Guerra Mundial. Ele participou de um treinamento paramilitar em Camp X, uma base secreta na província de Ontário, que mais tarde seria definida como uma "escola de assassinatos e caos". Depois do curso, ele se tornou instrutor. Vários pupilos dele tiveram longas carreiras na CIA, incluindo Richard Helms, Frank Wisner e James Jesus Angleton. Algum tempo depois, White foi enviado para a Índia, onde teria matado um espião japonês com as próprias mãos. Ele também participava dos experimentos do OSS com o "soro da verdade", em que várias substâncias eram administradas aos prisioneiros para que fossem determinados os seus valores como ferramentas nos interrogatórios.

Depois da guerra, White ganhou uma certa notoriedade ao liderar a campanha do departamento de narcóticos contra a cena de jazz de Nova York. Ele espionava músicos suspeitos de envolvimento com drogas e armava ciladas para eles; depois de prendê-los, White providenciava o cancelamento das licenças que autorizavam os artistas a tocarem em Nova York. Em 1949, seu nome saiu em manchetes no país todo quando Billie Holiday foi presa por posse de ópio. A cantora apontou que já estava limpa há um ano e acusou White de ter plantado as provas. Ela foi absolvida pelo júri, mas a pressão implacável de White foi um dos fatores que provocaram seu declínio e sua morte precoce.

Em 1950, White começou a atuar no comitê do senador Joseph McCarthy, que investigava a influência comunista no Departamento de Estado. Depois, foi para outro comitê, chefiado pelo senador Estes Kefauver, que investigava o crime organizado. Lá, teve uma atitude temerária e vazou indícios que sugeriam ligações do presidente Truman e de Thomas Dewey, governador de Nova York, com a máfia. Foi demitido por Kefauver menos de um ano depois da sua admissão. Então, White estava disponível para uma nova aventura quando Gottlieb lhe telefonou.

Esses dois norte-americanos, mestres do poder secreto, eram totalmente diferentes. Libertino, com traços de sadismo e raramente sóbrio, White era viciado em adrenalina e adorava as zonas mais violentas da sociedade. Gottlieb era um cientista e gostava de iogurte. Mas, naquele momento, o entrosamento entre os dois foi perfeito. Gottlieb estava procurando alguém que conhecesse a vida nas ruas e soubesse contornar e infringir a lei e, ao mesmo tempo, passar a impressão de que estava aplicando a lei. White sabia fazer isso e muito mais.

O caráter duvidoso dos conhecidos de White prometia diversos candidatos para experimentos com drogas. Ele estava acostumado a tratar as pessoas a pontapés. Era confiável e sabia guardar segredos. Como ele ainda estava na folha de pagamento do departamento de narcóticos, a CIA poderia negar sua conexão com White caso algo desse errado. Essas qualidades faziam dele um parceiro ideal.

Gottlieb já havia testado o LSD em voluntários e vítimas involuntárias. Ele estava prestes a iniciar a distribuição da substância para hospitais e escolas de medicina, onde ocorreriam experimentos controlados. Porém, para aprender mais sobre as reações de pessoas comuns à droga, Gottlieb decidiu montar um centro clandestino dentro dos Estados Unidos. As cobaias seriam um novo tipo de "descartáveis". Muitos dos sujeitos conduzidos por White até aquele "centro" na 81 Bedford Street eram usuários de drogas, criminosos de pequeno porte e outros que, sem dúvida, não abririam o bico sobre as coisas que aconteciam lá dentro com eles.

Os poucos que sabiam da existência do MK-ULTRA consideravam o projeto crucial para a sobrevivência dos Estados Unidos. Limitar o programa por causa de algumas vidas — centenas ou mais — parecia não só um absurdo, como também um ato de traição. O "centro clandestino" de Nova York simbolizava essa lógica.

Allen Dulles havia encarregado Gottlieb de uma tarefa ridiculamente difícil: descobrir a droga perfeita para derrotar os inimigos da liberdade e salvar o mundo. Era um dos desafios mais complexos já apresentados para a imaginação científica. E Gottlieb não sabia mais sobre isso do que os demais norte-americanos.

Em maio de 1952, pouco depois de ouvir um colega da Equipe de Serviços Técnicos falando de White, Gottlieb convidou o detetive para uma conversa em Washington. Eles falaram sobre o OSS, os experimentos com o "soro da verdade" e a lendária Divisão 19, uma oficina em que artesãos habilidosos criavam pistolas silenciosas, armas para dardos envenenados e outros instrumentos do ofício. Em dado momento, a conversa se voltou para o LSD. Gottlieb ficou surpreso com as informações que White já tinha, baseadas nos experimentos secretos realizados pelo departamento de narcóticos.

White se dispôs a mostrar seu método de trabalho para Gottlieb. Os dois foram de carro até New Haven, em Connecticut, onde White investigava um empresário suspeito de distribuir heroína. A viagem, Gottlieb lembrou algum tempo depois, "foi uma oportunidade para discutirmos assuntos de interesse". Ele ficou fascinado com essa exposição a um novo mundo. White, segundo Gottlieb, "sempre portava todo tipo de arma; em um momento, ele era grosseiro e rude, até mesmo vulgar, mas, em outro, era cortês e até eloquente". Normalmente, a CIA não empregava gente como White.

"Nós vínhamos das melhores faculdades, éramos brancos de classe média", explicou um dos colegas de Gottlieb, muitos anos depois. "Todos eram ingênuos, totalmente ingênuos sobre isso tudo; ele era o especialista. Conhecia as prostitutas, os cafetões, os traficantes... Era um homem bem fora do comum."

White casou com sua segunda esposa, Albertine, em 1951. De temperamento vivaz e irrequieto, ela compartilhava muitos dos interesses dele, inclusive sexo grupal, fetiches com botas de couro e o hábito de drogar amigos e outras cobaias involuntárias. Segundo um relato, ela "fazia vista grossa diante do comportamento desregrado do marido" e "adorava o círculo social infame dele". Décadas depois, um pesquisador mostrou a Albertine o relato de uma mulher que sofreu um colapso mental depois de ter sido drogada pelo casal com LSD no apartamento deles, no Greenwich Village. Segundo o pesquisador, Albertine "pronunciou uma série de obscenidades que teriam envergonhado um marinheiro. Seu discurso fixou neste autor a impressão de que ela reunia todas as condições para ter sido cúmplice de White em seu trabalho sujo."

Em 1952, o casal fez um jantar de Ação de Graças para James Jesus Angleton, diretor de contrainteligência da CIA, que uma década antes fora aluno de George na "escola de assassinatos e caos", operada pelo OSS em Ontário. Na noite seguinte, os dois se encontraram novamente, mas o objetivo da reunião era consumir gim tônica com LSD. Depois, eles pegaram um táxi e foram para um restaurante chinês. Quando a comida chegou, de acordo com o diário de White, eles começaram a "rir de algo que não me lembro agora" e "nem tocamos nos pratos".

Gottlieb passou aqueles meses entre os Estados Unidos e os "centros" no exterior. Muitos dos seus experimentos giravam em torno do LSD, seu grande interesse. Nesse período, Stanley Glickman foi drogado em Paris. Porém, os experimentos internacionais não trouxeram os resultados que Gottlieb desejava. George Hunter White abriu um novo mundo para ele. Pouco depois de se conhecerem, Gottlieb perguntou se White gostaria de trabalhar com ele. White ficou interessado. Indiscreto, registrou a proposta em seu diário.

"Gottlieb me ofereceu um cargo de consultor da CIA", escreveu White. "Eu aceitei."

Porém, essa parceria se deparou com um problema inesperado. Os funcionários da CIA em Washington atrasaram a autorização oficial. Parte do problema, como White suspeitava, era cultural. "Uns despeitados metidos que tinham me conhecido ou ouvido falar de mim na época do OSS achavam que eu era 'casca-grossa demais' para entrar no time deles e vetaram meu nome", escreveu. O atraso também evidenciava o desafio burocrático encarado por Gottlieb. Ele estava no controle do programa secreto mais importante do governo norte-americano. A resistência de outros membros da CIA era natural. O Escritório de Inteligência Científica queria controlar alguns aspectos do MK-ULTRA. O Escritório de Segurança também. Morse Allen, que participara da gestão dos projetos Bluebird e Artichoke, não estava disposto a ceder. Allen Dulles apoiava Gottlieb nessas brigas territoriais, mas não podia ignorar as queixas dos oficiais seniores, que, com razão, não gostavam de ver tanto poder nas mãos de um novato. Para expressar essa insatisfação, eles demoraram um ano para autorizar a contratação de White.

Quando saiu a aprovação, Gottlieb foi a Nova York para dar a boa notícia pessoalmente. Ele também levou um cheque para cobrir os custos iniciais. White investiu os primeiros U$$3,4 mil no aluguel do "centro", na 81 Bedford Street.

"CIA — recebi a liberação para assinar o contrato de 'consultor' — encontrei Gottlieb", escreveu White em seu diário, no dia 8 de junho de 1953.

O complexo da Bedford Street era algo sem precedentes: um centro clandestino da CIA no coração de Nova York, onde cidadãos incautos seriam drogados secretamente com o objetivo de desenvolver métodos para combater o comunismo. Dois apartamentos adjacentes formavam o local. Cada apartamento tinha um sistema de vigilância que permitia a observação e o registro de tudo que ocorria no outro. Gottlieb já possuía "centros" no exterior, onde podia drogar pessoas como bem entendesse. Agora, ele também tinha uma em Nova York.

Naquele outono, White começou a andar pelo Greenwich Village em busca de indivíduos para fazer amizade e depois, secretamente, drogar com LSD ou outras substâncias. Ele inventou um pseudônimo (Morgan Hall) e vidas falsas. "Ele se apresentava como marinheiro mercante ou como artista boêmio e era próximo de muitos personagens do submundo, todos envolvidos em atividades ilegais como drogas, prostituição, jogos de azar e pornografia", indica um estudo sobre a carreira de White. "Ele usou essa persona de artista boêmio para atrair a maioria das vítimas do MK-ULTRA."

White drogou vários amigos com LSD, incluindo o diretor da Vixen Press, editora especializada em fetiches e romances lésbicos. Outras vítimas eram mulheres jovens que tinham a infelicidade de cruzar seu caminho. O diário dele sugere diversas reações: "Gloria ficou horrorizada... Janet viajou bastante." White ficou tão impressionado com o poder do LSD que começou a chamá-lo de Stormy nas anotações do diário. Mas continuou drogando todos que conseguia atrair até o centro. "Fiquei com raiva de George", disse o editor da Vixen Press, muitos anos depois. "Era ruim tratar as pessoas desse jeito, mas ninguém percebia isso na época."

As conexões de White protegiam seus disfarces. Um das vítimas deu entrada no Lenox Hill Hospital alegando que havia sido drogada. Algumas horas depois, foi informada de que, provavelmente, estava enganada e recebeu alta. Esses episódios eram abafados porque a CIA havia, segundo um relato, "feito um trato com o setor médico do Departamento de Polícia de Nova York para proteger White de inconveniências".

O centro clandestino na Bedford Street amenizou a tensão entre a CIA e o FBI. Alguns oficiais da CIA achavam que o FBI era um santuário para tiras estúpidos e truculentos. Em retribuição, os agentes do FBI diziam que os caras da CIA eram amadores e estabanados, "um bando de meninos ricos e esnobes que se imaginavam a resposta de Deus para todos os males do mundo". Allen Dulles e J. Edgar Hoover, diretor do FBI, eram rivais agressivos na máquina burocrática. Hoover nunca reclamaria do centro clandestino, mas, claro, sabia da existência dele. O fato foi mencionado em um relatório que Hoover recebeu da sua equipe de Nova York três semanas depois de White ter pago o depósito do aluguel.

"Um informante confidencial relatou, em 1º de julho, que seu ex-supervisor no Departamento de Narcóticos, George White... está colaborando com a CIA em uma missão 'ultrassecreta' na qualidade de consultor", indicava o relatório. "White e a CIA alugaram dois apartamentos adjacentes na 81 Bedford Street, em Nova York. Em um dos apartamentos, foram montados um bar e cômodos de lazer; o outro está sendo usado pela CIA para filmar, através de espelhos semitransparentes, as atividades do primeiro apartamento."

Gottlieb supervisionou de perto essa operação. White e ele se encontravam regularmente, em Washington e em Nova York. O vínculo pessoal dos dois se consolidou. White agora fazia artesanato em couro como hobby e, quando Gottlieb comemorou seu 36º aniversário, em 3 de agosto de 1954, foi presenteado com um cinto feito à mão.

Uma das paixões de Gottlieb era a dança folclórica, e ele às vezes convidava colegas para dar uns passos com ele. Nem todos iam. White ia. Gottlieb lhe ensinou o *jig*, uma dança irlandesa, e eles encantaram amigos com suas apresentações. Esses parceiros, um com pés tortos e o outro obeso, dançavam no momento em que iniciavam experimentos secretos com LSD. Nos relatórios de despesas do centro clandestino da 81 Bedford, elaborados por White e meticulosamente analisados pela Equipe de Serviços Técnicos, há uma assinatura bastante legível: "Sidney Gottlieb, diretor/ Divisão Química TSS".

GOTTLIEB E SEUS companheiros da CIA não eram os únicos norte-americanos com a percepção de que, em 1953, o mundo estava à beira do apocalipse. Muitos concordavam com isso. O projeto MK-ULTRA foi concebido e implementado em meio a uma crise profunda de medo nos EUA.

"Aquele período, até 1954, foi uma época conturbada e confusa na CIA", lembrou um oficial aposentado, décadas depois. "Era a antiga mentalidade do OSS: vá lá fora e faça acontecer. Não importa se a ideia é boa ou ruim, vá em frente. Estamos em guerra, então vale tudo. Somos mais espertos do que a maioria, operamos em segredo, temos acesso a dados de inteligência e sabemos quais são as ameaças reais. Ninguém mais sabe."

A saga de espionagem de Julius e Ethel Rosenberg chegou ao clímax naqueles meses. A nação ficou abalada com o julgamento e a condenação dos dois por terem roubado segredos nucleares do país para a União Soviética. No início de 1953, eles recorreram e pediram a suspensão da execução. O presidente Eisenhower recusou. A Suprema Corte também. Os Rosenberg foram executados no dia 19 de junho. O caso só acentuou a terrível sensação de que os inimigos já haviam se infiltrado no santuário norte-americano.

Ao mesmo tempo, os cidadãos eram informados de que havia novos perigos no exterior, de que o país lutava contra a União Soviética por uma questão de sobrevivência e de que essa batalha não estava indo bem. "Basta olhar o mundo como um todo", afirmou John Foster Dulles, pouco antes de assumir o cargo de secretário de Estado, em 1953. "Em todos os lugares, a pergunta é a mesma: será que vamos perder essa parte do mundo?" O governo Eisenhower, orientado pelos irmãos Dulles, via ameaças despontando no complexo "terceiro mundo". Um governo de esquerda fora eleito na Guatemala. No Vietnã, os rebeldes intensificavam sua campanha contra o regime colonial francês. O primeiro-ministro Mohammad Mossadegh, do Irã, nacionalizara as reservas de petróleo do país. Essas turbulências não eram retratadas nos Estados Unidos como sintomas da onda de nacionalismo nos países em desenvolvimento, mas como uma série de ataques coordenados, episódios na guerra pelo domínio global travada por Moscou.

Enquanto as crises se intensificavam na Guatemala, Vietnã e Irã, uma revolta anticomunista eclodiu em Berlim Oriental. Trabalhadores ocuparam edifícios governamentais. Quando a polícia se recusou a intervir, os tanques soviéticos fizeram o trabalho sujo. Os líderes do movimento foram presos, julgados e executados. E os norte-americanos foram avisados de que aquele poderia ser seu destino caso o comunismo continuasse avançando.

Outro episódio de grande impacto para a CIA foi mantido em segredo. No final de 1952, os chineses capturaram John Downey e Richard Fecteau, dois pilotos da agência, depois que seus aviões foram abatidos durante um voo clandestino sobre a China. Os "vermelhos" disseram que poderiam libertá-los se os Estados Unidos admitissem publicamente que os dois trabalhavam para a CIA. Eisenhower recusou, e os pilotos ficaram presos até que o presidente Richard Nixon admitisse a verdade, duas décadas depois. Os oficiais da CIA ficavam horas imaginando as torturas exóticas que estariam sendo aplicadas nos dois prisioneiros. Ao final, chegaram à conclusão (equivocada) de que os chineses recorriam às mesmas práticas que eles: o uso de prisioneiros como cobaias em experiências grotescas envolvendo drogas e controle da mente.

Esses eventos assustadores confirmavam o horror existencial de Allen Dulles, Richard Helms e Sidney Gottlieb e justificavam o radicalismo do MK-ULTRA. A narrativa de cerco e perigo iminente transmitida aos norte-americanos estava distante da realidade, mas conquistou muitos corações em Washington e teve efeitos profundos. Com essa versão, a CIA se convenceu de que travava uma guerra essencialmente defensiva. No imaginário coletivo da agência, nenhuma das ações tinha caráter ofensivo. A narrativa justificava todos os projetos, mesmo aqueles que traziam uma grande dor para indivíduos e nações, pois era necessário evitar a expansão implacável do comunismo.

Na época em que iniciou o MK-ULTRA, Allen Dulles estava preparando várias operações secretas cujos efeitos seriam devastadores. Ele enviou US$1 milhão ao diretor da estação da CIA em Teerã para "tirar Mossadegh do poder de qualquer maneira"; em agosto, seus agentes depuseram o primeiro-ministro iraniano. Foi o primeiro golpe de estado promovido pela CIA. Pouco depois, Dulles começou a planejar a mesma ação na Guatemala.

Ele expandiu a estação da CIA no Vietnã e intensificou as operações que fomentavam levantes antissoviéticos na Europa Oriental. Na visão dele, todos esses projetos se encaixavam. O MK-ULTRA era um elemento essencial na guerra mundial secreta de Dulles e tão importante quanto as tramas contra governos estrangeiros.

Mesmo quando os experimentos de controle da mente se radicalizaram e o número de cobaias humanas começou a aumentar, nenhum dos oficiais da CIA associados ao MK-ULTRA manifestou oposição. Porém, os parceiros da CIA na Divisão de Operações Especiais integravam o Corpo de Químicos e, portanto, obedeciam ao comando do Exército. Os oficiais mais graduados do Pentágono estavam muito interessados no LSD e em outros produtos químicos com potencial bélico. Como seus colegas da CIA, eles não tinham nenhuma intenção de limitar ou restringir os experimentos. Os resultados mais importantes, segundo um memorando encaminhado ao secretário de defesa Charles Wilson, "só poderiam ser obtidos com a utilização de voluntários humanos". Wilson era essencialmente civil — chefiara a General Motors antes de ir para o Pentágono — e queria impor restrições. Para ele, os participantes dos experimentos com drogas deviam ser voluntários, admitidos mediante consentimento informado, como estabelecido no Código de Nuremberg. Em meados de 1953, Wilson emitiu uma ordem secreta exigindo que o secretário de defesa e o secretário da área competente fossem informados por escrito antes que as unidades militares conduzissem experimentos com seres humanos. Essa regra foi pouco observada. Algumas unidades foram informadas sobre ela por meio de instruções verbais. Outras nunca ouviram falar da ordem. No início dos anos 1950, o secretário do Exército recebeu seis pedidos de autorização de experimentos com voluntários humanos. Mas, nesse período, a Divisão de Operações Especiais colaborou com Gottlieb em muitos experimentos que deveriam ter sido comunicados, nos termos do "Memorando Wilson". Tudo indica que isso não ocorreu em nenhum dos casos.

A parceria com a Divisão de Operações Especiais tinha um valor inestimável para o MK-ULTRA. Os cientistas da divisão produziam substâncias químicas que os agentes da CIA administravam aos prisioneiros durante sessões de "interrogatório especial" em prisões secretas no mundo todo. Alguns também colaboravam com a Equipe de Serviços Técnicos para desenvolver dispositivos que os agentes de campo usavam em operações que envolviam drogas. Grande parte do conhecimento científico deles foi obtido por meio de experimentos com seres humanos.

"A DOE desenvolveu dardos revestidos com agentes biológicos e pílulas que continham diversos agentes biológicos cuja capacidade de infecção durava semanas e até meses", relataram posteriormente os investigadores do Senado. "A DOE também criou uma arma especial para disparar dardos revestidos com um produto químico que incapacitava cães de guarda; depois, os agentes entravam na instalação e reanimavam o cães quando saíam. Porém, os cientistas da DOE não conseguiram desenvolver uma substância incapacitante similar para seres humanos."

Os NORTE-AMERICANOS ESTAVAM prestes a comemorar a libertação de 7.200 soldados das prisões comunistas após o armistício que deu fim à guerra da Coreia, em julho de 1953. Mas, em vez disso, sofreram um choque. Muitos prisioneiros elaboraram declarações escritas criticando os Estados Unidos e elogiando o comunismo. Alguns confessaram sua participação em crimes de guerra. Vinte e um deles optaram por ficar na Coreia do Norte e na China. O Pentágono classificou esses soldados como desertores que seriam executados caso fossem encontrados.

Porém, mais surpreendente foi o fato de que vários pilotos libertados afirmavam ter lançado armas biológicas dos caças — contradizendo o argumento de que Washington nunca havia usado esses itens. "A bomba de germes mais comum pesava 220kg", relatou um piloto. "Cada bomba tinha vários compartimentos que armazenavam diferentes tipos de germes. Insetos como pulgas e aranhas eram mantidos separados de ratos e ratazanas." Essas alegações foram reiteradamente negadas por Washington. Gottlieb, como chefe da Divisão Química, foi convocado para preparar um "kit de imprensa" que refutaria as acusações. Nesse material, dois "especialistas independentes renomados", amigos de Gottlieb, escreveram que acreditar que os norte-americanos haviam usado essas armas na Coreia equivalia a acreditar que "discos voadores já pousaram na Terra".

Por que os soldados estavam abandonando seus deveres e manchando a honra da pátria? A nação, perplexa, exigia explicações. Depois de analisar os antecedentes dos desertores, a revista *Time* chegou à conclusão de que uma educação deficiente e problemas emocionais explicavam aquele comportamento. A *Newsweek* descreveu os soldados como "desonestos e abjetos" e apontou que eles haviam traído o país em troca de um tratamento melhor, porque tinham se apaixonado por mulheres asiáticas e devido ao apelo do "homossexualismo". Muitos analistas alertaram que esses casos representavam o enfraquecimento da masculinidade norte-americana e sua substituição por uma geração de "garotos mimados" e "filhinhos da mamãe".

Além do declínio espiritual da nação e da feminização dos homens, surgiu outra teoria: a "lavagem cerebral". Inventado três anos antes pelo propagandista Edward Hunter, esse termo oferecia um último recurso para lidar com tudo que parecia inexplicável. Para a maioria dos norte-americanos, nada era mais inexplicável do que jovens pensando que viver sob o comunismo era melhor do que viver nos Estados Unidos. A "lavagem cerebral" era a explicação mais fácil e óbvia. Uma manchete da *New Republic* expressava fielmente os medos dos cidadãos: LAVAGEM CEREBRAL COMUNISTA — ESTAMOS PREPARADOS?

O comportamento terrível dos prisioneiros convenceu muitos de que a "lavagem cerebral" de fato existia e fazia parte do arsenal dos comunistas. Outro aspecto desse episódio, que não veio a público, acirrou os temores na CIA. "Nos interrogatórios conduzidos com os libertados que saíram da Coreia do Norte pela União Soviética, os indivíduos descreveram um período 'em branco' ou de desorientação enquanto passavam por uma zona especial na Manchúria", relatou um oficial da CIA em um memorando encaminhado à Divisão de Operações Especiais. "Isso ocorreu com todos os integrantes do grupo depois da primeira refeição completa e do primeiro café… Indício de intoxicação por drogas."

Não havia evidências de intoxicação nem de lavagem cerebral. No entanto, na CIA e em outras agências de segurança, esses relatos foram interpretados como mais uma prova de que os cientistas comunistas estavam na frente dos ocidentais na corrida pelas drogas psicoativas. Além disso, pela primeira vez, a Manchúria foi associada ao controle da mente — uma conexão que logo despontaria no espaço público.

Após o fim das hostilidades na Coreia, em alguns anos, a maioria dos desertores acabou retornando para casa. Vários falaram sobre o período. Nenhum deles relatou ter sido submetido a pressões que pudessem ser descritas como "lavagem cerebral". A decisão de desertar resultou de fatores subjetivos como indignação diante das desigualdades do país natal, desejo de aventura e formas tradicionais de coerção. Mas, nos EUA, uma nação de conformistas na época, a "lavagem cerebral" era uma explicação muito conveniente para todo comportamento humano que resistia à compreensão das pessoas.

A CIA mergulhou de cabeça nessa fantasia. "Há fartas evidências nos inúmeros relatos obtidos por meio de interrogatórios de que os comunistas utilizam drogas, coerção física, choques elétricos e, possivelmente, hipnose contra seus inimigos", escreveu o chefe da equipe médica da CIA em um memorando que revelava todo o pânico do momento. "Com base nessas evidências, é difícil não se indignar com nossa manifesta negligência. Os dados nos impõem a obrigação de assumir um papel mais agressivo no desenvolvimento dessas técnicas."

Quando começou a distribuir dinheiro entre os pesquisadores que contratara para estudar o LSD, Sidney Gottlieb se deparou com um problema previsível: a oferta. A patente era propriedade da Sandoz, uma empresa suíça que estava fora do alcance da CIA. Alguns relatórios de inteligência sugeriam que a Sandoz estava vendendo grandes quantidades para a União Soviética e outros países comunistas. Os documentos eram falsos, mas causaram uma grande comoção na CIA.

"É muito difícil reproduzir, nos dias de hoje, como tudo aquilo era assustador na época", afirmou um oficial da CIA, em um depoimento prestado décadas depois. "Estávamos aterrorizados porque esse era o único material identificado que abria possibilidades terríveis quando era aplicado da maneira errada."

Em meados de 1953, um oficial da CIA foi enviado para Basileia com a missão de resolver o problema. Quando voltou, o agente informou que a Sandoz tinha dez quilos de LSD disponíveis, o que, segundo ele, era "uma quantidade extraordinária". Dulles aprovou o gasto de US$240 mil para adquirir tudo — a oferta mundial da substância. Porém, os dois agentes que foram buscar o produto logo descobriram que o colega havia confundido quilogramas com gramas. A Sandoz fabricara menos de 40 gramas, e só havia 10 gramas no estoque.

Depois desse mal-entendido, Gottlieb concluiu que o MK-ULTRA precisava de um suprimento constante de LSD — e a Sandoz teria que se comprometer a não vender nada para os soviéticos. A empresa ficou feliz em colaborar, não por simpatizar com os projetos de controle mental da CIA, sobre os quais nada sabia, mas pela oportunidade de se livrar daquele "filho problemático". Um oficial da CIA enviado a Basileia relatou que a Sandoz tinha se "arrependido da descoberta do material, que só gerava muitas dores de cabeça e problemas". Ao saber que a Sandoz não tinha nenhuma intenção de proteger o LSD, Gottlieb logo começou a pagar secretamente uma companhia farmacêutica norte-americana, a Eli Lilly, para quebrar o código químico da substância. Os cientistas da empresa iniciaram o trabalho imediatamente.

Metódico, Gottlieb sistematizou e organizou as várias linhas de pesquisa do MK-ULTRA. Cada contrato se tornou um "subprojeto" e recebeu um número. Só em 1953, Gottlieb lançou mais de dez. O "centro" de Nova York era o Subprojeto 3. O dinheiro pago aos cientistas da Eli Lilly para quebrar o código químico do LSD era o Subprojeto 6. Alguns "subprojetos" dessa fase inicial pesquisavam métodos não químicos de controle da mente, inclusive, segundo um relato, técnicas de "psicologia social, psicologia de grupo, psicoterapia, hipnose, conversão religiosa e privação sensorial e de sono".

Logo nos primeiros dias do MK-ULTRA, Gottlieb e seus colegas cientistas ficaram fascinados com o potencial da hipnose. Para eles, essa técnica abria possibilidades sofisticadas na arte dos assassinatos políticos. Um assassino hipnotizado poderia cometer o crime e esquecer o mandante e até o crime em si.

No início da Guerra Fria, a hipnose era levada muito a sério nos Estados Unidos. Em 1950, George Estabrooks, um psiquiatra da Universidade Colgate, afirmou, na popular revista *Argosy*, que tinha a capacidade de "hipnotizar as pessoas — sem seu conhecimento ou consentimento — e convencê-las a traírem o país". O episódio chamou a atenção da CIA. Após a implementação do MK-ULTRA, Estabrooks escreveu um memorando para a Agência indicando que poderia criar um "mensageiro hipnótico" que seria incapaz de sabotar uma missão secreta porque "não saberia, conscientemente, que estava em uma missão". Estabrooks também se dispôs a induzir, "usando técnicas de hipnotismo, a condição da múltiplas personalidades" em um grupo de pessoas. O oficial que recebeu esse memorando avaliou o documento como "muito importante", e Estabrooks se tornou consultor da CIA.

Em 1953, Morse Allen, que também acreditava intensamente no potencial da hipnose, encomendou a produção do curta-metragem *The Black Art*, que seria exibido apenas para os funcionários da CIA. No filme, um oficial de inteligência norte-americano droga e hipnotiza um diplomata asiático. Em transe, o diplomata entra na sua embaixada, retira documentos de um cofre e entrega o material ao oficial. A obra termina com uma voz persuasiva dizendo: "O que você acabou de ver pode ser realizado sem o conhecimento do indivíduo? Sim. Contra a vontade do indivíduo? Sim. Como? Por meio dos poderes da sugestão e da hipnose."

Essa visão contrariava a opinião de muitos cientistas. Durante a Segunda Guerra Mundial, o OSS havia consultado psiquiatras especializados em hipnose. Lawrence Kubie, que já havia trabalhado com George Hunter White em experimentos com o "soro da verdade", informou que tinha sérias dúvidas "quanto à utilidade da técnica". Karl e William Menninger, que tinham uma clínica psiquiátrica renomada no estado do Kansas, foram mais enfáticos. "Não há nenhuma evidência que comprove a possibilidade de atos pós-hipnóticos, especialmente quando as ações contrariam, até minimamente, os costumes e a moral do indivíduo", concluíram. "Um homem que considera o crime de assassinato repugnante e imoral não pode anular esse tabu pessoal."

Mas não era isso que Gottlieb queria ouvir. Ele queria investigar o potencial da hipnose em condições clínicas. Uma de suas primeiras iniciativas nesse sentido foi o Subprojeto 5, conduzido por Alden Sears, um pesquisador da Universidade de Minnesota que realizou uma série de experimentos de hipnose, "planejados nos mínimos detalhes", com cerca de cem indivíduos. O sigilo estava garantido, pois, como Gottlieb apontou em um memorando, Sears e o chefe dele, o diretor do Departamento de Psiquiatria, haviam sido "autorizados a acessar dados TOP SECRET [ULTRASSECRETO] e estão cientes dos reais objetivos do projeto". Nesse memorando, Gottlieb listou as áreas que seriam estudadas no Subprojeto.

- Ansiedade induzida por hipnose;
- Uso da hipnose para aumentar a capacidade de compreensão e memorização de textos complexos;
- Funcionamento do polígrafo em estados de hipnose;
- Uso da hipnose para aumentar a capacidade de visualização e memorização de cenários complexos com vários objetos;

- Relação entre a personalidade e a suscetibilidade à hipnose;
- Recuperação de informações adquiridas em estado de hipnose por meio de sinais específicos.

Apesar do seu grande interesse pela hipnose e por outros possíveis métodos de controle da mente, Gottlieb nunca abandonou sua convicção de que a melhor alternativa era o uso de drogas psicoativas, especialmente o LSD. Depois de iniciar seu primeiro "subprojeto" de hipnose, ele concebeu outro, que faria uma aplicação simultânea de hipnose, drogas e privação sensorial. Para essa iniciativa, Gottlieb recrutou o Dr. Louis Jolyon "Jolly" West, diretor do Departamento de Psicologia da Universidade de Oklahoma. West pesquisava métodos para criar "estados dissociativos" e desestabilizar a mente humana. Na proposta que apresentou a Gottlieb, ele indicou que "os resultados dos experimentos baseados na alteração das funções da personalidade por meio da manipulação ambiental (principalmente do isolamento sensorial) são promissores". Gottlieb pediu para West ir mais longe. O resultado foi o Subprojeto 43, em que West testou as "ações de novas drogas que alteravam as condições da dinâmica psicológica". Alguns desses testes foram realizados em um "laboratório especial, onde havia uma câmara específica em que todos os aspectos ambientais relevantes para a psique podiam ser controlados... Nesse ambiente, as variáveis hipnóticas, farmacológicas, sensoriais e ambientais eram manipuladas de maneira controlada". A CIA desembolsou US$20,8 mil para construir o laboratório e financiar a pesquisa de West.

Ao coordenar os experimentos com drogas, hipnose, privação sensorial e combinações das três técnicas, Gottlieb estava procurando uma espécie de magia. Todos os "subprojetos" tentavam encontrar poções e técnicas capazes de desorientar, confundir e manipular as pessoas. Esse foi o objetivo que conduziu Gottlieb ao Subprojeto 4 do MK-ULTRA: criar mágica para a CIA.

6

Não é Permitida Nenhuma Interferência no Projeto MK-ULTRA

Uma gaiola desaparece no ar com um pássaro dentro dela. Flores murchas desabrocham. Um guardanapo é rasgado em mil pedaços e jogado para o alto — ao caírem no chão, os fragmentos se refazem. Azeitonas viram torrões de açúcar. Na sequência, proezas mais raras: o Truque das Cartas Escolhidas, o Curioso Truque do Guardanapo, o Truque da Multiplicação de Moedas.

As ilusões de John Mulholland surpreenderam multidões em dezenas de países. Após a morte de Harry Houdini, seu mentor, ele se tornou o mágico mais famoso dos Estados Unidos. As pessoas lotavam auditórios enormes, como o Radio City Music Hall, para vê-lo fazer o impossível. Figurões da alta sociedade contratavam Mulholland para impressionar seus convidados em festas particulares. Seu círculo de amigos e admiradores incluía Orson Welles, Jean Harlow, Dorothy Parker, Harold Lloyd, Jimmy Durante e Eddie Cantor. Durante mais de vinte anos, ele editou a *Sphinx*, uma publicação profissional voltada para ilusionistas e prestidigitadores. Sua biblioteca tinha mais de 6 mil volumes sobre ilusionismo e temas parecidos. Após a morte de Mulholland, o mágico David Copperfield comprou a coleção. Mulholland escreveu uma dezena de livros, como *The Art of Illusion* ["A Arte da Ilusão", em tradução livre] e *Quicker Than the Eye* ["Mais Rápido que o Olho", em tradução livre]. Ele fez apresentações para o rei da Romênia, o sultão de Sulu e Eleanor Roosevelt. Quando não estava escrevendo ou se apresentando, Mulholland se dedicava à atividade de desmascarar médiuns vigaristas e, muitas vezes, revelava seus truques em eventos dramáticos. Seu domínio da técnica e do movimento era insuperável no mundo da mágica.

Os milhares de pagantes que assistiam aos espetáculos de Mulholland para ficar embasbacados não eram seus únicos admiradores. Em 13 de abril de 1953 — dia da implementação oficial do MK-ULTRA —, Sidney Gottlieb foi a Nova York para encontrá-lo. A colaboração entre eles foi um feliz acontecimento. A equipe de Gottlieb sabia como desenvolver venenos e concentrá-los em pílulas, cápsulas, sprays, pós e gotas. Os oficiais e agentes mais corajosos levavam esses itens até um local bem próximo do alvo. Mas ainda havia um último desafio: treinar os agentes para administrar o veneno.

Mulholland era um mestre na arte que chamava de "psicologia do engano". Ele também não digerira o fato de ter sido recusado para o serviço militar na Primeira Guerra Mundial devido à febre reumática. Em seus escritos, há várias descrições de mágicos que usaram suas habilidades para servir seus países, como Jean-Eugène Robert-Houdin, que ajudou a acabar com uma revolta na Argélia convencendo algumas tribos de que a magia francesa era mais forte do que a delas, e Jasper Maskelyne, que criou ilusões de grande porte para camuflar as posições das tropas britânicas no norte da África, durante a Segunda Guerra Mundial. Mulholland desejava prestar um serviço patriótico de alguma forma. Gottlieb lhe deu essa chance.

"John era um cidadão dos EUA e amava seu país; trabalhar para uma agência de inteligência do governo era motivo de muito orgulho para ele", lembrou um amigo, anos depois. "Ele aceitou porque o pedido partira do seu governo."

Na ocasião do encontro com Gottlieb, Mulholland se dispôs a ensinar aos agentes da CIA como distrair as vítimas para administrar drogas sem que elas se dessem conta. "Nossa prioridade eram os truques ágeis com as mãos, a arte de colocar e furtar objetos de modo dissimulado", disse Gottlieb, algum tempo depois. "Com o devido treino, os agentes ficaram muito bons nisso. De fato, os treinos eram bons momentos de descontração em meio a assuntos mais sérios."

Gottlieb também pediu que Mulholland escrevesse um manual para ensinar as práticas de "truques com as mãos" aos oficiais que não participariam das sessões de treinamento em Nova York e Washington. Alguns dias depois, Mulholland escreveu que havia "pensado bastante nos assuntos que discutimos" e queria prosseguir.

Nessa comunicação e em outros documentos encaminhados a Gottlieb, Mulholland utilizava uma série de eufemismos. Os oficiais da CIA eram "intérpretes" ou "operadores", as toxinas eram "materiais", a vítima era um "espectador" e a ação de envenenar era um "procedimento" ou "truque". O manual adaptaria o espetáculo de mágica tradicional, criado para ludibriar plateias que pagavam para ser enganadas, ao mundo das ações secretas, onde a arte do engano tinha propósitos mais obscuros.

Ao receber a carta, Gottlieb escreveu um memorando descrevendo o acordo que havia fechado e arquivou o documento. Mulholland reuniria, "em um manual conciso, o maior volume possível de informações sobre diversos campos da mágica e sua aplicação em atividades secretas... O Sr. Mulholland parece ser bem qualificado para executar esse estudo. Ele é um artista de sucesso em todas as formas de prestidigitação e estuda a fundo a psicologia do engano".

Mas um aspecto da história pessoal de Mulholland provocou uma suspeita de "desvio" que quase impediu sua contratação. Em 1932, ele casou após oito anos de namoro, mas exigiu que sua mulher aceitasse outro relacionamento de longa data que mantinha. Ela concordou e, depois, explicou que Mulholland "era um homem tão completo que o amor de uma única mulher não poderia satisfazê-lo". Na CIA, poucos aprovavam esse tipo de situação. Paul Gaynor, diretor da Equipe de Pesquisa de Segurança, escreveu um memorando que alertava sobre as "tendências sexuais" de Mulholland. Se não fosse pela sua alta e exclusiva qualificação para o projeto, aquele acordo conjugal heterodoxo, que ele nunca tentou esconder, teria convencido os agentes de segurança a bloquearem sua contratação. Porém, diante das circunstâncias, Gottlieb e Allen Dulles — um sujeito com hábitos excêntricos e um adúltero inveterado — optaram por deixar o caso passar.

Em 5 de maio, Mulholland recebeu uma carta perfeitamente datilografada informando que sua proposta de livro fora aceita. O papel timbrado em nome de "Chemrophyl Associates" indicava uma caixa postal como endereço e era assinado por um tal de Sherman Grifford. Era um disfarce modesto. O nome da empresa fantasma era fácil de decifrar, e o pseudônimo de Gottlieb também. Ele usara suas iniciais.

"O projeto descrito na correspondência de 20 de abril foi aprovado, e você está autorizado a desembolsar até US$3 mil nos próximos seis meses para executar o trabalho", escreveu Gottlieb. "Por favor, assine o recibo anexo e envie de volta."

Cumpridas as formalidades, Mulholland precisou assinar um documento reconhecendo que estava assumindo um "vínculo confidencial" e que "nunca divulgaria, publicaria ou revelaria, por palavras, conduta ou qualquer outro meio, as informações e dados, como indicados acima, sem autorização específica". Ele concordou. O documento também foi assinado por um representante de Gottlieb, o químico Robert Lashbrook.

Mulholland passou a cancelar e adiar compromissos e até se afastou do emprego de longa data como editor da *Sphinx*. Assim, criou condições para se concentrar em transformar seu domínio da mágica em uma ferramenta para espiões.

Perto do fim do prazo estabelecido, Mulholland enviou uma versão inicial do manual para "Sherman Grifford", junto com uma carta que expressava seu desejo de refiná-lo ainda mais.

"Caro Sherman", escreveu. "Este memorando trata da ampliação do manual de truques. Como está agora, a obra consiste nas cinco seções a seguir: 1. Bases fundamentais da execução de truques bem-sucedidos e explicação dos princípios psicológicos envolvidos nesse processo. 2. Truques com pílulas. 3. Truques com materiais sólidos flexíveis. 4. Truques com líquidos. 5. Truques para furtar objetos pequenos secretamente... O manual precisa de mais duas seções... Acredito que, para elaborar e descrever adequadamente as técnicas e dispositivos, seriam necessárias mais doze semanas de trabalho."

Na sua resposta, Gottlieb comentou que aquelas ideias "pareciam excelentes". Depois, ele escreveu um memorando para Willis "Gib" Gibbons, seu superior e diretor da Equipe de Serviços Técnicos, relatando que "o subprojeto anterior (Subprojeto 4) previa um manual que seria escrito pelo Sr. Mulholland sobre a aplicação da arte da mágica em atividades secretas, como na administração de várias substâncias sem o conhecimento dos indivíduos... O Subprojeto 19 tratará da elaboração de duas seções adicionais para o manual: (1) métodos e técnicas adaptadas para agentes do sexo feminino e (2) métodos e técnicas aplicáveis por duas ou mais pessoas atuando em colaboração".

No ano seguinte, Mulholland elaborou diversas versões do manual, que chamou de *Algumas Aplicações Operacionais da Arte do Ilusionismo*. "O propósito desta obra é instruir o leitor e capacitá-lo a realizar uma série de ações de maneira secreta e não detectável", explicou na apresentação. "Em suma, eis as instruções para a prática da ilusão."

O manual era dado como perdido ou destruído até que, inesperadamente, uma cópia foi encontrada em 2007, o único documento intacto entre os materiais do MK-ULTRA conhecidos. A obra foi publicada com um título bem apropriado: *The Official CIA Manual of Trickery and Deception* [Manual Oficial da CIA para Truques e Ilusionismo, em tradução livre]. Como tudo que Mulholland escreveu para a CIA, o texto está na linguagem própria do meio; a ideia era que ele fosse confundido com um manual para artistas (e não envenenadores) caso parasse nas mãos erradas.

No manual e nas sessões de treinamento com agentes da CIA, Mulholland sempre destacava um princípio. Ao contrário do que se acredita, ele dizia, a mão não é mais rápida que o olho. Mulholland ensinava que a chave dos truques de mágica não é fazer movimentos rápidos, mas distrair a atenção para que a mão fique livre para agir. Quando o "artista" compreendia esse princípio, podia administrar qualquer veneno sem ser flagrado.

O manual de Mulholland explica como realizar o "desvio de atenção", indicando métodos para que o agente coloque uma pílula na bebida da vítima ao distraí-la com o ato de acender seu cigarro. Ele mostra como esconder e retirar cápsulas de carteiras, cadernos e blocos de papel; como esconder venenos em anéis; como aplicar um pó intoxicante por meio de um lápis com ponta de borracha; como agentes do sexo feminino podem esconder um veneno em adereços de vestuário e "usar um lenço de pescoço para esconder um tubo com líquido"; e como, graças ao avanço da tecnologia dos aerossóis, "borrifar líquido em materiais como pão sem evidenciar a ação ou o resultado".

Gottlieb tinha uma variedade impressionante de venenos à sua disposição. O manual de Mulholland sugeria métodos para utilizá-los. Ele transformara técnicas de mágica altamente sofisticadas em ferramentas para ações secretas.

"Esse convite para um projeto de tal natureza destaca um momento singular na história norte-americana", escreveu John McLaughlin, ex-vice-diretor da CIA e mágico amador, na introdução do *The Official CIA Manual of Trickery and Deception*. "No início da Guerra Fria, os líderes do país pensavam que a existência da nação estava sendo ameaçada por um adversário que, aparentemente, não tinha nenhum escrúpulo. A obra de Mulholland sobre como utilizar pílulas, poções e pós é apenas um exemplo das pesquisas realizadas em diversos campos na época, como lavagem cerebral e psicologia paranormal. Muitas dessas iniciativas, que hoje parecem bizarras, só são compreensíveis quando consideramos aquele contexto específico."

Quanto LSD o ser humano é capaz de suportar? Gottlieb queria saber. Será que havia um ponto, ele pensava, em que uma dose elevada destruiria a mente, aniquilando e substituindo a consciência por um vazio que permitiria a implementação de novos impulsos e até de uma nova personalidade?

Para ser respondida, essa pergunta exigia uma intensa experimentação. Logo após o lançamento do MK-ULTRA, Gottlieb encontrou a pessoa que conduziria esses estudos: o médico Harris Isbell, diretor de pesquisa do Addiction Research Center, em Lexington, no Kentucky. Oficialmente, o centro era um hospital, mas lembrava mais uma prisão. O Departamento Prisional e o Serviço de Saúde Pública administravam o local. Em sua maioria, os presos eram afro-americanos das classes populares, que dificilmente reclamariam em caso de abuso. Logo, eram excelentes cobaias para experimentos clandestinos com drogas.

Isbell havia conduzido experimentos com o "soro da verdade" para o Escritório de Pesquisa Naval e estava curioso com o LSD. Em seu mundo restrito, o interesse da CIA pelo LSD não era segredo para ninguém. No início de 1953, Isbell escreveu para a Agência perguntando se era possível obter "uma quantidade razoável da droga para um estudo dos efeitos mentais e farmacológicos produzidos pela administração crônica da dietilamida do ácido lisérgico".

Esse pedido chamou a atenção de Gottlieb. Isbell tinha um grande interesse em drogas psicoativas, um estoque disponível de prisioneiros e a disposição para usá-los em pesquisas. Portanto, era o prestador de serviços ideal para o MK-ULTRA. Em julho de 1953, Gottlieb visitou Isbell em Lexington. Lá, eles fecharam um acordo. Gottlieb forneceria LSD e o financiamento necessário. Isbell elaboraria e conduziria os experimentos, providenciaria as cobaias humanas e informaria os resultados.

Cumprindo o protocolo burocrático criteriosamente, Gottlieb persuadiu os superiores de Isbell. Algum tempo depois, ele escreveu que mencionara, "de maneira segura, nosso interesse e apoio ao programa de pesquisa do Dr. Harris Isbell... e a questão do financiamento". Mas não dera detalhes sobre o "programa de pesquisa". Eles não quiseram saber. Ao entender que se tratava de um projeto da CIA, segundo o relatório de Gottlieb, o Dr. William Sebrell, diretor do National Institutes of Health, "aprovou integralmente nossos objetivos gerais e indicou que nos daria total apoio e proteção".

"O acordo era muito simples", escreveu um investigador, tempos depois. "A CIA precisava de um local para realizar testes com drogas viciantes e possivelmente perigosas, e Isbell dispunha de um grande número de usuários de drogas que não podiam reclamar de nada. No início dos anos 1950, a Agência começou a enviar LSD e outros narcóticos potencialmente perigosos para serem testados em cobaias humanas no Kentucky."

Os contratos de Isbell com o MK-ULTRA incluíam o Subprojeto 73, criado para testar se o LSD, a mescalina e outras drogas deixavam os usuários mais suscetíveis à hipnose; o Subprojeto 91, que "realizava estudos farmacológicos pré-clínicos voltados para o desenvolvimento de novos psicoquímicos"; e o Subprojeto 147, que estudava drogas psicotomiméticas, que produziam delírios psicóticos. Sozinho e em parceria, ele escreveu mais de cem artigos científicos, boa parte deles sobre resultados de experimentos com drogas. Nesses estudos, Isbell se refere aos prisioneiros como voluntários. Contudo, o grau de consentimento informado desses participantes é altamente discutível. Eles não receberam informações sobre as drogas que lhes seriam administradas e seus efeitos. Para atraí-los, Isbell oferecia recompensas, como doses de heroína de alta qualidade, alimentando o hábito que prometia eliminar. Um dos seus artigos cita um voluntário que "sentiu que morreria ou ficaria louco para sempre" depois de ingerir 180 microgramas de LSD; o indivíduo pediu para não receber outra dose, e foi necessário aplicar uma "persuasão considerável" para que ele aceitasse continuar.

"Tenho certeza que é do seu interesse saber que já iniciamos nossos experimentos com o LSD-25 no mês de julho", Isbell escreveu a Gottlieb, pouco depois da reunião. "Providenciamos cinco homens que concordaram em tomar as drogas cronicamente. Todos pacientes negros."

Um mês depois, Isbell comunicou uma atualização. Ele aumentara a dose de LSD administrada aos pacientes para até 300 microgramas. "Os efeitos mentais do LSD-25 foram muito impressionantes", relatou a Gottlieb. "Ansiedade, um sentimento de irrealidade... sensação de choques elétricos na pele, formigamento, asfixia... Mudanças acentuadas na percepção visual, como visão desfocada, coloração anormal de objetos familiares (mãos que ficam roxas, verdes etc.), sombras tremeluzentes, pontos de luz bruxuleantes e círculos coloridos giratórios. Frequentemente, objetos inanimados distorcidos e de tamanhos diferentes."

Essas informações não acrescentavam quase nada, mas Gottlieb estava satisfeito com aquele suprimento constante de "descartáveis" para pesquisas nos Estados Unidos. Ele foi a Lexington várias vezes para acompanhar os experimentos de Isbell. Em algumas ocasiões, levou Frank Olson e outros colegas. Todos consideravam Isbell um colaborador muito valioso.

Mais tarde, descobriu-se que uma das vítimas de Isbell fora William Henry Wall, um médico e ex-senador da Geórgia que se tornara dependente do analgésico Demerol após um procedimento odontológico. Em 1953, Wall foi preso por porte de drogas e condenado a um período de internação no Addiction Research Center. Lá, foi submetido por Isbell a experimentos com LSD que lhe deixaram com graves problemas mentais. Pelo resto da vida, Wall sofreu de delírios, paranoia, ataques de pânico e impulsos suicidas. Seu filho até escreveu um livro sobre o caso: *From Healing to Hell*. ["Da Cura ao Inferno", em tradução livre].

"Harris Isbell cometeu uma agressão contra meu pai, injetando nele um veneno que danificou permanentemente seu cérebro", descreve o livro. "A CIA implementou um esquema secreto e mal planejado, típico da Guerra Fria, para encontrar uma droga capaz de controlar a mente de líderes inimigos e acabou vitimando meu pai nessa operação terrível."

Isbell possivelmente conduziu o experimento mais radical na história das pesquisas sobre o LSD. Gottlieb queria determinar o efeito do consumo de doses elevadas durante um longo período. Isbell selecionou e isolou sete prisioneiros e iniciou o experimento. "Os sete pacientes estão ingerindo a droga há 42 dias", escreveu em um relatório de acompanhamento, acrescentando que estava administrando à maioria deles "doses duplas, triplas e quádruplas". O estudo durou 77 dias. O que ocorre na mente de um sujeito quando ele é trancafiado em uma cela e forçado a consumir overdoses diárias de LSD por tanto tempo? É horrível até pensar nessa pergunta. Porém, Gottlieb queria encontrar o ponto em que as doses massivas de LSD dissolveriam a mente.

"Foi o pior bagulho que já tomei na vida", lembrou Eddie Flowers, um viciado afro-americano de 19 anos que fora uma das cobaias dos experimentos de Isbell. Durante horas, ele teve alucinações terríveis porque queria a dose de heroína prometida por Isbell: "Se você queria na veia, recebia na veia."

Gottlieb valorizava médicos de unidades prisionais como Harris Isbell. Eles possuíam, praticamente, um poder de vida e morte sobre pessoas indefesas e, como funcionários públicos, estavam abertos às suas propostas. Gottlieb enviava o LSD, e os médicos administravam a substância aos presos, que se voluntariavam em troca de favores como celas mais confortáveis, um trabalho melhor na prisão e créditos por "bom comportamento". Depois, os médicos relatavam as reações dos detentos.

Entre esses médicos, Carl Pfeiffer era o mais entusiasmado. Diretor do Departamento de Farmacologia da Universidade de Emory, Pfeiffer era responsável por quatro "subprojetos" do MK-ULTRA. Todas essas iniciativas envolviam a aplicação de LSD e outras drogas para induzir estados psicóticos em, segundo Gottlieb, "seres humanos normais e esquizofrênicos". As cobaias de Pfeiffer eram detentos da prisão federal de Atlanta e de um reformatório em Bordentown, no estado de Nova Jersey. Nos Subprojetos 9 e 26, Pfeiffer estudava as formas como "várias drogas depressoras" abalam a psique, "alterando o metabolismo ou sedando uma pessoa". O Subprojeto 28 testava "depressores que afetam o sistema nervoso central". Mais intrigante, no Subprojeto 47, Pfeiffer realizava a "triagem e avaliação de materiais alucinógenos relevantes para o setor de Serviços Técnicos". Um dos seus relatórios descreve "convulsões do tipo epiléptico ocasionadas por produtos químicos". Outro indica que o LSD "produziu uma psicose modelo... As alucinações duram três dias e são caracterizadas por ondas repetidas de despersonalização, alucinações visuais e sentimentos de irrealidade". Algum tempo depois, Gottlieb disse que o trabalho de Pfeiffer estava em "uma área ultrassensível", sujeita "a mal-entendidos e interpretações equivocadas", mas que, no final das contas, valia a pena.

"Aprendemos muito com os experimentos de Atlanta", concluiu Gottlieb. "A Agência confirmou que aqueles meios causavam grandes distúrbios na psique."

Essa conclusão é ratificada pelas lembranças de uma das cobaias de Pfeiffer: James "Whitey" Bulger, um perigoso bandido de Boston que posteriormente foi condenado à prisão perpétua por diversos crimes, inclusive onze assassinatos. Bulger já era um criminoso violento quando, aos 20 poucos anos, foi enviado à Penitenciária Federal de Atlanta para cumprir pena por assalto a mão armada e roubo de carga. Lá, ele se voluntariou para participar de um experimento com uma droga experimental que, supostamente, tentava encontrar uma cura para a esquizofrenia. O teste beira o absurdo: junto com mais dezenove detentos, Bulger tomou LSD quase todos os dias durante quinze meses sem saber nada sobre a substância. Em um caderno escrito já em liberdade, ele descreveu "pesadelos noturnos" e "experiências horríveis com LSD seguidas de pensamentos suicidas e depressão profunda, que me deixavam no limite". Bulger não contou aos médicos sobre as vozes que ouvia nem sobre como "o calendário parecia se mover na cela etc." por receio de "ser internado para sempre e nunca mais sair de novo". Em certa passagem, ele descreve Pfeiffer como "um Dr. Mengele contemporâneo". É uma comparação bastante apropriada, pois os experimentos conduzidos por Mengele e outros médicos nazistas nos campos de concentração eram antecessores diretos dos "subprojetos" do MK-ULTRA, como o estudo de que Bulger participara.

"Eu estava na prisão por ter cometido um crime, mas o que fizeram comigo foi um crime pior do que o meu", anotou Bulger. Sua descrição da experiência é um raro documento dos testes do MK-ULTRA expresso na perspectiva de uma das vítimas.

Em 1957, enquanto cumpria pena no instituto prisional de Atlanta, fui recrutado pelo Dr. Carl Pfeiffer, da Universidade de Emory, para participar de um estudo cujo objetivo era encontrar uma cura para a esquizofrenia. Os participantes ganhariam três dias de redução da pena por cada mês no projeto... Tomamos doses imensas de LSD-25. Em poucos minutos, a droga fazia efeito, e uns oito ou nove homens — o Dr. Pfeiffer e vários sujeitos de terno que não eram médicos — conduziam testes para determinar nossas reações. Oito detentos em estado de pânico e paranoia. Perda total de apetite. Alucinações. A sala mudava de forma. Horas de paranoia e impulsos violentos. Pesadelos vívidos e horríveis, com sangue escorrendo pelas paredes. Pessoas virando esqueletos. Vi uma câmera se transformando na cabeça de um cachorro. Fiquei à beira da loucura.

Os sujeitos de terno ficavam em outra sala. Lá, eles me colocavam em máquinas e perguntavam: Você já matou alguém? Você mataria alguém? Dois homens ficaram psicóticos. Tinham todos os sintomas de esquizofrenia. Foram arrancados de baixo das camas, rosnando, latindo e espumando pela boca. Ficaram em uma cela no corredor. Nunca mais vi nem ouvi falar deles... Diziam que estávamos ajudando a encontrar uma cura para a esquizofrenia. No final das sessões, todos estavam esgotados emocionalmente, deprimidos e com pensamentos suicidas. O tempo parava. Tentei sair do estudo, mas o Dr. Pfeiffer insistia: "Por favor, você é meu melhor paciente. Estamos bem perto de encontrar a cura."

Enquanto financiava os experimentos de Pfeiffer, Gottlieb encontrou muitos outros parceiros entusiasmados. Um dos primeiros foi James Hamilton, um conhecido psiquiatra da Universidade de Stanford que havia trabalhado com George Hunter White na pesquisa do "soro da verdade", promovida pelo OSS durante a Segunda Guerra Mundial, e assessorado o Corpo dos Químicos em projetos de guerra biológica. Nos anos 1950, Hamilton assinou três contratos ligados ao programa MK-ULTRA. Sua primeira tarefa, arquivada por Gottlieb como Subprojeto 2, foi estudar "uma possível ação sinérgica de drogas com potencial para causar a abolição da consciência" e pesquisar "métodos de aplicação de drogas sem o conhecimento dos pacientes". O Subprojeto 124 testava se a inalação de dióxido de carbono induziria um estado de transe. O Subprojeto 140, realizado no St. Francis Hospital, em San Francisco, sob o disfarce de uma pesquisa sobre a tireoide, determinava os efeitos psicoativos dos hormônios tireoidianos. Segundo um relato, Hamilton era "um dos renascentistas do programa e trabalhava com tudo: psicoquímicos, práticas sexuais bizarras e inalação de dióxido de carbono".

Enquanto Hamilton iniciava seu trabalho, Gottlieb contratou outro psiquiatra renomado para conduzir uma série de experimentos com LSD: Robert Hyde, superintendente assistente do Boston Psychopathic Hospital — o atual Massachusetts Mental Health Center. Hyde tinha o diferencial de ter sido o primeiro norte-americano a tomar LSD, que recebeu de um psiquiatra austríaco logo após a Segunda Guerra Mundial. Para os colegas, ele era um "pesquisador incrível e destemido" que cultivava uma "obsessão patológica por descobertas na medicina". Quando a CIA começou a financiar pesquisas sobre LSD, Hyde logo se candidatou. De acordo com um estudo, "centenas de estudantes de Harvard, da Emerson e do MIT passaram a colaborar inconscientemente para as pesquisas da Agência sobre o controle da mente". Cada estudante ganhava US$15 para beber "um pequeno frasco de um líquido claro, incolor e inodoro" que induzia um "estado alterado". Eles não eram informados sobre a droga e, segundo um estudo posterior, "nenhum dos envolvidos nos experimentos tinha qualificação adequada para orientar os participantes". Houve várias reações negativas. Uma das participantes se enforcou em um banheiro da clínica.

À frente de quatro subprojetos, Hyde se tornou um dos distribuidores mais prolíficos de LSD nessa fase inicial. As tarefas atribuídas por Gottlieb eram bastante amplas e se baseavam nos interesses que os dois tinham em comum. No Subprojeto 8, Hyde conduzia um "estudo dos aspectos bioquímicos, neurofisiológicos, sociológicos, clínicos e psiquiátricos do LSD". O Subprojeto 10 "testava e avaliava o efeito do LSD e do álcool quando administrados a indivíduos associados a várias categorias de personalidade". O Subprojeto 63 estudava "o uso do álcool como fenômeno social, com ênfase nas variáveis preditivas aplicáveis à avaliação e à manipulação do comportamento humano". A descrição do Subprojeto 66 é ainda mais flexível: "Testar várias técnicas para prever as reações de um indivíduo ao LSD-25, a outros psicoquímicos e ao álcool."

Em seus primeiros meses como chefe do MK-ULTRA, nenhuma conexão foi mais importante e produtiva do que a ligação de Gottlieb com Harold Abramson, o alergista de Nova York que havia orientado sua primeira "autoexperimentação" com o LSD. Abramson era um pioneiro no tema. Com o volume fornecido pela Sandoz e, posteriormente, com o suprimento ilimitado disponibilizado por Gottlieb através da Eli Lilly, Abramson distribuiu amostras para outros médicos e para os convidados das festas que dava em sua casa, em Long Island. Segundo um amigo dele, essas festas eram "loucas e frenéticas, com muito sexo e tudo que você imaginar". Outro relatou que "você ficaria muito surpreso se soubesse quem participava desses eventos".

Em meados de 1953, Gottlieb deu US$85 mil do MK-ULTRA para que Abramson "conduzisse experimentos com LSD e outros alucinógenos... nas seguintes linhas de ação: (a) Perturbação da Memória; (b) Perda de Credibilidade por Comportamento Aberrante; (c) Alteração de Padrões Sexuais; (d) Extração de Informações; (e) Sugestionabilidade; (f) Criação de Dependência". Essa variedade indicava a abrangência do interesse de Abramson pelo LSD. Ele chegou a alimentar peixes betta ornamentais com LSD e descrever a reação deles em uma série de artigos. Mais perturbador, Abramson desenvolveu uma curiosidade especial pelo impacto de drogas psicotrópicas em crianças. Ele monitorou vários experimentos, incluindo um estudo em que se administrou psilocibina a doze meninos "pré-púberes" e outro em que quatorze crianças, entre 6 e 11 anos, diagnosticadas como esquizofrênicas, receberam 100 microgramas de LSD por dia durante seis semanas.

"Tudo ocorreu sob grande sigilo", declarou, algum tempo depois, um médico que colaborara com a CIA. "Houve muitas conversas, e assinamos acordos de confidencialidade, que cumprimos à risca."

Gottlieb conduzia o MK-ULTRA praticamente sozinho e, por isso, o programa refletia seus instintos. Sua convicção mais profunda era de que a chave do controle da mente estava nas drogas — mais precisamente, no LSD, como observado em um estudo sobre o período:

> Na Agência, o Dr. Gottlieb... passou a liderar os químicos da Equipe de Serviços Técnicos em vários experimentos ousados com LSD. Eles colocavam a substância nos alimentos, no café e nas bebidas alcoólicas. As viagens ocorriam nos escritórios e nas "casas" em Washington e no interior de Maryland. Cada período de chapação durava vários dias.

Havia momentos de puro pastelão: um cientista alucinado colocou na cabeça que era Fred Astaire e agarrou uma secretária, pensando que ela era Ginger Rogers... O Dr. Gottlieb via esses eventos como acidentes de percurso, episódios normais na busca pela técnica mágica que, para ele, os comunistas já dominavam... Seu sexto sentido — o raciocínio dedutivo que inspirava tanto respeito entre seus colegas — indicava que talvez não houvesse respostas rápidas; a única forma de obter sucesso era continuar experimentando. No verão de 1953, Gottlieb incentivou sua equipe a procurar um modo de dominar a mente das pessoas. Ele já não era apenas a Fera (a Bela era Richard Helms), mas também Merlin, o grande bruxo. Enquanto observava os colegas expandindo sua concepção da realidade sob a influência do LSD, ele às vezes dançava o jig; eram horas muito felizes na Agência e só se comparavam com a rotina de ordenhar suas cabras ao amanhecer.

Gottlieb fazia o melhor que podia para integrar sua vida familiar à atividade profissional. Margaret e ele questionavam se havia algo além da realidade perceptível, e a "autoexperimentação" de Gottlieb com o LSD coincidiu com a busca dos dois pela sabedoria interior. Anos depois, Margaret descreveu a espiritualidade heterodoxa que o casal desenvolveu.

Perco a paciência quando as pessoas associam ser "bom" e "religioso" a ser cristão. Existem muitas formas de "bondade" e muitas religiões; o caminho de um muçulmano para Deus é muito parecido com o nosso, com o de um hindu e com o de um budista. Não vejo por que o Cristianismo seria mais pleno de amor ou menos repleto de medos e superstições... Existe um Deus? Certamente, há uma Força ou Fonte que toda a humanidade sente (e talvez os animais também). Fico surpresa e alegre com o fato de que, mesmo desconhecendo a existência uns dos outros na Terra, muitos povos tenham chegado a perguntas e respostas bastante semelhantes ao longo dos tempos, desde os primórdios. Há Algo que todos sentimos e conhecemos. Então, nunca diga: "Meu caminho é o único."

Gottlieb, ao contrário da esposa, nunca colocou confidências no papel. Porém, seu lado espiritual fazia parte da sua mística. Para reforçar essa mística e como inspiração, ele pendurou, em cima da sua mesa, uma inscrição que dizia ser um verso do Alcorão: "Quando eles vierem, ouvirão a pergunta: Vocês rejeitaram minhas palavras quando não tinham nenhum conhecimento sobre elas? O que fizeram?"

Uma multidão de repórteres correu até George Kennan, um diplomata muito admirado que desembarcava de um avião no Aeroporto Tempelhof, em Berlim, no dia 19 de setembro de 1952. Kennan era o embaixador norte-americano na União Soviética, um cargo desafiador, principalmente no início da Guerra Fria. De início, ele teceu algumas considerações amenas sobre as relações entre os dois países. Então, um repórter lhe perguntou sobre seu cotidiano em Moscou. Kennan ficou irritado.

"Você não sabe como os diplomatas vivem em Moscou?", retrucou Kennan. "Fiquei preso na Alemanha por vários meses durante a guerra. O tratamento que recebemos em Moscou lembra o tratamento que os confinados recebiam aqui, com a diferença de que lá temos a liberdade de sair e andar pelas ruas sob vigilância."

Os líderes soviéticos não podiam tolerar aqueles "ataques injuriosos" que comparavam seu país à Alemanha nazista. Declararam Kennan "persona non grata" e encerraram seu tempo no cargo em Moscou. Muitos em Washington viram nele um mártir da verdade. Alguns, entretanto, questionaram por que um renomado diplomata teria deixado escapar aquelas palavras, nada diplomáticas.

Para amigos do Departamento de Estado, Kennan disse que tinha ficado imensamente frustrado com as restrições impostas pelos soviéticos e que "perdera a cabeça". Richard Davies, o segundo na hierarquia da embaixada em Moscou, tinha outra explicação. Davies relatou que Kennan estava "sob enorme pressão psicológica" porque acreditava que havia fracassado na missão de amenizar os efeitos da Guerra Fria e queria ir embora do país de alguma maneira. Por isso, falara daquela forma em Berlim, sabendo que suas palavras incitariam a liderança soviética a expulsá-lo.

Porém, uma razão mais sombria surgiu na CIA. Lá, os oficiais que atuavam com técnicas de controle da mente acreditavam que os soviéticos estavam muito à frente. Para eles, o caso de Kennan era uma prova disso. Os oficiais achavam pouco plausível a versão de que ele teria planejado seu comentário para atingir um determinado propósito ou falado por impulso. A obsessão pelo LSD sugeria outra conclusão.

"Helms acha que talvez eles tenham drogado George Kennan", confidenciou Sheffield Edwards, chefe de segurança da CIA, a um colega. "Ele acredita que essa é a única explicação para o comportamento de Kennan."

Gottlieb, no afã de imaginar todos os possíveis usos do LSD, já tivera a ideia de administrá-lo clandestinamente a líderes estrangeiros hostis. Se esses líderes demonstrassem um comportamento estranho em público, Gottlieb pensava, perderiam popularidade ou até mesmo o poder. Como muitas ideias típicas do MK-ULTRA, essa proposta se baseava no medo das habilidades, até então desconhecidas, dos comunistas. O caso de Kennan parecia comprovar o início de um novo tipo de guerra psicológica.

Não surgiu nenhuma evidência que confirmasse a hipótese de que Kennan fora drogado. No entanto, essa ideia ganhou força na CIA. Allen Dulles fazia parte do pouco conhecido Conselho de Estratégia Psicológica, que coordenava as campanhas norte-americanas de "guerra psicológica". Depois que Dulles mencionou suas desconfianças, o conselho começou a monitorar os políticos do país para identificar "sinais de personalidade alterada" e deter e testar os indivíduos suspeitos.

Os primeiros projetos de controle mental da CIA, Bluebird e Artichoke, foram classificados como secretos, mas o MK-ULTRA era ultrassecreto. Poucas pessoas conheciam suas atribuições gerais. Havia Gottlieb, Robert Lashbrook, seu vice, e um pequeno grupo de cientistas da Divisão Química da Equipe de Serviços Técnicos; "Gib" Gibbons, o supervisor oficial e chefe da Equipe de Serviços Técnicos; Richard Helms, o verdadeiro chefe e responsável pelos temas mais delicados; Frank Wisner, vice-diretor de planejamento; James Jesus Angleton, chefe da equipe de contrainteligência; Harold Abramson, prestador de serviços e especialista em LSD de Nova York; menos de dez membros da Divisão de Operações Especiais; e Allen Dulles. Dulles tinha um conhecimento mínimo do programa. Helms não lhe contou tudo porque, de acordo com uma investigação posterior do Senado, "achava necessário restringir o conhecimento dos detalhes do projeto a um número mínimo de pessoas". Essa postura seguia as regras não escritas que deram origem à cultura da CIA.

"O conhecimento era um perigo; a ignorância, um bem muito estimado." Assim o romancista Don DeLillo descreveu essa cultura. "Em diversos casos, o DCI — Diretor da Central de Inteligência — não deveria saber de coisas importantes. Quanto menos soubesse, melhor seria sua capacidade operacional. Saber o que eles estavam fazendo poderia prejudicar a capacidade dele de dizer a verdade em uma investigação, audiência ou conversa com o presidente no Salão Oval... Os Adjuntos não deveriam saber. Seus ouvidos não tolerariam os horrores operacionais. Os detalhes eram uma forma de contaminação. As Secretárias deveriam ser mantidas na total ignorância. Não saber ou saber tarde demais era motivo de grande felicidade para elas... Havia pausas e olhares vazios. Enigmas brilhantes circulavam pelos escalões, altos e baixos, onde eram ponderados, resolvidos, ignorados."

Fora do círculo interno do MK-ULTRA, vários oficiais da CIA estavam perto da verdade e podiam questionar e criticar, como Sheffield Edwards, diretor do Escritório de Segurança; Marshall Chadwell, diretor do Escritório de Inteligência Científica; Morse Allen, que continuou chefiando o programa Artichoke após o lançamento do MK-ULTRA; e Paul Gaynor, general de brigada aposentado que antecedeu Allen no comando do Artichoke e passou a dirigir o Escritório de Inteligência Científica da CIA. Eles perceberam a expansão da autoridade de Gottlieb e, como sugere um memorando de Allen a Gaynor, não aprovavam isso.

> No outono de 1953, o Sr. Sidney GOTTLIEB fez uma viagem para o Extremo Oriente por razões desconhecidas, mas, sem dúvida, relacionadas com as atividades da TSS... GOTTLIEB levou amostras de drogas psicodélicas e realizou testes em várias pessoas por lá. Não há certeza de que era LSD e não conhecemos os detalhes apontados pelo Sr. GOTTLIEB na descrição do produto químico, mas esse é o produto químico provável. Também foi relatado que GOTTLIEB deu alguns produtos químicos a alguns dos nossos oficiais de equipe no [editado] para que o funcionário da equipe colocasse o produto químico na água potável que seria servida a um dirigente em um comício político no [editado]...
>
> Foi relatado que produtos químicos, pílulas e ampolas com efeito psicodélico foram repassados para nossos agentes em [editado]; não se sabe se esses itens foram entregues por GOTTLIEB ou outros membros da TSS... [Editado], já de volta à Alemanha, disse que soube de funcionários que receberam produtos químicos e os utilizaram em indivíduos durante os interrogatórios... [Editado] recebeu informações de que o [editado] estaria trabalhando secretamente para a TSS em um projeto conhecido como MK-ULTRA em [editado], testando a aplicação de drogas e de drogas em combinação com hipnose. Faltam detalhes...
>
> Em 1942, o OSS promoveu estudos sobre drogas que poderiam ser úteis no interrogatório de prisioneiros de guerra. Nesses experimentos, havia um major George H. White... Consta que White, ou alguém com o nome White, foi recrutado pelo TSS e agora está envolvido em uma operação secreta com drogas em um apartamento em Nova York, alugado pela TSS para White... Também fomos informados de que não é permitida nenhuma interferência no projeto MK-ULTRA.

À medida que o MK-ULTRA se expandia para zonas cada vez mais obscuras, os envolvidos no projeto tinham que considerar a possibilidade de vazamento ou violação da segurança. O que aconteceria se um dos iniciados tivesse uma crise de consciência ou mudasse de ideia, fosse capturado por agentes inimigos ou passasse a sofrer de alcoolismo ou outra patologia que lhe deixasse mais loquaz? Essa preocupação reviveu o antigo interesse dos oficiais pela amnésia induzida. Originalmente, essa técnica limparia a memória dos agentes programados para cometer crimes. Mas, agora, outro uso começou a ser discutido: fazer os oficiais da CIA esquecerem de tudo que haviam feito.

Em meados de 1953, no Texas, um oficial da CIA aposentado passou por uma intervenção cirúrgica no cérebro. Como seria necessário aplicar anestesia total, os regulamentos da Agência exigiam que os médicos e enfermeiras passassem por uma avaliação prévia de segurança. Como precaução adicional, a CIA enviou um oficial para acompanhar a cirurgia. Ao voltar, ele trouxe notícias muito preocupantes. Enquanto estava semiconsciente, o paciente falou sem parar sobre o antigo emprego e os "problemas internos" da CIA. Ele não sabia nada a respeito do MK-ULTRA, mas o caso provocou uma enorme apreensão.

"Na Agência, algumas pessoas têm acesso a uma grande quantidade de informações", explicou, posteriormente, um oficial da CIA. "Se houvesse uma forma viável de provocar amnésia para apagar informações críticas, seria algo notável."

No OUTONO DE 1953, Gottlieb viajou ao leste da Ásia para monitorar os interrogatórios de prisioneiros que seriam drogados com LSD — conhecido na CIA como P-1. Ao ser questionado, anos mais tarde, se havia "testemunhado operações de interrogatório com P-1" nesse período na Ásia, ele afirmou: "A resposta é sim." Gottlieb ficou impaciente ao ser questionado se esses interrogatórios haviam sido efetuados com "indivíduos inconscientes".

"Não existe isso de ser consciente em um interrogatório com P-1", explicou Gottlieb. "Esse tipo de interrogatório se baseia na inconsciência do indivíduo. Então, essa pergunta ('Havia aplicação do P-1 em indivíduos desinformados durante os interrogatórios?') é um paradoxo."

Nos intervalos entre as sessões de interrogatório, em que administrava LSD aos prisioneiros nas "casas" da CIA na Ásia, Gottlieb teve aulas de dança folclórica. Ele levava essa paixão bastante a sério, e sua esposa também. "Sid voltou de Manila há dez dias, e a novidade de tê-lo em casa continua sendo uma ótima sensação", informou Margaret, em uma carta que escreveu à sua mãe no início de novembro. "A viagem foi muito bem-sucedida e, para ele, muito emocionante. Ele aproveita ao máximo todas as experiências da vida, e essa era tão nova para ele, e havia tanto para ver e absorver, que, quando ele voltou, estava a ponto de explodir. Ele dedicou seu tempo livre a aprender danças nativas filipinas e a providenciar as roupas certas para se apresentar. Nosso hobby continua sendo aprender as danças de todos os países e ensiná-las aos outros."

Nessa carta, junto a informações sobre o clima e planos para uma festa na piscina com seus filhos, Margaret confidenciou que seu marido havia lhe contado algo surpreendente. Ele retornara da Ásia com dúvidas sobre seu trabalho. Vinte e oito meses depois de ingressar na agência, ele admitiu à esposa que pensava em pedir demissão.

"Sid está considerando uma nova ideia", escreveu Margaret. "Ele pensa em interromper sua carreira por um tempo e se formar em medicina com ênfase em psiquiatria para fazer pesquisas nesse campo e, talvez, montar um consultório para pôr comida na mesa. Claro, isso levaria cinco ou seis anos, e não sabemos como nossa família ficaria... Sid diz que a maioria das pessoas não sabe o que quer fazer da vida de verdade até chegar à nossa idade, mas, nesse momento, já têm muitas responsabilidades e estão meio que acomodadas, então, seguem no caminho em que já estão porque têm medo de recomeçar. É uma grande decisão com o trem já bem adiantado, e será necessário ter coragem para tomá-la, mas eu gostaria que ele, pelo menos, tentasse."

Sair do MK-ULTRA não seria tão simples, pois aquele não era um emprego como outro qualquer. Gottlieb e seus funcionários integravam uma fraternidade secreta. Eles se imaginavam como cientistas trabalhando na defesa do país, mas também eram torturadores. Eles acreditavam que a ameaça comunista justificava tudo que faziam, porém, outros norte-americanos discordavam disso. Qualquer vazamento no MK-ULTRA revelaria segredos comprometedores. E, se algum guardião desses segredos estivesse com dúvidas ou pensando em abandonar o barco, as consequências seriam devastadoras para a CIA.

Esse receio foi hipotético por algum tempo. Mas, de uma hora para outra, transformou-se em uma realidade terrível. Enquanto Gottlieb refletia sobre seu futuro, outro membro do MK-ULTRA chegava ao limite.

7

Caiu ou Pulou

Manhattan. Uma madrugada fria de novembro. Na 7ª Avenida, um som de vidro estilhaçado. Segundos depois, o baque de um corpo na calçada. Jimmy, porteiro do Statler Hotel, ficou atordoado por um momento. Depois, virou e correu para o saguão.

"Alguém pulou!", gritou. "Alguém pulou!"

"Onde?", o gerente noturno perguntou.

"Ali na frente, na calçada!"

Já havia uma pequena multidão ao redor do corpo quando o gerente se aproximou. Mais gente vinha da Pennsylvania Station, do outro lado da rua. A vítima, só com as roupas de baixo, caíra de costas. Sangue jorrava dos olhos, nariz e ouvidos, mas ele ainda estava vivo. Por um instante, tentou falar.

"Aguente firme, amigo. Já pedimos ajuda", disse o gerente. "Vão chegar logo, você vai ficar bem."

O gerente noturno sabia que não era verdade. Ele limpou o rosto do homem que agonizava e ficou aliviado quando apareceu um padre com uma bíblia. Dois policiais acompanhavam tudo de perto.

"Suicídio?", perguntou um deles.

"Acho que sim", respondeu o gerente. Tempos depois, ele se lembrou da chegada de uma ambulância e que a vítima "levantou um pouco a cabeça e moveu os lábios. Seus olhos estavam arregalados de desespero. Ele queria dizer alguma coisa. Aproximei o ouvido da boca dele, mas ele suspirou profundamente e morreu".

O gerente noturno examinou a fachada do enorme hotel em meio à escuridão. Algum tempo depois, notou um movimento nas cortinas de uma janela aberta. Checou o número do quarto. Era o 1018A. Dois nomes estavam no registro: Frank Olson e Robert Lashbrook.

Os policiais entraram no quarto 1018A com as armas em punho. Não viram ninguém. A janela estava aberta. Eles arrombaram a porta e entraram no banheiro, onde encontraram Lashbrook sentado no vaso sanitário, com a cabeça entre as mãos. Ele disse que estava dormindo: "Ouvi um barulho e acordei."

"Como se chama o outro homem que estava aqui?", perguntou o oficial de polícia.

"Olson", respondeu Lashbrook. "Frank Olson."

"Você viu o Sr. Olson sair pela janela?"

"Não, não vi."

"Você não pensou em procurar o Sr. Olson?"

"Olhei pela janela e vi que ele estava estirado lá no chão. Havia pessoas vindo da estação. O que eu poderia fazer? Dava para ver que ele estava recebendo ajuda. Achei melhor espearar aqui."

O gerente noturno ouviu a conversa e ficou desconfiado. "Em todos aqueles anos de hotelaria", refletiu mais tarde, "eu nunca tinha me deparado com um caso em que alguém se levanta durante a noite, atravessa um quarto escuro só de cuecas, sem tropeçar nas duas camas, e se atira na rua, pulando de uma janela com os vidros fechados e as cortinas corridas". O gerente deixou os policiais no quarto e voltou ao saguão. Seguindo um palpite, ele perguntou à telefonista se havia alguma ligação recente do quarto 1018A. Sim, e ela tinha escutado, uma prática que não era incomum nos hotéis da época, que mantinham uma central telefônica para encaminhar as chamadas. Um ocupante do quarto telefonara para Long Island; o número pertencia ao Dr. Harold Abramson.

"Bem, ele se foi", disse o hóspede. "É uma pena", respondeu Abramson.

Para os primeiros policiais que chegaram ao local, o caso parecia mais uma das tragédias humanas que eles viam com frequência: um homem angustiado tinha dado fim à própria vida. Nenhum deles sabia que o morto e o sobrevivente eram cientistas e estavam à frente de um dos programas de inteligência mais secretos do governo dos EUA.

Na manhã seguinte, um dos colegas mais próximos de Olson foi a Maryland para dar essa terrível notícia à família. Ele contou a Alice Olson e seus três filhos que Frank "havia caído ou pulado" da janela do quarto de hotel. Naturalmente, todos ficaram chocados, mas não tiveram outra escolha a não ser aceitar essas informações. Alice não se opôs quando lhe sugeriram que, devido às condições do corpo, a família não deveria vê-lo. O funeral foi realizado com um caixão fechado. O caso poderia ter terminado aí.

Porém, décadas depois, revelações espetaculares apontaram uma nova perspectiva para a morte de Olson. A CIA admitiu que, pouco antes de morrer, ele havia sido persuadido pelos colegas a ir para um retiro, onde tomou LSD sem saber. Olson fizera comentários sobre deixar a CIA — e dissera à esposa que havia cometido "um erro terrível". Aos poucos, outra narrativa surgiu: Olson queria sair porque estava horrorizado com o trabalho, e seus camaradas passaram a considerá-lo um risco de segurança. Tudo isso levou Olson ao quarto 1018A. Sua história é um dos mistérios mais insondáveis do MK-ULTRA.

FRANK OLSON, FILHO de imigrantes suecos, cresceu em uma cidade madeireira em Lake Superior. Seu bilhete de saída foi a química. Aluno dedicado, mas sem brilho, Olson obteve o título de doutor pela Universidade de Wisconsin em 1941, casou com uma colega de classe e conseguiu um emprego na Estação de Experimentação Agrícola da Universidade de Purdue. Como havia se alistado no Corpo de Treinamento dos Oficiais da Reserva para pagar sua faculdade, logo depois que os Estados Unidos entraram na Segunda Guerra Mundial, ele foi convocado para servir como tenente em Fort Hood, no Texas. Durante o treinamento, em 26 de dezembro de 1942, Olson recebeu uma fatídica ligação de Ira Baldwin, que fora seu orientador no doutorado na Universidade de Wisconsin. Baldwin acabara de ser convocado para o esforço de guerra e fora designado para iniciar uma pesquisa urgente sobre guerra biológica. Ele convidou Olson, que estudara sistemas de aerossóis em Wisconsin, para integrar o programa. A pedido de Baldwin, o Exército transferiu Olson para Edgewood Arsenal, em Maryland. Alguns meses depois, o Corpo dos Químicos assumiu o controle de Camp Detrick, onde instalou seus laboratórios secretos de guerra biológica. Olson foi um dos primeiros cientistas alocados em Detrick. As instalações ainda estavam em construção quando ele chegou.

Em Camp Detrick, Olson passou a trabalhar com um pequeno grupo de colegas que o acompanhariam durante sua carreira clandestina. Um deles era Harold Abramson, que décadas depois, na manhã da morte de Olson, receberia por telefone uma enigmática mensagem ("bem, ele se foi"). Havia também ex-nazistas que chegaram aos Estados Unidos com contratos da Operação Paperclip. Por algum tempo, eles desenvolveram tecnologias de aerossóis — métodos para pulverizar germes e toxinas nos inimigos e se defender desses ataques. Mais tarde, Olson conheceu oficiais de inteligência norte-americanos que haviam feito experimentos com "drogas da verdade" na Europa.

"Como no projeto da bomba atômica — tínhamos amigos físicos, e todos iam para Los Alamos —, sabíamos quando viemos para cá", comentou Alice Olson, anos mais tarde. "As esposas diziam que eles deviam estar trabalhando com guerra de germes."

Olson foi dispensado do Exército em 1944, mas quase não percebeu a mudança. Ele permaneceu em Camp Detrick como civil e continuou desenvolvendo sua pesquisa em aerobiologia. Ele visitou várias vezes o Campo de Provas Dugway, um local isolado no estado de Utah que servia para a realização de testes com "agentes biológicos, munições e produção de nuvens com aerossóis". Ele foi coautor de um estudo de 220 páginas intitulado "Experimental Airborne Infections" ["Infecções Experimentais Transportadas pelo Ar", em tradução livre], que descrevia experimentos com "nuvens de agentes altamente infecciosos transportadas pelo vento". Em 1949, Olson estava no grupo de cientistas de Camp Detrick que viajou para a ilha caribenha de Antígua durante a Operação Harness, que testou a vulnerabilidade dos animais a nuvens tóxicas. No ano seguinte, participou da Operação Sea Spray, que lançou poeira no ar para simular um ataque com antraz perto de São Francisco. Ele viajava regularmente para Fort Terry, uma base militar secreta em Plum Island, no extremo leste de Long Island, onde ocorriam testes com toxinas tão letais que não podiam entrar no continente.

Nessa época, oficiais do Exército e da CIA estavam cada vez mais preocupados com o terrível progresso soviético nas técnicas de guerra com micróbios. Esse receio levou à criação da Divisão de Operações Especiais.

Rumores sobre a divisão se espalharam por escritórios e laboratórios. Em uma noite de carteado com seu colega John Schwab, cuja nomeação como primeiro chefe da divisão era desconhecida, Olson tomou conhecimento da situação. Schwab fez o convite, e Olson aceitou imediatamente.

Um ano depois, Olson era chefe interino da Divisão de Operações Especiais. Suas atribuições eram vagas, mas promissoras: coletar dados "relevantes para a divisão, com ênfase em aspectos médicos e biológicos", e coordenar esse trabalho com "o de outras agências que realizam projetos de natureza semelhante ou relacionada". Ou seja, a CIA.

De acordo com um estudo, a especialidade de Olson era "a distribuição de germes por via aérea". "O Dr. Olson havia desenvolvido vários aerossóis letais em recipientes práticos e facilmente manuseáveis, disfarçados de creme de barbear e repelentes. Esses itens continham agentes como a enterotoxina, um veneno incapacitante que era misturado à comida; a letal encefalomielite equina da Venezuela e o mais mortal de todos: o antraz... O Dr. Olson também desenvolvia outras armas, como um isqueiro que emitia um gás de letalidade instantânea, um batom que matava ao tocar a pele e um belo spray de bolso que induzia pneumonia em asmáticos."

Olson deixou o cargo de chefe interino da Divisão de Operações Especiais no início de 1953, alegando que as pressões do trabalho agravavam suas úlceras. Em seguida, entrou para a CIA. Olson continuou na Divisão de Operações Especiais, que oficialmente pertencia ao Exército, mas que, de fato, era uma estação de pesquisa da CIA escondida em uma base militar. Lá, ele conheceu os futuros chefes do MK-ULTRA: Sidney Gottlieb e Robert Lashbrook, seu adjunto.

Em Camp Detrick, Olson supervisionava experimentos que envolviam intoxicação por gás e envenenamento de animais. Ele ficava bastante perturbado com esses episódios. "Certa manhã, ele chegou ao trabalho e viu um monte de macacos mortos", lembrou Eric, seu filho, tempos depois. "Isso mexe com qualquer um. Ele não era o cara certo para isso."

Olson também viu seres humanos sofrendo. Embora nunca tenha torturado ninguém, ele presenciou e monitorou sessões de tortura em vários países. "Nos 'centros' da CIA na Alemanha", segundo um estudo, "Olson testemunhava, com regularidade, interrogatórios brutais. Os 'descartáveis', suspeitos de espionagem e vazamentos de segurança, infiltrados etc. eram interrogados até a morte por meio de métodos experimentais que combinavam drogas, hipnose e tortura com o objetivo de desenvolver técnicas de lavagem cerebral e destruição de memórias."

Perto do feriado de Ação de Graças de 1953, Olson recebeu um convite que teria espantado qualquer pessoa que não estivesse acostumada com os rituais da CIA. Na carta, havia uma inscrição em letras grandes: ENCONTRO EM DEEP CREEK. Olson e mais oito pessoas foram convidadas para um retiro em um chalé em Deep Creek Lake, a oeste de Maryland, no dia 18 de novembro, uma quarta-feira. "O ambiente terá um pouco de Berkeley e um pouco de Oxford", dizia o convite. Instruções bem detalhadas explicavam como chegar ao local partindo de Washington e de Frederick, em Maryland. Ao final, havia uma observação surpreendente: "DISFARCE: Conferência de inverno para roteiristas, editores, autores, palestrantes, revistas de esportes. Removam os adesivos do CD [Camp Detrick] dos carros."

O chalé de dois andares em Deep Creek Lake estava situado em uma área florestal e fora edificado em uma encosta íngreme que termina em um lago. Segundo a imobiliária responsável, o local "acomoda até dez pessoas e dispõe de quatro quartos, sala de estar, cozinha e banheiro — uma grande lareira de pedra, interior recoberto por madeira de castanheiras, fogão elétrico e geladeira". No dia 18 de novembro, Olson estava esperando em sua casa, em Frederick, quando Vincent Ruwet, o novo chefe da Divisão de Operações Especiais, estacionou do lado de fora. Os dois percorreram 100 quilômetros até Deep Creek. Ao longo da tarde, outros convidados chegaram.

O retiro fazia parte de uma série que Gottlieb organizava regularmente. Oficialmente, era uma reunião de dois grupos: quatro cientistas da Equipe de Serviços Técnicos da CIA que estavam à frente do MK-ULTRA e cinco cientistas da Divisão de Operações Especiais, que pertencia ao Corpo dos Químicos do Exército. Na realidade, todos trabalhavam juntos e formavam uma unidade. Eram companheiros à procura de segredos cósmicos. Logo, era compreensível que eles quisessem se reunir para discutir projetos e trocar ideias em um ambiente descontraído.

Nada de incomum ocorreu nas primeiras 24 horas do retiro em Deep Creek Lake. Na noite de quinta-feira, os participantes se reuniram para jantar e, depois, acomodaram-se para beber alguns drinques. Robert Lashbrook, o adjunto de Gottlieb, surgiu com uma garrafa de Cointreau e serviu o licor. Vários indivíduos beberam bastante, inclusive Olson. Depois de

20 minutos, Gottlieb perguntou se alguém estava sentindo algo estranho. Muitos disseram que sim. Gottlieb então contou que os drinques haviam sido batizados com LSD.

A notícia não foi bem recebida. Mesmo alterados, os indivíduos submetidos involuntariamente àquele experimento, ao tomarem conhecimento, entenderam a situação. Olson ficou muito aborrecido. Segundo seu filho Eric, ele ficou "muito agitado e confuso, não conseguia separar a realidade da fantasia". Porém, em pouco tempo, todos embarcaram totalmente no mundo alucinatório. Mais tarde, Gottlieb relatou que eles ficaram "barulhentos, rindo à toa… incapazes de continuar a reunião e manter conversas sensatas". Na manhã seguinte, os cientistas melhoraram um pouco. A reunião terminou. Olson voltou para Frederick, mas, quando chegou, já não era o mesmo.

Naquela noite, durante o jantar com a família, Olson parecia distante. Não comentou nada sobre a viagem, não conseguia prestar atenção nos filhos e recusou a torta de maçã que Alice cozinhara especialmente para ele. Ela tentou tirá-lo daquele estado, mas Olson continuava com o olhar vazio.

"Cometi um erro terrível", deixou escapar.

"O que você fez?", perguntou Alice. "Violou a segurança?"

"Não."

"Falsificou dados?"

"Você sabe que eu não faria isso. Conto mais tarde, depois que as crianças forem para a cama."

Mas Olson não disse nada à esposa. Sua enigmática confissão só aprofundava o mistério do caso. Tempos depois, seu filho Eric, após décadas de pesquisas sobre a morte do pai, encontrou uma resposta.

> Penso que, na reunião em Deep Creek, eles deram a Frank a chance de voltar atrás. Não sei se ele disse "vão se foder!", mas acho que ele não faria isso. Quando chegou em casa, refletindo melhor, Frank começou a perceber que aquilo poderia ter sérias consequências para sua família e para ele. O "erro terrível" foi não ter voltado atrás. Em um sentido mais amplo, Frank não sabia com quem estava lidando. Ele pensava que sua opinião teria algum peso. Mas a atitude deles era: "É você quem faz essa porra, mas nós controlamos a operação e não toleramos nenhum choro dos cientistas." Só no último instante ele se deu conta da dimensão do problema em que estava metido.

O fim de semana após o retiro em Deep Creek foi difícil para o casal. Na noite de domingo, em uma tentativa de superar a tristeza, eles foram ao cinema. O filme *Martin Luther* estava em cartaz. O enredo trazia uma estranha coincidência: um homem, em crise de consciência, decide arriscar tudo ao expor sua visão.

"Se minhas palavras são más, use-as contra mim", declara Lutero aos inquisidores, em uma das principais cenas do filme. "Não posso e não vou renegá-las. Este sou eu. Não consigo proceder de outro modo. Que Deus me ajude."

Aquela fala abalou o casal. "Acho que não escolhemos bem o filme", disse Alice ao marido na volta para casa.

Na manhã do dia seguinte, 23 de novembro, Olson chegou cedo a Camp Detrick. Vincent Ruwet, seu chefe, apareceu logo depois. Nenhum dos dois estava bem. Já tinham se passado mais de quatro dias desde o consumo involuntário de LSD. Ruwet, tempos depois, afirmou que aquela experiência fora "a mais assustadora que já tivera". Naquela segunda-feira, conforme sua avaliação posterior, seu estado era "esgotado, na melhor das hipóteses".

Olson começou a ventilar suas dúvidas e medos. "Ele parecia agitado e perguntou se eu deveria demiti-lo ou se ele deveria pedir demissão", lembrou Ruwet, anos depois. "Fiquei surpreso e perguntei o que estava acontecendo. Ele disse que, em sua opinião, havia prejudicado o experimento e não se saíra bem nas reuniões." Ruwet tentou acalmá-lo. O trabalho dele era excelente e reconhecido por todos, garantiu ao amigo. Aos poucos, Olson se convenceu de que pedir demissão era uma reação exagerada. Quando se separaram, os dois estavam menos tensos.

No dia seguinte, quando Ruwet chegou ao trabalho, encontrou novamente Olson à sua espera. Ele notou que os sintomas do amigo haviam piorado. Mais tarde, Ruwet declarou que Olson estava "desorientado" e "muito confuso" e chegara à conclusão de que era "incompetente para aquele tipo de trabalho".

A essa altura, o MK-ULTRA já estava em andamento há sete meses. Era um programa ultrassecreto, protegido por um esquema de segurança "à prova de tudo e todos", como Olson soube quando ingressou na Divisão de Operações Especiais. Nem vinte pessoas conheciam a verdadeira natureza do projeto. Havia nove delas em Deep Creek Lake. Várias foram drogadas com LSD sem saber. E, agora, uma delas parecia estar fora de controle. A situação era preocupante para aqueles que acreditavam que o sucesso ou fracasso do MK-ULTRA determinaria o destino dos Estados Unidos e da humanidade.

Olson passara dez anos em Camp Detrick e conhecia a maioria (ou todos) os segredos da Divisão de Operações Especiais. Ele viajara para a Alemanha várias vezes. Seus slides e filmes pessoais mostravam o prédio da estação da CIA em Frankfurt — a menos de uma hora de carro da prisão secreta da Villa Schuster. Olson também tinha fotos de Heidelberg e Berlim, onde os militares dos EUA mantinham centros clandestinos para interrogatórios. Além da Alemanha, seu passaporte indicava visitas à Grã-Bretanha, Noruega, Suécia e Marrocos. Olson integrava o grupo de cientistas da Divisão de Operações Especiais que estava na França em 16 de agosto de 1951, quando mais de duzentos residentes de um vilarejo francês, Pont-St.-Esprit, foram misteriosamente tomados por crises de histeria e delírios violentos, que chegaram a provocar sete mortes; posteriormente, o surto foi atribuído ao envenenamento por ergot, o fungo que dava origem ao LSD. Mas havia uma informação bem mais perigosa: se as forças norte-americanas de fato tivessem usado armas biológicas durante a Guerra da Coreia — há evidências circunstanciais, mas nenhuma prova —, Olson saberia. A possibilidade de que ele revelasse tudo que tinha visto e feito era terrível.

"Ele era muito, muito franco, e não tinha medo de dizer o que pensava", recordou Norman Cournoyer, colega e amigo de Olson, tempos depois. "Ele não estava nem aí. Frank Olson não media as palavras... Era isso que eles temiam, tenho certeza. Ele falava quando queria."

As dúvidas de Olson aumentaram ao longo do ano de 1953. Na primavera, ele visitou o ultrassecreto Instituto Britânico de Pesquisa Microbiológica em Porton Down, no sudoeste de Londres, onde os cientistas estudavam os efeitos do sarin e de outros gases que atacavam o sistema nervoso. Lá, em 6 de maio, um soldado de 20 anos de idade que havia se voluntariado para inalar o sarin começou a espumar pela boca, sofreu convulsões e morreu uma hora depois. Mais tarde, Olson comentou sobre o desconforto que sentira na presença de William Sargant, um psiquiatra que coordenava a pesquisa.

Um mês depois, Olson estava outra vez na Alemanha. Segundo registros confidenciais, posteriormente divulgados, o Paciente Nº 2, suspeito de ser um agente soviético, foi submetido a intenso interrogatório em um ponto nos arredores de Frankfurt. Na mesma viagem, de acordo com uma análise posterior, Olson "visitou um 'centro' da CIA perto de Stuttgart, onde viu homens serem mortos, e muitas vezes agonizando, pelas armas que ele havia criado". Depois, ele foi para a Escandinávia e, em seguida, para Paris antes de retornar à Grã-Bretanha, onde se encontrou com William Sargant pela segunda vez. Logo após a visita, Sargant escreveu um relatório apontando que Olson estava "profundamente perturbado com o que havia visto nos 'centros' da CIA na Alemanha" e "apresentava sintomas que revelavam sua indisposição para manter aqueles fatos em segredo". Sargant enviou o relatório aos seus superiores sabendo que o documento chegaria à CIA.

"Não tinha como não fazer isso", afirmou Sargant, anos mais tarde. "Os norte-americanos e nós éramos como unha e carne. Era necessário proteger aqueles interesses comuns."

Assim que voltou para casa, Olson procurou seu velho amigo Cournoyer. "Ele estava aflito", lembrou Cournoyer, anos depois. "Ele disse: 'Norm, as técnicas que eles usam são de cair o queixo. As pessoas falam tudo. Lavagem cerebral. Todos os tipos de drogas. Todos os tipos de tortura. Nazistas, prisioneiros, russos — não fazia diferença.'" Em outra entrevista, Cournoyer disse que Olson "se envolveu naquela situação e estava infeliz com isso. Mas não podia fazer nada. Ele era da CIA, e ninguém lá estava de brincadeira... Ele me disse: 'Norm, você já viu alguém morrer?' Eu disse que não. 'Eu já'. Eles morriam. Alguns interrogados morriam. Imagina o que não fizeram com essas pessoas... Ele disse que pretendia pedir demissão. Ele me disse isso. Disse: 'Vou sair da CIA. Ponto final.'"

CINCO DIAS DEPOIS de ter sido drogado com LSD, Olson ainda estava desorientado. Vincent Ruwet, seu chefe na Divisão de Operações Especiais, comunicou o fato para Gottlieb, que mandou chamar Olson para uma conversa. Nessa reunião, segundo um relato posterior de Gottlieb, Olson "parecia estar confuso quanto a certas ideias". Gottlieb agiu rápido e decidiu que Olson deveria ir para Nova York, onde ficaria aos cuidados do médico mais próximo do MK-ULTRA: Harold Abramson.

Alice Olson ficou surpresa quando viu seu marido chegando do trabalho ao meio-dia. "Concordei em consultar um psiquiatra", explicou Olson enquanto fazia as malas. Ruwet chegou pouco depois. Alice perguntou se podia acompanhar o marido na primeira parte da viagem. Ruwet não se opôs. Os três partiram em seguida.

No carro, Olson começou a se sentir desconfortável e perguntou para onde eles estavam indo. Ruwet respondeu que estavam a caminho de Washington; de lá, voariam para Nova York, onde Olson faria o tratamento. Faltavam dois dias para o feriado de Ação de Graças, e Alice perguntou ao marido se ele viria para o jantar em família. Olson disse que sim.

Eles pararam para comer no restaurante Hot Shoppes na Wisconsin Avenue, em Bethesda, mas Olson não tocou na comida. Quando Alice insistiu, ele disse que estava com medo de que houvesse algum veneno ou drogas no prato.

A ideia de que a CIA está envenenando a comida é um clássico das teorias da conspiração. Na maioria dos casos, essa história é tão procedente quanto a crença de que alienígenas atormentam os terráqueos enviando mensagens para as suas obturações dentárias. Mas Olson sabia por experiência própria que a CIA realmente envenenava alimentos. Afinal, ele trabalhava com as pessoas que preparavam os venenos.

Em Washington, o carro estacionou em frente a um prédio não identificado da CIA, perto do Reflecting Pool. Ruwet entrou. Frank e Alice Olson ficaram no banco de trás do carro, de mãos dadas. Alice pediu para Frank repetir a promessa de que voltaria para casa a tempo do jantar de Ação de Graças. Ele prometeu novamente. Ruwet reapareceu e fez sinal para que Frank o acompanhasse. O casal se despediu.

Como Gottlieb havia determinado, Ruwet e Robert Lashbrook seguiram com Olson para Nova York. Durante o voo, Olson parecia nervoso, falando sem parar. Dizia que estava "muito confuso". Ele repetia a todo momento que alguém estava atrás dele.

Do Aeroporto LaGuardia, os três foram de táxi para o consultório de Abramson, instalado em um sobrado na 133 East Fifty-Eighth Street. Disseram a Alice Olson que Abramson fora escolhido porque seu marido "tinha que se consultar com um médico aprovado pela Agência para poder conversar livremente". Essa informação era só parcialmente verdadeira. Abramson não era psiquiatra, mas colaborava com o MK-ULTRA. Gottlieb sabia que Abramson era leal ao MK-ULTRA — ou, na visão dele, à segurança dos Estados Unidos. Logo, era a pessoa ideal para sondar as profundezas da mente de Olson.

Olson contou a Abramson que, desde o retiro em Deep Creek Lake, não conseguia trabalhar direito. Tinha dificuldades para se concentrar, esquecia a grafia das palavras e sofria de insônia. Abramson tranquilizou Olson, que parecia estar mais relaxado. Ruwet e Lashbrook foram buscá-lo às seis da manhã. Naquela noite, Abramson foi ao encontro deles no Statler Hotel. Levou uma garrafa de bourbon e vários comprimidos de Nembutal, um barbitúrico que induz o sono, mas que não deve ser misturado com álcool. Os quatro conversaram até meia-noite. Antes de sair, Abramson aconselhou Olson a tomar dois comprimidos de Nembutal caso tivesse problemas para dormir.

"Puxa, eu me sinto muito melhor", comentou Olson ao final da noite. "Era disso que eu estava precisando."

Na manhã seguinte, Ruwet levou Olson para visitar o mágico John Mulholland. Segundo uma reportagem posterior do *New York Times*, Mulholland "teria tentado hipnotizar" Olson, que perguntou várias vezes a Ruwet: "Qual é o objetivo disso?" De acordo com outro relato, Olson "ficou transtornado, pois achou que Mulholland aplicaria nele o truque do desaparecimento como fazia com os coelhos". Poucos minutos depois de chegar, ele pulou da cadeira e saiu da casa em disparada. Ruwet correu atrás dele.

Naquela noite, Ruwet e Lashbrook levaram Olson para dar uma volta na Broadway. Os três compraram ingressos para o musical *Me and Juliet*. No intervalo, Olson expressou seu medo de ser preso no final da peça. Ruwet zombou e garantiu "pessoalmente" que Olson estaria em casa a tempo do jantar de Ação de Graças na tarde seguinte. Mas Olson insistiu em ir embora.

Lashbrook ficou no teatro para assistir ao segundo ato de *Me and Juliet*, mas os dois voltaram para o Statler Hotel e foram dormir sem nenhum incidente. Quando Ruwet acordou, às 5h30 da manhã seguinte, Olson tinha sumido. Ele despertou Lashbrook, que estava em um quarto próximo, e os dois desceram ao cavernoso saguão do hotel, onde encontraram Olson, sentado em uma cadeira, todo desgrenhado. Ele disse que vagara sem rumo pela cidade e jogara fora sua carteira e seus documentos de identificação.

Era o dia do feriado de Ação de Graças. Fazia uma semana que Olson fora drogado com LSD em Deep Creek Lake. Ele ainda planejava voltar para casa e jantar com a família. Olson embarcou em um voo para Washington acompanhado por Lashbrook e Ruwet. Um colega do MK-ULTRA estava à espera quando eles aterrissaram no National Airport. Ruwet e Olson entraram no carro dele para seguir viagem até Frederick. Mas, logo depois da partida, o humor de Olson mudou. Ele pediu para o motorista parar.

"O que foi?", perguntou Ruwet.

"Quero conversar sobre algumas coisas."

Eles entraram no estacionamento de um hotel da cadeia Howard Johnson, em Bethesda. Olson contou a Ruwet que se sentia "envergonhado porque ia encontrar sua esposa e sua família", mas estava "muito confuso".

"O que você quer que eu faça?", disse Ruwet.

"Quero que você me deixe ir sozinho para casa."

"Não posso fazer isso."

"Então me entregue para a polícia. Estão me procurando."

Depois de uma discussão, Ruwet sugeriu que Olson voltasse a Nova York para fazer outra sessão com Abramson. Olson concordou. Eles retornaram a Washington e foram para o apartamento de Lashbrook, perto de Dupont Circle. Gottlieb, que havia desistido dos seus planos para o feriado quando soube dos acontecimentos daquela manhã, chegou pouco depois. Mais tarde, ele relatou que Olson parecia "muito mentalmente perturbado naquela ocasião... Ele falava com clareza, mas seus pensamentos estavam confusos. Citou novamente sua incompetência no trabalho, dizendo que não achava que alguém pudesse ajudá-lo e que era melhor abandoná-lo e não ligar para ele".

Diante de tudo que Olson sabia e do seu estado mental, isso era impossível. Gottlieb mandou Ruwet dirigir até Maryland para informar à família que Olson não participaria do jantar de Ação de Graças. Depois, levou Olson e Lashbrook para o National Airport e os colocou em um voo para Nova York.

Assim que pousaram, os dois cientistas pegaram um táxi e foram para a casa em que Abramson passava os fins de semana, na cidade de Huntington, em Long Island. Abramson conversou por uma hora com Olson e, em seguida, por vinte minutos com Lashbrook. Os dois saíram e se hospedaram em uma pousada nas proximidades, em Cold Spring Harbor. Lá, comeram um tranquilo jantar de Ação de Graças.

Na manhã seguinte, Abramson, Lashbrook e Olson voltaram para Manhattan. Durante uma sessão em seu consultório na Fifty-Eighth Street, Abramson persuadiu Olson a dar entrada como paciente voluntário — ou seja, sem coerção legal — no Chestnut Lodge, um sanatório de Maryland. Depois dessa decisão, Olson e Lashbrook saíram e se hospedaram no Statler Hotel, onde receberam as chaves do quarto 1018A.

Durante o jantar no hotel, Olson disse a Lashbrook que estava contente com a internação e comentou sobre os livros que leria na clínica. Mais tarde, Lashbrook disse que Olson lhe parecera "quase o mesmo sujeito que eu conhecia antes do experimento". Os dois voltaram para o quarto. Olson lavou suas meias na pia, assistiu um pouco de televisão e deitou para dormir.

Às 2h25 da manhã, estava morto na calçada.

Pouco depois da queda do corpo de Olson na calçada da 7ª Avenida, alguns policiais entraram no Statler Hotel. O gerente noturno conduziu os homens até o quarto 1018A, abriu a porta com uma chave mestra e deu passagem para eles. A janela estava arrebentada, restavam poucos estilhaços de vidro. Lashbrook, sentado no vaso sanitário, ergueu os olhos quando os policiais entraram no banheiro.

Não há muito o que falar, disse ele. Tinha acordado com um barulho forte de vidro quebrando, e Olson não estava lá. Os policias pensaram na hipótese de crime, envolvendo talvez um caso homossexual.

"O senhor sabe onde está a carteira do Sr. Olson?", perguntou um deles.

"Acho que ele perdeu a carteira há alguns dias", respondeu Lashbrook.

"O senhor precisa nos acompanhar até a delegacia."

Na 14ª Delegacia da West Thirtieth Street, os policiais pediram que Lashbrook esvaziasse os bolsos. Ele mostrou várias passagens aéreas, um recibo de US$115 assinado pelo mágico John Mulholland e anotações com nomes, endereços e telefones de Vincent Ruwet, Harold Abramson, George Hunter White e Chestnut Lodge, o sanatório onde Olson seria hospitalizado em Maryland. Na carteira dele, havia várias credenciais de segurança, incluindo uma emitida pela CIA e outra que liberava seu acesso à base de Edgewood Arsenal. Os policiais solicitaram explicações.

Lashbrook declarou que era químico e trabalhava para o Departamento da Defesa. Olson era um bacteriologista do Exército e estava com problemas mentais. Lashbrook havia trazido Olson até Nova York para que ele fizesse um tratamento com Harold Abramson. Então, instigado por seus demônios interiores, Olson saltara pela janela do hotel. Isso era tudo, disse Lashbrook — mas havia um detalhe muito importante: o caso deveria ser mantido em sigilo por razões de segurança nacional.

Os investigadores deixaram Lashbrook aguardando enquanto verificavam sua história, que foi confirmada por Ruwet e Abramson. Após algumas perguntas, Lashbrook foi liberado, porém deveria ir ao Bellevue Hospital naquela manhã para identificar o corpo de Olson. Ele voltou ao Statler Hotel. Pouco depois, bateram à porta do quarto. Era um agente da CIA especializado em ações de "limpeza".

Todos os serviços secretos dispõem de especialistas em "faxina". Nos anos 1950, a CIA mantinha esses oficiais sob as ordens de Sheffield Edwards, do Escritório de Segurança. O trabalho de encobrimento promovido por Edwards após a morte de Frank Olson foi um exemplo de eficiência.

Logo após a queda de Olson, Lashbrook ligou para Gottlieb para informá-lo do caso. Depois, Gottlieb discou um número secreto e falou com o oficial de plantão na sede da CIA. Gottlieb relatou "um incidente em um hotel de Nova York, com uma morte" que exigia "atenção imediata". O oficial de plantão ligou para Edwards e informou que "um funcionário da Agência designado para um projeto confidencial em Camp Detrick" havia cometido suicídio em Nova York.

"O nome do indivíduo é Frank Olson", complementou.

Edwards deu duas tarefas para o oficial de plantão. Primeiro, ele deveria telefonar para Lashbrook e orientá-lo a mudar de quarto no Statler Hotel e "não conversar com ninguém até a chegada do funcionário da Agência destacado para o caso". Segundo, ele deveria orientar urgentemente Gottlieb e seu superior imediato — "Gib" Gibbons, diretor da Equipe de Serviços Técnicos — a comparecerem a uma reunião no Quarters Eye, um prédio não identificado da CIA, perto do Lincoln Memorial.

Os dois estavam à espera quando Edwards chegou, às 5h40 da manhã. Eles contaram o que se passara em Nova York. Mais tarde, Edwards relatou que "questionou o Dr. Gibbons e o Dr. Gottlieb sobre acontecimentos anteriores ao incidente". Ele sabia o que estava procurando. Edwards havia sido um dos criadores do Bluebird, que realizava experimentos com drogas psicoativas desde o início dos anos 1950, antes do MK-ULTRA. Nessa ocasião, Gottlieb revelou um fato importante: Olson, sem saber, fora drogado por seus colegas da CIA com LSD nove dias antes da sua morte.

Conhecido na CIA pela sua serenidade e autoconfiança no serviço, Edwards descreveu como ocorreria o encobrimento. Para começar, a polícia de Nova York seria persuadida a não investigar e a enrolar a imprensa. Além disso, uma carreira falsa — uma "lenda" — seria criada para Lashbrook, que era a única testemunha e logo seria interrogado pelos investigadores, mas que não podia revelar sua ligação com a CIA e, muito menos, com o MK-ULTRA. Por fim, a família de Olson teria que ser informada e acalmada para que sua cooperação fosse preservada. Edwards já tinha homens para as duas primeiras tarefas. A terceira cabia a Gottlieb: encontrar alguém de confiança para informar a viúva. Gottlieb disse que já havia providenciado isso.

"Falei com Vincent Ruwet, diretor da Divisão de Operações Especiais de Detrick, por volta das três da manhã e pedi que ele fosse à casa de Olson", informou Gottlieb. "Ele provavelmente já está lá."

Ruwet recebeu a péssima tarefa de informar a Alice Olson que seu marido havia morrido em um episódio violento, dando início ao processo de manter a família sob controle. Flocos de neve caíam enquanto ele dirigia rumo ao bangalô de madeira em Frederick. Alice ficou muito abalada com a notícia. Desabou soluçando, inconsolável. Quando ela conseguiu falar, disse: "Conte o que aconteceu."

Ruwet disse a Alice que seu marido havia "caído ou pulado" da janela de um hotel em Nova York. Os gritos dela despertaram seu filho mais velho, Eric, de nove anos. Quando ele apareceu na sala, Ruwet disse: "Seu pai sofreu um acidente. Ele caiu ou pulou de uma janela." Aquela frase ficaria na cabeça dele por muito tempo.

"Passei muitos anos obcecado pela ideia de encontrar a opção correta", comentou Eric. "Há uma diferença muito grande entre cair e pular, e eu não compreendia como as duas opções teriam ocorrido."

Enquanto Alice era informada sobre a morte do marido em Maryland, a "cavalaria" da CIA chegava ao Statler Hotel. No quarto, Lashbrook recebeu essa comitiva, formada por um único agente. Aqui, os relatórios internos mencionam um certo "agente James McC". Tempos depois, foi revelado que ele era James McCord, que ficaria gravado em uma nota de rodapé da história política norte-americana como um dos invasores da sede do Comitê Nacional Democrata, o episódio que provocou o escândalo de Watergate. McCord já atuara no FBI como agente especializado em contrainteligência. Sumir com investigações policiais era uma das suas especialidades.

McCord entrou em ação assim que recebeu a ligação de Edwards, na madrugada do dia 28 de novembro. Ele pegou o primeiro voo da manhã para Nova York e chegou ao Statler Hotel por volta das 8h. Lashbrook acabara de voltar da 14ª Delegacia. McCord interrogou Lashbrook por mais de uma hora e, por volta das 9h30, recomendou que ele fosse ao necrotério do Bellevue Hospital, como a polícia havia solicitado. Lá, Lashbrook identificou o corpo de Olson. Enquanto ele estava fora, McCord examinou minuciosamente o quarto 1018A e os quartos próximos.

Pouco depois do meio-dia, Lashbrook voltou ao Statler Hotel. McCord estava esperando. Nas horas que se seguiram, segundo um relatório posterior de McCord, Lashbrook fez alguns telefonemas e "parecia estar bem controlado". Uma das chamadas foi para Sidney Gottlieb. Depois de desligar, Lashbrook comunicou a McCord que fora instruído por Gottlieb a pegar um relatório no escritório de Abramson às 21h15 e levar o documento para Washington.

Naquela noite, Lashbrook e McCord saíram do hotel, atravessaram a 7ª Avenida e foram até a Penn Station. Lá, encontraram outro oficial do Escritório de Segurança que viera para render McCord. O recém-chegado, identificado nos relatórios como "agente Walter P. T.", sugeriu que Lashbrook e ele pegassem um táxi até o escritório de Abramson. Quando chegaram lá, Lashbrook disse que queria conversar a sós com Abramson. O agente ouviu a conversa pelo famoso buraco da fechadura.

"Fechada a porta, o Dr. Abramson e Lashbrook iniciaram uma discussão sobre segurança", escreveu em seu relatório. "O Dr. Abramson frisou que estava 'preocupado com possíveis riscos para o acordo' e que 'a operação era perigosa e tudo deveria ser repensado'."

Lashbrook embarcou no trem da meia-noite para Washington com o relatório de Abramson. Os agentes de segurança da CIA cuidaram dos demais detalhes. O detetive encarregado do caso concluiu que Olson não havia resistido às múltiplas fraturas "decorrentes do salto ou da queda". Essa foi a narrativa oficial.

"Um bacteriologista, ligado ao centro de pesquisa de guerra biológica do Exército em Camp Detrick, morreu após ter caído ou pulado de um quarto no 10º andar do Statler Hotel, em Nova York", relatou o jornal da cidade de Olson. "A vítima foi identificada por um companheiro como Frank Olson, de 43 anos, morador da Rota 5 em Frederick... Olson e seu amigo Robert Vern Lashbrook, consultor do Departamento de Defesa, foram a Nova York na terça-feira porque Olson queria consultar um médico para tratar um quadro depressivo."

No funeral, Alice Olson, muito abatida, recebia os pêsames meio entorpecida. Os colegas mais próximos de Olson estavam lá. Alice não conhecia dois indivíduos que se empenharam bastante para confortá-la. Depois, ela perguntou a um amigo quem eles eram.

"Eram Bob Lashbrook e o chefe dele", esclareceu o amigo. "Os dois trabalham para a CIA."

Ainda naquela semana, "Lashbrook e o chefe dele" telefonaram para saber se Alice poderia recebê-los para uma visita de condolências. Ela concordou. Na ocasião, depois de dizer seu nome, Lashbrook apresentou o chefe: Sidney Gottlieb. Os dois disseram que o marido dela fora um homem excelente e faria muita falta.

"Não compreendo por que Frank fez isso, mas estou à sua disposição para contar tudo que sei", disse Lashbrook. Gottlieb foi igualmente solícito: "Caso a senhora queira saber mais sobre o que ocorreu, será uma honra encontrá-la para conversar sobre isso." Tempos depois, Alice refletiu sobre o objetivo real daquela visita.

"Provavelmente, eles queriam verificar como eu estava lidando com a situação, se estava histérica ou algo parecido", disse ela. "Tenho certeza de que eles saíram bem mais calmos porque foram tratados com muita cordialidade — acho que apresentei os sinais esperados, e eles ficaram satisfeitos com isso."

Embora o acobertamento tivesse sido um sucesso, a morte de Olson foi desastrosa para a CIA. A existência do MK-ULTRA ficou à beira de um risco real. Gottlieb, Helms e Dulles poderiam ter aproveitado esse episódio para fazer uma reflexão. Aquela morte poderia ter justificado o fim dos experimentos com drogas psicoativas, pelo menos, em cobaias involuntárias. Em vez disso, eles continuaram como se nada tivesse acontecido. Essa postura correspondia à visão deles sobre a importância do MK-ULTRA. Como o programa podia ser a chave da vitória em uma futura guerra, um evento pequeno como uma morte não era um bom motivo para cancelar tudo.

"Sem recorrer a teorias da conspiração, se Frank Olson foi assassinado, a motivação deve ter sido a mais simples de todas", concluiu um estudo, mais de meio século depois. "Após o experimento de Deep Creek Lake, Sidney Gottlieb tinha que lidar com um homem fora de si que ameaçava o sigilo do programa. A morte de Frank Olson pode ter sido um meio para atingir um determinado fim: eliminar essa ameaça ao MK-ULTRA."

Fora da CIA, ninguém questionava a narrativa oficial sobre a morte de Olson. Porém, o episódio causou uma comoção na agência. O diretor jurídico Lawrence Houston — que, junto com Dulles, elaborou a Lei de Segurança Nacional de 1947, que criou a Agência — passou duas semanas analisando "todas as informações disponíveis sobre a morte do Dr. Frank Olson" e escreveu um breve memorando com um resumo das suas descobertas. "Concluí que a morte do Dr. Olson resultou de um experimento realizado durante o cumprimento das suas atribuições como funcionário do governo dos EUA e que existe, portanto, um nexo de causalidade entre esse episódio e sua morte." Ele continuou: "Não estou satisfeito com a postura indiferente dos representantes da TSS com relação ao experimento em questão nem com as suas sugestões, que tratam o episódio como um risco típico da experimentação científica... A morte poderia ter sido evitada, e a Agência como um todo e, particularmente, o Diretor foram expostos de modo bastante constrangedor."

Houston encaminhou esse memorando a Lyman Kirkpatrick, inspetor-geral e veterano do OSS que ingressara na Agência pouco depois da sua criação. Dulles havia pedido para que Kirkpatrick investigasse a morte de Olson, mas fornecera poucas informações sobre o episódio. Algum tempo atrás, segundo Dulles, talvez Olson tivesse ingerido LSD durante "um experimento", o que poderia ter contribuído para seu suicídio. Ele queria um relatório, mas deixou claro para Kirkpatrick que a questão era sigilosa. O senador McCarthy e outros críticos da CIA se aproveitariam desse caso se desconfiassem de algo. Além disso, Alice Olson em breve começaria a receber os benefícios pela morte do marido por "doença incapacitante", e outra conclusão criaria problemas para ela.

Kirkpatrick entrevistou vários funcionários da CIA envolvidos no caso, menos Gottlieb, que só precisou encaminhar um relatório. Ele respondeu com oito parágrafos curtos. Algumas frases descrevem seu "relacionamento pessoal bastante próximo" com Frank Olson. Gottlieb estimou que havia se encontrado com Olson "treze ou quatorze" vezes nos dois anos anteriores, em Camp Detrick e nos escritórios da CIA. Ninguém perguntou se Olson e ele já haviam viajado juntos nem sobre seus projetos em comum.

A pedido de Kirkpatrick, Harold Abramson, que conhecia Olson há anos, cuidara dele nos dias que antecederam sua morte e fora uma das últimas pessoas a vê-lo com vida, também escreveu um relato do episódio.

Kirkpatrick grifou duas passagens. Na primeira, Abramson escreve que, quando conheceu Olson, no dia 24 de novembro, "tentei confirmar o que ouvi, que o experimento havia sido realizado *com a intenção de armar uma cilada para ele*". Depois, Abramson aponta que, durante uma conversa no dia seguinte, Olson expressou "preocupação com a qualidade do seu trabalho, dizendo que se sentia culpado por ter se desligado do Exército devido a uma úlcera e *que já tinha vazado informações confidenciais*".

Mesmo intrigado com essas frases, Kirkpatrick não foi mais fundo. Em 18 de dezembro, ele entregou seu relatório a Dulles. Kirkpatrick não identificou nenhum culpado, mas fez uma recomendação surpreendente: "É necessário estabelecer imediatamente um conselho de alto nível no âmbito da Agência para analisar todos os experimentos da TSS e aprovar os testes em seres humanos." Dulles, que sabia muito mais sobre o MK-ULTRA do que Kirkpatrick, jamais concordaria com isso. No entanto, ele encaminhou breves advertências para "Gib" Gibbons, diretor da Equipe de Serviços Técnicos; seu vice James Drum e Gottlieb. "Entregar pessoalmente para Gibbons, Drum e Gottlieb", escreveu Dulles nas instruções que repassou a um assessor. "Os destinatários devem confirmar a leitura por escrito e devolver as cartas para o arquivo confidencial de Kirkpatrick. As advertências não são oficiais, e nenhuma anotação será feita nos arquivos pessoais."

Nas duas primeiras cartas, Dulles dizia que considerava "administrar LSD a alguém sem consentimento em um experimento conhecido indica falha de discernimento". A advertência enviada a Gottlieb era um pouco mais incisiva.

"Examinei pessoalmente os registros do seu arquivo sobre a aplicação de uma droga sem o consentimento dos indivíduos", escreveu Dulles. "Ao recomendar essa ação ao seu superior, você não destacou suficientemente a necessidade de apoio médico e da apreciação dos direitos do indivíduo a quem se administrou a droga. Por meio desta carta, informo que, a meu ver, você cometeu um erro de julgamento nesse caso."

8

Operação Clímax da Meia-noite

Até mesmo na CIA, os funcionários fazem confraternizações de fim de ano. Com 1954 prestes a virar passado, alguns brindavam, enquanto outros se preocupavam com o futuro do mundo. No Escritório de Segurança, havia uma preocupação bastante específica: que Sidney Gottlieb pudesse "batizar" as bebidas.

Tinha sido um ano difícil. No Vietnã, os comunistas depuseram seus senhores, forçando os franceses a baterem em retirada. China e União Soviética reforçaram sua aliança. John Foster Dulles, o Secretário de Estado, ameaçou possíveis agressores com "retaliação massiva". O senador Joseph McCarthy declarou que, depois de "vinte anos de traições", os Estados Unidos estavam à beira de um golpe comunista. Quando o repórter da CBS Edward R. Murrow fez uma crítica incisiva a esse comentário na televisão, McCarthy disse que Murrow era "o chacal mais inteligente do bando que sempre pula na jugular daqueles que expõem comunistas e traidores". O Congresso aprovou a Lei de Proscrição do Partido Comunista, que qualificava o partido como "um perigo claro e constante para a segurança dos Estados Unidos" e revogava "todos os seus direitos, privilégios e imunidades inerentes às pessoas jurídicas". Depois, o parlamento votou pela criação do sistema Distant Early Warning, uma rede de radares que alertariam os norte-americanos caso os soviéticos enviassem bombardeiros nucleares pelo Ártico. A CIA havia derrubado governos no Irã e na Guatemala, mas esses êxitos eram pequenos em meio a essa onda de notícias assustadoras.

Muitos oficiais da CIA acreditavam que eram a única barreira entre o país e a devastação. Eles viam ameaças em todos os cantos. No final de 1954, detectaram um novo perigo. Em 15 de dezembro, um memorando do Escritório de Segurança começou a circular. O documento alertava que os rumores de que oficiais estariam usando LSD e testando a substância em indivíduos sem o consentimento deles deveriam ser levados a sério. Além disso, o memorando indica que o LSD, desconhecido na época, "causava períodos de grave insanidade que duravam de 8 a 18 horas ou mais". Em razão da potência da droga e da imprevisibilidade do comportamento dos agentes que consumiam LSD, o Escritório de Segurança "não recomendava a aplicação da droga nas bebidas típicas das festas de fim de ano dos funcionários".

O memorando refletia o impacto dos boatos sobre Gottlieb e os excessos do seu projeto de controle mental. Após a morte de Frank Olson, ele esqueceu a ideia de sair da Agência e intensificou sua dedicação. Uma aura estranha se formou ao redor dele. Gottlieb se diferenciava não só devido à sua história de vida e suas credenciais, mas também pela natureza do seu trabalho.

Se algum pensamento terrível se infiltrou nas consciências dos cientistas do MK-ULTRA após a morte de Olson, desapareceu após a grande notícia que chegou poucas semanas depois. "Nas últimas semanas, os químicos da Eli Lilly Company, que colaboram com a Equipe de Serviços Técnicos, descobriram a fórmula secreta do ácido lisérgico, criada pela Sandoz, e produziram uma grande quantidade dessa substância, que já está disponível para os experimentos da Agência", escreveu Robert Lashbrook, o adjunto de Gottlieb, ao seu chefe, no final de 1954. "Esse trabalho é um segredo muito importante e não deve ser mencionado em público."

Agora, a Eli Lilly podia fabricar a substância "a granel". A CIA era o maior cliente da empresa. Para o Subprojeto 18, foram comprados US$400 mil de LSD, um volume imenso. Esse seria o "subcontrato" mais caro nos dez anos de existência do MK-ULTRA. Com acesso a um suprimento constante, Gottlieb passou a conceber projetos de pesquisa que investigariam a fundo o que, para ele, seria o grande segredo da droga. Dez dos primeiros cinquenta "subprojetos" estavam diretamente relacionados à fabricação e estudo do LSD.

Estudos sistemáticos exigem experimentação controlada. No caso do LSD, era necessário administrá-lo a seres humanos em contextos clínicos, onde suas reações seriam monitoradas. Mas Gottlieb e seus colaboradores de Camp Detrick não dispunham de instalações nem de pessoal especializado para um projeto dessa magnitude. O trabalho teria que ser terceirizado para hospitais e clínicas. No entanto, a maioria dos médicos e técnicos envolvidos nos experimentos não podia saber da ligação com a CIA nem, muito menos, que o propósito dos estudos era desenvolver ferramentas de controle da mente para o governo dos Estados Unidos. Para manter o sigilo, era preciso criar "fachadas" — instituições que repassariam o dinheiro da CIA para pesquisadores selecionados. O Geschickter Fund for Medical Research e a Josiah P. Macy Foundation estavam entre as primeiras fachadas. A pedido da CIA, essas fundações anunciaram a hospitais e faculdades de medicina que gostariam de financiar estudos controlados sobre o LSD, que, graças à Eli Lilly, agora estava disponível em grandes quantidades. Não faltaram propostas para essa linha de financiamento tão aberta.

"Da noite para o dia", concluiu um estudo sobre o período, "surgiu um mercado de bolsas para pesquisas sobre o LSD".

Em meados dos anos 1950, Gottlieb estava financiando pesquisas conduzidas por muitos dos principais psicólogos comportamentais e psicofarmacologistas dos Estados Unidos. Poucos sabiam que era o dinheiro da CIA que custeava seus experimentos. Muitos "subprojetos" financiados pela CIA eram realizados em instituições renomadas: Massachusetts General Hospital, Worcester Foundation for Experimental Biology, Ionia State Hospital e Mount Sinai Hospital; as Universidades da Pensilvânia, Minnesota, Denver, Illinois, Oklahoma, Rochester, Texas e Indiana; outras universidades, como Harvard, Berkeley, City College of New York, Columbia, MIT, Stanford, Baylor, Emory, George Washington, Cornell, Florida State, Vanderbilt, Johns Hopkins e Tulane; e faculdades de medicina da Wayne State University, Boston University, New York University e University of Maryland.

Alguns desses experimentos com drogas criavam riscos para a saúde dos participantes, como o estudo realizado na Walter E. Fernald School, em Massachusetts, em que crianças com problemas mentais foram alimentadas com cereais contendo urânio e cálcio radioativo. Outros, especialmente os que envolviam o LSD, não eram coercitivos, e as pessoas até achavam interessante participar deles. Pouco depois que o Dr. Robert Hyde começou a administrar LSD a estudantes voluntários em Boston, alguns dos médicos, enfermeiros e assistentes que observaram os resultados passaram a experimentar a substância. Isso também ocorreu em outros centros de pesquisa.

Os experimentos com LSD eram só alguns dos interesses de Gottlieb na fase inicial do MK-ULTRA. Sua ambição e sua imaginação eram desmedidas e até incompreensíveis. Não se tem notícia de nenhum outro oficial de inteligência tão dedicado ao desenvolvimento de métodos para dominar e manipular a consciência humana. No início de 1955, Gottlieb escreveu um memorando listando os "materiais e métodos" que estava pesquisando e desejava estudar.

1. Substâncias que promovem pensamentos ilógicos e impulsividade e prejudicam a credibilidade do indivíduo.
2. Substâncias que aumentam a eficiência da atividade mental e da percepção.
3. Materiais que evitam ou neutralizam o efeito intoxicante do álcool.
4. Materiais que promovem o efeito intoxicante do álcool.
5. Materiais que produzem, de forma reversível, os sinais e sintomas de doenças conhecidas e simulam enfermidades.
6. Materiais que facilitam a hipnose ou aumentam sua utilidade.
7. Substâncias que aumentam a resistência do indivíduo a privações, tortura e coerção durante os interrogatórios e à "lavagem cerebral".
8. Materiais e métodos físicos que causam amnésia com relação a eventos anteriores ou ao momento da aplicação.
9. Métodos físicos, viáveis para uso clandestino, que provocam choque e confusão durante longos períodos.
10. Substâncias que causam incapacidade física, como paralisia das pernas, anemia aguda etc.
11. Substâncias que geram euforia "pura", sem o subsequente estado depressivo.
12. Substâncias que alteram estruturalmente a personalidade de um indivíduo e aumentam sua dependência com relação a outra pessoa.
13. Material que provoca confusão mental e impede que o indivíduo mantenha sua narrativa durante o interrogatório.
14. Substâncias que reduzem a ambição e a competência profissional das pessoas quando administradas em dosagem indetectável.

15. Substâncias que enfraquecem ou distorcem a visão/audição, de preferência, sem efeitos permanentes.
16. Comprimido que provoca um apagão e pode ser colocado furtivamente em alimentos, bebidas, cigarros, aerossóis etc. Ele deve causar um bom nível de amnésia e ser seguro e adaptável a diversos agentes e situações.
17. Material que, em quantidades muito pequenas, impossibilita a realização de uma atividade física e pode ser administrado furtivamente por meio dos métodos descritos anteriormente.

Anos mais tarde, analisando os projetos de Gottlieb e dos seus companheiros da Equipe de Serviços Técnicos, o *New York Times* definiu o programa como "um tropeço bizarro no mundo da ficção científica".

"Os pesquisadores da CIA deixavam a imaginação correr solta", indicava a reportagem do *Times*. "Será que havia uma droga que incapacitasse todas as pessoas em um prédio? Uma pílula que curasse a bebedeira de alguém?... Eles desenvolviam métodos para 'produzir e controlar' dores de cabeça e de ouvido, espasmos, tremedeiras e tonturas. Eles queriam reduzir um indivíduo a uma massa perplexa e cheia de dúvidas para 'subverter seus princípios', segundo um documento da CIA. Queriam programar uma pessoa para que ela 'justificasse um ato desleal ou até criasse uma nova identidade'... Queriam cometer assassinatos sem deixar pistas... Eles sabiam que era antiético conduzir experimentos que envolviam drogar pessoas sem o consentimento delas, mas concluíram que os testes com indivíduos 'desinformados' eram essenciais para a obtenção de informações precisas sobre o LSD e outras substâncias."

Logo após o falecimento de Olson, Gottlieb partiu para mais uma das suas turnês periódicas pelo leste da Ásia. Lá, ele participou de interrogatórios em que os indivíduos foram drogados com LSD. "Realizamos operações com o LSD no Extremo Oriente entre 1953 e 1954", disse Gottlieb em um depoimento, anos depois.

Em 1955, Gottlieb participou de uma trama para assassinar o primeiro-ministro chinês Zhou Enlai. O avião que levaria Zhou à Conferência de Bandung, na Indonésia, explodiu no ar, mas ele havia alterado seus planos e estava em outro voo. No dia seguinte, o Ministério das Relações Exteriores da China classificou o atentado como um "assassinato cometido pelas organizações de serviços especiais dos Estados Unidos". Uma investigação realizada pelas autoridades indonésias concluiu que uma bomba-relógio, acionada por um detonador MK-7 fabricado nos Estados Unidos, explodira no avião.

Depois disso, os oficiais da CIA decidiram que a melhor opção seria envenenar Zhou em Bandung. Gottlieb fornecera a toxina com que o traidor James Kronthal se matara dois anos antes. Logo, poderia inventar algo adequado para Zhou.

A poção de Gottlieb deveria ser misturada ao arroz que seria servido a Zhou em uma tigela. Em 48 horas — já na China —, Zhou ficaria doente e morreria. Mas, pouco antes do atentado, a operação chegou ao conhecimento do general Lucian Truscott Jr., vice-diretor da CIA. Truscott temia que o papel da Agência no assassinato de Zhou viesse à tona e causasse grandes transtornos para os Estados Unidos. Segundo seu biógrafo, ele ficou "indignado e confrontou Dulles, exigindo o cancelamento da operação". A toxina mortal de Gottlieb não foi utilizada.

NA COREIA, UM pelotão de fuzileiros navais dos EUA, ao se deslocar por um trecho montanhoso em uma tarde no final de 1952, sofreu um ataque repentino de morteiros. O tenente Allen Macy Dulles, filho do diretor da CIA, foi atingido no braço e nas costas. Recusando-se a debandar, ele avançou com seus homens até que outra bomba explodiu perto dele. Um estilhaço perfurou o crânio e se alojou no cérebro de Dulles. Correndo risco de vida, ele foi levado para um hospital no Japão e, depois, para os Estados Unidos. Dulles sofreu danos neurológicos permanentes e passou sua longa vida em instituições e sob os cuidados de outras pessoas.

Como muitos homens da sua classe e geração, o diretor da CIA tinha um relacionamento distante com seus filhos. Porém, esse traumático episódio teve um profundo impacto nele. Como todos os pais, Dulles tinha interesse em terapias alternativas. Em busca de um tratamento que desse uma vida mais próxima do normal para seu filho, ele se correspondia com especialistas de clínicas psiquiátricas nos Estados Unidos e na Europa. No início de 1954, o tenente estava internado no Cornell Medical Center, em Nova York, sob os cuidados do neurologista Harold Wolff. Logo após o início do tratamento, Dulles chamou Wolff para conversar sobre o caso em Washington. Nessa ocasião, os dois perceberam que tinham muitos pontos em comum. Como Dulles, Wolff era fascinado pela ideia do controle da mente. Ele havia desenvolvido uma teoria, baseada em várias disciplinas, de que uma combinação de drogas e privação sensorial poderia "zerar" a mente e prepará-la para uma reprogramação. Wolff chamava essa técnica de "ecologia humana". Dulles achou que Wolff poderia ser útil para a CIA e o apresentou a Gottlieb.

Wolff estava interessado no financiamento da CIA e apresentou várias propostas de pesquisa para Gottlieb. Em uma delas, os indivíduos seriam colocados em câmaras de isolamento até ficarem "receptivos às sugestões do psicoterapeuta", demonstrarem "um grande desejo de conversar e sair do procedimento" e chegarem a um estado intenso de abatimento que permitiria a "indução de reações psicológicas". Outra proposta previa a realização de testes com "métodos especiais" de interrogatório, como "ameaças, coerção, prisão, isolamento, privação, humilhação, tortura, 'lavagem cerebral', 'psiquiatria abusiva', hipnose e combinações dessas técnicas, com ou sem agentes químicos". Gottlieb apreciou os projetos porque Wolff tinha acesso constante a pacientes e estava disposto a usá-los em experimentos sem o consentimento deles. Ele aprovou todas as propostas apresentadas por Wolff. Os estudos ocorreram por vários anos no Cornell Medical Center e custaram quase US$140 mil para a CIA. Os pacientes recebiam a informação de que aqueles medicamentos e procedimentos faziam parte do tratamento. O objetivo ambíguo (e assustador) de Wolff era estudar as "mudanças comportamentais causadas pelo estresse associado à perda de tecidos cerebrais".

Outros pesquisadores também conduziam experimentos radicais para Gottlieb, mas sua parceria com Wolff era especial. Em 1955, os dois criaram uma fundação (em tese) independente que direcionaria os recursos do MK-ULTRA para médicos, psicólogos, químicos e outros cientistas. Gottlieb já mobilizava fundações, mas, diante do crescente número de "subprojetos", achou que era uma boa ideia ter uma instituição própria. Assim, a Society for the Investigation of Human Ecology foi estabelecida, e Wolff passou a ser conhecido como presidente e fundador da entidade. Todos recursos da fundação vinham da CIA. A instituição também financiava pequenos projetos sem nenhum valor para a atividade de inteligência, mas essas ações só serviam para preservar a fachada. Os principais projetos da entidade eram de Gottlieb.

Logo após a criação dessa "fundação", Wolff apontou que a entidade financiaria "estudos experimentais voltados para o desenvolvimento de novas técnicas de inteligência ofensiva/defensiva... Drogas secretas com grande potencial (e procedimentos para infligir danos cerebrais) também serão testadas". Gottlieb e John Gittinger, um colega próximo e psicólogo-chefe da CIA, definiram as pesquisas da fundação. Anos depois, Gittinger disse que os experimentos financiados estavam nas áreas de "influência do comportamento humano, interrogatório e lavagem cerebral".

Um dos primeiros "subprojetos" financiados pela entidade foi um estudo abrangente com cem refugiados chineses, atraídos por falsas promessas de bolsas de estudo. Na verdade, a pesquisa analisava se era possível programar esses indivíduos para voltar e cometer atos de sabotagem no país natal. Após o levante anticomunista de 1956 na Hungria, a fundação bancou várias entrevistas e testes com refugiados húngaros para identificar os fatores determinantes em atos de rebeldia contra o governo. Algum tempo depois, a entidade financiou um estudo que analisava como psicopatas sexuais reprimiam seus segredos e possíveis métodos para forçá-los a revelar o que escondiam. Essa diversidade de projetos reflete a imaginação sem limites de Gottlieb: estudos sobre o crânio dos mongoloides; o efeito do acesso a abrigos nucleares sobre as opiniões das pessoas a respeito da política externa e o impacto emocional da circuncisão em meninos turcos; testes em que os interrogadores aplicavam técnicas de "isolamento, ansiedade, privação de sono, temperaturas desconfortáveis e fome" para produzir "distúrbios profundos de humor e dor intensa"; e pesquisas sobre estados de transe e "ativação do organismo por meio de dispositivos eletrônicos remotos". No auge do MK-ULTRA, a Society for the Investigation of Human Ecology era a principal forma de atrair cientistas talentosos para o mundo sombrio dos "subprojetos" de Gottlieb.

Em 1954, um dos agentes de Gottlieb circulou pela convenção anual da Associação Norte-americana de Psicologia — realizada no Statler Hotel, em Nova York, onde Frank Olson, um ano antes, passara a última noite da sua vida. Segundo o agente, entre as centenas de artigos apresentados pelos participantes, só um tinha valor para o MK-ULTRA. Na palestra de apresentação do trabalho, o autor descreveu uma série de experimentos que testariam os "efeitos do isolamento radical sobre a cognição". No estudo — financiado pelo Exército canadense e realizado na Universidade McGill, em Montreal —, cada estudante voluntário ficava em uma pequena câmara isolada acusticamente, com os olhos vendados, ouvidos tapados e as mãos e pés presos a luvas de borracha. Em poucas horas, nenhum deles conseguia seguir uma linha de raciocínio. A maioria entrava em colapso após poucos dias. Ninguém aguentava mais de uma semana. Segundo o Dr. James Hebb, principal autor do artigo, esses experimentos forneciam "evidências diretas de um tipo de dependência ambiental desconhecido até então".

Essa pesquisa chamou a atenção da CIA. Em um memorando, o Escritório de Segurança comunicou aos interrogadores que o "isolamento total" tinha "um bom potencial como ferramenta operacional". Em 1955, Morse Allen, um entusiasta do controle da mente na CIA, enviou um relatório a Maitland Baldwin, diretor do Instituto Nacional de Saúde Mental, descrevendo um experimento em que um voluntário do Exército fora trancado em um cubículo e isolado. Após 40 horas, o indivíduo teria começado a "chorar alto e soluçar de maneira desoladora". Baldwin vibrou. Em sua resposta, ele escreveu que o experimento sugeria que "a técnica de isolamento era capaz de 'quebrar' qualquer um, até mesmo sujeitos com muita força de vontade e inteligência".

Examinando o trabalho de Hebb na McGill, os cientistas da CIA perceberam que os experimentos de um dos colegas dele eram bem mais coercitivos e, portanto, mais interessantes. Em 1956, o célebre médico Ewen Cameron publicou um artigo no *American Journal of Psychiatry* descrevendo uma "adaptação do isolamento psicológico de Hebb". Em seus experimentos, Cameron colocava os pacientes em pequenas celas, induzia neles um "coma clínico" por meio de hipnose e drogas, incluindo o LSD, e, em seguida, bombardeava os indivíduos com incontáveis repetições de frases simples. Mais intrigante, ele comparava as reações dos seus pacientes com o "colapso do indivíduo em uma sessão contínua de interrogatório".

Cameron era escocês, morava no norte do estado de Nova York e trabalhava na McGill, no Canadá. Ele era diretor do Departamento de Psicologia e do Allan Memorial Institute, um hospital psiquiátrico associado à universidade. Os colegas consideravam Cameron um visionário. Quando foi recrutado por Gottlieb, ele era presidente da American Psychological Association e da Canadian Psychiatric Association. O foco da sua pesquisa, a natureza peculiar dos seus experimentos e o fato de trabalhar fora dos Estados Unidos faziam de Cameron um prestador de serviços ideal para o MK-ULTRA.

Para muitos psiquiatras da época, a "terapia conversacional" era o tratamento mais indicado para os padrões negativos que influenciavam a mente e o comportamento humano. Porém, Cameron achava esse método muito demorado e pouco confiável. Em seus experimentos, ele queria determinar se era possível curar pacientes com distúrbios mentais por meio da exposição a calor extremo, choques elétricos e, em um estudo mais prolongado, luz vermelha intensa, aplicada em sessões de oito horas por dia durante vários meses. Cameron chamava essa técnica de "repadronização", que, para ele, criaria "caminhos cerebrais" que permitiriam a reorganização da mente dos pacientes.

"Quando inventarmos mecanismos que mudem posturas e crenças", escreveu Cameron, "teremos métodos que, se usados com sabedoria, poderão nos libertar de qualquer postura ou crença".

A maioria dos pacientes de Cameron não sofria de transtornos mentais incapacitantes, mas de problemas menos graves como ansiedade, depressão pós-parto e problemas familiares. Ao tomarem a fatídica decisão de procurar ajuda no Allan Memorial Institute, esses indivíduos se tornaram cobaias involuntárias dos experimentos de Cameron. No final das contas, alguns deles desenvolveram problemas físicos e psíquicos bem mais graves do que suas condições iniciais.

Cameron começava seus "tratamentos" com sessões extremas de privação sensorial. Ele drogava e colocava os pacientes em um estado semicomatoso por períodos que variavam de dez dias a três meses. Para Cameron, esse procedimento causava "não apenas uma perda da noção de espaço-tempo, mas uma perda de toda sensibilidade... Em formas mais avançadas, o paciente não consegue mais andar sem apoio nem se alimentar e chega a sofrer de dupla incontinência".

Para eliminar pensamentos indesejados da mente de um paciente, Cameron aplicava a técnica da "condução psíquica", ou seja, choques eletroconvulsivos com descargas trinta a quarenta vezes mais potentes do que a comum entre os psiquiatras da época. Após vários dias de tratamento, o paciente era transferido para uma solitária, onde era drogado com LSD e recebia quantidades mínimas de alimento, água e oxigênio. Cameron colocava nos pacientes capacetes com fones de ouvido, por onde transmitia frases e mensagens como "minha mãe me odeia" centenas de milhares de vezes.

Em artigos e relatórios, Cameron afirmava que havia conseguido destruir mentes, mas ainda não encontrara métodos para substituir essas psiques por novas. Ao final da terapia de uma paciente, ele escreveu, com grande orgulho, que "o tratamento de choque transformou uma excelente estudante de 19 anos em uma mulher que chupava o polegar, falava como um bebê, alimentava-se por meio de uma mamadeira e urinava no chão". Mas outros pacientes eram decepções para Cameron. "Embora a paciente tenha passado por uma fase prolongada (35 dias) de isolamento sensorial e despadronização", segundo um relatório dele, "e por um período de 101 dias de condução positiva, nenhum resultado favorável foi obtido".

Gottlieb viu em Cameron um colaborador de grande valor para as pesquisas, mas não quis recrutá-lo pessoalmente nem enviar outro funcionário da CIA. Ele delegou a missão a Maitland Baldwin, cujo cargo no Instituto Nacional de Saúde Mental criava uma aura de excelência profissional. Em Montreal, Baldwin seguiu o roteiro de recrutamento de Gottlieb. Primeiro, ele confirmou a impressão de Gottlieb de que Cameron seria uma boa aquisição para o MK-ULTRA. Depois de se convencer de que havia encontrado o colaborador certo, Baldwin propôs um acordo. Ele sugeriu que Cameron encaminhasse uma proposta de financiamento para a Society for the Investigation of Human Ecology solicitando recursos para experimentos mais intensos. Cameron fez isso. Sua proposta foi rapidamente aprovada, e Cameron passou a trabalhar no Subprojeto 68.

Como muitos colaboradores do MK-ULTRA, Cameron não sabia — no início, pelo menos — que estava trabalhando para a CIA. Gottlieb mantinha a Agência sob duas camadas protetoras. A primeira camuflava a origem do dinheiro em uma fundação aparentemente legítima. A segunda era Maitland Baldwin, seu emissário, que passava a impressão de que o Subprojeto 68 era uma pesquisa civil. O contrato firmado entre eles especificava os seguintes pontos.

(1) A descontinuidade dos padrões comportamentais do paciente por meio de sessões intensivas de eletrochoque (despadronização).
(2) A repetição intensiva (16 horas diárias, durante 6 ou 7 dias) do sinal verbal previamente definido.
(3) Durante o período de repetição intensiva, o paciente será mantido em isolamento sensorial parcial.

(4) Na repressão do período de condução, ao final do período, o paciente será induzido a um estado de sono contínuo por 7 a 10 dias.

Nos anos seguintes, a CIA deu US$69 mil para que Cameron realizasse esses experimentos e outros estudos com o objetivo de desenvolver formas de zerar a memória e implantar novos pensamentos no cérebro das pessoas. Durante esse período, de acordo com o historiador Alfred McCoy, "aproximadamente cem pacientes do Allan Memorial Institute com problemas emocionais moderados participaram involuntariamente de experimentos comportamentais extremos". Em 1955, o oficial da CIA que servia como intermediário entre Gottlieb e Cameron registrou em seu diário: "O Dr. G deixou claro que meu trabalho era garantir que não houvesse nenhuma ligação comprovável com Montreal."

Uma análise das técnicas de Cameron, realizada décadas depois, revelou que esses métodos "não tinham nenhum valor terapêutico" e eram "comparáveis às atrocidades médicas dos nazistas". Todavia, Gottlieb achava esses experimentos irresistíveis na época: assim que um estudo chegava ao fim, ele logo mandava dinheiro para Cameron conduzir outro.

Nos anos em que financiou experimentos que testavam os limites da resistência de cobaias humanas, Gottlieb manteve uma vida familiar estável e feliz. Aparentemente, ele era um marido amoroso e um bom pai para seus quatro filhos. Bem adaptado à vida rural e com grande alegria, Gottlieb ordenhava cabras, apanhava os ovos no galinheiro e cuidava do jardim. Sua vida tinha duas faces. Durante o dia, ele chefiava pesquisas que causavam dor contínua e lancinante em outras pessoas. Mas, nas noites e fins de semana, Gottlieb não só era um pai modelo, como também muito espiritualizado.

Poucos norte-americanos, da geração de Gottlieb e de outras eras, tiveram uma vida doméstica tão diferente da vida profissional. Gottlieb certamente deve ter percebido essa contradição, que lembrava a novela "O Médico e o Monstro". Mas ele conseguia conciliar esses dois aspectos. Gottlieb era um individualista e acreditava que estava protegendo a humanidade de um inimigo que queria eliminar todas as possibilidades de uma vida individualista. Ao não morar em um subúrbio, como era comum na época, cultivar sua espiritualidade e ficar em contato com a natureza, Gottlieb seguia um caminho pessoal e, surpreendentemente, alternativo. No trabalho, seu comportamento era o mesmo: ele não se sujeitava aos limites das mentes mais tradicionais e seguia os caminhos abertos da sua imaginação.

"O químico que não é um místico não é um químico de verdade", afirmou Albert Hofmann, o inventor do LSD, no final da sua longa vida. "Ele precisa compreender isso."

Surgiu uma vaga para um "cara durão" em 1955: supervisor distrital no escritório do Departamento Federal de Narcóticos em São Francisco. Harry Anslinger, o lendário diretor do departamento, nomeou George Hunter White, seu agente mais exuberante, para esse cargo. Como White estava atraindo cobaias para o "centro" em Nova York e drogando esses indivíduos com LSD e outras substâncias, sua saída do MK-ULTRA seria uma perda significativa. Mas Gottlieb viu uma oportunidade nessa nomeação. White poderia montar um "centro" em São Francisco para fazer tudo o que já fora feito em Nova York e muito mais. Essa iniciativa ficou conhecida como Subprojeto 42 ou, segundo White, Operação Clímax da Meia-noite.

Esse "subprojeto" tinha uma peculiaridade. Além dos testes com drogas em civis desinformados e da análise das suas reações, como ocorrera em Nova York, havia um novo componente: sexo. Orientado por Gottlieb, White recrutou um grupo de prostitutas que levaria os clientes até o "centro", onde eles seriam drogados com LSD e monitorados.

White mergulhou de cabeça na nova tarefa. Ele montou o "centro" na 225 Chestnut Street, em Telegraph Hill. Construído em formato de L, o local tinha uma vista adorável da Baía de São Francisco. Depois de fechar o contrato, White ligou para um amigo que tinha uma loja de eletrônicos e solicitou a instalação de equipamentos de vigilância para monitorar tudo o que ocorria no "centro". O técnico disfarçou quatro microfones DD4 em tomadas e ligou esses dispositivos a dois gravadores F-301, instalados em "posto de escuta" na casa ao lado. Segundo um agente da CIA que visitou o local após a conclusão da obra, a residência "tinha mais grampos do que um salão de beleza".

A decoração do "centro" de São Francisco era estilo bordel chique. Nas paredes, havia fotos de dançarinas de cancã e gravuras de Toulouse-Lautrec emolduradas em quadros de seda negra. O quarto era adornado com cortinas vermelhas e grandes espelhos. Algumas gavetas estavam cheias de apetrechos, como brinquedos sexuais e fotos de mulheres algemadas vestindo meias-calças pretas e roupas minúsculas de couro. "Havia uma biblioteca completa na Chestnut Street", afirmou, tempos depois, um agente que trabalhara no local. "Era a maior coleção de pornografia que já vi: filmes, fotos, tudo. A CIA colocava isso lá para ensinar as prostitutas a fazer sexo: 'Abra o livro na página 99; é assim que se faz'."

Para agradar as prostitutas, os clientes e seu próprio paladar, White sempre mantinha o bar abastecido. Vários colegas apontaram que ele costumava assistir à ação na casa ao lado, tomando martínis sentado em um vaso sanitário portátil. Entre os documentos que a CIA disponibilizou muito tempo depois, há um relatório de despesas, arquivado por White em 3 de agosto de 1955, com os seguintes itens: "1 vaso sanitário portátil, US$25; 24 sacos descartáveis a US$0,15 cada, US$3,60 — US$28,60."

Gottlieb adotava duas medidas com relação à documentação. Ao que parece, ele nunca escreveu nada de substancial sobre os experimentos que realizou em prisões secretas no mundo todo durante vários anos. Entretanto, Gottlieb era meticuloso no controle de despesas e detalhes administrativos. Durante a preparação do "centro" da Operação Clímax da Meia-noite em São Francisco, ele elaborou um longo memorando para aprovar a compra de todos os itens necessários. Foram mais de cem, incluindo cortinas, travesseiros, luminárias, cinzeiros, um balde de gelo, um colchão de mola, uma cesta de lixo e um aspirador de pó — havia também itens mais curiosos, como um cavalete e um "quadro inacabado", dois bustos, duas estatuetas e um telescópio. Gottlieb também enviou um memorando para White estabelecendo, com sua precisão habitual, "as responsabilidades administrativas mútuas do pesquisador e do financiador". Segundo o documento, White devia "manter os recursos em uma conta bancária específica, pedir recibos e faturas sempre que possível... encaminhar regularmente um quadro especificando as despesas com bebidas alcoólicas e identificar a data das despesas com transporte". Gottlieb só não queria descrições dos valores pagos às prostitutas.

"Diante da natureza altamente controversa dessas atividades e do risco considerável imposto aos indivíduos", ponderou Gottlieb, "é impossível pedir recibos desses pagamentos ou informações precisas sobre os gastos".

Embora tivesse ligações profundas com o submundo de Nova York, White era um novato em São Francisco e, portanto, precisou recorrer a Ira

"Ike" Feldman, um ex-oficial da inteligência militar que participara de ações violentas na Europa e na Coreia. Feldman havia se aposentado e estava na Califórnia com o vago projeto de abrir uma granja.

"Recebi uma ligação de White", lembrou Feldman, anos depois. "'Soubemos que você voltou para os Estados Unidos', ele disse. 'Quero que você venha aqui no Departamento de Narcóticos.' O ano era 1954 ou 1955. White era supervisor distrital em São Francisco. Fui ver o que era. Cheguei à sala 144 da sede do Governo Federal, e foi lá que vi George White pela primeira vez. Ele era grande e muito forte, completamente careca. Não era alto, só grande. Gordo. Ele raspava a cabeça e tinha olhos azuis muito bonitos. 'Ike', disse ele. 'Queremos que você seja nosso agente'."

Feldman aceitou o emprego. Nos meses seguintes, ele se infiltrou no submundo das drogas e da prostituição disfarçado de cafetão. Tempos depois, Feldman apontou em um depoimento: "Seis garotas trabalhavam para mim." Em outro depoimento, ele disse que armava ciladas para usuários de drogas com uma prostituta viciada, que era paga com doses de heroína. White ficou impressionado.

"Um dia, White me chamou na sala dele", lembrou Feldman. "'Ike', disse ele. 'Você vem fazendo um ótimo trabalho de infiltração, mas agora tenho outra tarefa. Queremos que você teste drogas alucinógenas... se descobrirmos como essa coisa funciona, você terá feito um excelente serviço para o seu país'."

Poucos ex-agentes de inteligência teriam resistido a esse chamado patriótico, especialmente durante a Guerra Fria. Na sua viagem seguinte a São Francisco, Gottlieb encontrou Feldman. Na ocasião, Gottlieb abriu sua pasta, pegou um pequeno frasco de vidro e colocou o recipiente na mesa.

"Você sabe o que é isto?", perguntou.

"Não, nunca vi nada parecido."

"É LSD. Queremos que você e seus contatos — sabemos que você já pegou todas as mulheres e prostitutas de São Francisco — coloquem isto nas bebidas das pessoas."

"Você ficou louco? Isso pode dar cadeia."

"Não se preocupe com isso."

"Quais são os efeitos?"

"Bem, queremos testar umas cinquenta coisas. A que eu trouxe deixa o cara meio doido. É muito forte."

"Não sei, Sidney. Topo fazer o serviço de inteligência, mas não essa porra."

Gottlieb recorreu ao melhor método para acabar com as dúvidas de Feldman, o argumento que também acabara com as suas. "Se descobrirmos como essa coisa funciona, você terá feito um excelente serviço para o seu país", disse ele. "É uma questão de segurança nacional. Se conseguirmos criar algo que mexa com a mente desses caras, que solte a língua deles, que os enlouqueça, poderemos libertar nossos soldados que estão presos e fazer várias coisas."

Essas palavras convenceram Feldman a voltar para o serviço secreto do seu país. Sua primeira tarefa foi recrutar prostitutas que trabalhariam para o MK-ULTRA sem saber. Por cada cliente conduzido até o "centro" na 225 Chestnut Street, uma prostituta recebia de US$50 a US$100. Como bônus, ela também ganhava um "cartão de soltura" com o telefone de White; caso fosse presa, ela mostraria o número à polícia e White providenciaria sua libertação.

"Nos bares e casas de massagem, todas as vadias achavam que eu era um bandido", disse Feldman, tempos depois, a um entrevistador. Por exemplo, um sujeito que trabalhava em um programa secreto de aviação seria testado. "Eu dizia: 'Querida, quero um favor seu. Leve o Joe até o apartamento e faça um boquete nele. Lá, você vai perguntar: E aquele avião? Até que altura ele voa?'"

Há séculos, as agências de inteligência usam mulheres para seduzir homens e descobrir seus segredos. Gottlieb queria realizar um estudo sistemático sobre o uso do sexo, especialmente em combinação com drogas, na obtenção de informações secretas. Havia poucas obras sobre o assunto na época. A maioria das pesquisas citadas pelo Dr. Alfred Kinsey no livro *Sexual Behavior in the Human Male* ["O Comportamento Sexual do Homem", em tradução livre] era clínica demais e pouco útil para o projeto de Gottlieb. Só na década seguinte Masters e Johnson publicariam o estudo revolucionário *A Conduta Sexual Humana*, e só depois disso surgiriam obras bem diretas como *A Aliciadora Feliz* e *O Relatório Hite sobre a Sexualidade Masculina*. Para Gottlieb, a CIA deveria conduzir suas próprias pesquisas sobre o comportamento das pessoas durante e após o sexo. Ele já estava promovendo muitos experimentos com drogas. A Operação Clímax da Meia-noite adicionava uma nova dimensão a esses estudos.

"Estávamos interessados na combinação de certas drogas com atos sexuais", declarou John Gittinger, psicólogo da CIA, anos depois. "Examinamos várias posições praticadas por prostitutas e outras pessoas... Isso foi muito antes da popularização do Kama Sutra e de outros materiais. Algumas mulheres envolvidas no projeto — as profissionais — eram muito hábeis nessas práticas."

White inaugurou o "centro" de São Francisco no final de 1955. Seus agentes eram as prostitutas recrutadas por Feldman. Em seu estilo conciso, Gottlieb chamava essas mulheres de "indivíduos que administravam o material furtivamente a outras pessoas". Em geral, o "material" era o LSD, mas, de vez em quando, Gottlieb trazia uma nova mistura para testar seus efeitos.

"Quando nenhum de nós topava experimentar uma droga por medo dos efeitos", disse um agente do MK-ULTRA, muito tempo depois, "ela ia para São Francisco".

Nenhuma droga assustava White, que já usara mais drogas do que a maior parte da geração dele. Ele sempre pegava uma parte das substâncias que a CIA enviava. "White experimentava tudo", disse um dos seus parceiros. "Não importava o que era, ele queria conferir os efeitos antes de administrar a droga às outras pessoas."

Sentado em seu vaso sanitário portátil, White observava, através de um espelho semitransparente, as prostitutas e os clientes fazendo sexo. Às vezes, Feldman fazia companhia a ele. O objetivo era analisar as reações dos homens a várias formas de atividade sexual e seus comportamentos diante de várias combinações de drogas e sexo. Feldman ficava maravilhado com a espontaneidade que surgia quando os indivíduos eram expostos a essa combinação. Era uma alternativa interessante às técnicas de interrogatório antiquadas que ele usara nos seus tempos de militar.

"Quando era uma garota, bastava colocar as tetas dela em uma gaveta e fechar com força. Quando era um cara, eu dava uma martelada no pau dele. Desse jeito, eles falavam. Agora, com as drogas, dava para obter informações sem maltratar as pessoas."

White, Feldman e os outros agentes que trabalhavam no "centro" observaram que, depois do sexo, o homem geralmente falava com a mulher. Então, eles orientaram as prostitutas a ficarem com os clientes por várias horas em vez de saírem do local logo depois do ato. Potencializada pelos efeitos do LSD, essa intimidade encenada diminuiria a inibição do indivíduo.

"Encontrar uma prostituta disposta a ficar um pouco mais é um choque e tanto para os clientes habituais desse serviço", apontou um oficial. "Isso tem um efeito tremendo no cara. É uma massagem no ego quando ela diz que quer ficar mais algumas horas porque o cliente foi perfeito... Na maioria das vezes, ele fica bastante vulnerável. Então, vai falar sobre o quê? Com certeza, não vai falar sobre sexo. Ele começa a falar sobre a vida profissional. Nesse momento, a mulher pode conduzir a conversa bem suavemente."

Após o sucesso da operação em São Francisco, Gottlieb resolveu expandir essa iniciativa. Sob sua direção, White montou um segundo "centro" na cidade de Mill Valley, no condado de Marin, cujo sigilo permitiria a realização de experimentos que iam muito além de sexo e drogas. Gottlieb fabricou e mandou vários produtos para White, como bombas de fedor, pós urticantes e substâncias que causavam diarreia. Todos esses itens seriam testados em homens que contratavam prostitutas para obter sexo rápido ou em grupos de convidados durante festas. Gottlieb também fornecia dispositivos a White, incluindo um misturador de drinques que continha pequenos volumes de drogas, uma agulha hipodérmica ultrafina que injetava veneno em garrafas de vinho pela rolha e cápsulas de vidro que liberavam gases tóxicos quando as pessoas pisavam nelas.

Logo após a inauguração do "centro" no condado de Marin, alguns agentes de White passaram vários dias em São Francisco à procura de possíveis convidados para uma festa no local. Gottlieb queria drogar um grupo de pessoas ao mesmo tempo borrifando LSD com um aerossol. Ele fabricou e mandou a lata para White. Porém, no dia marcado, segundo um depoimento posterior de um agente, "o clima nos derrotou". Os convidados compareceram, mas a sala estava muito quente e foi necessário manter as janelas abertas, impossibilitando o experimento. Esses contratempos não desanimavam White. Totalmente dedicado ao trabalho, ele fazia tudo que Gottlieb solicitava, sempre com seu talento peculiar.

"Quando não estava operando o bordel da segurança nacional, White percorria as ruas de São Francisco caçando traficantes para o Departamento de Narcóticos", aponta um estudo sobre a carreira dele. "Às vezes, depois de um dia difícil, ele convidava seus camaradas do departamento para relaxar um pouco em um dos "centros". Havia ocasiões em que todos se soltavam completamente e davam festas no local — para grande desgosto dos vizinhos, que reclamavam de homens armados perseguindo mulheres, nus ou seminus. Evidentemente, sempre rolava muita droga por lá, e os federais experimentavam de tudo, haxixe, LSD... Por algum tempo, White sustentou essa situação peculiar. Durante o dia, tirava as drogas das ruas; à noite, drogava desconhecidos."

Só pelos padrões incomuns de Gottlieb alguém como White estaria apto a chefiar a operação Clímax da Meia-noite. Ele conhecia as ruas, mas não tinha qualificação para interpretar as ações de pessoas sob a influência de drogas. White não tinha formação em química, medicina ou psicologia. James Hamilton, da Faculdade de Medicina da Universidade de Stanford, era um psiquiatra que colaborava com a CIA e ocasionalmente aparecia no "centro" de Telegraph Hill. Porém, no geral, não havia nenhum profissional de saúde lá para o caso de a vítima se sentir mal ou perder o controle. Até os químicos, hipnotizadores e técnicos de eletrochoque, que Gottlieb destacava para realizar experimentos em centros de detenção no exterior, tinham algum tipo de qualificação ou, no mínimo, compreendiam vagamente o que estavam fazendo. Mas, em São Francisco, não havia nenhum profissional além de White, Feldman e um ou outro colega que aparecia por lá.

As vítimas de White não eram só clientes de prostitutas. No final de 1957, o delegado federal Wayne Ritchie foi a uma festa de confraternização natalina na sede do Governo Federal, onde White trabalhava. Depois de vários drinques, Ritchie se sentiu desorientado, correu para o armário, pegou dois revólveres, caminhou até um bar no Fillmore District, apontou uma arma para o barman e pediu o dinheiro. Um golpe pela retaguarda deixou Ritchie inconsciente. Quando acordou, havia policiais ao seu redor.

No tribunal, Ritchie se declarou culpado de assalto à mão armada, mas não conseguiu explicar aquele momento de loucura. Diante do seu excelente histórico profissional — ele era veterano do Corpo de Fuzileiros Navais e atuara como guarda em Alcatraz —, o juiz não fixou nenhuma pena de detenção. Ritchie entrou em depressão e nunca se recuperou. Só 22 anos depois, ao ler o obituário de Gottlieb, ele suspeitou que havia ingerido uma dose de LSD. Ritchie processou a CIA. White já havia morrido, mas seu colega Ira Feldman admitiu, em um depoimento inicial, que havia drogado várias pessoas na região de São Francisco. "Eu não fazia nenhum serviço de acompanhamento", disse ele. "Não era muito bom dizer: 'E aí?

Como tá?' Eu não podia dar bandeira. O certo era se afastar e deixar que eles se revirassem pra lá. Foi o que aconteceu com o idiota do Ritchie." No final do processo, o juiz rejeitou o pedido de indenização de Ritchie, que não conseguiu provar que fora drogado de fato, mas declarou que o caso era "perturbador": "Se suas alegações forem verdadeiras, Ritchie pagou um preço terrível em nome da segurança nacional."

White era um agente da lei, mas fazia suas próprias leis. Se ele drogava cidadãos desinformados só porque podia infligir sofrimento de forma legítima, era um mau-caráter. Mas, se fazia isso porque acreditava que estava contribuindo para a segurança nacional, seu caráter estava acima de qualquer suspeita. Em todo caso, sua principal credencial era fazer tudo que Gottlieb pedia.

"White podia ser um filho da puta, mas era um ótimo policial — perto dele, aquele frutinha do Hoover parecia a Nancy Drew", disse Feldman a um entrevistador, anos depois. "O LSD era só a ponta do iceberg. Pode escrever: havia espionagem, assassinato, truques sujos, experimentos com drogas, sexo e prostitutas atuando em ações clandestinas. Eu fazia tudo isso quando trabalhava para George White e a CIA." O entrevistador perguntou se Feldman tivera contato com Gottlieb. Suas lembranças eram bem vívidas.

> Sidney Gottlieb apareceu lá várias vezes. Vi Gottlieb no "centro" e na sala de White... Sidney era um cara legal. Era um doido varrido. Todos eram loucos. Certa vez, eu disse: "Você é um bom garoto judeu do Brooklyn, como eu. Por que está andando com esses porras-loucas?" Gottlieb estava com uma bolsa preta. Ele disse: "É a minha bolsa de truques sujos." Ele tinha todo tipo de porcarias nessa bolsa. Fomos de carro até Muir Woods, perto de Stinson Beach. Sidney disse: "Pare o carro." Ele pegou uma pistola de dardos e atirou em um grande eucalipto. Depois, ele me disse: "Volte daqui a dois dias e examine a árvore." Dois dias depois, voltamos lá. A árvore estava completamente morta, sem nenhuma folha... Quando falei com White, ele disse: "O que você achou do Sidney?" Eu disse: "Acho que ele é louco." White disse: "Bem, ele pode ser louco, mas o programa é desse jeito. É isso que fazemos."

As visitas de Gottlieb a São Francisco não tinham apenas um foco profissional. A Operação Clímax da Meia-noite lhe dava acesso direto às prostitutas. Segundo Ira Feldman, Gottlieb se beneficiava bastante da situação. "Ele era tarado", disse Feldman em um depoimento, já no fim da vida. Feldman lembrou de ter reclamado com George Hunter White: "Esse cara só quer que eu arranje mulheres para ele!"

"Toda vez que vinha a São Francisco, aquele merda dizia: 'Me arrume uma garota'", disse Feldman. "Ele sempre precisava de uma mulher."

Feldman não se conteve e comentou, com certo orgulho, que nenhuma das mulheres que arrumou para Gottlieb cobrou pelo serviço. "As garotas que arranjei para Sidney", afirmou, "nunca pegaram dinheiro dele. Era um favor para mim".

Mais surpreendente, Feldman também disse que Gottlieb tivera um caso com Albertine, a esposa boêmia de White. "Gottlieb estava transando com a mulher dele", revelou. "Eles eram bons amigos. Eu pegava o Gottlieb, e a gente ia junto e sentava lá. Eu não bebo. De uma hora para outra, White desmaiava no quarto. Sidney ficava no sofá com a mulher, os dois transavam loucamente... George sabia, mas... acho que ele amava muito a esposa."

Em 1955, o Georgetown University Hospital, em Washington, divulgou que planejava ampliar sua estrutura construindo a ala Gorman Annex, que teria seis andares e cem leitos. Gottlieb tomou nota. Ele estava financiando muitos "subprojetos" do MK-ULTRA por meio de fundações de fachada e precisava evitar que os cientistas envolvidos descobrissem a verdadeira fonte dos recursos. Essa preocupação restringia seus movimentos. Gottlieb queria ter seu próprio hospital de pesquisa — uma "clínica" nos Estados Unidos onde os cientistas da CIA conduziriam os experimentos. A oportunidade surgiu com esse anúncio da Georgetown.

A ideia de Gottlieb era cobrir (por debaixo dos panos) parte do custo de US$3 milhões da ala em troca do direito de utilizar as instalações. Em um memorando que encaminhou aos seus superiores, ele sugeria que a CIA contribuísse com US$375 mil para o projeto — o valor seria somado a outras fontes de recursos federais e injetado por meio de "fachadas" como se fosse uma doação. Em contrapartida, segundo Gottlieb: "1/6 da área da nova ala será disponibilizada para a Divisão Química da TSS, abrangendo recursos como laboratórios, escritórios, assistência técnica, equipamentos e animais experimentais." Ele apontou quatro "justificativas" para o futuro Subprojeto 35 do MK-ULTRA: "(A) Os funcionários da Agência poderão desenvolver pesquisas sem que a universidade e as autoridades do hospital tenham conhecimento dos interesses da Agência. (B) O financiamento de projetos de pesquisa sensíveis pela Agência será mantido em estrito sigilo. (C) Até três bioquímicos da Divisão Química receberão disfarces profissionais completos. (D) Os experimentos com pacientes e voluntários serão realizados em condições clínicas controladas."

"Desenvolver uma droga até a fase de testes com humanos é um procedimento de rotina", concluía Gottlieb. "Normalmente, as companhias farmacêuticas contratam médicos para conduzir os últimos testes clínicos. Os médicos se responsabilizam por esses testes para desenvolver avanços na medicina. Para a TSS/CD, é difícil e, às vezes, impossível oferecer um incentivo como esse para o desenvolvimento dos seus produtos. Na prática, já temos prestadores de serviços aprovados pelo setor de segurança para as fases preliminares desse trabalho. No entanto, os testes com aplicação de doses adequadas em humanos geram problemas de segurança que não são compatíveis com o prestador comum. O local [editado] abre uma oportunidade ímpar para o processamento seguro desses testes clínicos e traz muitas outras vantagens, como descrito na proposta. Os problemas de segurança citados não ocorrem porque a responsabilidade pelos testes recai sobre o médico e o hospital... Até três bioquímicos da Divisão Química da TS receberão um disfarce profissional excelente. Essa medida viabilizará a participação deles em conferências e o desenvolvimento de carreiras no mundo científico, sendo, portanto, um excelente incentivo à eficiência e uma grande fonte de motivação."

A proposta de Gottlieb para a criação de um laboratório secreto da CIA dedicado a experimentos com seres humanos em um hospital renomado de Washington era extraordinária até para os padrões do MK-ULTRA. Richard Helms, seu chefe de fato, delegou a decisão para Allen Dulles. Mais extraordinário, segundo o pesquisador John Marks, Dulles "levou a proposta para o comitê especial do presidente Eisenhower que analisava operações secretas. O comitê aprovou, e o dinheiro da CIA foi disponibilizado". Para Marks, essa "foi a única ocasião documentada, nos 25 anos em que a Agência adotou práticas de controle comportamental, em que os oficiais da CIA pediram a aprovação da Casa Branca para um projeto".

Pouco se sabe sobre os experimentos que os cientistas da CIA realizaram no Gorman Annex, mas, posteriormente, a Agência confirmou que por lá também passaram pacientes terminais. Duas décadas depois, sob pressão, Stansfield Turner, diretor da CIA, declarou: "Não há nenhuma evidência sobre o que ocorreu lá. Não há dados. Mas isso não significa que não aconteceu nada."

Até nos altos escalões do governo, poucos sabiam do trabalho e até da existência de Gottlieb. Porém, alguns oficiais seniores da CIA sabiam da sua ligação com o LSD. Gottlieb tinha um certo orgulho disso. Ele sempre contava a história de quando estava caminhando pelo corredor de um avião segurando um coquetel. Para sua surpresa, um passageiro lhe perguntou, em voz baixa: "Você está bebendo o tal do LSD?" Gottlieb então se virou e viu que o curioso era Allen Dulles.

No final de 1955, Dulles decidiu compartilhar os aspectos mais gerais do programa ultrassecreto da CIA. Ele encaminhou um relatório com informações genéricas para Charles Wilson, o Secretário de Defesa. Talvez Dulles só quisesse informar um colega do alto escalão ou atenuar sua responsabilidade no caso de algo dar errado. De qualquer forma, esse relatório é um dos poucos documentos da CIA que descrevem o MK-ULTRA na época da execução do programa.

> Nos últimos quatro anos, a Agência Central de Inteligência promoveu pesquisas sobre um grupo de substâncias químicas poderosas, os psicoquímicos, cujos efeitos podem alterar a mente humana. Acumulamos muitos contatos profissionais, experiência e um volume considerável de informações sobre muitos psicoquímicos, especialmente sobre a substância conhecida como LSD. A Agência continua interessada nesse campo e, diante da experiência acumulada, dispõe-se a cooperar e orientar eventuais programas de pesquisa e desenvolvimento do Departamento de Defesa...
>
> Desde 1951, a Agência mantém um programa de pesquisa que vem reunindo informações importantes sobre a natureza do comportamento anormal provocado pelo LSD e sobre a variação desse efeito com base na dosagem e em diferenças individuais e ambientais. Os efeitos comportamentais induzidos por doses recorrentes e aplicadas durante longos períodos vêm sendo estudados. Já definimos que os indivíduos podem desenvolver uma tolerância ao LSD. Pesquisas sobre possíveis antídotos estão em andamento. Já concluímos que, mesmo em doses muito pequenas, o LSD produz efeitos mentais extraordinários. Esse fato vem ganhando bastante importância devido à recente descoberta de que é possível sinte-

tizar o LSD em grandes quantidades. Porém, muitas características do LSD e de outros psicoquímicos ainda não foram estudadas ou exigem mais estudos.

Esse memorando documenta a postura mais transparente de Dulles de que se tem notícia. Ele compreendia perfeitamente que o MK-ULTRA só poderia funcionar sob absoluto sigilo. As sessões de "interrogatório especial" que os oficiais realizavam em prisões clandestinas no exterior, o financiamento de experimentos radicais em hospitais e prisões, o "bordel da segurança nacional" da Operação Clímax da Meia-noite, os recursos injetados secretamente no Gorman Annex e os outros "subprojetos" de Gottlieb estavam entre os programas mais secretos do governo norte-americano. Caso alguma dessas ações viesse à tona, as consequências não só causariam indignação no país todo, mas trariam o fim do MK-ULTRA e, possivelmente, da CIA. Uma possível ameaça havia morrido com Frank Olson. Nos meses seguintes, surgiu uma nova. E veio de um lugar inesperado: o Congresso dos Estados Unidos.

9

O Cogumelo Divino

Em 9 de abril de 1956, o senador Mike Mansfield, de Montana, dirigiu-se aos colegas com a deferência de sempre. No entanto, sua proposta horrorizou vários políticos em Washington.

"Em virtude da natureza da Agência Central de Inteligência, creio ser importante a criação de uma comissão mista para examinar continuamente suas atividades", disse Mansfield aos demais parlamentares. "A CIA, observando as disposições legais aplicáveis, informará suas atividades à comissão de forma plena e tempestiva. Allen Dulles, diretor da CIA, pode até não cometer erros na avaliação dos serviços de inteligência, mas não deve ser o único fiscal da Agência."

Mansfield sugeria a criação de uma comissão formada por doze membros do Congresso para "realizar estudos contínuos sobre as atividades da Agência Central de Inteligência". Além disso, a CIA deveria "informar suas atividades à comissão de forma plena e tempestiva". Havia também uma disposição mais agressiva, que atribuía à comissão o poder "de exigir, por intimação ou outros meios, a presença de depoentes e a disponibilização de registros, papéis e documentos... no que for necessário". Essa era a ameaça mais grave imposta à CIA até então. Os oficiais haviam se adaptado ao risco de aniquilação nuclear, mas a proposta de Mansfield soava como um tiro no coração.

Em seus oito anos de existência, a CIA havia operado sem nenhuma supervisão além da exercida diretamente — e raramente — pelo presidente. Logo, a ideia de cooperar com uma comissão do Congresso não era nada agradável, ainda mais diante dos poderes atribuídos ao comitê. A comissão poderia descobrir operações nada palatáveis que a CIA estava conduzindo em várias regiões do mundo. Em seu discurso no Senado, Mansfield citou relatos de que a Agência já havia financiado neonazistas na Alemanha, organizado ataques militares na China, enviado agentes para "iniciar uma revolução" na Guatemala, grampeado o telefone do presidente costa-riquenho José Figueres e mantido "um cidadão japonês" em cárcere ilegal por oito meses. Posteriormente, todos relatos foram comprovados.

No entanto, ninguém (nem mesmo Mansfield) sabia que a Agência estava executando um programa bem mais radical do que as ações secretas no exterior. O MK-ULTRA era ultrassecreto até no âmbito da CIA. Só dois funcionários — Gottlieb e Lashbrook — conheciam todas as atividades. Um pequeno grupo de oficiais tinha acesso a informações gerais. Todos achavam essencial que ninguém mais tomasse conhecimento daquilo. Eles sabiam que o povo não conseguiria compreender a necessidade das pesquisas sobre controle da mente, que exigiam prisões secretas e medidas que infligiam um grande sofrimento a muitas pessoas. O título de um artigo do *Washington Star* — LÍDERES DA CIA ESTÃO TRANQUILOS DIANTE DA PROPOSTA DE FISCALIZAÇÃO — não representava a situação. Dulles sabia que haveria graves consequências, para a CIA e para ele, caso aqueles segredos muito bem guardados viessem à tona. Eisenhower também. Ele disse aos seus assessores que o projeto de Mansfield só seria aprovado "sobre o meu cadáver".

Em público, Eisenhower também se declarava favorável a uma supervisão mais estrita sobre a CIA. Ele criou uma comissão com oito membros, o Conselho Presidencial de Consultores em Atividades de Inteligência no Exterior, que monitoraria a CIA e informaria eventuais ações inadequadas. Pouco depois, o senador Richard Russell, da Geórgia, um dos apoiadores mais fortes da Agência no Congresso, anunciou que seu Comitê de Serviços Armados, que analisava o orçamento da CIA, criaria uma subcomissão para examinar suas atividades. Em uma carta enviada a um colega, Russell indicou que a análise não seria mais intrusiva do que a já praticada pela sua comissão.

"Se há uma agência governamental que merece crédito", afirmou Russell, "é a CIA".

Outro amigo da CIA, o senador Leverett Saltonstall, de Massachusetts, foi na mesma linha e atacou a proposta de Mansfield em um discurso. "Na condição de membro das Comissões Orçamentárias e de Serviços Armados, penso que fui informado sobre as atividades da CIA na medida mais sensata possível", disse Saltonstall. "Não se trata de relutância dos funcionários da CIA em falar conosco. Na verdade, trata-se de relutância da nossa parte em buscar informações sobre assuntos de que, pessoalmente, como membro do Congresso e como cidadão, eu preferiria me abster."

Três dias de debate no Senado não abalaram a base que apoiava a proposta de Mansfield, mas a pressão da Casa Branca e da CIA foi providencial. Dos 37 congressistas que assinaram o projeto, 12 voltaram atrás. Eisenhower pressionou os líderes do Senado a fazer tudo que fosse necessário para acabar com a proposta. O senador Russell declarou que seria melhor extinguir a CIA do que sujeitá-la a uma supervisão hostil.

"Estou me sentindo como Davi em sua luta contra Golias", disse Mansfield, no terceiro dia do debate. "Mas acredito que o resultado não será o mesmo."

Mansfield estava certo. O Senado entendeu que, para defender os Estados Unidos, a CIA precisava de sigilo absoluto, e rejeitou a proposta de Mansfield por 59 votos a 27. A CIA estava a salvo. E o MK-ULTRA também.

EM UMA NOITE de outono em Roma, dois milênios atrás, o imperador Cláudio comeu uma farta refeição em que havia alguns dos seus cogumelos favoritos. Algumas horas depois, sentiu um terrível mal-estar. Teve calafrios, vomitou, ficou sem ar e morreu antes do amanhecer. No século XX, cientistas confirmaram as suspeitas de alguns romanos: Agripina, esposa de Cláudio, queria ver seu filho no poder e colocou cogumelos venenosos entre os favoritos do seu marido. Essa história de sucesso entusiasmava os primeiros-oficiais da CIA.

"Vamos falar agora da tecnologia do assassinato", apontava um memorando. "Vamos analisar os métodos mais eficazes para matar, como o da imperatriz Agripina."

Há muito se sabe que alguns cogumelos são venenosos e, portanto, podem ser utilizados em assassinatos. Contudo, com a implementação do projeto de controle da mente por Gottlieb, esses itens ganharam mais importância. Antigas tradições acreditavam que certas variedades produziam alucinações e distorções na percepção. Durante o século XVI, frades espanhóis que atuavam no México descreveram o uso de cogumelos nos rituais religiosos dos nativos. Essas histórias fascinavam os oficiais da CIA que procuravam os portais de entrada da psique humana.

No final de 1952, Morse Allen ouviu falar de uma planta mexicana cujas sementes, as *piule*, tinham efeito hipnótico. Ele destacou um agente da CIA para coletar amostras dessas e de outras sementes, plantas, ervas e fungos que tivessem "um alto valor como narcótico e toxina". Disfarçado de pesquisador interessado em anestésicos orgânicos, esse agente passou várias semanas no México. Quando voltou, trouxe muitos materiais — e um item singular. O agente ouvira várias histórias sobre um "cogumelo mágico". Segundo esses relatos, os xamãs e as sacerdotisas usavam esse fungo para chegar à dimensão divina. Eles chamavam o cogumelo de "o corpo de Deus".

"As primeiras descrições de algumas cerimônias de tribos mexicanas apontavam que os cogumelos eram usados para produzir alucinações e causar intoxicação", escreveu Allen, após ouvir o relatório do agente. "Além disso, essas fontes indicavam que os feiticeiros e 'adivinhos' usavam certos cogumelos para obter confissões, localizar objetos roubados e prever o futuro... As qualidades peculiares do cogumelo devem ser exploradas."

Gottlieb mandou analisar as amostras e foi informado de que vários itens continham substâncias psicoativas. Depois, ele procurou um químico que pudesse pesquisar toxinas orgânicas no México — incluindo o "cogumelo mágico". Gottlieb entrou em contato com a empresa farmacêutica Parke-Davis, sediada em Detroit, e pediu uma recomendação. Sua oferta era muito interessante: o químico continuaria vinculado à empresa, mas trabalharia para a CIA, que pagaria seu salário. A empresa sugeriu o jovem e sério pesquisador James Moore, que havia trabalhado no Projeto Manhattan durante a graduação. Moore aceitou o emprego.

"Se eu soubesse que participaria de um esquema chefiado por um bando de malucos", disse Moore, anos depois, "teria declinado da oferta".

Moore logo percebeu que não era o único gringo em busca do "corpo de Deus". Gordon e Valentina Wasson, um casal bastante singular, chegaram antes dele. Gordon Wasson era um banqueiro bem-sucedido de Nova York; sua esposa, uma pediatra russa obcecada por cogumelos. Em plena lua de mel, Wasson ficou chocado quando Valentina correu em direção a um "canteiro" de cogumelos, onde se ajoelhou e fez várias "poses de adoração", insistindo que os fungos eram "dádivas que faziam convites eternos à mente perceptiva". Ela colheu uma cesta de cogumelos e, para horror do marido, comeu todos no jantar. Wasson lhe disse que estava com medo de acordar viúvo, mas ela não sofreu nenhum efeito adverso. A ideia conquistou Wasson, o casal iniciou sua jornada pelo mundo dos cogumelos.

No início dos anos 1950, o casal fez várias viagens pelo sul do México à procura do "cogumelo mágico". As duas primeiras não deram em nada. Então, Gordon Wasson fez uma terceira viagem acompanhado por um fotógrafo. Em uma vila de Oaxaca, eles encontraram um jovem indígena que os conduziu até a casa de uma mulher mazateca chamada María Sabina, uma guardiã da sabedoria tradicional que usava cogumelos para comungar com o infinito. Na noite de 29 de junho de 1955, sentada diante de um altar rústico, ela realizou um ritual. Sabina distribuiu cogumelos para vinte índios — e, pela primeira vez, para forasteiros.

"Eu sou a mulher que pastoreia a imensidão", entoava Sabina, enquanto seus convidados entravam em outra dimensão da consciência. "Tudo tem uma origem, e eu sigo, de passo em passo, a partir da origem."

Por várias horas, em meio aos cânticos, Wasson e o fotógrafo vagaram pelo limiar de um novo mundo. "Nunca estivemos tão despertos; as visões surgiam toda hora, não adiantava fechar os olhos", escreveu Wasson. "O efeito dos cogumelos provoca uma fissão no espírito, uma cisão no indivíduo, uma espécie de esquizofrenia. O lado racional continua funcionando, observando as sensações que ocorrem no outro lado. A mente fica presa por um cordão elástico aos sentidos flutuantes."

Wasson nem imaginava o impacto que essa descoberta causaria em Washington, mais precisamente entre os chefes dos experimentos sobre controle da mente, que tinham ambições muito diferentes das suas.

James Moore ouviu sobre a viagem de Wasson e lhe escreveu uma carta. Moore não indicou que trabalhava para a CIA, mas contou uma meia verdade: ele estava interessado em pesquisar as propriedades químicas do "cogumelo mágico". Moore sabia que Wasson voltaria para a cidade mexicana onde encontrara o fungo (Huautla de Jiménez) e pediu para acompanhá-lo. Ele também mencionou que uma fundação financiaria a expedição. O acordo foi fechado. A CIA repassou US$2 mil para Wasson por meio de uma doação do Geschickter Fund for Medical Research. Wasson concordou em levar Moore para o México. Esse foi o Subprojeto 58 do MK-ULTRA, cujo objetivo era desvendar os segredos dos cogumelos.

Wasson, Moore e dois franceses especialistas em fungos se deslocaram até Huautla de Jiménez para falar com María Sabina. Ela concordou em repetir a cerimônia. Novamente, Wasson teve uma experiência transcendental. Tempos depois, ele escreveu que os cogumelos produziram nele "uma sensação de êxtase que me deixou alto como jamais estive na vida". Já Moore teve uma reação muito distinta. Ele não gostou do chão de terra, passou frio e fome e teve diarreia e "muitas coceiras". A cerimônia, segundo seu relatório, "era baseada em cânticos no dialeto deles... senti o efeito alucinógeno, embora 'desorientação' seja uma descrição melhor da minha experiência".

"Ele não tinha empatia com nada ali", comentou Wasson, tempos depois. "Era um peixe fora d'água. Teve enjoos, odiou tudo... Nosso relacionamento se deteriorou ao longo da viagem."

Apesar desse desconforto, Gottlieb e seus companheiros do MK-ULTRA consideraram a viagem um sucesso, pois Moore trouxe amostras dos cogumelos psicoativos solicitados. Alguns oficiais da CIA já haviam visitado fungicultores na Pensilvânia indicando que precisariam de ajuda para produzir um fungo raro. Porém, Gottlieb destacou que a pesquisa das propriedades psicoativas dos cogumelos devia "continuar sendo um segredo da Agência".

Inevitavelmente, os relatos sobre a aventura de Wasson ultrapassaram seu círculo e o do grupo de cientistas do MK-ULTRA. A revista *Life* lhe pediu um artigo. O texto de Wasson tinha dezessete páginas com várias ilustrações e descrições das suas experiências. Segundo ele, seu "espírito flutuou; fiquei suspenso no ar... Um pensamento me passava pela cabeça: os cogumelos divinos seriam a chave de antigos mistérios?" O artigo incentivou alguns norte-americanos curiosos a viajarem para Huautla de Jiménez. Com o tempo, María Sabina se arrependeu de ter compartilhado o segredo do seu povo. E Wasson se arrependeu de ter pressionado Sabina a fazer isso.

Durante séculos, os povos indígenas da Mesoamérica usaram o "cogumelo mágico" para se aproximar de espíritos invisíveis. Wasson via o fungo como uma ferramenta de autodescoberta, uma forma de abrir "as portas da percepção", nas palavras do poeta William Blake. Mas o interesse de Gottlieb passava longe disso. Em sua busca pela paz de espírito, ele concluiu que o universo abrigava forças que a ciência não podia explicar. Na CIA, o objetivo de Gottlieb era descobrir e dominar essas forças — mas não para aliviar a dor ou expandir a consciência. Ele queria atender aos interesses políticos de um país imerso em um momento histórico específico. Hoje, a imagem de agentes da CIA vasculhando aldeias mexicanas em busca de um fungo para derrotar o comunismo é bizarra. Porém, Gottlieb via o "cogumelo mágico", o LSD e as outras substâncias que estudava da mesma forma. Esses itens eram possíveis armas para travar uma guerra secreta.

À MEDIDA QUE consolidava seu controle sobre aquele reino oculto, Gottlieb reafirmava seu status como um dos cidadãos comuns mais poderosos dos EUA. No entanto, continuava sendo um forasteiro na CIA, principalmente devido à sua origem. No início da Agência, a maioria dos chefes não se incomodava com o alcoolismo e a camaradagem que caracterizavam o meio. Gottlieb não podia nem desejava entrar naquele mundo. Quando falava com oficiais que não atuavam no MK-ULTRA, quase sempre mencionava os benefícios do leite de cabra. Em vez de sair com o pessoal depois do expediente, Gottlieb ia para casa, na zona rural da Virgínia, para ficar com a esposa e os filhos.

"Na década de 1950 e até um pouco depois disso, a Agência não era um lugar acolhedor para judeus e minorias raciais", lembrou Gottlieb, anos depois. "Aqueles que participavam das operações logo aprendiam a ter cautela e ficar em silêncio quando certos assuntos eram mencionados."

Outro fator que diferenciava Gottlieb dos lendários oficiais da CIA que atuavam na época — figurões como Dulles, Helms, Wisner e Angleton — era a natureza do seu trabalho. Esses chefes lidavam com operações secretas convencionais: espionar, enfraquecer e destruir inimigos. Gottlieb operava em outro nível. Se ele descobrisse uma maneira de controlar a mente humana, todas as outras operações da CIA, incluindo êxitos muito importantes como os golpes no Irã e na Guatemala, tornar-se-iam irrelevantes.

Em 1957, Gottlieb já havia passado quatro anos intensos à frente do MK-ULTRA. Seus "subprojetos" estavam em andamento: na Penitenciária Federal de Atlanta, no Allan Memorial Institute, em Montreal, e nos "centros" de Nova York e São Francisco. Mas sua fase de pioneiro havia passado. Gottlieb estava chegando aos 40 anos de idade. Um relatório do inspetor-geral da CIA sobre o trabalho dele no MK-ULTRA constatou que "algumas atividades são antiéticas e, em alguns casos, ilegais". Sempre inquieto, ele fez outra escolha inesperada na carreira.

Em suas viagens, Gottlieb conhecera muitos funcionários da CIA que atuavam em estações no exterior. No início de 1957, ele também resolveu trabalhar em outro país. Largou a chefia da Divisão Química dos Serviços Técnicos, que exercia desde a criação do setor, e passou por vários meses de treinamento para atuar como agente de campo. Depois do curso, Gottlieb, a mulher e os filhos se mudaram para Munique. Ele falava alemão, já conhecia o país das visitas que fizera para acompanhar os interrogatórios do MK-ULTRA e tinha amigos lá que pertenciam à rede da CIA.

"Gottlieb queria aplicar seus truques sujos em campo, então solicitou um cargo no exterior como coordenador de operações", aponta um estudo sobre a história da CIA. "Depois de ter sido recusada por dezenas de chefes, William Hood, diretor da estação de Munique, autorizou sua admissão por um turno. 'Ele queria vir à Munique, que Deus o abençoe, para aprender o ofício. Veio como coordenador classe GS-16', disse John Sherwood, oficial da CIA. Sherwood e Gottlieb ficaram amigos, e suas famílias passaram muito tempo juntas em Munique. Tempos depois, Sherwood disse que nunca percebeu que Gottlieb estava fazendo experimentos com gente inocente para a CIA: 'Pensei que ele era um homem de família. Nossa! Costumávamos escalar montanhas juntos.'"

A estação da CIA em Munique era um posto de comando da Guerra Fria. De lá, os agentes enviavam centenas de guerrilheiros em missões de destruição no outro lado da Cortina de Ferro e realizavam diversas operações contra a União Soviética. Munique também era a base da Rádio Europa Livre e da Rádio Liberdade, serviços ligados à CIA que transmitiam notícias e propaganda antissoviética aos países comunistas. O quartel-general do serviço externo de inteligência da Alemanha, liderado pelo ex-oficial nazista Reinhard Gehlen, ficava no distrito de Pullach. Essa concentração de atividades secretas atraía os insurgentes perseguidos pelos agentes comunistas no exílio.

Na noite de 12 de outubro de 1957, poucas semanas depois da chegada de Gottlieb a Munique, Lev Rebet, um líder ucraniano exilado, passou mal e morreu em uma rua escura. Os médicos apontaram que ele sofrera um ataque cardíaco. Algum tempo depois, um agente soviético confessou ter assassinado Rebet com uma pistola especial que disparava gás venenoso estourando uma ampola de cianeto. Era o tipo de arma que Gottlieb projetava.

"Quando se tratava de espionagem, Munique, como Hamburgo, era uma das capitais desconhecidas da Europa", escreveu o autor John le Carré no romance *O Peregrino Secreto*. "Até Berlim ficava em segundo plano diante do tamanho e da visibilidade da comunidade invisível de Munique... De vez em quando, terríveis escândalos eclodiam, geralmente quando algum dos desmiolados esquecia o lado para o qual trabalhava, fazia confissões regadas a álcool e lágrimas, atirava na amante, no namorado ou nele mesmo ou aparecia bêbado no outro lado da Cortina, declarando lealdade a quem só tinha sido desleal até então. Eu jamais tinha visto um bordel de inteligência como aquele."

A CIA ainda não disponibilizou os arquivos que descrevem o trabalho de Gottlieb em Munique. Porém, meio século depois, a revista alemã *Der Spiegel* descobriu e publicou um documento revelador. Segundo o artigo, em 1958 — na época que Gottlieb estava em Munique —, agentes da contrainteligência alemã informaram ao chanceler Konrad Adenauer que os oficiais da CIA estavam mantendo pessoas em cárcere na Alemanha "sem o conhecimento das autoridades do país, em alguns casos, por vários meses, recorrendo a métodos de interrogatório proibidos por lei". Adenauer, um colaborador bem próximo do Secretário de Estado John Foster Dulles, deixou passar.

"Por dois anos, ele trabalhou disfarçado, coordenando agentes estrangeiros", descreve um estudo sobre a carreira de Gottlieb. "Um oficial da CIA lembra de ter recebido uma ajuda dele no caso de um químico que havia fugido da Alemanha Oriental. Durante vários meses, a CIA entrevistou o cientista em um centro clandestino. Ele dizia que atuara como consultor técnico para os serviços de inteligência comunistas, mas o alto escalão da CIA não tinha certeza se o químico de fato era quem dizia ser. Então, Gottlieb foi destacado para interrogá-lo. Em uma única sessão... Gottlieb confirmou que o químico estava dizendo a verdade e ainda revelou um sistema criptográfico utilizado pelo outro lado."

Em 1958, Gottlieb viajou duas vezes ao exterior saindo de Munique. Primeiro, foi passear com a esposa em Paris. Na segunda viagem, voou até Washington para uma breve temporada na sede da CIA. Lá, como de costume entre os funcionários mais experientes, foi convidado a dar uma palestra para a turma de novatos. "Ele não era um orador dos mais dramáticos", lembrou um deles, anos depois. "Não me causou uma boa impressão."

> Na época da palestra dele para o nosso grupo, em 1958, todos achavam que Gottlieb era uma pessoa estranha, de comportamento inaceitável, alguém que não tinha nenhum limite. Pensei: "Tomara que eu não precise traba-

lhar com esse cara." Ele tinha fama de doido. Faziam troça dele, diziam: "Aquele doido." Sem dúvida, ele não era um agente convencional. Decidi nunca ter nenhum envolvimento com esse cara. Ele ia tão longe nas coisas que fazia que, em geral, ninguém ia com a cara dele...

Lá, a gente aprendia que o país queria nossa participação nessa coisa supersecreta. Não era nosso papel dizer se era uma boa ideia ou não. A palavra-chave era executar. Gottlieb foi subindo pela hierarquia cumprindo ordens — não questionando ordens. Ele inventava formas de executar as ordens... A gente sabia alguma coisa sobre os experimentos com LSD. Não me lembro de ter visto um documento, mas era algo que ficava no ar.

Ele não era um operador. Era um cientista, como o pessoal que desenvolveu a bomba atômica. Se tivessem dito que a bomba seria lançada sobre uma população civil no Japão, alguns deles teriam se oposto. Mas muitos achavam que estavam criando uma arma que poderia ser usada ou não. Eles deram duro e fizeram o trabalho técnico.

Gottlieb era apagado, uma figura comum. Uma hora depois de conhecê-lo, era difícil se lembrar dele em meio à multidão. Ele era um daqueles cientistas esotéricos, distantes dos aspectos práticos da vida; era difícil levá-lo a sério. Mas não era bom brincar com ele.

Gottlieb passou dois anos na estação de Munique. Em 1959, voltou para assumir um novo cargo — criado especificamente para ele — na sede da CIA: "consultor científico" de Richard Bissell, diretor-adjunto de planejamento. Bissell queria desenvolver métodos mais eficazes para usar agentes químicos e biológicos em operações secretas. O conhecimento técnico de Gottlieb e sua experiência foram essenciais para essa nova etapa da sua carreira.

Nessa volta aos Estados Unidos, o mundo secreto de Gottlieb sofreu um abalo com o lançamento do best-seller *The Manchurian Candidate*. O romance conta a história de um grupo de soldados norte-americanos capturados por comunistas na Coreia. Na trama, os militares passam por uma "lavagem cerebral" em uma base secreta na Manchúria e, em seguida, são enviados aos Estados Unidos para cometer um assassinato político. Nesse caso, a ficção não tinha base na realidade. Gottlieb não havia comprovado a existência da sugestão pós-hipnótica, da amnésia induzida nem de outras formas de "lavagem cerebral". Porém, os cidadãos foram informados de que os ex-prisioneiros que elogiavam o comunismo e confessavam sua participação em ataques com armas biológicas na Coreia do Norte e na

China haviam sofrido uma "lavagem cerebral". Por isso, o romance *The Manchurian Candidate* sugeria uma terrível realidade. O livro arrebatou o imaginário norte-americano durante a Guerra Fria. Gottlieb e seus guerreiros do controle da mente tinham começado a influenciar o mundo fictício que os influenciara inicialmente.

EM LONDRES, NO século XIX, uma jovem e bela modelo cai nas mãos de um judeu maquiavélico e avesso a banhos. Ele seduz a moça e a afasta do seu pretendente virtuoso, apaga suas memórias, transforma a modelo em uma ótima cantora, uma qualidade que ela não tinha antes, e se torna seu amante. A força do seu poder de persuasão está no seu olhar hipnótico.

"Não há nada em sua mente, nada em seu coração, nada em sua alma, somente Svengali, Svengali, Svengali", canta ele, enquanto a moça entra em transe. Os espectadores ficam impressionados.

"Esses sujeitos podem induzir um homem a fazer qualquer coisa", diz um deles, maravilhado.

"É", replica outro. "E depois você morre."

A história de Svengali surgiu em *Trilby*, um romance muito popular de George du Maurier. Depois, vários filmes se basearam na história, incluindo a fascinante versão de 1932, estrelada por John Barrymore. Essas obras apresentaram a ideia de controle mental aos norte-americanos na primeira metade do século XX. O tema se revelou muito cativante. O personagem de Svengali representava tão bem a imagem de um perverso ladrão de mentes que esse nome foi incorporado à língua inglesa. Segundo os dicionários, um "svengali" é alguém que "manipula ou exerce controle excessivo sobre outra pessoa", "domina totalmente outra pessoa" ou "exerce uma influência controladora ou hipnotizante sobre outra pessoa, especialmente para um propósito sinistro".

Era isso que Gottlieb queria ser e fazer. Ele passou anos procurando o segredo de Svengali para controlar a mente humana. A ficção influenciou a convicção, na CIA e na cultura popular, de que o controle da mente existia e podia ser dominado.

Dois episódios traumáticos — o depoimento do cardeal Mindszenty em 1949, na Hungria, e o comportamento dos soldados norte-americanos capturados na Coreia alguns anos depois — convenceram oficiais importantes da CIA de que os comunistas já tinham técnicas de controle da mente. Por isso, eles contrataram Gottlieb. Quais fatores produziram essa convicção? Parte da resposta está no condicionamento cultural. Na época, o controle da mente era uma fantasia generalizada. Os escritores e os leitores achavam essa ideia irresistível. A ficção induziu os norte-americanos a acreditarem na existência de métodos que permitiriam dominar a mente das outras pessoas.

A origem desse fascínio remonta a, pelo menos, 1845, quando Edgar Allan Poe publicou o conto *Os Fatos do Caso do Sr. Valdemar*, uma história sobre mesmerismo escrita no formato de um relato verídico. Na obra, um paciente terminal é induzido a um transe que dura sete meses; ele fica vivo, mas sem nenhum batimento cardíaco. A história causou grande sensação. No final das contas, Poe admitiu que era tudo invenção, mas a narrativa teve um grande impacto emocional. Elizabeth Barrett Browning escreveu que Poe apresentara "improbabilidades horríveis como coisas próximas e familiares".

Ambrose Bierce também se interessava pela ideia do controle da mente. No conto *The Realm of the Unreal* ["A Zona do Irreal", em tradução livre], publicado em 1890, um mágico de Calcutá hipnotiza uma plateia inteira em Baltimore. Ele alega ter descoberto um método para induzir "alguém com grande suscetibilidade a ficar na zona do irreal durante várias semanas, meses e até anos, dominado pelas mais variadas ilusões e alucinações sugeridas pelo operador". Alguns anos depois, Bierce escreveu *The Hypnotist* ["O Hipnotizador", em tradução livre], um relato em primeira pessoa em que afirmava ter desenvolvido "poderes incomuns" e que apreciava "brincar com hipnotismo, leitura de mentes e... a força misteriosa conhecida como sugestão hipnótica".

"Se a técnica pode ser utilizada por malfeitores para fins indignos", Bierce concluiu, "não sou capaz de dizer".

O cinema levou as fantasias sobre o controle da mente para o grande público. O memorável *O Gabinete do Dr. Caligari,* um dos primeiros filmes de terror, conta a história de um artista diabólico que induz pessoas normais a cometerem assassinatos. No decorrer da obra, descobrimos que ele é diretor da clínica psiquiátrica local — um cientista brilhante que se vale do conhecimento que tem para praticar o bem ou o mal, conforme sua escolha. No final do filme, Caligari escreve em seu diário que um homem "pode ser instado a realizar atos que, totalmente desperto, nunca cometeria".

À Meia-luz, lançado em 1944, foi o primeiro grande filme norte-americano sobre controle mental e deu um Oscar para Ingrid Bergman. Na obra, a atriz interpreta uma mulher cuja mente é controlada pelo marido por meio de técnicas que os cientistas do MK-ULTRA chamavam de privação sensorial. O marido, interpretado por Charles Boyer, domina totalmente a esposa, a quem proíbe de sair de casa e afasta dos visitantes, forjando situações que fazem a mulher duvidar da própria sanidade. Esse filme também acrescentou uma palavra ao léxico da psicologia comportamental — o termo "gaslighting" —, como ocorrera com "svengali". "O gaslighting é a aplicação persistente de manipulação e lavagem cerebral que induz a vítima a duvidar de si mesma e prejudica sua autopercepção, identidade e autoestima", descreve uma obra. "Na pior das hipóteses, o gaslighting patológico é uma forma severa de controle da mente e abuso psicológico."

Outro filme da época retrata uma forma diferente de controle da mente. *A Mulher de Verde,* uma história de Sherlock Holmes, gira em torno de uma trama elaborada por Moriarty, gênio do crime e arqui-inimigo de Holmes. Moriarty mata mulheres e amputa um dedo de cada cadáver. Em seguida, ele coloca os dedos nos bolsos de cavalheiros ricos para produzir provas da culpa deles nos assassinatos. Moriarty então chantageia esses indivíduos. Como ele convence os cavalheiros a acreditarem que são assassinos? Holmes hesita por algum tempo, mas chega a uma explicação: Moriarty hipnotiza suas vítimas, sugerindo que elas teriam cometido crimes e aumentando sua disposição a pagar pelas chantagens. O MK-ULTRA procurava algo diferente, mas na mesma linha: uma técnica que induziria espiões, sabotadores e assassinos a acreditarem que eram inocentes dos crimes que haviam cometido de fato.

Criaturas que obedecem comandos externos são personagens típicos de obras de ficção científica. Transfusões de sangue e flores de alho transformam a personalidade das vítimas em várias versões de *Drácula*. O icônico monstro de *Frankenstein* é controlado por meio de eletrodos implantados em seu pescoço. Em outras histórias, invasores extraterrestres usam o controle da mente como arma. "Aquela coisa acabou de abrir meu crânio", diz uma vítima, maravilhada, no conto de ficção científica *The Brain Stealers of Mars* ["Os Ladrões de Cérebro de Marte", em tradução livre], de 1936. "E colocou um cérebro novo dentro dele."

Gottlieb e seus companheiros do MK-ULTRA queriam fazer esse tipo de coisa. Movidos pela exacerbação de medos baseados em alguns fatos, eles passaram a acreditar que a psique humana podia ser controlada por agentes externos. As histórias assimiladas na infância e na maturidade criavam uma aparência de realidade em torno desses medos. Perdidos na obscura fronteira entre o que era fantasia e verdade no controle da mente, eles não admitiam que tudo aquilo não passava de um produto da imaginação. Estavam convictos de que o mundo clandestino poderia materializar tudo que fosse imaginável. O MK-ULTRA foi uma tentativa de inventar uma nova realidade.

Em *Macbeth*, a peça de Shakespeare, ao encontrar as três bruxas profetisas, Banquo pergunta a Macbeth: "Será que comemos da raiz insana que aprisiona a razão?" O MK-ULTRA era uma busca por essa "raiz insana" — por uma droga, poção ou técnica que aprisionasse a razão. A ciência dizia que não havia nenhum caminho como esse até a psique humana. Mas a imaginação sugeria o contrário. Gottlieb e seus guerreiros químicos acreditavam que podiam transformar uma lenda em realidade. Instigados pelos terrores da Guerra Fria, eles embarcaram na mágica da imaginação.

O fascínio pelas ideias de controle da mente e "lavagem cerebral" chegou ao auge na época em que o MK-ULTRA estava em andamento. No final dos anos 1950, mais de duzentos artigos sobre esses assuntos foram publicados na *Time*, na *Life* e em outras revistas populares. Muitos se inspiravam no trabalho de Edward Hunter, o propagandista ligado à CIA. Em livros e artigos, Hunter dizia que os comunistas estavam preparando um ataque psíquico para submeter os norte-americanos a um regime de "disciplina estúpida e a uma escravidão digna de robôs". Outros pseudocientistas repercutiram esse alerta. Em 1957, William Sargant, o psicólogo britânico a quem Frank Olson revelou suas dúvidas sobre os experimentos radicais, publicou o livro *Battle for the Mind* ["A Batalha pela Mente," em tradução livre], em que narrava sua busca pelos "métodos mais rápidos e permanentes para mudar as convicções de um homem". Autores com credenciais mais sérias, como George Orwell, Aldous Huxley e Arthur Koestler, também escreveram sobre alguns aspectos do controle mental. A ciência e a literatura se alimentavam mutuamente para promover uma fantasia terrível.

Esse fascínio contagiou uma geração de escritores nos Estados Unidos e na Grã-Bretanha. No romance *Invasion of the Body Snatchers* ["Os Invasores de Corpos", em tradução livre], publicado em 1954, o autor Jack Finney conta a história de um ataque de alienígenas que tentam dominar a Terra substituindo seres humanos por cópias, pessoas que se parecem e agem como gente normal, mas estão sob o controle dos invasores. Dois romances publicados em 1962 criaram novas versões para a fantasia do controle da mente. Um criminoso violento, o protagonista de *Laranja Mecânica* é conduzido ao Ministério do Interior, onde é drogado, amarrado a uma cadeira e obrigado a assistir, com os olhos bem abertos, a filmes que provocam mudanças comportamentais. Em *The Ipcress File* ["O Arquivo Icpress", em tradução livre], diplomatas britânicos são sequestrados por agentes soviéticos e submetidos a torturas bem parecidas com a "condução psíquica" praticada por Ewen Cameron nos experimentos do MK-ULTRA em Montreal. A sigla "Ipcress" vem de em Induction of Psycho-Neuroses by Conditioned Reflex with Stress ["Indução de Psiconeuroses por Reflexo Condicionado com Estresse", em tradução livre].

Nenhum desses três romances, que geraram filmes de grande sucesso, chegaram perto do impacto causado pelo livro *The Manchurian Candidate* "O Candidato Manchúrio", em tradução livre], de Richard Condon. Seu valor literário era discutível, mas o momento da publicação foi preciso. O romance foi um dos livros mais vendidos de 1959. Um crítico definiu o livro como "uma mistura cheia de delírio e vigor, bem agradável de ler". Além disso, foi o romance sobre "lavagem cerebral" mais lido nos Estados Unidos. Para quem duvidava do terrível potencial dessa arma — ou da sua existência —, *The Manchurian Candidate* era o antídoto ideal.

A trama do livro é simples, mas envolvente. Um pelotão de infantaria é capturado na Coreia e levado para um laboratório onde os cientistas comunistas realizam experimentos de controle da mente. Lá, os soldados são induzidos a acreditar que foram salvos pelas ações heroicas do sargento durante o combate. De volta aos Estados Unidos, seus relatos emocionantes trazem uma Medalha de Honra para o sargento. Mas ninguém sabe que ele foi programado pelos comunistas para se tornar um assassino. O sargento foi condicionado a executar qualquer ordem de alguém que lhe mostre uma Rainha de Ouros. Quando isso acontece, a missão é terrível: assassinar um candidato à presidência para permitir que um ditador pró-comunista tome o poder nos Estados Unidos.

Os norte-americanos já liam histórias sobre "lavagem cerebral" muitos anos antes de *The Manchurian Candidate*. Em trabalhos sérios como *The Lonely Crowd* ["A Multidão Solitária", em tradução livre] e *The Organization Man* ["O Homem da Organização" em tradução livre], cientistas sociais sugeriam que elementos importantes do cotidiano norte-americano, como publicidade e psiquiatria, eram tentativas de controle da mente. Ninguém de fora da CIA ouvira falar do MK-ULTRA, mas a ideia de que conspirações permeavam a vida nacional começava a circular. Para o crítico Timothy Melley, isso explica "o lugar central de *The Manchurian Candidate* na ficção do controle da mente".

"As teorias da conspiração do pós-guerra foram profundamente influenciadas pelo crescimento da esfera secreta", escreveu Melley. "Durante a Guerra Fria, a política externa dos EUA se desenvolveu com base em uma contradição fundamental: se, por um lado, havia uma defesa pública da democracia, por outro, também ocorria a implementação de estratégias e instituições secretas que operavam fora do controle da esfera pública. A incongruência dessa estratégia — o segredo aberto de que as políticas dos EUA mobilizavam cada vez mais meios secretos e não democráticos — contribuiu bastante para a perda da confiança no governo e redirecionou os medos de lavagem cerebral para alvos domésticos."

O filme *Sob o Domínio do Mal*, baseado no livro e estrelado por Angela Lansbury e Frank Sinatra, foi lançado em 1962 e intensificou esses medos. Porém, os poucos envolvidos nas pesquisas sobre controle mental concluíram que o filme chegara tarde demais. No momento em que um grande número de norte-americanos começava a acreditar que a "lavagem cerebral" não só era real, como também uma ameaça iminente, Sidney Gottlieb e o pessoal do MK-ULTRA chegavam a uma conclusão oposta. "Em 1961 ou 1962, ficou comprovado, segundo os meus critérios, pelo menos, que a tão chamada 'lavagem cerebral' — um dispositivo esotérico baseado no uso de drogas, condições que alteravam a mente etc. — não existia", disse John Gittinger, psicólogo da CIA, tempos depois. "O filme nos atrasou muito, porque fazia algo impossível parecer plausível... Mas, por volta de 1962 ou 1963, definimos que a 'lavagem cerebral' era, em grande parte, um processo que consistia em isolar um ser humano, deixá-lo sem nenhum contato externo, estressá-lo bastante com entrevistas e interrogatórios — e que era possível produzir alguma mudança dessa maneira, não com aqueles métodos esotéricos."

A ficção antecipava e alimentava o MK-ULTRA. As histórias sobre "lavagem cerebral", elaboradas sem nenhuma base científica e impulsionadas por fantasias criativas, cativaram o imaginário norte-americano. Elas superaram todas as descobertas dos cientistas da CIA. Mas a existência do MK-ULTRA comprovava que as fantasias mais loucas envolvendo pesquisas secretas do governo sobre controle mental estavam próximas da realidade. Nesse contexto, a mentalidade paranoica parecia cada vez mais racional.

10

A Comissão de Alteração da Saúde

Em uma manhã da primavera de 1960, a 20 quilômetros dos Montes Urais, um brilho alaranjado e ofuscante despontou no céu. Um míssil antiaéreo soviético havia atingido o alvo. O avião abatido caiu em parafuso. As asas se soltaram. Por milagre, o piloto Francis Gary Powers conseguiu ejetar o assento e abrir o paraquedas. Powers estava realizando uma das missões mais secretas da história da CIA. Seu avião era um U-2, um modelo conhecido por poucos. Tempos depois, Powers escreveu que, ao cair, imaginou as "torturas e horrores desconhecidos" que sofreria no cativeiro. Porém, havia uma saída. Em volta do pescoço, como um amuleto, ele levava um dólar de prata que recebera antes de decolar. Dentro do dólar, havia um alfinete com uma pequena dose de veneno. Um presente de Sidney Gottlieb e companhia.

Nos anos 1950, Gottlieb destacou vários agentes para viagens ao exterior em busca de venenos naturais para o MK-ULTRA. Eles liam estudos sobre plantas e animais que produziam toxinas, determinavam sua localização, falavam com povos indígenas e voltavam com amostras interessantes. Sempre fascinado com novos produtos químicos, Gottlieb mandava as amostras para seus parceiros em Fort Detrick — o antigo Camp Detrick, que fora renomeado após sua incorporação permanente. Várias dessas substâncias eram fatais.

Gottlieb tinha um novo cargo: chefe de pesquisa e desenvolvimento da Equipe de Serviços Técnicos. Ninguém sabia mais sobre venenos do que ele. Logo, era o candidato ideal para uma missão bastante delicada.

Para Richard Bissell, diretor-adjunto de planejamento da CIA e coordenador do projeto U-2, como os aviões voavam em altitudes muito elevadas, os sistemas de defesa dos soviéticos não conseguiriam derrubá-los nem rastreá-los. No entanto, Bissell fez planos para eventuais falhas. O esquadrão U-2 e a natureza da sua missão — fotografar estruturas militares soviéticas — estavam entre os segredos mais confidenciais dos EUA. Haveria muitos problemas caso uma aeronave se perdesse e o piloto caísse nas mãos do inimigo. Então, Bissell solicitou à Equipe de Serviços Técnicos um dispositivo para que os pilotos cometessem suicídio em caso de captura.

Inicialmente, os químicos explicaram para Bissell como o nazista e criminoso de guerra Hermann Goering enganara o carrasco em Nuremberg. Goering guardava na boca uma ampola contendo uma solução de cianeto de potássio; ele mordeu o vidro e morreu em 15 segundos. A história chamou a atenção de Bissell. Ele pediu seis ampolas como a de Goering. A produção não foi um grande desafio para Gottlieb. Ele escolheu o veneno mais adequado, e um funcionário da Divisão de Operações Especiais, em Fort Detrick, fabricou as ampolas. Um recipiente foi entregue ao piloto da primeira missão U-2 pouco antes da decolagem, na base norte-americana de Wiesbaden, na Alemanha, em 20 de junho de 1956. O presidente Eisenhower autorizou vários voos nas semanas seguintes. Cada piloto levava uma das ampolas de Gottlieb.

Carmine Vito decolou de Wiesbaden no amanhecer de 5 de julho e quase teve um fim trágico. Vito ganhara dos colegas o apelido de Lemon Drop Kid devido ao seu gosto por pastilhas de limão. No ar, ele colocou uma pastilha na boca, mas sentiu uma suavidade estranha e nenhum sabor. Ao cuspir, Vito se espantou quando viu que pegara a ampola de cianeto em vez da pastilha. Ele só estava vivo porque não mordera o vidro. Quando retornou da missão, ele relatou o grave perigo que correra, e o comandante do esquadrão ordenou que as ampolas fossem colocadas em pequenas caixas. Nos quatro anos seguintes, os pilotos dos U-2 andaram com essas caixas nos trajes de voo. Não houve mais incidentes como aquele.

Devido à alta complexidade dos voos dos U-2 sobre a União Soviética, o presidente Eisenhower tinha que autorizar cada missão. Bissell e seu chefe

Allen Dulles garantiam ao presidente que os aviões eram invulneráveis. Mas, apesar dessas informações, Eisenhower hesitou em aprovar um voo marcado para 1º de maio de 1960. Em duas semanas, ele estaria com o líder soviético Nikita Khrushchev em uma cúpula muito aguardada em Berlim e não queria correr o risco de gerar algum incidente. No entanto, após algumas conversas, Eisenhower foi persuadido de que o risco era mínimo e autorizou o voo.

Nessa época, Gottlieb e seus parceiros em Fort Detrick desenvolveram um novo dispositivo de suicídio. Para substituir as ampolas de cianeto, eles projetaram e fabricaram um dos itens mais extraordinários já produzidos em uma oficina da CIA. O dispositivo ficava escondido em um dólar de prata. Só um item foi fabricado, pois todos acreditavam que, se aquele dispositivo fosse utilizado, seria um desastre e o programa U-2 teria que ser abandonado.

Naquela primavera, os U-2 estavam saindo de uma pista secreta da CIA perto de Peshawar, no Paquistão. Cada piloto recebia o dólar de prata antes de decolar.

"Dentro do dólar havia um alfinete", escreveu Francis Gary Powers, tempos depois. "Mas não era só isso. De perto, dava para ver que o pino era uma bainha que não se encaixava direito na ponta do alfinete. Quando a bainha era removida, surgia uma agulha bem fina; mas não era uma agulha comum. Havia ranhuras na extremidade, e uma substância marrom pegajosa ficava dentro delas."

Essa substância era um veneno paralisante chamado saxitoxina, extraída de mariscos infectados e associada às algas que causam a maré vermelha e outras infecções. Em uma dose muito concentrada, como a produzida em Fort Detrick, a saxitoxina pode matar em poucos segundos.

Powers sobrevoava a região da atual Ecaterimburgo — por coincidência, em 1918, um esquadrão de bolcheviques executara o czar Nicolau II e a família real na mesma cidade — quando seu avião foi atingido por um míssil. Irritados com a falta de recursos para evitar os voos dos U-2, os comandantes soviéticos tinham aperfeiçoado suas defesas aéreas, e essas ações não foram detectadas pela CIA. O ataque foi tão repentino que Powers não teve tempo de apertar o botão que destruiria a fuselagem do avião. Durante a queda, seus pensamentos se concentraram no alfinete letal. Ele deveria usá-lo?

Em uma cena do filme *Ponte dos Espiões*, lançado em 2016, Williams, um oficial da CIA, dá instruções a Powers e seus colegas antes da decolagem em um hangar na base de Peshawar.

WILLIAMS: É imperativo que estes voos sejam mantidos em sigilo e que o equipamento não caia nas mãos do inimigo.

POWERS: E nós?

WILLIAMS: Não sei se você está brincando, tenente. Eu não estou. Seus conhecimentos sobre o avião são tão secretos quanto o avião. Se a captura for inevitável, caiam junto com o avião. Se for possível cair de paraquedas e fugir — se a fronteira estiver próxima —, vocês conhecem o protocolo da ejeção. Mas, nesse caso [abre a mão e mostra o dólar de prata], levem o dólar. Há um alfinete dentro dele. [Retira o alfinete.] Arranhem qualquer região da pele. É instantâneo. Se a captura for iminente, usem. Entenderam? Gastem o dólar.

Essa cena dramática foi pura invenção. Na verdade, os pilotos não recebiam instruções sobre como agir nesse caso. Tempos depois, Powers afirmou em seu depoimento que a escolha de usar o alfinete letal cabia "mais ou menos" a ele. Ele decidiu não usar.

Quando os controladores de voo da CIA perderam contato com o avião de Powers, logo concluíram que a aeronave havia sido destruída e que ele estava morto. Rapidamente, eles inventaram uma narrativa: um avião de pesquisa estava analisando os padrões climáticos em altitudes elevadas no espaço aéreo da Turquia quando teve problemas; o piloto perdeu a consciência devido à falta de oxigênio, e o avião seguiu no piloto automático até, lamentavelmente, adentrar bastante no espaço aéreo soviético.

"Não houve, repito, NÃO HOUVE nenhuma tentativa deliberada de violar o espaço aéreo soviético, isso nunca ocorreu", declarou um porta-voz do Departamento de Estado aos repórteres.

A CIA e o presidente Eisenhower acharam que o episódio estava encerrado. Porém, Khrushchev tinha uma carta na manga. Em um dramático discurso ao Soviete Supremo, uma semana após o incidente, ele revelou que boa parte dos destroços do avião haviam sido recuperados e que Powers estava vivo e sob custódia. Em seguida, Khrushchev mostrou uma imagem ampliada da agulha envenenada.

"Para eliminar as provas do crime, o piloto foi instruído a não se entregar com vida às autoridades soviéticas", disse Khrushchev aos seus camaradas. "Para isso, recebeu uma agulha especial. Se ele tivesse espetado seu corpo com a agulha envenenada, teria tido uma morte instantânea. Barbárie!"

No momento mais humilhante da sua presidência, Eisenhower precisou admitir que havia autorizado seus porta-vozes a mentirem sobre o U-2. A cúpula com Khrushchev não se materializou. Powers passou por um julgamento em Moscou. "Se a missão de Powers não fosse de natureza criminosa, seus superiores não teriam lhe fornecido um alfinete letal", afirmou o promotor na abertura da ação. Um professor de medicina forense examinou a agulha. Seu depoimento é a análise mais detalhada de um dispositivo de Gottlieb entre os documentos conhecidos.

O estudo do alfinete produziu as seguintes conclusões. O objeto tem a aparência de um alfinete comum: um pino de metal branco com uma ponta afiada. Tem 27mm de comprimento e 1mm de diâmetro. Sua estrutura é intrincada: dentro do alfinete, há um duto que se estende até a ponta afiada. Há uma agulha nesse duto. Extraímos a agulha puxando a cabeça do alfinete. Na ponta afiada da agulha, há ranhuras oblíquas, cobertas por uma massa espessa, pegajosa e marrom.

Um cão foi espetado com a agulha na parte superior da pata traseira esquerda. Um minuto depois, ele caiu e seus movimentos respiratórios sofreram uma redução acentuada. Houve cianose na língua e nas membranas mucosas. Noventa segundos após a picada, a respiração cessou completamente. Três minutos após a picada, o coração parou e o cão morreu. A mesma agulha foi inserida sob a pele de um rato branco. Vinte segundos depois, houve morte por paralisia respiratória…

Diante do efeito observado em animais e das doses tóxicas e propriedades físicas, o estudo concluiu que a substância contida na agulha pode estar associada ao grupo curare, que reúne os venenos mais letais entre os catalogados.

Na realidade, Gottlieb não utilizara nenhuma das substâncias do grupo curare, extraídas de plantas tropicais. A saxitoxina pertence a uma classe de venenos aquáticos naturais cujo efeito, segundo um estudo, "supera o de substâncias mais comuns, como estricnina, curare, algumas toxinas de fungos e cianeto de potássio". A letalidade do alfinete de Gottlieb e o lapso de um dos principais toxicologistas russos na identificação da substância confirmavam seu grande talento.

Powers foi trocado por um espião russo em 1962. Ele recebeu muitas críticas por não ter usado o alfinete, mas, depois que os ânimos se acalmaram, foi elogiado pelo seu serviço. A CIA concedeu uma medalha a Powers, que recebeu os parabéns de Allen Dulles por ter "cumprido muito bem seu dever em uma missão muito perigosa".

Não era possível ligar Gottlieb ao episódio, mas sua reputação cresceu bastante na CIA. Ele já era o principal químico da Agência. Segundo um colega, Gottlieb teria preparado o veneno com que o problemático oficial James Kronthal se suicidara em 1953. Dois anos depois, Gottlieb desenvolveu a substância que deveria matar o primeiro-ministro chinês Zhou Enlai. Com a invenção do alfinete letal para os pilotos dos U-2, Gottlieb se consolidou no cargo de envenenador-chefe.

ENQUANTO CAMINHAVA EM meio ao calor africano e entrava em um táxi na saída do aeroporto, "Joe de Paris" só pensava na guerra em que estava se metendo. Acabara de desembarcar na República do Congo, que havia se libertado do domínio belga três meses antes e, agora, estava imersa em caos e violência. Após um motim no Exército, houve tumultos, secessão e colapso do governo. Os Estados Unidos e a União Soviética observavam os acontecimentos com muito interesse. Outro duelo da Guerra Fria se iniciava, e Joe de Paris desembarcou no país com a arma secreta dos EUA.

O diretor da estação da CIA em Leopoldville, a capital congolesa, estava à espera dele. Alguns dias antes, ele havia recebido um telegrama de Washington avisando da chegada iminente. "Ele se apresentará como Joe de Paris", dizia o telegrama. "Você deve ir ao encontro dele logo após seu telefonema. Ele se identificará e explicará sua missão."

No final da tarde de 26 de setembro de 1960, Larry Devlin, o diretor da estação, saiu da embaixada norte-americana, onde trabalhava como adido consular, para pegar seu carro. Um homem se levantou da cadeira em um café do outro lado da rua. "Era um oficial sênior, um químico muito conceituado que eu já conhecia há algum tempo", escreveu Devlin, tempos depois. Joe de Paris era Sidney Gottlieb. Ele estava no Congo para fazer uma das entregas mais extraordinárias do século XX. Gottlieb levara um kit que ele mesmo projetara: um veneno que deveria matar o primeiro-ministro Patrice Lumumba.

Gottlieb foi até Devlin e lhe estendeu a mão: "Sou Joe de Paris." Devlin pediu para o visitante entrar no carro. Durante o deslocamento, Gottlieb informou: "Vim com instruções para uma operação muito sensível."

Quando chegou ao Congo, Gottlieb já estava há quase uma década na CIA. Ele havia criado o MK-ULTRA e transformado esse projeto no programa de pesquisa sobre controle mental mais intenso e estruturado da história. Sua reputação foi consolidada com os dois anos que passara na Alemanha, realizando experimentos radicais com "descartáveis". De volta aos EUA, Gottlieb teve um excelente desempenho no setor de pesquisa e desenvolvimento e se tornou um dos principais especialistas e criadores de dispositivos utilizados nas operações de inteligência dos EUA. Ele fez tudo isso sem renunciar ao controle do MK-ULTRA. Nesse período, também integrou um grupo informal de químicos da CIA conhecido como a "Comissão de Alteração da Saúde". A comissão foi criada no início de 1960 para atender ao presidente Eisenhower, partidário da ideia de que a melhor forma de lidar com certos líderes estrangeiros hostis era liquidá-los.

No meio da manhã de 18 de agosto de 1960, Allen Dulles e Richard Bissell fizeram uma visita imprevista à Casa Branca. Eles haviam recebido um telegrama urgente de Larry Devlin, que estava no Congo. "A embaixada e a estação acreditam que os comunistas estão envolvidos em uma clássica movimentação para tomar o governo do Congo", afirmou. "A força dos grupos antiocidentais está aumentando rapidamente, e o golpe é iminente." O telegrama confirmava as versões de que o primeiro-ministro Lumumba estaria prestes a entregar seu país de riquezas extraordinárias aos soviéticos. Depois de ler, segundo os registros do taquígrafo oficial, Eisenhower se virou para Dulles e disse "algo sobre a necessidade de eliminar Lumumba".

"Depois de um silêncio atônito de 15 segundos", escreveu o taquígrafo, "a reunião continuou".

De volta à sua sala, Bissel enviou um telegrama para a estação de Leopoldville solicitando que os agentes indicassem alternativas para cumprir a ordem de assassinato dada por Eisenhower. Eles pensaram em usar um franco-atirador com um rifle de longo alcance — "a caça aqui é boa na luz certa", escreveu um agente —, mas essa opção foi descartada porque

Lumumba estava morando em um local isolado e não havia nenhum bom atirador disponível. A melhor alternativa era usar um veneno.

Toda sua trajetória na Agência havia preparado Gottlieb para essa tarefa. Ele criara a Divisão Química e se tornara o principal especialista da CIA em toxinas e dispositivos de inoculação. Como diretor do MK-ULTRA, Gottlieb havia testado drogas em prisioneiros, viciados, pacientes, suspeitos de espionagem, cidadãos comuns e até em seus próprios colegas. Além disso, ele já produzira muitos venenos letais. Para um químico com uma qualificação tão extraordinária, preparar uma substância para matar Lumumba seria bem simples.

Bissell comunicou que, por ordem da "autoridade máxima", Gottlieb deveria preparar um veneno incapacitante ou letal que seria administrado a um líder africano, sem citar Lumumba. Mas, como as notícias circulavam, Gottlieb sem dúvida sabia quem era o alvo.

"Gottlieb sugeriu que agentes biológicos eram ideais para o caso", escreveu o historiador da ciência Ed Regis. "Eles eram invisíveis, impossíveis de rastrear e, quando selecionados e administrados com inteligência, não deixavam nenhum indício de ação criminosa. O alvo adoecia e morria como se tivesse sido vítima de um surto natural de uma doença endêmica. Gottlieb disse a Bissell que havia muitos germes letais e incapacitantes ao alcance da CIA. Bissell aprovou tudo."

Ao receber a tarefa, Gottlieb começou a pensar nos "germes letais ou incapacitantes" que usaria. A primeira providência foi determinar as doenças típicas mais letais no Congo. Essa pesquisa apontou um grande número de mortes por antraz, varíola, tuberculose e três pragas de origem animal. Gottlieb passou a procurar um agente fatal que produzisse sintomas parecidos com os dessas doenças. Ele optou pela bactéria botulínica, encontrada em alimentos enlatados em condições impróprias. Seus efeitos deletérios surgem muitas horas depois da ingestão, mas até uma dose concentrada de dois bilionésimos de grama pode matar.

Junto aos seus colaboradores em Fort Detrick, onde as toxinas estavam armazenadas, Gottlieb começou a montar o kit para o assassinato. O pacote continha um frasco com o agente botulínico; uma seringa hipodérmica com uma agulha ultrafina; um pequeno pote de cloro que seria misturado ao líquido botulínico para cortar seus efeitos em caso de emergência e alguns "acessórios", como luvas e uma máscara. Em meados de setembro, Gottlieb disse a Bissell que o kit estava pronto. Eles definiram que Gottlieb deveria levá-lo a Leopoldville. Esse é o único caso documentado de um funcionário da CIA que viajou com veneno para outro país com o objetivo de matar seu principal líder político.

Menos de uma hora depois do encontro em frente à embaixada, em Leopoldville, Gottlieb e Devlin estavam na sala de estar do diretor da estação. Lá, Gottlieb informou que trouxera dispositivos que seriam utilizados no assassinato do primeiro-ministro Lumumba.

"Meu Deus", exclamou Devlin. "Quem autorizou essa operação?"

"O presidente Eisenhower", respondeu Gottlieb. "Eu não estava presente na ocasião, mas Dick Bissell disse que Eisenhower exigiu a remoção de Lumumba."

Os dois pararam um pouco para absorver a gravidade do momento. Tempos depois, Devlin lembrou que acendera um cigarro e ficara encarando o chão. Gottlieb quebrou o silêncio.

"Seu dever é executar a operação", disse Gottlieb. "Os detalhes ficam por sua conta, mas não deve haver nenhum indício de ligação com o governo dos Estados Unidos." Ele entregou o kit letal com que cruzara o Atlântico.

"Tome", disse Gottlieb. "Com esse material, ninguém jamais saberá que Lumumba foi assassinado."

Friamente, Gottlieb descreveu para Devlin os itens do kit e explicou como usá-los. Um agente deveria utilizar a agulha hipodérmica para injetar a solução botulínica em algo que seria ingerido por Lumumba. Algum tempo depois, Gottlieb detalhou esse ponto: "Devia ser algo que entraria em contato com a boca dele, como comida ou escova de dentes." Mais tarde, Devlin escreveu que o kit também continha um tubo de creme dental envenenado. As toxinas não matariam imediatamente, só depois de algumas horas. Gottlieb garantiu a Devlin que a autópsia só encontraria "vestígios típicos de algumas doenças fatais".

Gottlieb não voltou para Washington logo depois de entregar o kit letal; ficou no país mais alguns dias. Nesse período, Devlin encontrou um agente que, em tese, tinha acesso a Lumumba e poderia, como apontou em um telegrama enviado a Washington, "infiltrar-se no local". Só dez dias depois de chegar com o kit, Gottlieb se convenceu de que podia retornar, mas deixou na estação, segundo um telegrama de Devlin, "certos itens de utilidade perene".

O agente destacado para envenenar a comida de Lumumba ou trocar seu creme dental pelo item envenenado não conseguiu passar pelo círculo de segurança que protegia o primeiro-ministro. Devlin começou a avaliar outras opções. Ele sabia que a agência de segurança belga queria eliminar Lumumba tanto quanto a CIA. Seus oficiais colaboravam com o Union Minière du Haut-Katanga, um conglomerado de mineração e uma das bases do poder político e econômico dos belgas. Em 29 de novembro, depois de escapar de uma situação de grave risco em Leopoldville, Lumumba foi encontrado e capturado por seus inimigos. Passou seis semanas encarcerado em um local isolado. Em 17 de janeiro de 1961, um grupo formado por seis agentes congoleses e dois oficiais belgas tirou Lumumba da prisão. O político foi levado até uma clareira na floresta e executado. Seus restos mortais foram dissolvidos em ácido.

E o que aconteceu com o veneno? Mais tarde, Devlin escreveu que, depois de receber o material de Gottlieb, "minha cabeça começou a girar. Percebi que nunca seria capaz de assassinar Lumumba. Seria um crime... Meu plano era protelar, adiar tudo pelo maior tempo possível, até que Lumumba perdesse sua importância política ou que os congoleses conseguissem colocá-lo na prisão". Devlin guardou o veneno no cofre da sala dele, onde o material perderia seus efeitos. Porém, Gottlieb disse em seu depoimento, tempos depois, que teria descartado o veneno antes de sair de Leopoldville, destruindo a "viabilidade" da substância e despejando o líquido no rio Congo.

A CIA concretizou seu objetivo no Congo de maneira inesperada e elegante. Eisenhower ordenara que a Agência matasse Lumumba, e ele estava morto. Apesar da intensa colaboração que mantinham com os congoleses e belgas que realizaram o assassinato, os agentes da CIA não participaram nem testemunharam a execução. O kit letal não foi necessário. Porém, Gottlieb voltou a Washington com uma nova credencial. Ele não conseguira envenenar um líder estrangeiro, mas, mais uma vez, mostrou que sabia como fazer isso.

"Sim", disse o gângster "Johnny Bonitão" Roselli ao agente da CIA que perguntara se ele conhecia alguém em Cuba que pudesse matar Fidel Castro. Roselli não gostava da ideia de liquidar Castro no estilo das ruas nem de usar um franco-atirador para fazer o serviço. Na certa, o atirador seria morto ou capturado. Roselli disse que preferia uma ação "limpa, sem emboscadas nem tiroteios". Com seu parceiro Sam Giancana, ele fez uma contraproposta à CIA: queremos um veneno de ação demorada para que nosso assassino escape antes que Castro adoeça e morra. O alto escalão da CIA gostou da ideia. Sidney Gottlieb recebeu uma nova missão.

Em 13 de maio de 1960, depois de ouvir Allen Dulles, o presidente Eisenhower ordenou o "fim" de Castro. Segundo Sheffield Edwards, diretor de segurança da CIA, Eisenhower não usou nenhuma "palavra pesada", mas todos os presentes entenderam a ordem presidencial de remover Castro do poder por qualquer método, incluindo assassinato. Essa orientação autorizou Richard Bissell e seu setor de operações clandestinas a planejar outro atentado. Como seria necessário produzir venenos e dispositivos de inoculação, Bissell recorreu à Divisão de Serviços Técnicos, a antiga Equipe de Serviços Técnicos. Sidney Gottlieb era o oficial ideal para esse trabalho.

A princípio, Gottlieb e seu pequeno grupo de químicos tentaram encontrar formas de tirar Castro do poder por meios não letais. Eles chegaram a duas opções. A primeira vinha do contínuo fascínio de Gottlieb pelo LSD. Quando chefiava a Operação Clímax da Meia-noite, ele planejara um experimento que acabou sendo cancelado por questões climáticas. O estudo consistia em pulverizar LSD com um aerossol em uma sala repleta de convidados de uma festa. Gottlieb havia testado esse aerossol no "centro" de George Hunter White, em São Francisco. Agora, a alternativa seria pulverizar LSD no estúdio de rádio em que Castro fazia suas transmissões para milhões de cubanos. O comandante demonstraria confusão e incoerência em seu discurso e perderia o apoio do povo. Após alguma discussão, a ideia foi descartada por ser inviável. A CIA nunca mandou aerossóis com LSD para Cuba.

Em seguida, a equipe de Gottlieb bolou um esquema ainda mais estranho. Os cientistas estavam convencidos de que o carisma de Castro, como a força de Sansão, vinha dos seus cabelos — especificamente da barba. Então, se a barba caísse, o mesmo poderia ocorrer ao comandante. Encontrar o produto químico ideal para isso era o tipo de trabalho que Gottlieb apreciava. Ele escolheu um composto à base de sais de tálio, e um esboço do plano foi formulado pela equipe. Na próxima viagem internacional de Castro, o tálio seria borrifado nas botas colocadas no corredor para o serviço de engraxate do hotel; algum tempo depois, sua barba cairia, causando uma onda de chacotas e viabilizando sua queda do poder. Os cientistas adquiriram a substância e fizeram testes com animais. Mas logo perceberam as falhas óbvias dessa ideia. Ninguém sabia quando Castro viajaria, e mesmo que o comandante se hospedasse em um hotel acessível para a CIA, sua equipe de segurança jamais permitiria que desconhecidos mexessem nas botas dele. Além disso, alguns oficiais achavam exagerada a ideia de que o carisma de Castro desapareceria com a barba. Essa trama também foi abortada.

Em pouco tempo, a proposta de destruir Castro sem matá-lo se revelou impraticável. Gottlieb e seus cientistas passaram a considerar o assassinato. A primeira ideia foi envenenar uma caixa de charutos, que seria levada por agentes de campo até Castro. Segundo o inspetor-geral da CIA que investigou a trama anos depois do episódio, um oficial da Agência "contaminou uma caixa com cinquenta charutos usando a toxina botulínica, um veneno que causa uma doença fatal algumas horas após a ingestão. [Editado] se lembra de ter trabalhado na caixa e em cada charuto para contaminar o material e apagar as evidências da adulteração... Os charutos estavam tão contaminados que bastava colocar um deles na boca; a vítima nem precisaria fumar". O relatório cita Gottlieb como um dos conspiradores, mas não especifica seu papel.

"Sidney Gottlieb, da TSD, afirma lembrar muito bem de uma trama envolvendo charutos", diz o documento. "Para confirmar a clareza da sua memória, ele mencionou o nome do funcionário da Divisão Ocidental que lhe convidou para o esquema. Embora essa conspiração possa realmente ter ocorrido, o funcionário citado por Gottlieb foi destacado para atuar na Índia e nunca trabalhou na Divisão indicada nem participou das operações associadas a Cuba. Gottlieb lembra que o esquema era um tema frequente nas conversas, embora fosse do conhecimento de poucos, e que o objetivo era matar, não apenas influenciar o comportamento."

Os charutos Cohiba — a marca preferida de Castro — foram entregues a Jacob Esterline, um agente da CIA que participava do esquema. Mas a oportunidade para colocá-los ao alcance do comandante nunca surgiu, e os charutos ficaram guardados em um cofre da CIA. Sete anos depois, um deles foi testado e ainda conservava 94% da sua toxicidade.

Essas tentativas desastradas frustraram Bissell, que decidiu buscar profissionais com mais experiência em assassinatos. Um deles foi "Johnny Bonitão" Roselli, que, como outros gângsteres, enriquecera explorando as apostas, a prostituição e o tráfico de drogas em Cuba. A bandidagem queria eliminar Castro antes do cumprimento da sua promessa de livrar o país do crime e do vício. Com sua rede de contatos no submundo de Havana, Roselli era o parceiro ideal para a CIA.

O envenenamento sugerido por Roselli veio a calhar. Como a maioria das pessoas, ele nunca tinha ouvido falar de Gottlieb, mas acreditava que, sem dúvida, a CIA tinha alguém que entendia de venenos. As peças estavam se encaixando. A CIA entrara em contato com criminosos que queriam matar Castro. Os bandidos precisavam de um veneno. Gottlieb poderia providenciar isso.

Desenvolver métodos para matar Castro — e, em outros momentos, seu irmão Raúl e o herói guerrilheiro Che Guevara — sem armas de fogo era uma das principais preocupações de Gottlieb desde que retornara do Congo. O objetivo desafiava sua grande imaginação e, por isso, passou a ocupar o topo da sua lista de prioridades, o que também ocorreu com Bissell e Dulles. Esse assassinato fora ordenado pelo presidente dos Estados Unidos.

Começando em Eisenhower, a cadeia de comando era curta e direta. O presidente deu a ordem para Dulles e Bissell, que orientou Sheffield Edwards, o temível chefe do Gabinete de Segurança e guardião dos segredos mais profundos da CIA. Edwards escolheu um intermediário sem nenhuma ligação óbvia com a CIA para abordar figuras da Máfia: Robert Maheu, um ex-agente do FBI que atuava como detetive particular e trabalhava para Howard Hughes, o bilionário recluso. Maheu servia de canal e repassava instruções e dispositivos da CIA para os bandidos que queriam assassinar Castro.

O papel de Gottlieb era fornecer as ferramentas do assassinato. Por meio da parceria estabelecida no âmbito do MK-NAOMI, ele tinha acesso aos cientistas de Fort Detrick. Essa equipe concebeu uma série de métodos para o assassinato. Segundo uma investigação do Senado dos Estados Unidos, realizada muitos anos depois, os cientistas criaram "pílulas envenenadas, canetas com venenos, pós com bactérias letais e outros dispositivos que sugerem uma grande imaginação".

A conspiração contra Fidel Castro não terminou com o fim do mandato de Eisenhower, no início de 1961. John F. Kennedy, seu sucessor, também tinha um grande interesse em "eliminar" Castro. O fracasso espetacular da CIA na invasão da Baía dos Porcos, em 1961, intensificou essa determinação. Kennedy e o procurador-geral Robert Kennedy, seu irmão, pressionavam constantemente a CIA para esmagar Castro e, a todo momento, exigiam explicações sobre a demora em concretizar esse objetivo. Samuel Halpern, que atuava no mais alto escalão do setor de ações secretas nesse período, afirmou que "os irmãos Kennedy estavam o tempo todo no nosso pé... eles eram obcecados pela ideia de se livrar de Castro". Richard Helms sentiu essa pressão diretamente.

"Havia um projeto comandado pela Casa Branca, pelo presidente e por Bobby Kennedy — seu braço direito nessas questões — para derrubar Castro e sumir com ele por qualquer meio possível", disse Helms, tempos depois, em seu depoimento. "A Baía dos Porcos foi uma parte desse projeto, e a derrota só aumentou a vontade de eliminar essa influência comunista que estava a meros 150km da costa dos Estados Unidos... A principal força era o procurador-geral Robert Kennedy. Sem sombra de dúvida." Durante quase quatro anos, a pressão da Casa Branca manteve Gottlieb e seus superiores na CIA totalmente focados no assassinato de Castro. A opção do franco-atirador sempre esteve na mesa, mas nunca foi avaliada como realista. Em dado momento, a Divisão de Serviços Técnicos considerou a hipótese de criar uma bomba com o formato de uma concha rara e plantá-la em um dos pontos de mergulho preferidos de Castro. Esse plano também foi rejeitado. Segundo um relatório da CIA: "Nenhuma das conchas típicas do Caribe tinha um visual muito chamativo ou um porte propício para aquela quantidade de explosivo. Além disso, o minissubmarino que colocaria a concha no ponto definido tinha um alcance inadequado para a operação."

Portanto, a única opção era usar um veneno. Gottlieb e seus colegas foram encarregados de produzi-lo e conceber formas de usá-lo.

Como o plano da bomba em forma de concha, uma das ideias da equipe girava em torno da conhecida paixão de Castro pelo mergulho. O presidente Kennedy indicara o advogado James Donovan (que seria interpretado por Tom Hanks no filme *Ponte dos Espiões*) para negociar a libertação dos combatentes cubano-americanos capturados após o fracasso da invasão da Baía dos Porcos. A CIA queria que Donovan presenteasse Castro com um traje de mergulho contaminado. E a Divisão de Serviços Técnicos havia sido criada exatamente para preparar esse tipo de traje.

"A divisão comprou uma roupa de mergulho, contaminou a peça com um fungo que causava micetoma, uma doença dermatológica crônica, e infectou o equipamento de respiração com o bacilo da tuberculose", escreveu um oficial da CIA, anos depois. "O plano foi abandonado porque o advogado decidiu presentear Castro com outro traje de mergulho."

Depois desses contratempos, a CIA, a Divisão de Serviços Técnicos e Gottlieb voltaram à ideia de Roselli: preparar um veneno e encontrar uma forma de inoculá-lo em Castro.

Segundo o resumo oficial de uma entrevista com Cornelius Roosevelt, que chefiava a Divisão de Serviços Técnicos na época, "quatro métodos foram considerados: (1) um produto altamente tóxico, como as toxinas de mariscos, que seria administrado por meio de um alfinete (o mesmo que Gary Powers teria recebido, segundo Roosevelt); (2) bactérias em meio líquido; (3) cigarros e charutos infectados com bactérias; e (4) um lenço contaminado com bactérias. Roosevelt se lembrou da conclusão de que as bactérias em meio líquido eram os melhores agentes porque Castro sempre tomava chá, café e caldo. Logo, um veneno líquido seria mais apropriado... No entanto, o material efetivamente preparado e entregue foi um conjunto sólido de pequenas pílulas parecidas com comprimidos de sacarina".

A CIA nunca abandonou completamente a ideia de matar Castro com armas de fogo. Há evidências de que a Agência teria colocado fuzis e um silenciador em Cuba com essa finalidade. No entanto, a melhor opção sempre foi usar um veneno. Entre 1961 e 1962, alguns intermediários da CIA entregaram vários pacotes com as pílulas botulínicas de Gottlieb — conhecidas como "L-pills" devido à sua letalidade — a mafiosos, que repassavam a encomenda aos seus contatos em Cuba. Porém, o agente cubano que colocaria o material na comida de Castro foi transferido para outro posto e perdeu o acesso ao comandante. Alguns comprimidos estariam na comida e nas bebidas que seriam servidas a Castro em um dos seus restaurantes favoritos, mas, por razões desconhecidas, ele parou de frequentar o local.

A escolha do veneno não foi a única contribuição de Gottlieb para o complô que desejava assassinar Fidel Castro. Com sua equipe, ele também produziu dois dispositivos de inoculação. Segundo um relatório da CIA, o primeiro era "um lápis com um sistema oculto que despejava comprimidos". O outro, mais elaborado, era "uma caneta esferográfica com uma agulha hipodérmica embutida. Quando a alavanca era acionada, a agulha saía e podia inocular o veneno em alguém". Segundo outra descrição, a agulha era "tão fina que o alvo (Castro) nem sentiria a picada e o agente teria tempo de escapar antes que os efeitos fossem observados". A data em que um oficial da CIA entregou essa caneta a um "ativo" cubano em Paris é de uma ironia tocante: 22 de novembro de 1963, o dia em que o presidente Kennedy foi assassinado.

Lyndon Johnson, o sucessor de Kennedy, continuou recorrendo a métodos políticos e econômicos, incluindo sabotagem e outras ações secretas, para minar o governo revolucionário de Cuba. Entretanto, Johnson concluiu que o país "estava operando uma maldita firma do tipo Assassinatos Ltda. no Caribe" e encerrou as conspirações. Um agente cubano que recebera armas de fogo e explosivos da CIA manteve contato com a Agência até 1965, mas nunca realizou nenhum atentado. As conversas sobre assassinatos com produtos químicos cessaram. A tarefa de fabricar venenos para eliminar líderes estrangeiros nunca mais entraria na rotina profissional de Gottlieb.

11

Devemos Sempre Lembrar de Agradecer à CIA

"Capture o inseto verde para fins de referência", escreveu a embaixadora Clare Boothe Luce, durante uma das suas aventuras com o LSD. "Você está ouvindo o tambor?"

Muitos usuários de LSD relatam pensamentos irracionais e desconexos. Com base nisso, Sidney Gottlieb concluiu que o LSD era imprevisível demais para servir como "soro da verdade" ou como a droga de controle da mente que tanto procurara. A contragosto, ele teve que arquivar a substância, como fizera com a heroína, a cocaína, o eletrochoque, a "condução psíquica" e outras técnicas fracassadas. Mas era tarde demais. O LSD já não estava mais sob o controle da CIA. De início, a substância se infiltrou nas elites. Em seguida, chegou aos estudantes que participavam de experimentos financiados pela CIA. Por fim, explodiu na contracultura norte-americana, impulsionando um movimento que colidia com boa parte dos valores que a CIA promovia.

Algumas das primeiras festas com LSD sem participação da CIA foram os eventos que o Dr. Harold Abramson, o médico favorito de Gottlieb, realizava em sua casa, em Long Island, nas noites de sexta. Inicialmente, só médicos eram convidados. Mas as notícias se espalharam, e a lista de convidados passou a incluir outros profissionais de Nova York. A procura pelos convites era grande. "Harold A. Abramson, do Laboratório Biológico de Cold Spring Harbor, desenvolveu uma técnica: ele serve um jantar para um grupo, mas coloca na comida um copo de licor contendo 40 microgramas de LSD", apontava a *Time* em 1955. No final dos anos 1950, segundo o romancista Gore Vidal, o LSD era "moda" na elite nova-iorquina.

Clare Boothe Luce, ex-embaixadora dos EUA na Itália e esposa do editor das revistas *Time* e *Life* — e amante de longa data de Allen Dulles — tinha acesso ao LSD por meio de Sidney Cohen, um psiquiatra que trabalhava em Edgewood Arsenal. O diretor Sidney Lumet foi um dos primeiros a experimentar a substância. A ex-nadadora e atriz Esther Williams também consumiu LSD na época. A primeira celebridade a falar publicamente sobre o LSD foi Cary Grant, um ícone da masculinidade dos anos 1950. Ele concedeu várias entrevistas para Joe Hyams, um colunista de fofocas de Hollywood, e para a revista *Look*, que publicou um perfil dos mais positivos com a manchete: A CURIOSA HISTÓRIA DO NOVO CARY GRANT. Depois de tomar LSD mais de sessenta vezes, Grant disse que encontrara uma "segunda juventude" e chegara "perto da felicidade" pela primeira vez na vida.

"Depois que as colunas saíram, o telefone não parava de tocar", lembrou Hyams, anos depois. "Amigos perguntavam como podiam obter a droga. Psiquiatras reclamavam que os pacientes queriam porque queriam tomar LSD... No total, recebi mais de oitocentas cartas."

À medida que se instalava na alta sociedade, o LSD também era descoberto por grupos de jovens. Eles participavam, como voluntários, de pesquisas realizadas em hospitais e clínicas, muitas vezes financiadas secretamente por meio de "subprojetos" do MK-ULTRA, e descreviam suas experiências com muito entusiasmo. Como resultado, seus amigos passaram a procurar o LSD com a mesma avidez que as elites.

"Os pesquisadores passaram a negligenciar os controles sobre a droga", aponta um estudo acadêmico. "Eles começaram a compartilhar o LSD com amigos, em casa... A droga se disseminou entre os universitários."

Um dos estudantes que tomaram LSD nesses experimentos iniciais foi o escritor Ken Kesey, que na época era aluno do curso de escrita criativa de Stanford. Em 1959, ele soube que voluntários estavam recebendo drogas psicotrópicas no Menlo Park Veterans Administration Hospital e se apresentou no local. Kesey ficou fascinado com a experiência e não só repetiu a dose várias vezes, como também passou a atuar como recepcionista do hospital no turno da noite. O emprego lhe dava acesso às salas onde o LSD ficava guardado. Ele aproveitou a oportunidade e logo estava compartilhando a substância com os amigos. Segundo um estudo sobre a carreira dele, sua casa "se transformou em uma festa psicodélica sem fim, com amigos e vizinhos chapados, dançando ao som do rock."

No hospital, Kesey reuniu material para o romance *Um Estranho no Ninho*, um retrato brilhante do não conformismo e um dos primeiros best-sellers da contracultura. Com o dinheiro que ganhou, Kesey comprou uma casa e começou a fazer "testes de ácido", servindo LSD a convidados extravagantes, como poetas, músicos e motoqueiros da gangue Hells Angels. Às vezes, ele colocava a substância no ponche — como Gottlieb fazia nas festas da CIA.

Com Kesey, o LSD ganhou um novo papel na sociedade norte-americana. Ao longo da década de 1960, ele contribuiu bastante para transformar a droga em um símbolo da cultura jovem, do amor livre, da rebeldia dos hippies e da oposição à Guerra do Vietnã. Suas festas e a trupe dos "merry pranksters" [brincalhões alegres], um grupo de amantes do LSD que embarcou com Kesey em uma famosa viagem pelos Estados Unidos a bordo de um ônibus pintado com cores berrantes, chamaram a atenção do público para a droga.

A música do Grateful Dead também teve um grande peso na contracultura criada em torno do LSD. As turnês da banda eram laboratórios itinerantes. O público viajava na música e nas letras, que otimizavam as experiências com drogas. Muitas das canções mais sugestivas da banda foram escritas pelo poeta Robert Hunter. Como Kesey, Hunter atribuía suas ideias ao LSD, que também conhecera participando como voluntário de um projeto de pesquisa financiado secretamente pela CIA.

Hunter foi outro viajante psicodélico que levou o LSD do MK-ULTRA para a contracultura. "Ele participou de testes psicológicos em Stanford e chegou a embolsar US$140 depois de ingerir drogas psicodélicas em quatro sessões realizadas em quatro semanas no VA Hospital, controlado pela CIA, como seria revelado tempos depois", descreve um biógrafo. "Ele consumiu LSD (dietilamida do ácido lisérgico, o popular ácido) na primeira semana, psilocibina na segunda, mescalina na terceira e uma mistura das três substâncias na quarta." Em cada sessão, já sob os efeitos das drogas, Hunter era levado até um hipnotizador. Mais tarde, ele disse que o objetivo dos experimentos era determinar se as drogas "aumentavam minha propensão a ser hipnotizado".

Pouco depois do episódio, Hunter descreveu sua primeira experiência com LSD em um ensaio de seis páginas. "Relaxe imagine você mesmo colhendo subitamente uma concha púrpura com fragmentos de espuma de gotas de cristal macias perto elas caem no mar da névoa que rasteja suavemente", escreveu ele, em um fluxo de consciência contínuo. Daí foi um pequeno passo até "China Cat Sunflower", a primeira canção do Grateful Dead que Hunter escreveu sob a influência do LSD: "A leaf of all colors plays a golden string fiddle to a double-e waterfall over my back."[1]

O poeta radical Allen Ginsberg também descobriu o LSD por intermédio de Gottlieb. "Psiquiatras ligados à Marinha e aos serviços de inteligência dos EUA deram a primeira dose de LSD para Allen Ginsberg em 1959, no âmbito dos experimentos do MK-ULTRA", aponta um estudo sobre a história da CIA. Segundo outra fonte: "Ele foi voluntário em experimentos da Universidade Stanford; nesses estudos, Ginsberg recebeu o LSD de dois psicólogos que trabalhavam secretamente para a CIA no desenvolvimento de drogas para o controle da mente." Nas primeiras sessões, Ginsberg escutou gravações de *Tristão e Isolda*, de Wagner, e récitas de Gertrude Stein. Algum tempo depois, ele se tornou um defensor incisivo das "aventuras saudáveis" obtidas com o uso de drogas psicodélicas.

Timothy Leary, o mais famoso evangelista do LSD, chegou à droga por outro caminho, que também teve alguma influência de Gottlieb. Leary começou a se interessar por psicodélicos quando ainda era um jovem professor de psiquiatria clínica em Harvard. Três anos depois de ler o artigo de Gordon Wasson sobre "cogumelos mágicos", publicado em 1957 na revista *Life*, Leary conseguiu alguns durante suas férias no México. "Foi, sobretudo e sem nenhuma dúvida, a experiência religiosa mais profunda que já tive na vida", lembrou, anos depois. Ao voltar para Harvard, Leary passou a promover experimentos com drogas, foi demitido e iniciou a jornada que faria dele o sumo sacerdote do LSD. Mas, na época, ninguém sabia da influência de Gottlieb nessa história, muito menos Leary: Gottlieb usara os recursos do MK-ULTRA para financiar, por meio de uma fundação de fachada, a viagem até a vila mexicana onde Wasson encontrou os cogumelos.

---

[1] Em tradução livre: "Uma folha multicolorida toca as cordas douradas de uma rabeca, e uma cachoeira deságua como um trem nas minhas costas."

O fascínio de Leary pelo LSD, compartilhado por Ken Kesey, Robert Hunter e Allen Ginsberg, estava essencialmente conectado ao legado de Gottlieb.

Gottlieb e seus colegas da CIA queriam controlar a humanidade com o LSD, mas o tiro saiu pela culatra. A droga alimentou a intensa rebeldia daquela geração, em um fenômeno sem paralelo na história norte-americana. Em 1966, o LSD foi proibido na Califórnia e, pouco depois, a proibição passou a valer em âmbito federal. O presidente Nixon definiu Leary como "o homem mais perigoso dos Estados Unidos".

Anos depois, o Departamento de Narcóticos e Drogas Perigosas solicitou uma investigação para determinar como o LSD saíra dos laboratórios do governo. O estudo concluiu que, "inicialmente, o uso da droga se restringia a pequenos grupos de intelectuais nas grandes universidades das costas leste e oeste. Com o tempo, o hábito se disseminou e chegou a mais universitários e instituições. No geral, os usuários conheciam a droga por meio de pessoas com status mais elevado. Os professores influenciavam os alunos."

Isso era verdade, mas a história não parava por aí. John Marks, o pesquisador que revelou o MK-ULTRA para o grande público, preencheu as lacunas. "Os autores analisaram corretamente a forma como o LSD passou a circular no país", escreveu Marks. "Mas não abordaram um elemento vital, sobre o qual nenhum deles tinha conhecimento: alguém influenciava os professores. Lá em cima, no topo do sistema de distribuição do LSD, estavam os homens do MK-ULTRA."

Mais tarde, os subversivos que arrancaram o LSD do casulo acadêmico se deram conta de uma grande ironia. "O governo dos Estados Unidos foi, de certa forma, responsável pela criação dos 'testes de ácido', do Grateful Dead e, portanto, da contracultura psicodélica como um todo", concluiu Robert Hunter. Allen Ginsberg questionou: "Eu, Allen Ginsberg, sou um produto de um dos experimentos de controle da mente mais lamentáveis, equivocados e bem-sucedidos da CIA? Será que eles, de modo consciente ou inconsciente, abriram a Caixa de Pandora e difundiram a mania do LSD nos EUA e no mundo?"

Durante anos, Ken Kesey rejeitou a sugestão de Ginsberg de que a CIA controlara as pesquisas com drogas de que ambos haviam participado. Porém, quando o MK-ULTRA veio à tona, na década de 1970, Kesey viu que Ginsberg estava certo: aquelas pesquisas tinham um objetivo oculto.

"A finalidade ali era enlouquecer as pessoas", disse Kesey. "Enfraquecer as pessoas para facilitar o trabalho dos interrogadores."

Muitos heróis da contracultura reconheceram essa ligação com o MK-ULTRA. "O movimento do LSD foi iniciado pela CIA", afirmou Timothy Leary, no auge da fama. "Eu não estaria aqui hoje se não fosse pela visão dos cientistas da CIA." John Lennon foi mais poético: "Devemos sempre nos lembrar de agradecer à CIA e ao Exército pelo LSD. As pessoas se esquecem dessas coisas. Tudo é o oposto do que parece ser, não é, Harry? Então, pode mandar ver, cara! Relaxa! Eles inventaram o LSD pra controlar as pessoas, mas acabaram dando liberdade pra todo mundo. Às vezes, tudo é mistério, e maravilhas acontecem."

SOB A ESCADARIA de um prédio residencial desbotado em Moscou, um agente da CIA de sobretudo se agachou em meio à penumbra e começou a mexer na parte de trás de um radiador. Acabou encontrando o que procurava: uma caixa de fósforos pendurada em um gancho de metal. Dentro da caixa, havia um filme com fotos de documentos ultrassecretos, tiradas pelo coronel Oleg Penkovsky, o oficial mais graduado da inteligência soviética na história dos espiões recrutados pelos EUA. Penkovsky já estava revelando segredos soviéticos há mais de um ano. Poucos segundos depois de o agente pegar a caixa, ocorreu o pior. A data era 2 de novembro de 1962. Policiais soviéticos saltaram das sombras e prenderam o espião. Por ser funcionário do Departamento de Estado dos EUA e, portanto, ter imunidade diplomática, o agente só foi expulso da União Soviética. Já Penkovsky foi julgado, condenado por traição e executado.

Alguns relatórios da CIA sobre a perda apontavam os dispositivos que Penkovsky havia recebido. Ele tinha uma câmera convencional Minox III, que cabia na mão e produzia registros nítidos, mas que não era apropriada para o serviço secreto, pois só podia ser operada com as duas mãos. A caixa de fósforos em que colocara o filme era útil, mas primitiva. Seu rádio Panasonic só recebia mensagens, mas não enviava; aliás, as mensagens só podiam ser decifradas com uma tabela criptográfica. A Divisão de Serviços Técnicos parecia amadora, presa ao passado. Apesar de instalar e monitorar grampos e produzir itens simples, como documentos falsos, o setor não estava desenvolvendo nenhuma tecnologia de ponta para as operações secretas.

A perda de Penkovsky ocorreu após uma série de humilhações que atingiram a CIA, como o célebre fiasco do U-2, a desastrosa invasão da Baía dos Porcos e a falha em obter informações sobre os planos de construção do Muro de Berlim. Como se isso não bastasse, após o fracasso na Baía dos Porcos, o presidente Kennedy teve que demitir Allen Dulles, e muitos oficiais nunca tinham trabalhado com outro chefe. John McCone, o novo diretor, fora presidente da Comissão de Energia Atômica e não tinha nenhuma ligação com a cultura da CIA.

De imediato, McCone foi para cima da equipe responsável pelos recentes fiascos. No início de 1962, o diretor-adjunto de planejamento Richard Bissell, que chefiara o desastre da Baía dos Porcos, antecipou sua aposentadoria. No lugar dele, McCone colocou Richard Helms — o protetor e patrono incondicional de Gottlieb. Alguns meses depois, Helms reorganizou a Divisão de Serviços Técnicos e, quando a poeira baixou, Gottlieb se tornou o diretor-adjunto do setor. Sua tarefa era conduzir divisão a uma nova era.

"A liderança da divisão tinha que encarar grandes desafios", lembrou um oficial que trabalhara no setor nos anos 1950. "A tecnologia, por exemplo, era bastante atrasada."

Quando Gottlieb ingressou na CIA, em 1951, os Serviços Técnicos tinham poucas dezenas de funcionários. Porém, quando ele assumiu o cargo de diretor-adjunto, onze anos depois, o setor tinha centenas. A divisão não estava sediada no novo campus da CIA em Langley, na Virgínia, mas em um prédio histórico na 2430 E Street, em Washington, perto do Lincoln Memorial. O local fora a primeira sede da CIA e, antes disso, a base do Escritório de Serviços Estratégicos. Havia muito espaço: Gottlieb alocou a equipe de Operações de Áudio no Edifício Leste, a de Criptografia no Edifício Sul e o grupo de Operações de Dissimulação no Edifício Central.

Havia muitos funcionários da divisão nas estações da CIA no exterior. No geral, eles grampeavam telefones, colocavam escutas, instalavam câmeras escondidas e transformavam latas e tijolos em esconderijos de microfilmes. Gottlieb queria ir mais longe. Sabendo da crescente importância da tecnologia nas operações secretas, ele passou a contratar engenheiros, químicos, artistas, tipógrafos e artesãos. Em vez de recrutar candidatos nas universidades da Ivy League, Gottlieb priorizou alunos de escolas técnicas e faculdades estaduais. Ele convocou estudantes ambiciosos para estágios em Washington. Quando chegava ao limite de admissões, oferecia contratos "temporários", que eram prorrogados indefinidamente.

"Normalmente, esses técnicos novatos demonstravam uma curiosidade quase infantil que acabava se transformando em diplomas de engenharia e ciências exatas", escreveu um funcionário, tempos depois. "Em geral, eram os primeiros a cursarem o ensino superior nas famílias e vinham de comunidades rurais do Meio-Oeste e do Sudoeste. Chegavam à CIA querendo oportunidades técnicas e aventura. Em pouco tempo, esses novos engenheiros começaram a chamar os agentes operacionais de 'doutores em ciências humanas'." Para os engenheiros, esse termo pouco lisonjeiro indicava tanto a formação dos oficiais quanto a natureza imprecisa e nada científica do recrutamento e da coordenação dos agentes."

Com Gottlieb no alto escalão dos Serviços Técnicos, os funcionários se orgulhavam de não esperar pedidos de dispositivos. Eles ajudavam os oficiais operacionais a bolarem novos métodos para se infiltrar nas defesas inimigas, descobrir segredos e proteger agentes. Os diplomatas estão discutindo assuntos delicados perto de uma árvore no jardim da embaixada soviética em um país latino-americano? Sem problemas: os Serviços Técnicos desenvolveram um projétil especial (equipado com um pequeno microfone e um transmissor) e uma arma para disparà-lo na árvore em questão. O agente percebe riscos muito altos quando fotografa documentos secretos? Os Serviços Técnicos inventaram uma microcâmera com uma lente 4mm que tirava até cem fotos e podia ser escondida em uma caneta, relógio ou isqueiro. O espião está exigindo uma "L-pill" para cometer suicídio em caso de captura? Os Serviços Técnicos criaram óculos especiais e ocultaram uma pílula em uma das hastes; em caso de detenção e interrogatório, o agente podia fingir que estava nervoso e morder a haste."

Sempre que os oficiais da contrainteligência precisavam de orientações sobre drogas aplicáveis a interrogatórios, Gottlieb era o consultor mais natural. Quando o oficial soviético Yuri Nosenko desertou para o Ocidente, em 1962, James Jesus Angleton, diretor de contrainteligência da CIA, suspeitou da autenticidade do gesto, intuindo que Nosenko fora enviado com segundas intenções. O soviético ficou preso em um centro clandestino em Maryland durante três anos e foi submetido a quase todas as torturas já idealizadas por Gottlieb na busca por uma confissão. Ele passou por dezessete sessões intensas de interrogatório com eletrodos fixados na cabeça. Na maior parte dos seus 1.277 dias de detenção, Nosenko ficou em uma pequena cela de concreto sem janela. Algum tempo depois, a CIA concluiu que a deserção fora genuína e que o tratamento dispensado ao soviético "ultrapassou os limites do bom senso". Porém, na época, a impressão era de que Gottlieb e sua equipe tinham, mais uma vez, provado seu valor.

Nos Serviços Técnicos, Gottlieb também promoveu seu interesse pela grafologia, a análise sistemática da caligrafia. Alguns europeus levavam a sério, mas a maioria dos norte-americanos não dava crédito à técnica. Gottlieb era uma exceção. Ele estava sempre à procura de novas ferramentas e técnicas pouco estudadas que prometiam revelar o interior da mente humana. Em 1958, quando estava na Alemanha e viajava regularmente a Washington, Gottlieb solicitou "um estudo especial sobre a análise da caligrafia", que se tornou o Subprojeto 83 do MK-ULTRA.

"Os grafólogos determinarão categorias para várias amostras de caligrafia com base nas dimensões da personalidade", escreveu Gottlieb. "Outros especialistas na análise de manuscritos, incluindo grafólogos, especialistas em grafias e psicólogos experimentais, avaliarão os grupos categorizados para determinar possíveis características identificáveis."

Esse "subprojeto" ilustra perfeitamente o alcance da imaginação de Gottlieb. Sua obra se baseava na busca de métodos excepcionais, aplicáveis a operações secretas. Durante a execução do Subprojeto 83, ele escreveu um memorando com metas para futuras pesquisas em grafologia, incorporando a técnica ao kit de ferramentas da CIA.

[Editado] vem conduzindo um estudo detalhado sobre a análise sistemática da caligrafia... Mais importante, os dados coletados viabilizam pesquisas relevantes sobre a utilidade dessas análises para as atividades de inteligência... Além disso, [editado] iniciará o desenvolvimento de estudos técnicos em outras áreas controversas e pouco compreendidas (não necessariamente no próximo ano). Entre elas, destaco as seguintes: (a) análise e adaptação do material já desenvolvido sobre técnicas de ilusionismo (mágica, prestidigitação, sinais etc.); (b) fenômenos psíquicos e percepção extrassensorial; percepção subliminar; (d) hipnose; (e) "soros da verdade"; (f) expressões corporais (tipo físico, características faciais etc.).

No início dos anos 1960, Gottlieb concebia e supervisionava experimentos radicais realizados em segredo, mas também ia bem mais longe. Ele era um dos chefes de um pequeno império, com postos avançados no mundo todo; por isso, teve que se afastar do MK-ULTRA. Porém, na época, Gottlieb já tinha muitas dúvidas sobre o projeto.

Gottlieb criou o MK-ULTRA para procurar formas de controle da mente humana. Durante anos, ele ultrapassou os limites da ciência nessa busca. O uso regular de LSD — Gottlieb calculava que tinha tomado a substância, pelo menos, duzentas vezes — alimentava sua imaginação, e ele testava tudo que lhe vinha à mente. Mas, apesar de tudo, Gottlieb era um cientista. Depois de vários anos de experimentos no MK-ULTRA, ele chegou a uma conclusão inevitável e incômoda: não era possível controlar a mente de outra pessoa.

O primeiro sinal documentado de que Gottlieb queria se afastar do MK-ULTRA está no memorando intitulado "Problemas Científicos e Técnicos das Operações Secretas", escrito em 1960. O documento continua sigiloso, mas um relatório posterior da CIA contém alguns trechos. Em um deles, Gottlieb escreve: "Até 1960, não se conhecia nenhuma substância eficaz como pílula incapacitante ou de recrutamento, soro da verdade ou afrodisíaco." Essa frase — reconhecendo que os anos de experimentos do MK-ULTRA não tinham materializado seus sonhos — marcava o início da percepção de que sua busca fora em vão.

Outros oficiais ligados ao MK-ULTRA chegaram à mesma conclusão. "A criação de um 'candidato da Manchúria', como no filme, é uma impossibilidade psicológica total", afirmou David Rhodes, que, como presidente da Society for the Investigation of Human Ecology, concedeu bolsas de pesquisa por muitos anos usando dinheiro da CIA. "Mas é intrigante. E bem divertido."

Gottlieb ainda chefiou o MK-ULTRA por alguns anos depois de voltar da Alemanha, mas em escala bastante reduzida. Muitos "subprojetos" foram encerrados. O número de experimentos com LSD foi reduzido. Pesquisas envolvendo eletrochoques e privações sensoriais deixaram de ser financiadas. Gottlieb descobrira que drogas poderosas e outras medidas radicais podiam destruir a mente humana. Contudo, não encontrara nenhum método para colocar uma nova personalidade no vazio criado nem para viabilizar o controle da mente destruída por um agente externo.

Mesmo na reta final da sua existência, o MK-ULTRA ainda era um dos maiores segredos da CIA. John McCone se deu conta disso logo após assumir como diretor da Agência, em 1961. Para reduzir e profissionalizar o programa, ele criou uma nova diretoria de ciência e tecnologia que administraria os estudos "comportamentais" promovidos pelos Serviços Técnicos. Essa medida incomodava Gottlieb e Helms, seu patrono. Eles convenceram McCone de que era necessário preservar o sigilo do MK-ULTRA e protegê-lo até do mais alto escalão. A transferência para a nova diretoria não ocorreu. O setor permaneceu na diretoria de operações secretas, sob a supervisão mais compreensiva de Helms.

Essa vitória burocrática manteve o passado do MK-ULTRA trancado a sete chaves. Mas a questão do futuro do projeto ainda precisava ser resolvida. McCone não era fascinado pela ideia do controle da mente como seu antecessor. Ele determinou que, se fosse o caso, os novos experimentos nessa área seriam conduzidos pela recém-criada Diretoria de Ciência e Tecnologia, não por Gottlieb e sua Divisão de Serviços Técnicos.

Para Gottlieb, o MK-ULTRA era como um filho. Ele concebeu o projeto, ajudou Richard Helms a escrever o memorando, encaminhado a Allen Dulles, que criou o programa em 1953, desenvolveu os 149 "subprojetos" que levaram as pesquisas sobre controle mental às raias do fantástico e monitorou os resultados de experimentos radicais realizados em centros de detenção instalados em quatro continentes. Em dez anos de trabalho, Gottlieb não conseguira desenvolver nenhum "soro da verdade", nenhuma técnica para programar a mente humana, nenhuma poção que realizasse alguma mágica psíquica.

Cada vez mais desconfiado do MK-ULTRA, McCone destacou J. S. Earman, inspetor-geral da CIA, para investigar a natureza e as atividades do programa. Earman encaminhou seu relatório em 26 de julho de 1963. Uma nota no cabeçalho do documento indicava que só havia "uma cópia, devido ao teor incomum".

"O MK-ULTRA é um programa dedicado à pesquisa e ao desenvolvimento de materiais químicos, biológicos e radiológicos voltados para o controle do comportamento humano em operações clandestinas", aponta o relatório. "Ao longo dos dez anos do programa, muitos métodos de controle comportamental foram aprovados para investigação no âmbito do MK-ULTRA pela diretoria da divisão, como radiação, eletrochoques, vários campos da psicologia, psiquiatria, sociologia e antropologia, grafologia, substâncias urticantes e lacrimogêneas e dispositivos e materiais paramilitares."

O relatório não cita os nomes de Gottlieb e Robert Lashbrook, seu diretor-adjunto, mas faz referência a ambos: "Na divisão, só dois indivíduos têm conhecimento substancial do programa, e a maior parte dessas informações não está registrada. Ambos são altamente qualificados, motivados e competentes... No MK-ULTRA, a fase final dos testes consiste na aplicação dos materiais sem o consentimento dos indivíduos, em circunstâncias sociais normais... O diretor do MK-ULTRA supervisiona os testes de perto e faz visitas periódicas aos locais." Ao final, depois de avaliar o "programa de testes" de Gottlieb, o inspetor-geral chegou a quatro conclusões.

a—Pesquisas envolvendo a manipulação do comportamento humano são consideradas antiéticas por muitas autoridades médicas e afins. Portanto, a reputação dos profissionais que participam do MK-ULTRA está em de risco.
b—Algumas atividades do MK-ULTRA sugerem problemas de licitude na estrutura original programa.
c—A fase final dos testes do MK-ULTRA ameaça direitos e interesses dos cidadãos norte-americanos.
d—A divulgação de certos aspectos das atividades do MK-ULTRA pode instigar graves reações do público norte-americano, bem como represálias e ações defensivas nessa área por parte dos serviços de inteligência estrangeiros... Depois de analisar os possíveis benefícios desses testes em comparação com os riscos e possíveis danos à CIA, o inspetor-geral recomenda o encerramento dessa fase do programa MK-ULTRA.

O relatório indicava uma série de sugestões para a adoção de um controle mais rígido sobre o MK-ULTRA. Os contratos deveriam ser auditados. Gottlieb deveria produzir relatórios de andamento regularmente. Os coordenadores dos projetos deveriam atualizar seus arquivos, "notavelmente vazios". A conclusão era uma frase sutil, mas profunda: "No momento, a redefinição do escopo do MK-ULTRA é a opção mais apropriada."

Até então, Gottlieb chefiara o MK-ULTRA quase sem supervisão. De repente, surgiu aquele risco de um controle mais estrito. Mas compartilhar os segredos do MK-ULTRA estava fora de cogitação. O que fazer, então? Um burocrata mais combativo teria optado pela resistência, defendendo o valor essencial do MK-ULTRA e insistindo para que o programa continuasse em segredo. Mas Gottlieb, seguindo a tradição budista, não só aceitou o relatório do inspetor-geral, como também sugeriu que a crítica não fora tão profunda quanto deveria. Sua resposta pode ser lida como um reconhecimento da derrota e como uma medida de autoproteção. No lugar da redefinição do escopo do MK-ULTRA, ele sugeriu o total encerramento do programa.

> Nos últimos anos, ficou cada vez mais óbvio que o foco principal vinha perdendo relevância para as operações clandestinas. As explicações são muitas e complexas, mas duas delas vêm ao caso no momento. No aspecto científico, ficou muito claro que os efeitos desses materiais e técnicas sobre os indivíduos são imprevisíveis demais sob circunstâncias específicas, o que prejudica sua utilidade operacional. Nossos oficiais de operações, especialmente os novos oficiais seniores, têm demonstrado uma sensata e até louvável repugnância com relação ao uso desses materiais e técnicas. Ao que parece, eles perceberam que, além das questões éticas e morais, a extrema sensibilidade e as restrições de segurança inerentes a essas operações desaconselham plenamente sua aplicação.

Nos últimos meses de 1963, o MK-ULTRA foi gradualmente desativado, rumo a um final digno. Os últimos "subprojetos" foram encerrados. Os "centros" em Nova York e São Francisco, onde cidadãos desinformados eram drogados, foram fechados. Gottlieb passou a se concentrar em seu outro trabalho. Ele estava se reinventando. O coordenador de experimentos com drogas e criador de venenos se tornou um designer de ferramentas de espionagem. Em 1963, em sua apresentação para a classe de recrutas da CIA, Gottlieb só se referiu ao MK-ULTRA de passagem.

"Ele disse que os soviéticos estavam realizando muitas pesquisas sobre controle da mente e que era preciso alcançá-los", lembrou um recruta, anos depois. "Todos sabiam que ele tinha feito isso; aquela era a justificativa dele. Soava bem razoável. Ninguém pensou: 'Nossa, que coisa horrível.' Ele não parecia um cientista maluco, um desmiolado."

Durante dez anos, Gottlieb coordenou pesquisas sobre controle da mente com uma postura sistemática e audaciosa. No final, seus companheiros e ele tiveram que admitir um fracasso de dimensões cósmicas. Suas pesquisas mostraram que o controle da mente não passava de um mito — e que era impossível dominar e reprogramar a mente de outra pessoa.

Era o fim da jornada. Nunca haveria nada como o MK-ULTRA novamente. Gottlieb tinha todos os motivos para acreditar que aquele era o ponto final da sua incrível aventura.

12

Isso Tem que Morrer Conosco

Durante a década de 1960, Sidney Gottlieb subiu na hierarquia da CIA e aproveitou sua ótima vida familiar. Ele transformou sua casa rústica na Virgínia em uma residência de dois andares, com janelas amplas e recursos modernos. A casa ficava bem longe da estrada, em um pequeno vale coberto por um bosque, ao final de uma longa entrada de cascalho. No meio do extenso terreno, havia uma grande piscina. Em alguns finais de semana do verão, vestindo apenas um calção, Gottlieb ficava sentado de pernas cruzadas perto do trampolim, meditando.

Beirando os 50 anos, Gottlieb estava em forma, era elegante e bonito e tinha olhos azuis penetrantes. Ele acordava antes de o sol nascer e gostava de atividades ao ar livre. Quando o clima permitia, passava horas cuidando dos jardins e fazendo pequenos reparos. Gottlieb gostava de nadar — assim que chegava a um hotel, ia logo para a piscina —, velejar e jogar tênis. Todas essas horas debaixo do sol lhe davam um belo bronzeado.

Os quatro filhos de Gottlieb — dois meninos e duas meninas — eram adolescentes normais. Nas cartas que mandava para parentes, sua esposa relatava que os garotos eram barulhentos e as garotas, intratáveis. Ela queria que seus filhos pensassem criticamente e cultivassem sua espiritualidade.

"Nossa visão sobre a formação espiritual dos nossos filhos era o aspecto mais importante", escreveu Margaret Gottlieb, anos depois. "Como Sid e eu viemos de contextos religiosos muito diferentes, mas bem fortes, queríamos orientá-los sobre as duas tradições e sobre a ligação da humanidade com o subconsciente, com a necessidade de entender o que está além do mundo material. Sempre passávamos a Páscoa judaica na casa de Sid... Moramos dois anos na Alemanha e, quando voltamos, o pai de Sid estava doente e acabou morrendo. Não fomos mais para a casa da família dele... Para nós, é muito importante ter uma conexão com uma tradição antiga, integrar uma grande comunidade — sua família, seu bairro, sua escola, sua cidade, sua igreja. Eu queria que meus filhos conhecessem a Bíblia, se lembrassem do som dela. Queria que eles tivessem acesso a ótimas músicas, ótima poesia, ótimos livros, contos folclóricos antigos, que eles aprendessem algo sobre costumes populares, sobre como seus ancestrais viviam, agiam e falavam."

No verão de 1966, Peter, que aos 17 anos era o filho mais velho, trouxe uma namorada para casa. Ela era uma colega de classe na James Madison High School. Meio século mais tarde, ao se lembrar do episódio, ela disse que o romance estava "ficando sério, era uma paixonite, tudo muito inocente". Suas lembranças traçam um quadro especial da intimidade da família.

A garota (que pediu para ser identificada como Elizabeth) ficou encantada com o mundo da família de Gottlieb.

"Eu era uma menina inteligente, mas vinha de uma formação católica muito estrita; tinha uma família grande, em que todos estavam sempre preocupados com coisas do dia a dia", disse ela. "A dinâmica da família Gottlieb era muito diferente da minha. Eles discutiam sobre política e a situação do mundo. Tinham muitos livros — a biblioteca de Sidney ficava perto da sala de jantar. Eles eram bem mais sinceros e abertos do que eu estava acostumada. Lembro de uma ocasião em que uma irmã de Peter gritou: 'Mas que merda! Minha menstruação desceu de novo!' Na hora, pensei: 'Isso é muito diferente.'"

Elizabeth lembra de uma noite em que Sidney e Margaret apareceram em trajes bávaros completos. Ele vestia calças de couro na altura dos joelhos com suspensórios; ela, um vestido típico com bordados. Estavam saindo para uma noite em um clube. "Era dança folclórica de verdade", disse Elizabeth, "não uma dança comum".

Em muitos aspectos, o verão foi impactante para Elizabeth. "Não havia nenhuma orientação religiosa estrita naquela casa, mas dava para ver que Sidney tinha tendências místicas", disse ela. "A esposa dele também. Eles trocavam ideias sobre assuntos esotéricos que eu nunca ouvira na mesa de jantar da minha casa. A dinâmica daquela família me deixava meio magnetizada. Tudo era exótico, muito incomum. Ele meditava, mas nenhum deles era maluco ou algo do tipo. Porém, eu sentia que havia algo esquisito ali."

No final do seu amor de verão, esse "algo esquisito" veio à tona para Elizabeth.

> Um dia, estávamos nadando na piscina da casa. Os pais estavam fora, comprando comida para o jantar. Peter disse, como se estivesse conspirando: "Vem comigo. Quero te mostrar uma coisa." Ele me levou até a biblioteca do pai dele e disse: "Vire para o outro lado." Ele então fez algo que não queria que eu visse, e a parede cheia de livros se abriu. Atrás da parede, havia um monte de coisas. Armas — eu não reconhecia nada ali, mas sabia que eram armas. Havia outras coisas. Era um compartimento secreto. Perguntei: "Para que serve *isso*?" Rápido, ele fechou a parede e disse: "Sabe, tem um monte de gente querendo matar o meu pai." Eu disse: "Por quê? Ele é um criminoso?" Peter explicou: "Não, ele trabalha na CIA." Algum tempo depois, ele me disse: "Sabe, meu pai já matou algumas pessoas. Ele criou um creme dental para matar um sujeito." Mais tarde, ele fez uma recomendação: "Nunca fale para ninguém que você esteve lá nem que sabe que meu pai mata pessoas."

Muito tempo depois, Elizabeth concluiu que Margaret Gottlieb, com certeza, sabia sobre a profissão do marido. "Também acho que os filhos sabiam do compartimento secreto", disse Elizabeth. "Dava para perceber que todos eles seguiam algumas regras, protocolos não escritos. Você tinha que tocar a buzina no final da via de entrada. Os convidados só podiam chegar em determinados horários. Havia poucas regras, mas elas eram estritas. Isso explica a parte de trás da parede de livros. Havia uma questão de segurança. Um assassino podia estar atrás dele."

Em silêncio, um grupo de funcionários da CIA observava atentamente enquanto um veterinário anestesiava uma gata de pelo branco e cinza na mesa de operações de um moderno hospital. Quando o sangue verteu após a primeira incisão, um dos presentes — um engenheiro de som da Divisão de Serviços Técnicos — sentiu uma fraqueza e se sentou. Os demais acompanharam todos os movimentos do veterinário. Ele implantou um microfone minúsculo no canal auditivo da gata; depois, com um fio ultrafino, conectou o dispositivo a um transmissor de 2cm de comprimento na base do crânio e instalou um conjunto de microbaterias. Em seguida, o veterinário costurou a pele do bicho. A gata acordou e, após um período de recuperação, voltou ao normal.

A "Gatinha Acústica" era a solução da CIA para um problema de vigilância irritante. No geral, os dispositivos de escuta instalados pelos agentes nas embaixadas estrangeiras captavam muito ruído de fundo. Então, alguém — um coordenador de operações ou um "técnico" da oficina de Gottlieb — observou que, nas orelhas do gato, como nas humanas, havia uma cóclea, um filtro natural que suprimia boa parte do ruído. Então, por que não usar um gato como dispositivo de vigilância? Mesmo que não desse para filtrar o ruído de fundo, seria possível grampear alvos cujos gatos passeavam livremente em escritórios e salas de reunião. A ideia deu origem a experimentos que duraram vários meses até que, finalmente, a "Gatinha Acústica" foi criada em uma sala de cirurgia de um hospital contratado pela CIA.

A gata era um milagre da tecnologia. Após a operação, não apresentou nenhuma cicatriz externa, andava normalmente e agia como todos os outros gatos. O microfone e o transmissor funcionavam perfeitamente. Depois de algum tempo, os treinadores da CIA levaram a gata para realizar um teste em um parque. Eles indicaram dois homens que conversavam e deram um comando: "Escute esses dois caras. Não ouça mais nada — nenhum pássaro, gato ou cachorro —, só eles dois!" Todos os donos de gatos já sabem o que aconteceu. A gata deu alguns passos em direção aos homens e depois se afastou em outra direção.

"Tecnicamente, o sistema de áudio funcionou e gerou um sinal viável", apontou um relatório do experimento. "Porém, o controle dos movimentos da gata, apesar do treinamento, revelou-se inconsistente demais, e a utilidade operacional da técnica foi questionada. Nas semanas seguintes, a Gatinha Acústica passou por vários exercícios envolvendo diversos cenários de operação, mas os resultados não melhoraram."

Esse projeto abortado fazia parte de um programa da CIA que testava a utilidade de animais — aves, abelhas, cães e golfinhos, entre outros — em contextos de vigilância eletrônica. O projeto não foi considerado um fracasso. A diretiva oficial que encerrou o programa, em 1967, apontou que "não seria viável" investir em novas tentativas de adestramento, mas fez uma ressalva: "O trabalho realizado ao longo dos anos é um grande mérito para a equipe responsável."

Antes, essas palavras teriam sido um aceno para Gottlieb e seus colegas artesãos da Divisão de Serviços Técnicos. Ainda eram, mas o projeto "Gatinha Acústica" não fora executado apenas pela divisão. A iniciativa também contava com a colaboração dos funcionários da nova Diretoria de Ciência e Tecnologia, uma força cada vez mais presente no antigo domínio de Gottlieb. A Divisão de Serviços Técnicos ainda tinha autonomia — e protegia os segredos do MK-ULTRA — graças ao apoio incansável de Richard Helms. No entanto, o raio de atuação do setor diminuiu. Alguns projetos que antes eram executados pela divisão foram transferidos para a nova diretoria, como os experimentos "comportamentais" que envolviam indução de amnésia, implante de eletrodos e inserção de memórias falsas.

Como muitas das responsabilidades de Gottlieb foram atribuídas a outros oficiais da CIA, o MK-ULTRA foi desativado. Em 1964, o codinome foi oficialmente arquivado. No lugar dele, surgiu o MK-SEARCH, cujo objetivo era "desenvolver métodos para manipular o comportamento humano de forma previsível através do uso de drogas". A obra pioneira de Gottlieb continuaria, mas seria desenvolvida em um contexto mais convencional e científico, sem ações extremas e brutais.

Se Gottlieb ficou frustrado com o fim do MK-ULTRA, uma inesperada turbulência no alto escalão da CIA anulou esse sentimento. John McCone renunciou ao cargo de diretor em 1965. O mandato do seu sucessor, o almirante William Raborn, foi breve e desastroso. Após a demissão de Raborn, em 1966, o presidente Johnson escolheu Richard Helms para o cargo. O padrinho burocrático de Gottlieb chegara ao topo. Os resultados logo vieram: Helms nomeou Gottlieb chefe da Divisão de Serviços Técnicos. O químico que alguns colegas chamavam de "aquele judeu de pés tortos" agora chefiava a fábrica de ferramentas da CIA e suas filiais no mundo todo.

―――

Em 14 de fevereiro de 1970, o mundo de Sidney Gottlieb foi abalado por um decreto da Casa Branca. Com receio de uma pandemia global, o presidente Nixon determinou que as agências governamentais destruíssem seus estoques de armas biológicas e toxinas. Os cientistas do Exército logo cumpriram a ordem. Gottlieb hesitou. Ele solicitou a Nathan Gordon, chefe da Divisão Química, um inventário dos estoques da CIA. Gordon apontou que o estoque de remédios da "comissão de alteração de saúde", guardado em Fort Detrick, continha dez agentes biológicos que causavam doenças, como varíola, tuberculose, encefalite equina e antraz, e seis toxinas orgânicas, como veneno de cobra e toxinas paralisantes de mariscos. Os dois não conseguiam aceitar a possibilidade de perder esse catálogo de substâncias letais. Gordon sugeriu a retirada secreta desse material de Fort Detrick e chegou a encontrar um centro de pesquisa em Maryland que armazenaria tudo por US$75 mil anuais.

Porém, alguns dias depois, Gordon e Gottlieb se encontraram com Richard Helms e Tom Karamessines, diretor-adjunto de planejamento da CIA, e concordaram que a Agência não tinha outra opção a não ser obedecer à ordem do presidente e destruir o estoque de venenos. Isso foi feito, mas um lote de saxitoxina, uma toxina paralisante produzida por moluscos, escapou da destruição. Era um dos venenos favoritos de Gottlieb. Para fabricá-lo, fora necessário extrair e refinar volumes ínfimos da toxina produzidos por milhares de "butter clams", um marisco do Alasca. O produto concentrado era tão forte que um só grama poderia matar 5 mil pessoas. Gottlieb usara essa substância para fabricar as "L-pills" e facilitar o suicídio de agentes e dos pilotos do U-2, que receberam agulhas revestidas desse veneno.

Dois frascos contendo quase 11 gramas — o suficiente para matar 55 mil pessoas — estavam guardados em um dos freezers de Gottlieb. Antes de os técnicos do Exército aparecerem, dois funcionários da Divisão de Operações Especiais colocaram os recipientes no porta-malas de um carro e levaram o material para o Departamento de Medicina e Cirurgia da Marinha, em Washington, onde a CIA mantinha um pequeno estoque de produtos químicos. Tempos depois, em um depoimento, Nathan Gordon revelou que comandara a operação sem consultar Gottlieb. Gordon disse que não chegara ao seu conhecimento a diretiva que exigia a destruição das toxinas e que, em todo caso, ele acreditava que a CIA deveria conservar algum material para o caso de necessidade da "autoridade superior". Quando os 11 gramas de veneno foram descobertos e destruídos, em 1975, Gottlieb já havia se aposentado.

Os sete anos que Gottlieb passou na chefia dos Serviços Técnicos — seu mandato foi o mais longo — foram um período de atividade global e frenética para a CIA. Todos os dias, os oficiais realizavam operações em quase todos os países do mundo e solicitavam uma infinidade de ferramentas e dispositivos. Os funcionários de Gottlieb criavam estes materiais: disfarces personalizados para escapar de situações de vigilância; câmeras escondidas em chaveiros, prendedores de gravata, relógios de pulso e isqueiros; uma pistola de tiro único do tamanho de um polegar; um cachimbo com um receptor de rádio embutido; carros com esconderijos secretos para agentes que precisavam sair de países hostis; e uma máquina que comprimia cédulas de dinheiro soviético para que grandes quantidades fossem repassadas em pequenos recipientes.

Os "engenheiros da dissimulação" de Gottlieb também fabricaram um dispositivo notável para ludibriar Philip Agee, um oficial aposentado da CIA que se tornara um crítico feroz da Agência. Em 1971, Agee estava em Paris escrevendo um livro com fortes revelações quando conheceu uma mulher que depois seria descrita como "loira, de busto farto, uma rica herdeira de um empresário norte-americano que atuava na Venezuela". Ela incentivou a escrita do livro, deu dinheiro, cedeu seu apartamento e presenteou Agee com uma máquina de escrever portátil. Agente secreto treinado, ele logo descobriu que a máquina estava cheia de pequenos dispositivos eletrônicos, incluindo microfones, um transmissor e cinquenta minibaterias. A mulher era uma agente da CIA. A arapuca fora muito bem construída, um exemplo da arte de Gottlieb. Agee achou o artifício tão engenhoso que colocou a máquina de escrever na capa do livro *Dentro da Companhia: Diário da CIA*. Na capa, o chassi aparece aberto, revelando o conjunto de baterias escondido no interior da tampa.

Alguns dispositivos exóticos solicitados a Gottlieb pelos oficiais de operações tinham uma origem peculiar. Na época em que ele chefiava os Serviços Técnicos, séries de TV sobre espionagem estavam na moda: *Secret Agent*, *O Agente da U.N.C.L.E.*, *O Agente 86*, *Os Destemidos* e *Missão Impossível* eram imensamente populares. A onda dos filmes de James Bond também surgiu nesse período. Os roteiristas competiam para ver quem inventava as engenhocas mais mirabolantes para seus espiões ficcionais, e o fenômeno chamou a atenção dos espiões de verdade. Intrigados com os dispositivos que viam em filmes e séries, os oficiais de operações queriam saber se eles poderiam funcionar na vida real. Essas perguntas eram tão persistentes que, por algum tempo, os Serviços Técnicos destacavam funcionários adicionais para a central telefônica na manhã seguinte à exibição dos episódios de *Missão Impossível*. Os agentes curiosos sobre alguma engenhoca que viam no programa ligavam para perguntar: "Dá para fazer isso?" A equipe de Gottlieb levava a sério esses pedidos e até atendeu a alguns deles.

Inevitavelmente, dadas as circunstâncias, Gottlieb e a Divisão de Serviços Técnicos se envolveram ativamente na Guerra do Vietnã. A estação da CIA em Saigon era enorme e contava com um grupo de funcionários da divisão. Algum tempo depois, um deles estimou que o pessoal de Gottlieb produzia materiais para "trinta a quarenta missões por dia no Laos e no Vietnã".

Os engenheiros da Divisão de Serviços Técnicos desenvolveram um "lançador de foguetes com tubo triplo"; os comandos utilizavam essa arma portátil para destruir os depósitos de combustível do inimigo. Outra equipe construiu uma estrutura de madeira que, ao ser instalada em um barco-patrulha de alta velocidade, passava por um inocente aglomerado de lixo. Falsificadores criavam documentos frios para agentes vietnamitas. Os engenheiros desenvolveram sensores para direcionar bombardeios ao longo da trilha Ho Chi Minh e minitransmissores embutidos em fuzis, que eram abandonados nos campos de batalha para serem recolhidos pelo inimigo, facilitando o rastreamento. Uma equipe inventou uma bússola especial para as equipes secretas que operavam no Vietnã do Norte. O item parecia um maço de cigarros e continha mapas em miniatura cujo fundo era iluminado por uma lâmpada bem fraca, viabilizando o uso em operações noturnas.

"Ao longo de 1968, o Dr. Gottlieb continuou à frente do seu império de cientistas, que perambulavam pelos confins do mundo em busca de novas raízes e folhas para triturar e misturar na produção de poções letais", aponta um estudo sobre a inteligência norte-americana nessa época. "Em seus laboratórios comportamentais, os psiquiatras e psicólogos continuaram fazendo experimentos. Eles abordaram uma linha de pesquisa anterior: o implante de eletrodos no cérebro... Uma equipe da Agência viajou para Saigon em julho de 1968; no grupo, havia um neurocirurgião e um neurologista... Em um complexo fechado no Bien Hoa Hospital, a equipe começou a trabalhar. Três vietcongues prisioneiros foram selecionados pela estação local. Os critérios dessa escolha nunca seriam explicados. Os prisioneiros foram anestesiados. Depois de colocar uma placa no crânio, o neurocirurgião implantou pequenos eletrodos no cérebro de cada um deles. Quando os prisioneiros voltaram a si, os behavioristas deram início ao trabalho...

Os prisioneiros foram colocados em uma sala e receberam facas. Por meio de controles manuais, os behavioristas tentaram incitar os vietcongues a praticarem atos violentos. Nada aconteceu. Durante uma semana, os doutores tentaram fazer os homens brigarem. Desconcertada com o fracasso, a equipe voltou para Washington. Enquanto os cientistas regressavam ao país, um grupo de Boinas Verdes abriu fogo contra os prisioneiros e queimou seus corpos, conforme combinado previamente para o caso de insucesso."

Enquanto esse experimento fracassava no Vietnã, outro também terminava mal em Israel. O Mossad, a agência de inteligência israelense, mantinha uma colaboração muito próxima com a CIA por meio do oficial James Jesus Angleton. Os dois serviços geralmente compartilhavam informações. Como chefe da equipe de contrainteligência da CIA, Angleton sabia muito sobre o MK-ULTRA. O Mossad estava interessado em um dos objetivos centrais do MK-ULTRA: criar um assassino programado. Para os israelenses, essa técnica poderia ser utilizada no assassinato do líder palestino Yasser Arafat. "Em 1968, os israelenses passaram três meses tentando transformar um prisioneiro palestino em um assassino programado", descreve um estudo sobre o programa de assassinatos do Mossad. "Cinco horas após ser libertado para cumprir sua missão, ele foi até a polícia, entregou sua pistola e explicou que a inteligência israelense havia tentado fazer uma lavagem cerebral nele e programá-lo para matar Arafat."

O auge da operação dirigida por Gottlieb ocorreu no final da década de 1960. Ele era considerado um ótimo administrador devido ao controle eficiente que exercia sobre uma rede mundial de agentes, uma habilidade desenvolvida nos anos em que ficara à frente do MK-ULTRA. Ele trabalhava pesado e dormia apenas cinco horas por noite. No almoço, comia o que trazia de casa, geralmente cenouras cruas, couve-flor e outros vegetais, pão caseiro e leite de cabra. Gottlieb era conhecido como um chefe generoso e bem próximo dos subordinados. "A atenção que Gottlieb dedicava à 'família' da divisão é lendária", relatou um sucessor. Ele tinha um senso de humor bastante autodepreciativo, gostava de mostrar passos de danças folclóricas e sempre se lembrava de nomes, inclusive dos cônjuges, aniversários e hobbies.

"Pode soar brega, mas ele tinha uma sensibilidade diferenciada", disse um químico que trabalhara com ele. "Parecia conhecer de verdade os funcionários."

No início dos anos 1970, Gottlieb já havia se estabelecido entre os líderes veteranos da CIA. As desconfianças que marcaram seus dias no MK-ULTRA tinham se dissipado. Seu estilo de gestão conquistou muitos admiradores. Seu jogo de cintura na burocracia também era apreciado. A ligação de Gottlieb com o MK-ULTRA poderia ter ameaçado sua ascensão, mas, com Helms chefiando a CIA, aquele passado continuaria sob sigilo.

Mas esse segredo começou a vir à tona na madrugada do dia 17 de junho de 1972. Um segurança do complexo Watergate, em Washington, encontrou um pedaço de fita adesiva sobre uma fechadura na sede do Comitê Nacional do Partido Democrata e chamou a polícia. Vários invasores foram detidos, e depois surgiram evidências de que eles tinham ligações com a Casa Branca e com a CIA. A Divisão de Serviços Técnicos havia fornecido documentos falsos para Howard Hunt e G. Gordon Liddy. Hunt também recebera materiais de espionagem, inclusive um dispositivo de alteração da voz, uma câmera escondida em uma tabaqueira e um disfarce com peruca e óculos. Após a invasão do Watergate, uma série de descobertas associadas ao episódio abalou a vida política do país, culminando com a renúncia do presidente Nixon. Esses eventos também encerraram a carreira de Gottlieb.

Para minimizar os danos políticos ocasionados pelo caso Watergate, o presidente Nixon solicitou a ajuda da CIA. Helms se recusou a criar uma narrativa que inocentasse a Casa Branca. Foi demitido por Nixon em 1º de fevereiro de 1973. O protetor de Gottlieb saiu de cena. Agora ele estava vulnerável e por conta própria.

Quando estava arrumando suas coisas, Helms chamou Gottlieb para se despedir. Eles falaram sobre o MK-ULTRA, que já estava sendo gradualmente esquecido, mas continuava existindo nos arquivos que documentavam todos aqueles anos de experimentos e interrogatórios. Os dois tomaram uma decisão fatídica. Ninguém jamais poderia ter acesso aos arquivos. Os documentos causariam indignação se viessem à tona — e poderiam servir como provas em processos contra Gottlieb e Helms por crimes bastante graves.

"No início de 1973, o Dr. Gottlieb, chefe da Divisão de Serviços Técnicos, convocou [editado] e a mim para ir até sua sala, onde solicitou que analisássemos nossas bases para determinar se ainda havia registros do programa de pesquisa sobre drogas, encerrado muitos anos antes", escreveu um psicólogo da CIA em um memorando, dois anos depois. "O Dr. Gottlieb explicou que fora chamado pelo Sr. Helms, que se preparava para deixar o cargo de diretor, e ouvira dele: 'Isso tem que ficar conosco' ou 'Isso tem que morrer conosco'... Naquele momento, nenhuma investigação relevante estava em andamento e não havia nenhuma ordem determinando a redução de arquivos. O Sr. Helms estava sugerindo algo como: 'Nós fizemos a bagunça; nós faremos a limpeza.'"

Em um dos seus últimos atos como diretor da CIA, Helms determinou a destruição de todos os registros do MK-ULTRA. A ordem assustou o chefe do Centro de Registros da Agência em Warrenton, na Virgínia. Ele ligou para confirmar a diretiva com Gottlieb, que se dispôs a ir pessoalmente até o Centro de Registros, apresentar a ordem e garantir sua execução imediata. Em 30 de janeiro de 1973, sete caixas de documentos foram destruídas.

"Apesar das minhas objeções formais, os arquivos do MK-ULTRA foram destruídos por ordem do diretor (Sr. Helms) pouco antes da sua saída do cargo", indicou o chefe do Centro de Registros em um memorando que incluiu em seu arquivo.

Na mesma ocasião, Gottlieb orientou sua secretária a abrir o cofre da sala dele, retirar os arquivos com as inscrições "MK-ULTRA" e "Material Sigiloso" e destruir esses documentos. Ela cumpriu a ordem. Tempos depois, a secretária disse que não fez nenhum registro dos materiais destruídos e que "nunca pensou em questionar as instruções". Um arquivo histórico desaparecia para sempre.

James Schlesinger, o sucessor de Helms, chegou à Agência determinado a promover mudanças. "Schlesinger entrou pegando pesado", escreveu um sucessor em seu livro de memórias. "Ele tinha uma visão muito forte sobre as falhas da CIA e algumas ideias para corrigir esses erros. Então, entrou em Langley de mangas arregaçadas, determinado, com aquele seu temperamento cáustico, a implementar essas ideias e promover uma série de mudanças rapidamente."

Gottlieb era um alvo natural. Pelos padrões da CIA, ele era uma prata da casa. Ingressara quatro anos após a fundação da Agência e já estava lá há 22 anos. O programa MK-ULTRA, sua credencial mais forte, já não era bem-visto. O tempo de Helms havia terminado, e Gottlieb era seu protegido. Além disso, o fiasco do Watergate respingara nele, pois sua Divisão de Serviços Técnicos havia colaborado com os invasores.

Logo após assumir como diretor, Schlesinger mudou o nome da Divisão de Serviços Técnicos para Escritório de Serviços Técnicos. Gottlieb continuou na chefia, mas já devia saber o que viria pela frente.

Em uma tarde de abril, Schlesinger telefonou para John McMahon, um experiente oficial da CIA que atuara no projeto U-2. Ele marcou uma reunião com McMahon para o dia seguinte, às 9h30, no seu gabinete. Na ocasião, após um breve cumprimento, Schlesinger foi direto ao assunto.

"Tenho um trabalho para você", disse ele.

"Qual?", perguntou McMahon.

"Chefe do Escritório de Serviços Técnicos."

"Mas não sei nada sobre essa área."

"Não importa, quero que você fique à frente disso. Acompanhe tudo que acontece lá."

Após esse acordo, Gottlieb estava fora, mas ainda era preciso definir o momento da substituição. Schlesinger, nada paciente, descartou a ideia de esperar até 1º de maio. De fato, ele olhou para o relógio e perguntou: "Que tal às 10h?"

"Fomos de carro até o setor", lembrou McMahon, anos mais tarde. "Eu entrei e disse: 'Bom dia, sou o novo líder do escritório.' Foi muito constrangedor."

Para Gottlieb era mais que embaraçoso. Ele tinha a opção de continuar na CIA em uma função menor, mas essa escolha não seria condizente com as expectativas dele nem com as da CIA. O desligamento era a melhor solução para todos.

Antes de ir embora, atendendo a um pedido, Gottlieb escreveu um memorando indicando as principais colaborações dos Serviços Técnicos com outras agências governamentais que promoviam operações secretas. No documento, ele descreve parte do trabalho que já vinha fazendo há mais de uma década.

Departamento de Defesa: Documentos, disfarces, dispositivos de ocultação, criptografia, manipulação e adulteração de objetos, combate a atos de insurgência e sabotagem.

Departamento Federal de Investigação (FBI): A pedido, cooperamos com o FBI em algumas operações de vigilância com escutas visando o monitoramento de alvos estrangeiros sensíveis nos Estados Unidos.

Departamento de Narcóticos e Drogas Perigosas: Sinalizadores, câmeras, dispositivos de áudio e telefonia para operações no exterior, documentos de identificação, rastreadores de veículos, SRAC [dispositivos de comunicação de curto alcance], manipulação e adulteração de objetos e treinamento para qualificação dos funcionários no uso das ferramentas.

Serviço de Imigração e Naturalização: Análise de passaportes e vistos, orientação no desenvolvimento de cartões seguros para o registro de estrangeiros, [editado].

Departamento de Estado: Orientação técnica no desenvolvimento de um novo modelo de passaporte, análise de passaportes estrangeiros, blindagem de carros e sinalizadores para embaixadores.

Serviço Postal: O gabinete do Inspetor-chefe do Serviço Postal selecionou funcionários para participar de cursos básicos de vigilância fotográfica e recebeu informações sobre serviços postais estrangeiros e análises de possíveis cartas-bomba... Também temos um acordo com o Serviço Postal para examinar e devolver um pequeno volume das correspondências estrangeiras que chegam aos Estados Unidos.

Serviço Secreto: Passes de entrada, passes de segurança, passes para campanhas presidenciais, emblemas para veículos presidenciais e um serviço seguro de identificação por fotos.

Agência dos Estados Unidos para o Desenvolvimento Internacional (USAID): Destacamos instrutores para um Curso de Investigação Técnica (contraterrorismo) patrocinado pela USAID para [editado].

Casa Branca: Fornecemos blocos de papel, memorandos especiais e moldes para o Grande Selo.

Polícias de Washington, Arlington, Fairfax e Alexandria: Entre 1968 e 1969, integrantes selecionados dessas unidades participaram de vários cursos sobre aspectos básicos de temas como vigilância fotográfica, escutas, manipulação de fechaduras, sabotagem e invasão.

Sidney Gottlieb se aposentou da CIA em 30 de junho de 1973. Pouco antes, recebeu uma das maiores honrarias da Agência: a Medalha de Distinção da Inteligência. Essa homenagem é concedida a alguns oficiais "pela prestação de serviços notáveis ou por conquistas de natureza excepcional". Seguindo o protocolo, a cerimônia foi fechada, e Gottlieb teve que devolver a medalha pouco depois de recebê-la. O discurso cerimonial continua sob sigilo.

13

Alguns Agentes Estavam Fora de Controle Naquela Época

Foi um dos telegramas mais impactantes já enviados por um diretor da CIA. James Schlesinger mandou o recado para agentes espalhados no mundo todo em 9 de maio de 1973. Schlesinger estava no cargo há apenas quatro meses, acabara de demitir Gottlieb e queria extirpar alguns hábitos arraigados da CIA. Após o escândalo de Watergate, o público passou a exigir mais transparência do governo. Schlesinger aproveitou esse clima para enviar seu telegrama disruptivo. Mas nem ele poderia ter imaginado as consequências.

"Estou determinado a aplicar a lei", escreveu Schlesinger. "Tomarei várias providências para concretizar esse objetivo. Determinei que todos os altos funcionários operacionais me informassem imediatamente sobre atividades em andamento ou já concluídas que possam ter contrariado o estatuto da Agência. Neste telegrama, oriento todas as pessoas vinculadas à CIA a me comunicarem quaisquer atividades nesse sentido de que tenham conhecimento. Convido todos os ex-funcionários a fazerem o mesmo. Os informantes devem ligar para minha secretária (ramal 6363), mencionando o tema 'atividades contrárias ao estatuto da CIA'."

Dois dias depois, o presidente Nixon anunciou a transferência de Schlesinger para a secretaria de defesa. Para se defender das acusações de uso político da CIA, Nixon nomeou William Colby, um funcionário de carreira, como novo diretor da Agência. Colby era visto como rigoroso e inflexível, uma reputação conquistada nos anos em que atuara no Vietnã, onde chefiou a campanha Phoenix, cujo objetivo era "neutralizar" civis suspeitos de colaboração com as forças inimigas. A tortura era um elemento da Phoenix, e o próprio Colby afirmara que seus agentes haviam liquidado mais de 20 mil vietnamitas. No entanto, ele estava em uma viagem pessoal quando chegou sua nomeação. A determinação de Colby em revelar os excessos anteriores da CIA acabou sendo mais intensa que a de Schlesinger.

"Ele era católico e, com a morte da filha mais velha, que sofria de epilepsia e anorexia nervosa, ficou mais religioso e reflexivo", descreve um historiador da inteligência. "Os colegas de Colby notaram uma mudança, que atribuíram à morte da filha e às críticas feitas à Phoenix. Algum tempo depois, eles concluíram que Colby tinha 'se convertido', assumindo o papel de 'sacerdote guerreiro', e que estava se dedicando de corpo e alma à Agência, movido pela ideia de que, se confessasse os segredos da CIA, o passado seria esquecido... Mas suas decisões também indicavam que os segredos da Agência viriam à tona de qualquer maneira. E Colby queria compartilhar o constrangimento das descobertas com a liderança política dos Estados Unidos."

Pouco depois da posse, Colby recebeu um livro volumoso, com várias páginas soltas que mudariam a CIA para sempre. O documento continha as respostas encaminhadas pelos funcionários que receberam o telegrama determinando a comunicação dos atos ilegais que haviam cometido ou de que tinham conhecimento. Havia 693 páginas de texto em letras pequenas. Entre outros pontos, o livro trazia referências a "pesquisas sobre drogas comportamentais" e "voluntários humanos". O nome de Gottlieb era citado uma vez.

"Em janeiro de 1973, o Dr. Sidney Gottlieb, alegando que estava cumprindo ordens do diretor Richard Helms, determinou a destruição de todos os registros associados às pesquisas e testes com drogas", apontava um informante. "Em 31 de janeiro de 1973, sete caixas de relatórios, produzidos entre 1953 e 1967, foram retiradas dos arquivos e destruídas. Além disso, 25 cópias da brochura 'LSD-25: Algumas Implicações Não Psicodélicas' foram destruídas."

Depois de analisar esse material, que ficou conhecido na CIA como as "joias da família", Colby encaminhou um resumo aos presidentes das Comissões de Serviços Armados da Câmara e do Senado, que supervisionavam a Agência. Seguindo velhos hábitos, todos concordaram que as "joias da família" deveriam ficar em segredo. No ano seguinte, o escândalo do Watergate continuou estremecendo Washington, e Nixon renunciou em 9 de agosto de 1974, sendo substituído pelo vice-presidente Gerald Ford. As "joias da família" permaneceram engavetadas.

Alguns meses depois, o repórter investigativo Seymour Hersh, que ganhara o Prêmio Pulitzer por ter exposto o massacre de My Lai, no Vietnã, ligou para Colby e disse que descobrira "uma história maior que a de My Lai". Hersh recebera informações sobre uma das "joias da família", o programa MH-CHAOS — o prefixo MH indicava projetos de alcance mundial. Por meio desse programa, a CIA havia compilado dossiês sobre milhares de jornalistas e ativistas norte-americanos que protestavam contra a guerra. Colby não negou nada. Em 22 de dezembro de 1974, um domingo, a matéria estampou a primeira página do *New York Times*.

"Durante o governo Nixon, a Agência Central de Inteligência, violando diretamente seu estatuto, promoveu uma operação de inteligência doméstica massiva e ilegal contra o movimento pelo fim da guerra e outros grupos dissidentes nos Estados Unidos." Assim começava o artigo de Hersh. O texto não fazia referências a experimentos com drogas nem a outros temas relacionados ao MK-ULTRA. Porém, a matéria desencadeou uma onda de investigações que logo chegou a Sidney Gottlieb.

Após as revelações sobre o MH-CHAOS, alguns congressistas sugeriram a criação de uma comissão especial para investigar possíveis atos ilegais da CIA. O presidente Ford e os altos oficiais da CIA eram radicalmente contra essa medida. Era a primeira vez que uma força externa ameaçava o sigilo operacional da Agência desde a década de 1950, quando Mike Mansfield tentara estabelecer uma supervisão mais estrita no Congresso.

Mas o clima político em Washington, que protegera a CIA por muito tempo, havia mudado. Muitas histórias sobre os excessos da Agência circulavam na imprensa. Os cidadãos queriam mais informações. Com o aumento da pressão popular, o presidente Ford já não podia mais se opor à investigação. Então, tentou se antecipar ao Congresso.

"Se eu permitisse que o Congresso dominasse a investigação, surgiriam revelações desnecessárias", escreveu Ford em seu livro de memórias. "Então, decidi tomar a iniciativa." Em 4 de janeiro de 1975, Ford anunciou sua própria comissão de investigação da CIA. O presidente queria um relatório chapa-branca: a comissão encontraria algumas ações repreensíveis, mas nenhum crime grave. Seu objetivo era tranquilizar os membros do

Congresso e desarticular a investigação parlamentar. Para Ford, a segurança nacional dos Estados Unidos estava sob "constante ameaça" e a CIA era "fundamental para a proteção dos nossos interesses nacionais"; o presidente até elogiava o "notável histórico de êxitos" da Agência. Portanto, o Congresso deveria "se pautar pelas conclusões e recomendações da comissão" e "evitar a proliferação de audiências".

Para garantir a moderação do relatório, Ford indicou Nelson Rockefeller, seu vice, como presidente da comissão. Rockefeller era um agente político muito bem informado, cujos vínculos com a CIA remontavam aos anos 1950, quando atuara junto com Allan Dulles no Conselho de Coordenação Operacional, uma subcomissão secreta do Conselho Nacional de Segurança, que desenvolvia projetos de ações clandestinas.

Poucas horas depois de anunciar a formação da Comissão Rockefeller, Ford teve uma reunião com Richard Helms, que atuava como embaixador dos EUA no Irã. Helms conhecia bem a história das operações secretas dos EUA — incluindo o MK-ULTRA.

"Francamente, estamos em uma enrascada", disse Ford, indicando que planejava restringir a ação da Comissão Rockefeller e avisar os membros de que qualquer excesso "seria trágico".

"Seria uma pena se a opinião pública nos obrigasse a ir mais longe. Isso prejudicaria a integridade da CIA", disse Ford. "Para mim, tudo que vocês fizeram foi correto até que me provem o contrário."

Essa sugestão apontava que, na medida do possível, Helms seria protegido da investigação que apurava as ações da CIA. Ele agradeceu o gesto, mas ainda estava apreensivo. Se as "joias da família" viessem à tona, a reação seria avassaladora.

"O armário está cheio de esqueletos", alertou Helms. "Não sei de tudo. Talvez ninguém saiba. Mas sei o bastante para dizer que, se os esqueletos saírem do armário, também estarei no olho do furacão."

Todos os integrantes da Comissão Rockefeller — cujo nome oficial era Comissão Presidencial para Investigação das Atividades da CIA nos Estados Unidos — eram membros de carteirinha da elite política que sempre protegera a CIA. O grupo contava com o general Lyman Lemnitzer, ex-chefe do Estado-Maior Conjunto; o líder trabalhista Lane Kirkland, presidente da AFL-CIO, uma grande confederação sindical e o principal canal de financiamento da CIA para sindicatos anticomunistas no exterior; Ronald

Reagan, que vinha de dois mandatos como governador da Califórnia; e C. Douglas Dillon, ex-secretário do Tesouro. A comissão trabalhou por cinco meses. Rockefeller afastou os membros dos assuntos mais delicados, mas não conseguiu conter a estranha tagarelice do diretor William Colby. Em vez de alegar desconhecimento ou esquecimento, Colby deu respostas surpreendentemente sinceras. Em sua primeira sessão, ele declarou que a CIA havia conduzido experimentos com LSD que resultaram em mortes. Em outras ocasiões, Colby se referiu a planos de assassinatos. Sua franqueza perturbou os membros da comissão, que não queriam ouvir demais. Rockefeller teve que conversar com ele.

"Bill, você precisa mesmo fornecer todo esse material?", disse Rockefeller. "Sabemos que vocês precisam guardar certos segredos. Então, ninguém aqui vai se ofender se você não responder certas perguntas de modo tão completo."

Diante das circunstâncias, o relatório da Comissão Rockefeller, divulgado em 11 de junho de 1975, foi o mais moderado possível. O grupo concluiu que a CIA havia realizado operações "claramente ilegais", como o monitoramento de grupos de protesto, instalação de grampos, invasões e furtos e violação de correspondência. Em Washington, já circulavam histórias sobre planos para assassinar líderes estrangeiros, mas o relatório da comissão apontava que "não houve tempo para uma investigação completa."

Embora não fizesse nenhuma citação direta ao MK-ULTRA, o relatório mencionava que a CIA mantivera um projeto que "promovia testes com drogas perigosas sem o consentimento dos cidadãos nos Estados Unidos", outro que envolvia a administração de drogas a presidiários e um terceiro em que "voluntários desinformados" eram drogados com LSD em dois locais secretos. O documento concluía que não era possível investigar o tema mais a fundo, porque os registros dessas operações haviam sido destruídos e "todas as pessoas diretamente envolvidas nas fases iniciais do programa estavam fora do país, indisponíveis ou mortas".

Mas, escondido no relatório, um parágrafo surpreendente fazia uma revelação que atravessava a aridez do texto.

> Em certa ocasião, durante as fases iniciais do programa, um funcionário do Exército foi drogado com LSD sem consentimento, enquanto participava de uma reunião com funcionários da CIA que trabalhavam no projeto das drogas. Antes de receber o LSD, o indivíduo havia participado de discussões em que os envolvidos teriam estabelecido que ocorreriam

testes de substâncias sem o consentimento dos indivíduos. No entanto, o funcionário em questão só foi informado de que ingerira o LSD cerca de 20 minutos após o fato. Ele desenvolveu efeitos colaterais graves e foi encaminhado para tratamento psiquiátrico em Nova York sob escolta da CIA. Alguns dias depois, ele pulou da janela do seu quarto, no 10º andar, e veio a falecer.

No dia seguinte, jornais dos Estados Unidos e do mundo todo estamparam artigos sobre o relatório da Comissão Rockefeller na primeira página. No geral, os jornalistas abordavam novas informações sobre o programa de vigilância MH-CHAOS. O *Washington Post* publicou quatro matérias. A manchete de uma delas era VERDADE SOBRE SUICÍDIO VEM À TONA.

O TOQUE DO telefone acordou Eric Olson, que dormia em seu apartamento nos arredores da Universidade de Harvard, onde cursava pós-graduação em psicologia. Era seu cunhado.

"Você já leu o *Washington Post* de hoje?"

"Não, por quê?", respondeu Olson.

"Você precisa ler agora mesmo. Seu pai está em uma das matérias."

"Meu pai? Como assim?"

"Dá uma lida e me liga depois."

Olson se vestiu, correu até a banca, comprou o *Post* e leu a manchete: VERDADE SOBRE SUICÍDIO VEM À TONA.

"Um funcionário civil do Exército ingeriu LSD sem saber durante um teste promovido pela Agência Central de Inteligência. Menos de uma semana depois, ele pulou de uma altura de dez andares e morreu, segundo o relatório da Comissão Rockefeller divulgado ontem", apontava o artigo. O texto continha dois equívocos: a vítima era um oficial da CIA, não um funcionário do Exército, e a altura fora de treze andares, pois, pelo sistema de numeração do Statler Hotel, o quarto 1018A ficava no 13º piso. Apesar disso, Eric Olson conseguiu encaixar as peças.

"Foi incrível", disse ele, anos depois. "Em 1953, um cientista do Exército — a identificação foi essa: um 'cientista do Exército' — foi drogado pela CIA com LSD, reagiu mal, foi encaminhado para atendimento médico em Nova York, mas, infelizmente, acabou pulando pela janela. Pensei: Drogas? LSD? O quê? Senti uma mistura terrível de compreensão e desorientação. Pensei: 'O que eles estavam fazendo com drogas?' Mas também: 'Foi o meu pai mesmo?' E ainda: 'Em 1953, quantos cientistas pularam de janelas em Nova York?'"

Essa história, com sua mistura sinistra de drogas, morte e CIA, logo conquistou a mídia. Nos dias seguintes, os repórteres despejaram na CIA uma avalanche de pedidos de informações sobre o cientista que "pulou de uma altura de dez andares" depois de ingerir uma dose de LSD. A família de Olson convocou uma entrevista coletiva. No dia anterior, Eric Olson havia convidado o repórter Seymour Hersh para uma visita à casa da família em Frederick. Hersh não era um sujeito de meias palavras.

"Essa é a família mais complacente dos Estados Unidos!", disse ele, admirado. "Nunca vou conseguir entender como vocês viveram com essa história de merda por 22 anos."

Na coletiva de imprensa, realizada no quintal da casa, Alice Olson leu um comunicado indicando que a família decidira "entrar com uma ação judicial contra a CIA nos próximos dias, solicitando indenizações por perdas e danos na casa dos milhões de dólares". Ela destacou que o marido "não parecia ter perdido a razão nem estar doente" nos últimos dias de vida, mas que estava "muito melancólico", falando "em pedir demissão".

"Desde 1953, não conseguimos aceitar o 'suicídio' inexplicável de Frank Olson", disse Alice. "A verdade sobre a morte dele esteve oculta por 22 anos."

Além de anunciar a intenção de processar a CIA, a família Olson também solicitou ao Departamento de Polícia de Nova York a abertura de uma nova investigação. O promotor Robert Morgenthau respondeu imediatamente, sinalizando que começaria a "examinar certos aspectos" do caso. O comissário de polícia Michael J. Codd disse que os detetives já estavam "investigando todo o contexto da morte de Olson".

Robert Lashbrook, que estava com Olson no quarto 1018A na noite da sua morte, foi citado em diversas matérias. "Não sei o que posso dizer", disse Lashbrook ao *Washington Post*, em uma entrevista por telefone. Depois, ele mencionou que, logo após a morte de Olson, telefonara a um "funcionário da CIA" para informar o episódio — e que o nome desse funcionário era Sidney Gottlieb.

No dia em que o *Post* publicou a entrevista, o *New York Times* também citou o nome de Gottlieb. Ele era descrito na reportagem como o "chefe dos testes com LSD na CIA"; o jornal também indicava que os investigadores da

Comissão Rockefeller teriam dito que Gottlieb havia "destruído os registros do programa de drogas em 1973 para eliminar vestígios de ações ilegais". Segundo o *Times*, Gottlieb participara "pessoalmente do experimento" que causou a morte de Frank Olson.

A Comissão Rockefeller apontou a destruição dos registros dos experimentos com LSD, mas não mencionou o nome do Dr. Gottlieb. Além disso, a comissão descreveu um programa da CIA, realizado por meio do Federal Bureau of Drug Abuse Control, que testava os efeitos do LSD em "voluntários desinformados" em dois locais, um na costa oeste e outro na costa leste. Fontes ligadas à Comissão Rockefeller disseram que esse programa também era chefiado pelo Dr. Gottlieb... A comissão tentou marcar uma entrevista com o Dr. Gottlieb, mas a Agência informou que ele não estava disponível. O *New York Times* não conseguiu localizá-lo.

Essas reportagens começaram a despedaçar o manto de invisibilidade de Gottlieb. Ele tinha se desligado da Agência, mas, para sua infelicidade, não fora esquecido.

Quando a família Olson anunciou que processaria a CIA, o alarme soou na Casa Branca. Caso a ação fosse instaurada, a família e os detetives de homicídios de Nova York poderiam exigir a divulgação de segredos muito obscuros. Donald Rumsfeld, chefe de gabinete do presidente Ford, e o chefe-adjunto Dick Cheney perceberam o perigo. Em um memorando, Cheney alertou Rumsfeld de que um processo judicial obrigaria a CIA a "revelar informações de segurança nacional ultrassecretas". Para evitar o desastre, ele recomendou que Ford fizesse um comunicado público expressando seu "pesar" e "sua disposição para organizar um encontro pessoal com a sra. Olson e seus filhos".

Ford acatou a orientação dos seus assessores e convidou Alice Olson e seus três filhos adultos para uma visita na Casa Branca. O encontro ocorreu em 21 de julho de 1975, no Salão Oval. Foi um acontecimento histórico sem precedentes: foi a única vez que um presidente dos EUA se encontrou com a família de um oficial da CIA morto em uma situação trágica para pedir desculpas em nome do governo.

"É com o mais profundo e sincero pesar que ofereço este pedido de desculpas... pela incerteza e pela angústia que acometeram a família durante esse longo período", disse Ford. Ele informou que havia solicitado à CIA todos os documentos associados ao caso. Algum tempo depois, a família participou de um encontro com William Colby na sede da Agência, em

Langley. Na ocasião, ele pediu desculpas por aquele "terrível episódio" que "nunca deveria ter acontecido".

"Alguns agentes estavam fora de controle naquela época", disse Colby. "Eles foram longe demais. Houve problemas de supervisão e administração."

Os advogados da Casa Branca ofereceram US$750 mil para que a família Olson desistisse da ação judicial. Eles hesitaram um pouco, mas acabaram aceitando o acordo. O Congresso aprovou uma lei especial para autorizar o pagamento. Isso teria encerrado o caso se Frank Olson tivesse ficado quieto em seu túmulo.

Depois de se aposentar da CIA, Sidney Gottlieb dificilmente se habituaria a um trabalho normal. Foram duas décadas vivendo nas sombras. Ele concebera e chefiara um programa de controle da mente de alcance global, supervisionara interrogatórios radicais, criara venenos para matar líderes estrangeiros e produzira dispositivos letais para espiões. Depois disso, a qual emprego ele poderia se adaptar?

Com a ajuda do seu velho amigo Richard Helms, Gottlieb passou a atuar discretamente como consultor da Agência Federal de Combate às Drogas (DEA). No processo de admissão para o cargo, definido como "sensível", ele teve que preencher uma ficha extensa. No documento, Gottlieb indicou que tinha 55 anos, 1,80m de altura, olhos castanhos e cabelos grisalhos, pesava 80kg, falava alemão muito bem e francês razoavelmente e dispunha de "acesso liberado a informações confidenciais e outras prerrogativas especiais". Uma seção da ficha de admissão solicitava um resumo do seu trabalho anterior.

"Coordenava um programa de grande porte voltado para a pesquisa, desenvolvimento e fabricação de equipamentos e dispositivos associados a vários campos da ciência e da engenharia, bem como a implementação e aplicação desses recursos em âmbito mundial", escreveu Gottlieb. "Controlava diretamente a gestão financeira, de pessoal e das atividades."

Gottlieb passou sete meses na DEA preparando, segundo o diretor John Bartels, "um estudo sobre a gestão de instalações de pesquisa". Nesse período, que terminou em maio de 1974, ele pensou sobre seu futuro. Curtir uma aposentadoria tranquila estava fora de cogitação. Gottlieb ainda era jovem e vigoroso. Por natureza, ele era um explorador, um curioso, um viajante. Gottlieb não enriquecera no serviço público, mas tinha uma casa na Virgínia, uma poupança razoável e uma pensão mensal de US$1.624.

Seus filhos já haviam concluído o ensino médio. Ele e sua esposa Margaret tinham sede de aventuras. Juntos, começaram a imaginar uma nova vida. A decisão do casal não foi, digamos, convencional, mas era condizente com seus espíritos inquietos.

"Sid se aposentou cedo demais, e tivemos que definir o que faríamos com o resto das nossas vidas", escreveu Margaret Gottlieb, anos depois, em um ensaio dedicado à sua família. "Para desapegar dos bens materiais que dificultariam uma escolha livre, vendemos tudo — casa, terras, carros, cabras e galinhas. Depois que as crianças pegaram as coisas que queriam, compramos uma passagem em um cargueiro que saiu de São Francisco em direção a Perth, na Austrália. Viajamos durante dois anos, por terra, mar e ar. Estivemos na África, Austrália, Índia e muitos outros lugares. Viajávamos para onde nos desse na telha, fazendo trabalhos voluntários e ficando o tempo que queríamos."

Na Índia, o casal trabalhou em um hospital no norte do estado de Uttar Pradesh que tratava pacientes com hanseníase e outras doenças graves. Margaret, que nascera e crescera em um posto missionário naquela região, não se adaptou. Sua relação com a Índia era conturbada. Depois de alguns meses, ela adoeceu.

"Eu nunca quis voltar para a Índia", escreveu Margaret em uma carta para a família. "Nunca tive nostalgia, sempre achei o lugar muito desolador... Quando Sid e eu fomos para a Índia, trabalhei em um hospital missionário por três meses e fiquei doente. Não consegui encarar a situação. Descobri que, naqueles quarenta anos desde que eu saíra, nada havia mudado — nada... A vida na aldeia continuava a mesma: sujeira, macacos, vira-latas, imundície, esgotos a céu aberto, pessoas defecando e urinando por todos os cantos, corrupção, tudo. Nada faz sentido — para nós! Todos aqueles anos que os britânicos e missionários haviam passado lá não fizeram a menor diferença. Tudo bem, agora aceito e compreendo. Parece-me que esse povo tem seu próprio jeito de ser — bem mais antigo do que o nosso — e não precisa de nós para viver."

Enquanto Margaret Gottlieb convalescia e refletia sobre os efeitos do imperialismo na Índia, seu marido se tornava uma figura controversa nos EUA. O casal já passara dois anos extraordinários percorrendo o mundo. Subitamente, o passado bateu à porta.

Uma avalanche de escândalos vinha estremecendo a CIA. O relatório moderado da Comissão Rockefeller não tranquilizou os críticos. Para ir mais fundo, o Senado criou a "Comissão Especial para o Estudo das Operações Governamentais Associadas às Atividades de Inteligência", chefiada pelo senador Frank Church, de Idaho. Os investigadores da comissão encontraram vários documentos que mencionavam conspirações para assassinar líderes estrangeiros. A maioria dos nomes dos oficiais da CIA que enviaram e receberam esses documentos havia sido removida. No entanto, um nome aparecia várias vezes: Sidney Gottlieb.

A Comissão Church solicitou à CIA uma entrevista com esse misterioso funcionário. A Agência informou que ele havia se aposentado e não se encontrava no país. A comissão insistiu. Após algum tempo, com o auxílio do setor jurídico da CIA, Gottlieb foi localizado.

Ele estava na Índia quando, em um dia da primavera de 1975, recebeu uma mensagem desconcertante. A Comissão Church queria ouvi-lo. Suas viagens pelo mundo haviam terminado.

A POUCOS QUILÔMETROS da Casa Branca, Gottlieb conheceu o defensor que cuidaria do seu futuro. Ao retornar da Índia, ele encontrou a capital tomada por um furor investigativo. Apreensivos, seus ex-colegas da CIA disseram que Gottlieb estaria entre os alvos e recomendaram a contratação de um advogado. Um deles sugeriu Terry Lenzner, um profissional determinado e especialista na dinâmica de Washington, que recentemente dera uma palestra em Langley sobre os direitos dos oficiais da CIA.

Pouco depois, Lenzner recebeu um telefonema de um homem com "uma voz rouca e uma gagueira evidente". Gottlieb se apresentou, solicitou um encontro e "enfatizou a necessidade de discrição". Lenzner sugeriu o Rosedale Park, próximo à sua casa.

"Sentei em um banco do parque para esperar", escreveu Lenzner, algum tempo depois. "Um homem manco se aproximou de mim. Ele vestia roupas comuns e arrastava o pé. Andava com cautela, sempre olhando ao redor, mas de forma sutil, condizente com um ótimo treinamento na arte da contravigilância. Ele se sentou a meu lado, estendeu a mão e disse: 'Sid Gottlieb.'"

Lenzner respondeu que "era um prazer conhecê-lo", e Gottlieb começou a falar. Disse que estava indignado com os ataques dos norte-americanos à CIA, um órgão "dedicado à defesa do país". Qualificou de ultrajantes as sugestões de que ele teria cometido atos impróprios e informou que planejava dizer isso em uma coletiva de imprensa. Lenzner sugeriu que essa postura seria imprudente, pois "falar publicamente só aumentaria as suspeitas contra ele". Gottlieb pensou um pouco. Em seguida, disse que estava interessado em contratar Lenzner, mas fez uma exigência bastante incomum.

"Antes", disse Gottlieb. "Preciso de uma amostra da sua caligrafia."

"Para quê?"

"Tenho um contato na Agência que vai analisar a amostra e dizer se posso confiar em você."

Lenzner não sabia, mas essa exigência indicava o interesse de Gottlieb pela grafologia, cultivado desde os dias do MK-ULTRA. Lenzner então escreveu várias frases aleatórias. Gottlieb guardou o papel no bolso e disse: "Aguarde meu retorno." Em seguida, foi embora. Dois ou três dias depois, ele ligou.

"Chegou o resultado", falou Gottlieb. "Nenhum desvio de caráter."

Para Gottlieb, o problema mais urgente era a Comissão Church, que exigira seu retorno aos Estados Unidos. Os investigadores da comissão queriam interrogá-lo sobre sua participação em planos de assassinatos. Gottlieb estava disposto a ir, mas Lenzner fez uma recomendação: "Antes de falar com qualquer comissão ou pessoa, vamos pedir uma garantia de imunidade."

"Não quero", disse Gottlieb. "Não vou me esconder atrás da 5ª Emenda."

"Veja bem, Sid. O objetivo aqui é evitar os jornais ou, no mínimo, a prisão", respondeu Lenzner. Você não compreende como as coisas funcionam. Você pode facilmente se tornar o bode expiatório da investigação."

Os amigos liberais de Lenzner, que já havia defendido o padre e ativista Philip Berrigan, ficaram chocados com sua decisão de representar Gottlieb, mas ele logo conquistou a confiança do seu novo cliente. Os dois passaram muito tempo juntos. Gottlieb não podia revelar tudo, mas seus monólogos, segundo um relato posterior de Lenzner, davam pistas sobre o conteúdo da sua memória.

> Por ser especialista em venenos, Gottlieb foi encarregado dos programas de assassinatos da agência. Ele coordenou vários atentados contra líderes estrangeiros... Mas, incrivelmente, os alvos de grande parte do trabalho de Sid não eram inimigos internacionais dos EUA. A CIA também conduzia experimentos com cidadãos norte-americanos. Sid não tinha nenhum escrúpulo em falar do programa do LSD, que considerava essencial para a segurança nacional... Ele disse que havia supervisionado experimentos em

que mais de vinte pessoas foram drogadas com LSD sem consentimento. O próprio Sid havia experimentado LSD. Quando discutimos alguns casos — envolvendo participantes ou vítimas do programa, dependendo do ponto de vista —, ele ficou incomodado. Pela perspectiva acadêmica, Sid falava com confiança sobre a legitimidade das suas atividades. Mas, ao falar sobre casos específicos e pessoas que foram prejudicadas pelos estudos, ele não ficava tão confortável. Naturalmente, Sid não demonstrava nenhum entusiasmo quando falava sobre Olson.

Lenzner listou os pontos mais preocupantes para Gottlieb. A Comissão Church estava investigando atentados em que Gottlieb havia participado. Em Nova York, o promotor investigava a morte de Frank Olson. Gottlieb já não tinha nenhum poder na CIA, e poucos amigos dele ainda trabalhavam lá. Além disso, segundo Lenzner, "devido à sua gagueira, pé torto e origens, Sid não se encaixava no perfil convencional". Ele parecia "um alvo perfeito".

"A responsabilidade pela morte de Olson vai acabar sobrando para você", alertou Lenzner.

Gottlieb compreendeu a seriedade da situação e concordou em fazer uma exigência à Comissão Church: só daria seu depoimento se recebesse uma garantia de imunidade.

A comissão estava promovendo uma temporada impactante de audiências públicas e investigações sobre todas as formas de "conduta ilegal ou imprópria" praticadas pela CIA. Na primeira audiência, William Colby revelou a existência do MK-NAOMI, uma parceria entre a CIA e a Divisão de Operações Especiais do Exército, sediada em Fort Detrick. Ele encaminhou um resumo das atividades do programa elaborado em 1967, quando Gottlieb chefiava a Divisão de Serviços Técnicos. Segundo o documento, o MK-NAOMI tinha dois objetivos: "armazenar materiais com alto potencial incapacitante e alta letalidade para a Divisão de Serviços Técnicos" e "conservar, em condições de prontidão operacional, itens especiais voltados para a disseminação de materiais químicos e biológicos". Em seu depoimento, Colby declarou que, apesar de ter passado 25 anos na CIA, só soube do MK-NAOMI quando era diretor da Agência.

Ocupada com uma série interminável de audiências e sem recursos para brigar com Lenzner, definido por um profissional ligado ao grupo como "o general Patton depois dos esteroides", a Comissão Church concedeu a imunidade. Em 7 de outubro de 1975, Gottlieb começou a responder às perguntas dos senadores e investigadores. Tempos depois, ele se lembrou de ter concedido "40 e poucas horas de depoimento para a Comissão Especial do Senado".

O depoimento de Gottlieb ocorreu a portas fechadas, em uma sala reservada da Capitol Hill. A comissão estabeleceu que ele poderia usar um pseudônimo para proteger sua identidade. Gottlieb escolheu "Joseph Scheider". Foi uma escolha muito criativa. A tabacaria Joseph Scheider operou em Nova York no século XIX e se tornou um ícone da cultura popular devido à imagem fascinante estampada nos seus pacotes de tabaco. A gravura mostra um monge capuchinho de olhar penetrante. Em uma mão, o monge segura cartas de baralho com reis, damas e valetes; na outra, um longo cachimbo. A imagem evoca um sacerdote místico, um mestre de forças invisíveis. Embaixo da figura, aparece a inscrição Joseph Scheider. O nome da tabacaria ficou vinculado à imagem do monge enigmático. Gottlieb se via como aquela figura: um misterioso guardião de conhecimentos esotéricos; sedutor e, ao mesmo tempo, perturbador; tirando sua inspiração para espreitar a alma humana de um cachimbo.

Pelas regras do Senado, o depoimento de "Joseph Scheider" à Comissão Church só será divulgado cinquenta anos depois de ter sido concedido. Entretanto, relatórios posteriores da comissão citaram vários trechos.

"Joseph Scheider declarou que, em 1960, teve 'duas ou três conversas' com Richard Bissell sobre a possibilidade de assassinar líderes estrangeiros com recursos da Agência", aponta um relatório. "Scheider informou a Bissell que a CIA tinha acesso a materiais biológicos letais e potencialmente letais que poderiam ser usados para essa finalidade... Após a reunião, Scheider analisou uma lista de materiais biológicos disponíveis nas instalações do Corpo de Químicos do Exército em Fort Detrick, no estado de Maryland, e determinou as substâncias capazes de induzir doenças que 'matariam ou incapacitariam totalmente o indivíduo'. Scheider selecionou um material 'que induzia uma doença fatal endêmica naquela área'... Em seu depoimento, o oficial da estação [do Congo] disse que recebeu de Scheider 'luvas de borracha, uma máscara e uma seringa', material biológico letal e instruções de uso."

Os membros da comissão também questionaram Gottlieb sobre os experimentos com drogas. Lenzner fez algumas anotações e, posteriormente, elaborou um relato incrível.

"Sid disse que fora encarregado de implementar um programa denominado MK-ULTRA", escreveu Lenzner. "As pesquisas investigavam o alto potencial da droga psicodélica LSD como ferramenta de espionagem...

Muitos experimentos foram financiados por meio do MK-ULTRA — principalmente estudos com prisioneiros, doentes mentais e outras pessoas vulneráveis, como os clientes de dois bordéis instalados pela Agência em São Francisco e Nova York. A Agência, às vezes em colaboração com os militares, também realizou experimentos no exterior, colocando pílulas e pastilhas nas bebidas de pessoas aleatórias e desajustadas."

Em certo ponto da série metódica de perguntas, o senador Richard Schweiker, da Pensilvânia, entregou a Gottlieb um documento bastante editado. "Dr. Gottlieb", perguntou Schweiker. "O senhor consegue me dizer do que trata este documento?"

Gottlieb pegou o memorando e fez um gesto de desconforto. Ele escrevera o documento para o alto escalão da CIA nos anos 1950. A sala ficou em silêncio. O título era assustador: "Comissão de Alteração da Saúde". Gottlieb estava visivelmente incomodado. Lenzner cobriu o microfone com a mão e sussurrou para o cliente.

"O que foi, Sid?".

"Precisamos conversar sobre isso", sussurrou Gottlieb.

Lenzner disse que seu cliente estava passando mal e pediu um recesso. Os dois foram para uma sala privada. Lenzner fechou a porta. Quando ele se voltou para Gottlieb, ficou aflito. "Ele estava com a respiração pesada, o rosto pálido", lembrou Lenzner. "Então, fechou os olhos e iniciou uma dança lenta, com os braços estendidos. Mas que diabos! Como se pudesse ler a minha mente, Sid disse: 'É tai chi. Me ajuda a relaxar.'"

Ali, em uma saleta da Capitol Hill, em meio a uma pausa no interrogatório sobre seu envolvimento em experimentos com drogas e atentados promovidos pela CIA, os olhos de Gottlieb se fecharam lentamente. Seus braços realizavam movimentos milenares. Uma mistura de passado e presente. Lenzner observou a cena e, depois de algum tempo, falou:

"Sid, preciso da sua ajuda agora. O memorando trata de quê?"

Em plena sessão de relaxamento, Gottlieb murmurou: "É o que funcionou."

Lenzner pressionou, e Gottlieb disse que o documento descrevia uma trama contra "um agente comunista de um país árabe de quem a CIA queria se livrar". Ele preparara uma echarpe que o agente recebeu como se fosse um presente.

"E o que havia nela?"

"Estava infectada com o bacilo da tuberculose", respondeu Gottlieb. "Ele morreu poucas semanas depois."

Lenzner nunca permitiria que seu cliente admitisse esse tipo de coisa. "Sentamos e elaboramos uma resposta criteriosa para revelar essa informação sem cometer perjúrio", recordou Lenzner. "Quando voltou para a sala de audiências, Sid disse que a Agência enviara um lenço 'tratado com algum material que causaria incômodos ao destinatário'. Os senadores não tinham informações suficientes para ir mais fundo, e Sid saiu da audiência relativamente incólume."

Definindo um padrão que seguiria em todos os depoimentos concedidos após sua aposentadoria, Gottlieb alegou esquecimento em várias ocasiões. Segundo um autor, ele "disse que esquecera de praticamente tudo que tinha pesquisado nos últimos 25 anos". Já no fim da audiência, Frederick Schwarz, o presidente da comissão, disse que tinha "uma última pergunta". Era sobre a participação de Gottlieb na conspiração contra Lumumba, mas também trazia um questionamento moral mais amplo.

"Qualquer que tenha sido a ordem, quando lhe pediram para matar Lumumba, o senhor considerou a opção de recusar?", perguntou Schwarz. "Se não, por quê?"

"Na época, minha visão sobre meu trabalho e minhas responsabilidades se baseava na ideia de que uma guerra silenciosa estava em andamento", respondeu Gottlieb. "Sei que havia a opção de se opor a essa guerra, mas essa não era a minha opinião. Para mim, uma decisão havia sido tomada, como discutimos, no nível mais alto; por mais desagradável que fosse, meu dever era cumprir a parte da missão que cabia a mim."

Gottlieb escapou ileso do depoimento secreto. A investigação da polícia de Nova York sobre o caso de Frank Olson não chegou a nenhuma conclusão. Mas surgiu uma nova ameaça. Um artigo do *Washington Post* deu início a uma investigação do Departamento de Justiça.

"Fontes indicam que o Dr. Sidney Gottlieb, que chefiou a Divisão de Serviços Técnicos da CIA e coordenou os testes com drogas promovidos pela Agência até sua aposentadoria, em 1973, voltou ao país recentemente e contratou Terry Lenzner, ex-assessor jurídico da Comissão do Senado para o Watergate", descrevia a reportagem. "Gottlieb, 57 anos, determinou a destruição de 152 arquivos que continham os registros de praticamente todos os testes com drogas realizados pela CIA... A destruição desses arquivos e o desaparecimento de Gottlieb antes da investigação da Comissão Rockefeller reforçaram a cortina de fumaça em torno do envolvimento da CIA em atividades com drogas e impediram que os investigadores obtivessem detalhes sobre os testes, segundo uma fonte ligada à comissão."

No dia seguinte à publicação, cópias do artigo começaram a circular nas sedes do FBI em Washington e Alexandria, na Virgínia. Destruir propriedades do governo era crime. Se tivesse destruído os arquivos da CIA, Gottlieb responderia criminalmente na justiça. O FBI iniciou uma investigação. Em um primeiro momento, os federais não encontraram nenhuma ocorrência policial relacionada a Gottlieb em Washington e nas proximidades da capital. Pouco depois, a investigação travou.

Em 14 de outubro de 1975, Clarence Kelley, diretor do FBI, enviou um memorando para a sede de Alexandria com o título: "Doutor Sidney Gottlieb: Destruição de Propriedade do Governo". O documento trazia más notícias. Um advogado do Departamento de Justiça telefonara para informar que Gottlieb estava prestando um depoimento secreto à Comissão Church. "O Dr. Gottlieb recebeu imunidade antes de depor", apontava o memorando. "E, em seu depoimento, ele mencionou a destruição dos registros."

A investigação do FBI que resultaria no indiciamento de Gottlieb chegou ao fim. A estratégia de Lenzner foi eficaz: com a garantia de imunidade, o cliente pôde confessar seus crimes sem correr o risco de responder criminalmente por eles.

Nesse xadrez jurídico, o FBI tentou uma última cartada. Alguns agentes entraram em contato com Lenzner para perguntar se Gottlieb poderia responder voluntariamente algumas perguntas. Ele concordou, mas disse que a sessão só ocorreria após o depoimento no Senado. Porém, depois da audiência na comissão, Gottlieb voltou atrás. Um memorando interno do FBI, datado de 8 de dezembro, apontava que Gottlieb talvez tivesse "retornado à Índia" e sugeria que o caso fosse "investigado até o fim". Cinco semanas depois, Kelley enviou uma ordem breve para os agentes em Alexandria.

"A Divisão Criminal do Departamento de Justiça recomenda que nenhuma investigação adicional seja conduzida sobre o tema, pois o advogado do Dr. Gottlieb não aprovou a sessão", escreveu ele. "As tentativas de entrevistar o Dr. Gottlieb devem cessar."

Não satisfeito com essa vitória, Lenzner foi mais longe. Ele pediu ao juiz federal Gerhard Gesell um mandado que proibisse a Comissão Church de publicar o nome de Gottlieb no relatório sobre os atentados planejados pela CIA. Frederick Schwarz, presidente da comissão, opôs-se. "Eu disse que não. Ele era um oficial muito importante, um cientista-chefe. Logo, seu nome podia ser citado", lembrou Schwarz, anos depois. Gesell concordou. Dois dias depois, Lenzner recorreu da decisão. Nesse dia, o Senado promoveu uma sessão fechada para discutir o relatório da Comissão Church sobre os assassinatos — claro, Schwarz estava lá. Em vez de contestar o recurso de Lenzner no tribunal, Schwarz determinou que Gottlieb fosse identificado por um pseudônimo. O relatório do Senado, publicado alguns dias depois, citava "Joseph Scheider", descrito como um ex-assessor de Richard Bissell "especializado em química bio-orgânica".

Os jornais não foram tão comedidos. Quando Lenzner e seu sócio recorreram ao juiz Gesell, o *New York Times* publicou: "Eles se recusaram a identificar o cliente em uma audiência pública. No entanto, os dois advogados representam o Dr. Sidney Gottlieb, um oficial da CIA aposentado que já chefiou a Divisão de Serviços Técnicos. O Dr. Gottlieb foi interrogado em uma sessão fechada por uma comissão do Senado no início do outono sobre sua participação em conspirações da CIA para matar Fidel Castro, primeiro-ministro de Cuba, e Patrice Lumumba, líder do Congo na crise de 1961... Ele também foi questionado sobre a morte de um cientista do Exército em 1953 após experimentos com drogas promovidos pela CIA. O Dr. Gottlieb destruiu vários registros das suas operações pouco antes de sair da Agência, em 1973. Ele também foi questionado sobre isso."

O outono de 1975 foi muito desagradável para Gottlieb. Ele fora desligado abruptamente da sua nova vida e reconectado a um mundo que, na sua visão, tinha abandonado para sempre. Depois de ter vivido sempre no mais profundo anonimato, seu nome agora estava nos jornais; na maioria das vezes, associado a projetos assustadores da CIA.

Mas, apesar do choque intenso, Gottlieb podia se considerar um sujeito de sorte. Ele evitara as piores consequências. Protegido pela garantia de imunidade, confessou seus crimes e, assim, impediu a ação do Departamento de Justiça. Conseguiu até tirar seu nome dos registros oficiais — mas não da imprensa — e se eternizou como "Joseph Scheider". Pela segunda vez naqueles anos, Gottlieb resolveu desaparecer e passar o resto da vida de forma simples e útil. Mas, outra vez, o destino não colaborou.

14

Eu me Sinto Perseguido

Após a breve turbulência e as questões legais de 1975, Gottlieb foi morar no norte da Califórnia. Sua sogra e uma das suas filhas residiam nas proximidades. Lá, ele mergulhou no anonimato de que tanto gostava.

Enquanto isso, em Washington, as investigações sobre a CIA chegavam ao seu ponto culminante. Ao longo de 15 meses, a Comissão Church realizou 126 audiências públicas, entrevistou 800 pessoas e analisou mais de 100 mil documentos. O foco das investigações estava em questões bombásticas, como espionagem interna e atentados. Os senadores encerraram o trabalho sem entender a natureza do MK-ULTRA e as funções de Gottlieb.

"As agências de inteligência violaram os direitos constitucionais dos cidadãos", apontava o relatório final da Comissão Church, publicado em abril de 1976. "O presidente e os órgãos de inteligência não têm autoridade constitucional para violar a lei."

Enterrada nos seis volumes do relatório final da comissão, havia uma seção intitulada "Testes e Uso de Agentes Químicos e Biológicos pela Comunidade de Inteligência". O trecho continha uma descrição sistemática do caso de Frank Olson: Olson promovia "pesquisas biológicas para a CIA" e ingeriu uma bebida que um colega batizara com LSD durante um retiro; depois disso, passou a sofrer "de uma grave depressão" e "pulou, com ímpeto suicida", da janela de um hotel em Nova York. O relatório também indicava as descobertas da comissão com relação aos programas de controle mental da CIA.

- O Projeto Bluebird, o primeiro programa da CIA a estudar produtos químicos e agentes biológicos... analisava se era possível controlar um indivíduo por meio de técnicas especiais de interrogatório.
- Em agosto de 1951, o projeto passou a ser conhecido como Artichoke... Nos interrogatórios realizados no exterior, no âmbito do Artichoke, os indivíduos passavam por exames físicos e psiquiátricos, recebiam pentotal de sódio e eram submetidos à hipnose.
- O MK-ULTRA foi o principal programa da CIA para pesquisa e desenvolvimento de agentes químicos e biológicos... O LSD foi uma das substâncias testadas no projeto MK-ULTRA.
- Como os registros do MK-ULTRA foram destruídos, é impossível determinar como esses materiais eram utilizados em operações da CIA no exterior.

Durante 25 anos, o codinome MK-ULTRA foi um dos maiores segredos da Agência. Mesmo dentro da CIA, poucos tinham ouvido falar dele. Agora, o codinome estava em uma publicação aberta. Porém, a descrição da Comissão Church sobre o MK-ULTRA era superficial; nenhuma das conclusões ameaçava Gottlieb.

Nos meses após a publicação do relatório da Comissão Church, o interesse do público pelos crimes da CIA começou a diminuir. A morte do chefe da estação de Atenas, assassinado depois que ativistas divulgaram seu nome e endereço, desencorajou novas investigações. Era o fim da turbulência. Parecia que Gottlieb estava são e salvo.

Para os senadores, o MK-ULTRA também era assunto encerrado. Dois anos haviam transcorrido desde o depoimento secreto de "Joseph Scheider". Com a destruição dos documentos e o silêncio das poucas pessoas que sabiam da verdade, o caso chegou a um beco sem saída.

Mas a investigação recomeçou após uma descoberta imprevista. Em 1977, o diretor Stansfield Turner, nomeado pelo presidente Jimmy Carter para criar uma cultura de transparência na CIA, recebeu uma petição amparada na Lei da Liberdade de Informação solicitando acesso aos arquivos do MK-ULTRA que não haviam sido destruídos. Ele encaminhou o pedido a um arquivista e recomendou uma pesquisa completa. Esse funcionário, segundo um relato posterior de Turner, "fez um trabalho muito diligente, digno de um Sherlock Holmes". Em um depósito de registros financeiros da CIA, o arquivista encontrou muitos relatórios de despesas do MK-ULTRA. Os documentos faziam referências a vários "subprojetos". John Marks, o pesquisador de Washington que tinha feito a solicitação, divulgou um lote de documentos em uma coletiva de imprensa.

"Os documentos divulgados ontem revelaram novos detalhes sobre experimentos realizados pela CIA sem consentimento para controlar o comportamento dos cidadãos por meio de drogas exóticas, eletrochoque, radiação e outros métodos", informou o *Washington Post*. "As mais de mil páginas de documentos da Agência, obtidas com base na Lei da Liberdade de Informação, descrevem vários aspectos do projeto ultrassecreto MK-ULTRA."

Esses documentos chamaram a atenção do público para o MK-ULTRA pela primeira vez. Os integrantes da Subcomissão do Senado para Pesquisa Científica e da Comissão Especial do Senado para as Atividades de Inteligência, criada após a Comissão Church, convocaram o diretor da CIA para prestar informações sobre esse "projeto ultrassecreto" em uma audiência conjunta.

Ao falar para os senadores na manhã de 3 de agosto de 1977, em uma reunião televisionada, Turner estava à frente da CIA há apenas cinco meses. Ele começou apontando que o MK-ULTRA era "um projeto genérico que direcionava recursos para subprojetos de teor sensível". Segundo Turner, os documentos descreviam vários "subprojetos", incluindo um que teria produzido "patógenos exóticos" e outro que testara a eficácia do "uso combinado de hipnose e drogas". Os dados também indicavam que algumas experiências do MK-ULTRA haviam sido realizadas sem o consentimento dos indivíduos em prisões e "centros clandestinos em São Francisco e Nova York". Outros estudos foram conduzidos por pesquisadores em oitenta instituições, como faculdades, universidades, hospitais e empresas farmacêuticas; em muitos casos, os cientistas não sabiam que estavam trabalhando para a CIA.

Ao final da apresentação de Turner, o senador Edward Kennedy, de Massachusetts, fez um comentário incisivo.

"Almirante Turner, esse relato é terrível", disse Kennedy. "Mas, em sua exposição, não percebi a devida aversão às atividades descritas. Acredito que o povo norte-americano abomina essas ações e que essa também seja a sua opinião."

Turner foi rápido na resposta. "Considero repugnante utilizar um ser humano como cobaia e prejudicar sua saúde, seja qual for a causa", afirmou. "Não estou aqui para julgar meus antecessores, mas posso assegurar que essas atividades ultrapassam todos os limites que regem a atuação da CIA e das demais agências de inteligência."

Depois de ouvir de Turner que o MK-ULTRA "ultrapassava todos os limites", Kennedy abordou a questão da responsabilidade. Seus investigadores chegaram ao nome do oficial da CIA que chefiara o MK-ULTRA, mas não foram mais longe.

"A memória do Sr. Gottlieb se revelou bastante imprecisa a respeito do tema", disse Kennedy. "Parece plausível que o diretor do programa não compreenda nem conheça os detalhes do programa? Parece plausível que o Dr. Gottlieb não saiba nada sobre essas atividades?"

"Parece improvável", replicou Turner. "Não conheço o Sr. Gottlieb."

"Algum oficial da Agência já conversou com o Sr. Gottlieb sobre isso?"

"Desde que surgiram essas revelações, não."

"Ora, por que não?"

"Ele já não tem vínculo com a Agência, senador."

"Então, o oficial que sai da CIA ganha uma imunidade perpétua?"

"Não, senhor."

Kennedy ficou incomodado. "Isso é inacreditável", disse ele. "Todos os documentos analisados citam o nome de Gottlieb, e o senhor está dizendo que não precisamos mais nos preocupar. Já reunimos todos os fatos e, até agora, ninguém conversou com o Sr. Gottlieb sobre isso."

Turner apontou que não afirmara ter reunido "todos os fatos" sobre o MK-ULTRA e que, "se a comissão concordasse", seus agentes localizariam Gottlieb. Kennedy ficou parcialmente satisfeito.

"Não é possível apurar toda a extensão do episódio nem os testes com drogas sem uma audiência com Gottlieb", disse Kennedy. "Uma coisa é certa: Gottlieb sabe."

No final da audiência, Daniel Inouye, o senador do Havaí que presidia a sessão, tranquilizou Kennedy e seus colegas. "Ao longo da investigação, pretendemos chamar dezenas de pessoas para depor", disse Inouye. "Uma delas será o Dr. Gottlieb."

O trabalho realizado por Gottlieb durante seus anos no MK-ULTRA ainda era ultrassecreto. De fato, poucos sabiam até da existência de Gottlieb. Ele saíra do anonimato com o interrogatório da Comissão Church, mas o episódio foi breve e obscuro. Dois anos depois, o diretor da CIA pronunciou o nome dele em público — e também mencionou o MK-ULTRA. Os senadores ficaram agitados.

"Uma ordem circulava na equipe da subcomissão", reportou o *New York Times*. "É preciso encontrar esse tal de Gottlieb."

Ao saber que estava sendo convocado para uma segunda rodada de depoimentos perante o Congresso em Washington, Gottlieb ligou para Terry Lenzner. O advogado recomendou a estratégia que havia funcionado antes. Três dias antes do depoimento, o senador Kennedy, que deveria presidir a audiência, adiou a sessão abruptamente. Gottlieb fizera uma exigência: só haveria depoimento se lhe concedessem uma garantia de imunidade.

"Como os testes com drogas ocorreram entre 1950 e 1973, a maior parte deles já ultrapassou o prazo de prescrição de cinco anos aplicável a crimes federais", apontou o *New York Times*. "Não foi possível encontrar Terry F. Lenzner, advogado de Gottlieb, para obter uma explicação sobre a exigência de imunidade, mas uma fonte que conhece as atividades de Gottlieb indicou que o prazo de cinco anos não se aplica a casos com aspectos conspiratórios."

Kennedy precisava fazer uma escolha. Se acatasse a exigência de imunidade de Gottlieb, teria acesso a um valioso depoimento. Contudo, essa opção dificultaria ou impediria a responsabilização judicial de Gottlieb.

Enquanto os assessores jurídicos do Senado ponderavam os prós e contras, os investigadores encontraram o baú do tesouro do MK-ULTRA em um local inusitado. A viúva de George Hunter White, que morrera dois anos antes, havia doado seus documentos para a Foothill College, uma instituição sediada na região sul de São Francisco. Entre os papéis, estava o diário de White, cujas páginas continham novos detalhes sobre a Operação Clímax da Meia-noite e sobre as funções de Gottlieb e Lashbrook.

Os excessos de White cobraram um preço alto. Em 1963, o ano do encerramento do MK-ULTRA, ele foi diagnosticado com cirrose hepática.

White tinha 57 anos. Outrora intimidador, seu porte foi reduzido a pouco mais de 60kg. Por um tempo, ele serviu como oficial do corpo de bombeiros de Stinson Beach, na Califórnia, onde, segundo um pesquisador, "continuou bebendo e se aproximando de parceiros desajustados até sua morte, em 1975". Já perto do fim, White escreveu uma carta a Gottlieb agradecendo pela chance de servir aos Estados Unidos e, ao mesmo tempo, satisfazer seus apetites. Suas palavras são uma homenagem ao MK-ULTRA.

"Fui um mero missionário, na verdade, um herege, mas trabalhei nas vinhas de corpo e alma porque era divertido, divertido, divertido", escreveu White. "Onde mais nesse país um garoto de sangue quente poderia mentir, matar, trapacear, roubar, estuprar e saquear com a bênção do Altíssimo? Tempo bom, meu chapa!"

Os senadores estavam intrigados com o volume de documentos do MK-ULTRA que a CIA encontrara após o pedido de John Marks, amparado na Lei da Liberdade de Informação. O diário de White trouxe mais detalhes. Diante disso, Kennedy concluiu que a melhor forma de investigar o MK-ULTRA seria acatar a exigência de Gottlieb. Mas, em seguida, Lenzner exigiu outra concessão.

"Exigi que a audiência fosse realizada a portas fechadas para proteger o depoente da imprensa e do público", escreveu Lenzner em suas memórias. "Eu disse que Gottlieb tinha problemas cardíacos e não poderia ser exposto a uma multidão. O cardiologista de Sid nos ajudou escrevendo uma recomendação com um alerta contra o excesso de agitação. O mais importante era preservar a segurança da família. Por isso, o nome dele não deveria ser divulgado e nenhuma foto deveria ser tirada."

Em 1975, quando Gottlieb depôs na Comissão Church, os senadores quase não conheciam o MK-ULTRA. Mas os congressistas sabiam um pouco mais em 1977. As expectativas aumentaram com a definição do depoimento de Gottlieb. Em 20 de setembro, para marcar "a primeira aparição pública do eminente cientista desde sua aposentadoria da CIA, em 1973", o *New York Times* publicou um perfil dele na seção "Man in the News" [O Homem do Momento].

"Sidney Gottlieb foi encontrado", indicava o *Times*. "E se realmente souber os detalhes dos experimentos com drogas realizados sob sua chefia no programa MK-ULTRA, terá a chance de apresentá-los amanhã, em sua audiência com a subcomissão presidida por Kennedy."

Segundo o *Times*, Gottlieb era um bioquímico que, durante anos, chefiara a Divisão de Serviços Técnicos, "a 'oficina de engenhocas' onde são produzidos relógios de pulso com rádios embutidos, bombas no formato de clipes de gravata e dardos envenenados — as ferramentas do ramo". Durante sua carreira na CIA, a biografia oficial definia Gottlieb como consultor do Departamento de Defesa. Mais intrigante, o artigo citava comentários de vários ex-colegas de Gottlieb. Um deles lembrou que Gottlieb sempre seguia as ordens, "nunca tomava decisões por conta própria" e "não costumava contradizer autoridades". Outro disse: "Sid é um homem honesto, mas é curioso. Gosta de mexer nas coisas." A última passagem era terrível: "Um ex-funcionário da CIA foi mais longe e disse que, em sua opinião, o Dr. Gottlieb, um cientista que, às vezes, ignorava as consequências humanas do seu trabalho, nunca deveria ter sido autorizado a chefiar a divisão."

Quase todos os perfis publicados no *Times* traziam uma fotografia. O de Gottlieb não tinha nenhuma. O texto explicava que não havia nenhuma imagem dele disponível em lugar algum.

No dia da publicação, Gottlieb seguiu o cronograma e se apresentou para depor na Subcomissão do Senado para Pesquisa Científica e em Saúde. Ele foi conduzido até uma sala fechada. Os repórteres esperaram em vão.

"O Dr. Sidney Gottlieb, uma figura importante e obscura associada ao programa secreto de testes com drogas da CIA, falou a uma subcomissão do Senado hoje, mas conseguiu escapar das luzes, dos microfones e da pressão dos repórteres que esperavam na sala de audiências do Senado", relatou o *Times*. "O Dr. Gottlieb alegou que sua saúde impedia um depoimento perante uma multidão e solicitou uma audiência fechada. Seu pedido foi atendido. Apenas sua voz, às vezes pontuada por tensão e raiva, saía pelo alto-falante do recinto onde ocorria o interrogatório."

O depoimento de Gottlieb se estendeu pela manhã inteira. Ele começou falando sobre o MK-ULTRA, que definia como um projeto "da maior urgência" para a CIA, cujo objetivo era "investigar a possibilidade de modificar o comportamento de um indivíduo com métodos secretos". Em seguida, sem admitir nenhum abuso nem mencionar que havia chefiado o MK-ULTRA, Gottlieb disse que se sentia mal com o que fizera.

> Gostaria que esta comissão soubesse que eu considerava todo o trabalho — no momento e no contexto da realização — extremamente desagradável, extremamente difícil, extremamente sensível, mas, acima de tudo, muito

urgente e importante. Sei que hoje é difícil descrever o momento e o clima daquela época... Antes, acreditávamos que nossos inimigos, que vinham adotando posturas agressivas, poderiam ter conhecimentos nesse campo que o país não tinha. Esses conhecimentos — e o domínio deles — e nossa ignorância eram uma grande ameaça à sobrevivência nacional.

Gottlieb fez mais uma digressão em outro ponto do depoimento, quando o senador Kennedy perguntou se a morte de Frank Olson lhe dera "algum motivo para repensar o programa de testes".

"Essa ocasião foi traumática para mim", respondeu Gottlieb. "Foi uma enorme tragédia... Fiquei muito angustiado. Pensei em pedir demissão da CIA e procurar outro emprego; foi impactante. No final das contas, concordamos em prosseguir no trabalho, confiando na avaliação clínica que questionava a conexão causal absoluta entre o LSD e o suicídio."

"Ficou decidido que o episódio não 'mudava nada'?", perguntou o senador John Chafee, de Rhode Island.

"Bem", respondeu Gottlieb. "Até onde me consta, foi isso que ocorreu."

Durante a audiência, Gottlieb também expressou publicamente a conclusão que já havia informado aos seus superiores na época do encerramento do MK-ULTRA, uma década antes: o controle da mente não existia. Gottlieb disse que uma série exaustiva de pesquisas confirmara que o efeito das drogas nos seres humanos era "muito variável, muito imprevisível" e que nenhuma droga ou método poderia ser usado "para alterar o comportamento de modo eficaz".

"Com base nas atividades", disse ele. "Chegamos à conclusão de que era muito difícil manipular o comportamento humano por essa via de forma previsível."

Gottlieb sabia que Kennedy questionaria a destruição dos arquivos do MK-ULTRA e, quando a pergunta veio, leu uma declaração elaborada previamente. Gottlieb disse que, antes de sair da CIA, em 1973, resolvera "fazer uma limpeza e destruir arquivos e papéis que considerávamos supérfluos, desnecessários e irrelevantes para meus sucessores". A decisão "não visava, de modo algum, encobrir atividades ilegais". Ela fora tomada por três motivos.

- Ele queria contribuir para "um programa importante da CIA que previa a destruição de arquivos como solução para o problema do acúmulo de papéis".
- Os arquivos "não tinham utilidade para a Agência" e "poderiam induzir pessoas sem conhecimento adequado do contexto a equívocos".
- Os nomes "dos eminentes cientistas, pesquisadores e médicos que haviam colaborado conosco" deveriam ser protegidos; "achei que suas carreiras e reputações seriam gravemente prejudicadas — e até arruinadas — caso seus nomes e ligações com a CIA fossem divulgados."

O saldo da audiência foi favorável para Gottlieb. Ninguém o questionou sobre os experimentos, sobre os centros de interrogatório fora dos Estados Unidos nem sobre possíveis mortes. Na ocasião, ele transmitiu uma imagem de vítima, não de agressor.

"Eu me sinto perseguido e chocado com a postura da CIA. Alguém ou algum grupo da Agência fez questão de não retirar meu nome dos documentos divulgados com base na Lei da Liberdade de Informação", disse Gottlieb. "Meu nome foi deliberadamente preservado nos documentos, enquanto os demais foram excluídos."

Kennedy perguntou a Gottlieb se havia comprovação documental de que seus superiores conheciam e aprovavam as ações. "O projeto passava por uma avaliação anual; essa frequência aumentou com o tempo", respondeu ele. Gottlieb mencionou que "tinha informado várias vezes o diretor da CIA sobre esses assuntos" e citou Allen Dulles, John McCone e Richard Helms.

Gottlieb não precisava mencionar que, no auge do MK-ULTRA, Dulles e seu irmão, o secretário de Estado John Foster Dulles, faziam reuniões frequentes com o presidente Eisenhower na Casa Branca. Anos depois, um estudo acadêmico concluiu que, "diante do número de conversas informais que teve com os irmãos Dulles, Eisenhower provavelmente conhecia alguns detalhes do MK-ULTRA... Sua tendência a incumbir a CIA de ações semi-ilegais sugere que Eisenhower teria, no mínimo, traçado as linhas gerais do programa". Porém, os senadores ficaram contentes com o depoimento e com a revelação de que Gottlieb teria informado seus superiores sobre o MK-ULTRA, e não perguntaram nada sobre Eisenhower.

Gottlieb colaborou pouco com os senadores. Sempre que um senador mencionava um assunto delicado, sua memória falhava. Ele respondia a essas perguntas com evasivas clássicas: "Não me lembro... Não tenho nenhuma lembrança disso... Minha memória não ajuda... Não sei nada de específico sobre isso... Recordo apenas vagamente..."

Até as respostas mais extensas de Gottlieb foram insubstanciais. Ao ser questionado sobre experimentos com cogumelos venenosos, ele respondeu com comentários incompreensíveis. "Para ser preciso", ele disse. "Ouvi falar sobre o debate dos cogumelos. Minha melhor lembrança disso — e quero ser o mais fiel possível aqui — diz respeito a um projeto específico com esses itens. No geral, recordo que se tratava de um projeto que estudava alguns aspectos básicos do uso de uma substância química e de uma estrutura em uma atividade."

Segundo uma reportagem do *Washington Star*, publicada no dia seguinte, Gottlieb demonstrava uma "notável habilidade na elaboração das respostas... Ele usava palavras vagas e pouco substanciais ao falar com os senadores". Mas Gottlieb também transmitia algo do contexto das ações para que os congressistas compreendessem a situação.

"Havia evidências de que os comunistas, soviéticos e chineses, usavam técnicas de alteração do comportamento humano que ninguém compreendia nos Estados Unidos e que ameaçavam a sobrevivência nacional", disse Gottlieb. Ao ser questionado sobre os experimentos com drogas realizados sem o consentimento dos indivíduos, ele respondeu: "Os participantes não foram informados nem protegidos. Hoje, pode soar terrível, mas, na época, era uma questão de sobrevivência nacional. Portanto, o procedimento e os riscos eram razoáveis."

Gottlieb não escapou dos fotógrafos. Apesar das exigências de Lenzner, eles foram mais espertos e entraram na sala. Gottlieb não reclamou. No dia seguinte, as fotos estamparam as primeiras páginas de muitos jornais, inclusive do *New York Times*. Nas imagens, Gottlieb aparecia em forma, com os cabelos rareando, feições bem marcadas e olhos intensos, vestindo um terno escuro e uma gravata com listras arrojadas em zigue-zague.

Apesar de o seu rosto ter sido divulgado, Gottlieb conseguiu proteger seus outros segredos. Para ele, o saldo da audiência de 1977 foi positivo, como o da sessão em que usara um pseudônimo dois anos antes. Nenhum dos investigadores e senadores se aprofundou no mistério dele. Para muitos, o MK-ULTRA não passava de um pequeno projeto insano, pouco relevante se comparado com transgressões mais graves, como atentados e espionagem doméstica. Mais uma vez, Gottlieb e a CIA conseguiram guardar seus segredos mais explosivos.

"Fomos enrolados", concluiu Burton Wides, um dos assessores jurídicos da Comissão Church, anos depois. "Frank Olson foi um dos motivos. Na minha opinião, Olson estava tendo uma crise de consciência. Com receio de que ele falasse, eles atiraram Olson pela janela."

O senador Gary Hart, um destacado membro da Comissão Church, chegou a outra conclusão. "Acho que o programa não foi investigado a fundo devido a três fatores", avaliou Hart. "Primeiro, tempo e recursos da equipe; segundo, alguns membros moderados/conservadores da comissão achavam que o programa fora só uma atividade secundária que saíra dos trilhos; terceiro, para manter boas relações entre os dois partidos durante aqueles dois anos, havia o compromisso de não fazer sensacionalismo com aquelas ações extremas e até bizarras, algo que, para os republicanos, prejudicaria a credibilidade da Agência no contexto da Guerra Fria. Para os membros mais conservadores, o programa era só uma nota constrangedora, coisa de garotos; a luta contra os comunistas cobrara esse preço... Provavelmente, o preço seria muito maior se houvesse uma exploração sensacionalista do MK-ULTRA."

Depois de Gottlieb, a subcomissão de Kennedy tomou depoimentos de mais três ex-oficiais do MK-ULTRA. Todos alegaram esquecimento e fizeram comentários obscuros. Robert Lashbrook admitiu que tinha sido adjunto de Gottlieb, mas disse que "nunca soube dos detalhes das atividades". O psicólogo John Gittinger, citado no diário de George Hunter White como um visitante regular do "centro" mantido pela Operação Clímax da Meia-noite em São Francisco, alegou que "não tinha a menor ideia" do que acontecia lá dentro. No dia seguinte, em sua coluna de circulação nacional, Mary McGrory usou sua célebre língua afiada e definiu os ex-oficiais como "exemplares de uma rica variedade de aposentados estúpidos da Companhia".

"O ex-chefe deles é o maior responsável por essa estupidez tão distinta", escreveu McGrory. "O Dr. Sidney Gottlieb foi ouvido, mas não foi visto; sua saúde não suporta a cobertura televisiva. Ele ficou em uma sala fechada, de onde sua voz foi transmitida para a sala de audiências. Claramente, foi o depoimento mais confuso de todos. Ele exigiu garantia de imunidade para proteger seu anonimato, mas o porquê disso ainda é um mistério. Ele não se lembrava de quase nada."

15

Se Gottlieb For Condenado, Será a Primeira Vez

"Droga!", disse o secretário de Defesa Harold Brown para um assessor, em uma manhã do verão de 1979. "Qualquer dia alguém publica um livro sobre esses programas!"

Brown sabia o que teria que encarar em Washington junto aos seus colegas. O pesquisador John Marks solicitara a liberação dos documentos existentes sobre o MK-ULTRA com base na Lei da Liberdade de Informação e recebeu mais de 16 mil páginas. Auxiliado por quatro assistentes, Marks passou quase dois anos examinando e catalogando os papéis. Pouco antes de publicar suas descobertas, Marks era a pessoa que mais conhecia o MK-ULTRA depois dos coordenadores do programa.

Marks tinha 34 anos, usava barba e era formado pela Cornell. Para evitar o serviço militar, ele atuou como funcionário do Departamento de Estado no Vietnã. Depois de dezoito meses na Ásia, Marks voltou para os EUA e começou a trabalhar com o lendário Ray Cline, um veterano da CIA que se tornara chefe do Gabinete de Inteligência e Pesquisa do Departamento de Estado. Algum tempo depois, já sem vínculo com o gabinete, Marks conheceu Victor Marchetti, um ex-oficial que se voltara contra a CIA. Em 1974, os dois publicaram o livro *A CIA e o Culto da Inteligência*, que revelou muitos aspectos da dinâmica interna da Agência. Marks continuou interesado nas operações secretas da CIA. Depois de ler o relatório da Comissão Rockefeller em 1975, ele começou a questionar se todos os documentos do MK-ULTRA haviam sido mesmo destruídos e protocolou o pedido que acabou revelando aquele baú do tesouro.

A pesquisa de Marks originou o livro *The Search for the "Manchurian Candidate": The CIA and Mind Control* [Em Busca do "Candidato da Manchúria": A CIA e o Controle da Mente, em tradução livre]. A obra trazia o primeiro estudo abrangente sobre o MK-ULTRA. Na introdução, o historiador da inteligência Thomas Powers apontou que o livro destacava "duas visões dominantes — o fascínio pelas descobertas dos pesquisadores sobre a psicologia humana e a indignação com as práticas da CIA, que utilizava esse conhecimento para fins mesquinhos e escusos". Powers também mencionou Gottlieb.

> Sidney Gottlieb (ou "Victor [sic] Scheider") conquistou seu lugar na história como fornecedor de toxinas para atentados políticos, mas atuou apenas como farmacêutico nessas ações. Mais sinistro foi seu apoio a pesquisas cujo objetivo era sistematizar os assassinatos, transformando pessoas comuns em assassinos autômatos.
>
> Saber da tentativa é motivo de aflição; imaginar o eventual sucesso dessa iniciativa é terrível. E se Gottlieb e seus pesquisadores tivessem concretizado seus sonhos mais desvairados, presenteando a CIA com um poder absoluto sobre todos os segredos e a vida de todos os seus "inimigos"? O alto escalão da Agência cultivou fantasias letais contra muitos oponentes nos últimos quarenta anos — Castro, Ho Chi Minh, Sukarno, Lumumba, Kadafi, De Gaulle, Nasser, Chou En Lai e Khomeini. Será que os Estados Unidos teriam resistido à tentação de "apagar" essas figuras inconvenientes se houvesse um método totalmente secreto para isso? Controlar o corpo e a alma dos agentes talvez fosse interessante na teoria, mas teria causado muitos lamentos, negações e ocultações. Felizmente, a gentil Providência nos abençoou com um fracasso.

Em *The Search for the "Manchurian Candidate"*, Gottlieb é identificado como diretor do MK-ULTRA. No texto, há inúmeras referências às suas vidas pessoal e profissional. A publicação desse livro, em 1979, definitivamente afastou seu nome do esquecimento.

"Gottlieb tinha apenas 33 anos quando assumiu a chefia da Divisão Química — ele ascendeu na hierarquia da Agência apesar da gagueira forte e do pé torto", escreveu Marks. "Muito respeitado por seus ex-colegas, Gottlieb, que se recusou a ser entrevistado, é descrito como um humanista, um intelectual humilde e vigoroso, disposto a realizar, segundo um ex-colega, 'as coisas difíceis, mas necessárias'."

Enquanto Marks publicava seu livro, Stansfield Turner, diretor da CIA, destacava dois agentes para uma "força-tarefa" que identificaria as vítimas dos experimentos do MK-ULTRA. A decisão de Turner fora motivada por um memorando interno que alertava para um "surto de cartas" enviadas por pessoas que, ao tomarem conhecimento das descrições dos experimentos, passaram a suspeitar que elas ou seus entes queridos haviam sido vítimas do programa. A força-tarefa não conseguiu dirimir essas dúvidas. Os cidadãos receberam uma declaração simples: "Infelizmente, os arquivos disponíveis não contêm os nomes dos indivíduos submetidos aos testes." Turner explicou ao procurador-geral Griffin Bell que "os registros fragmentados e a amnésia dos envolvidos" impossibilitavam a identificação das vítimas do MK-ULTRA.

Embora a força-tarefa não tenha encontrado listas com os nomes das vítimas, o oficial Frank Laubinger obteve um novo depoimento de Gottlieb. Antes de encerrar os trabalhos, em 1979, Laubinger enviou a Gottlieb uma carta com oito perguntas sobre o MK-ULTRA. Os itens eram genéricos e nada ameaçadores. Dez dias depois de receber a carta, Gottlieb respondeu por telefone. Laubinger fez anotações.

"O objetivo dos testes sem consentimento era explorar integralmente o potencial do LSD para uso operacional", escreveu Laubinger. "Entre as práticas adotadas, estavam os interrogatórios e a indução de comportamentos erráticos... Gottlieb não se lembra da lista dos testes realizados nem de detalhes mais precisos sobre eles. Ele lembra que foram realizados por volta de quarenta testes. Ele não lembra nada de específico sobre os testes nem sobre os locais de realização."

Quando John Marks publicou seu livro, Gottlieb estava iniciando uma nova vida. "Não li e não costumo ler livros desse tipo", disse ele, em um depoimento concedido algum tempo depois. "Vi trechos das provas que o Sr. Marks me enviou. Achei o texto impreciso e ultrajante e devolvi o material. Ele me pediu sugestões para correções. Não fiz as correções e lhe enviei uma carta dizendo que, para deixar o livro mais preciso, eu teria que reescrevê-lo, e eu não queria fazer isso."

Na época em que esse livro inconveniente saiu, Gottlieb resolvera se afastar ainda mais da sua antiga vida. Aos 60 anos, ele se inscreveu em um mestrado em fonoaudiologia na Universidade Estadual de San José. Ele sempre havia sofrido de gagueira e queria dedicar seus últimos anos a ajudar crianças com essa dificuldade. Era outro capítulo de uma vida bastante ativa.

"Sid frequenta o curso na San José dois dias por semana, e suas notas são sempre A", escreveu Margaret, em uma carta para a família. "Ele vai começar o curso de vela hoje, e só Deus sabe no que isso vai dar. Vamos a bailes quatro ou cinco vezes por semana e estamos trançando um pequeno tapete juntos, mas ele está fazendo a maior parte... Degustamos vinhos em Santa Clara Valley e fazemos caminhadas no Sierra Club. Já descemos para Monterey e Carmel algumas vezes, dirigimos até Napa Valley e, de vez em quando, visitamos alguns amigos da época da faculdade em São Francisco."

Gottlieb manteve esse ritmo agradável por dois anos. Em 1980, depois que ele concluiu o mestrado, o casal decidiu voltar para a Virgínia, onde haviam passado a maior parte da vida em comum. Os dois se instalaram em uma casa ecológica situada em uma área de 460m² perto das Montanhas Blue Ridge, quase no fim da Turkey Ridge Road, uma extensa e sinuosa estrada de cascalho.

"A casa era muito iluminada, e as portas eram largas e permitiam a passagem de cadeiras de rodas", lembrou, anos depois, um colega de Gottlieb da época da CIA. "Gottlieb era fascinado pela ideia de construir o lugar em que moraria até morrer. Ele dedicou muito tempo a montar um espaço intrincado, repleto de detalhes mecânicos e físicos. Havia uma área grande para projetos artísticos. Na propriedade, havia duas residências idênticas, uma para Gottlieb e sua esposa e outra para um casal mais jovem, que cuidaria dos dois quando ficassem mais velhos. Havia uma sala onde os casais comiam juntos. Porém, o esquema não deu certo. Gottlieb deu títulos sobre parte da propriedade aos jovens, mas eles não se deram bem."

Gottlieb chamava sua nova casa de Blackwater Homestead, uma referência a um riacho que cortava o terreno. Com a esposa e o casal de jovens, ele criava cabras e galinhas e cultivava vegetais, frutas e ervas. Gottlieb também construiu um relógio de sol, e uma estatueta de guerreiro oriental vigiava a propriedade. Blackwater Homestead, segundo um relato, "tornou-se um retiro espiritual e um ponto de encontro para uma comunidade que via Gottlieb como um ícone carismático".

Gottlieb curtia os prazeres e a dureza da vida no campo. De manhã cedo, ele meditava, ajoelhado em travesseiros em meio à fumaça do incenso. Depois, pedalava até a cidade para comprar jornais e pegar a correspondência. Comprara um carro usado e usava sandálias. Um amigo descreveu Gottlieb como "um velho hippie".

"Foi uma transformação completa", apontava um perfil publicado anos depois no *Washington Post*. "Gottlieb havia se desligado da sua identidade anterior e agora percorria o caminho inverso, desfazendo seus rastros com um galho de árvore. Sua primeira vida fora dedicada a uma busca por métodos para controlar a mente das pessoas. Na segunda existência, Gottlieb passou a dominar suas lembranças, conquistando imunidade e iniciando um recomeço... A maioria dos habitantes do Condado de Rappahannock não sabia da ligação de Gottlieb com a CIA. Ele era visto como um homem de caráter inquestionável, um sábio e uma ótima companhia."

Em vez de mergulhar nas memórias, Gottlieb começou a participar ativamente da comunidade. Foi membro dos conselhos de planejamento e de artes, atuou em peças natalinas e colaborou na organização de festivais municipais. Margaret era igualmente ativa.

"Como nossos antigos santuários foram transformados em subúrbios e como nossos velhos e queridos amigos ainda moravam na mesma região, encontramos uma área no campo, mas próxima. Espero que a distância seja suficiente para que os subúrbios só cheguem até aqui quando já estivermos mortos", escreveu ela em uma carta para a família. "Nunca me senti à vontade com a vida na cidade, então nossa casa de campo é bastante isolada e me enche de paz e sossego. A comunidade fica bem perto e oferece muitas opções. Nos Voluntários da Alfabetização, ensino pessoas que não sabem ler e que não concluíram o colégio. Uma vez por semana, ensino na cadeia do condado, e também trabalho na escola primária. Sid atuou como fonoaudiólogo em uma escola local durante três anos. Ele também trabalha em um asilo e, no tempo livre, cultivamos boa parte dos alimentos que consumimos."

Em 1982, David, seu irmão mais velho, morreu, e Gottlieb refletiu sobre as escolhas que fizera em sua vida. Na infância, após uma empolgante visita ao Instituto Boyce Thompson em Yonkers, no estado de Nova York, David Gottlieb construiu um laboratório no porão para estudar biologia vegetal.

Seu interesse pela área foi uma influência decisiva para Sidney. Como Sidney, ele estudou na City College e, depois, passou a ensinar na Universidade de Illinois. Em sua ilustre carreira, David fundou o Departamento de Patologia Vegetal da universidade, descobriu antibióticos, deu palestras no mundo todo, integrou conselhos editoriais de periódicos da área e foi um mentor para muitos biólogos iniciantes.

"Já recebi muitas homenagens de colegas e tenho a honra de saber que sou valorizado", disse David Gottlieb em uma cerimônia. "Mas, apesar de ter apreciado essas homenagens, sempre me pergunto por que não fico tão comovido com elas. Talvez seja porque encaro a vida como algo imperfeito, agora e sempre."

Apesar dessa perda, a vida de Sidney Gottlieb estava entrando em um ótimo outono. Ele morava próximo à natureza. Seus amigos admiravam sua paixão pelas questões da comunidade. Gottlieb tinha acesso à serena satisfação de quem se dedica ao bem comum. Porém, o passado sempre batia à sua porta. Em 1984, após uma série extensa de pedidos de informações, a CIA divulgou uma "Declaração sobre o MK-ULTRA" que não mencionava o nome de Gottlieb, mas se referia a experimentos de pesquisa "questionáveis".

"Em 1983, após vários questionamentos feitos pelo Inspetor-geral sobre a adequação da iniciativa, os subprojetos foram descontinuados", apontava o comunicado. "As diretivas estabelecidas nas Ordens Executivas Presidenciais foram rigorosamente obedecidas."

Alguns anos depois, um repórter de televisão abordou Gottlieb perto de casa, colocou um microfone no rosto dele e perguntou se ele tinha algum arrependimento com relação ao MK-ULTRA.

"Não quero falar sobre isso", disse Gottlieb, cabisbaixo, enquanto se afastava da câmera. "É um direito que todos temos. Já deixei isso para trás. Está no meu passado e permanecerá assim."

No funeral de Frank Olson, Gottlieb disse aos familiares que ficaria feliz em responder às perguntas deles sobre o episódio quando quisessem. Mais de duas décadas depois, no final de 1984, a família de Olson resolveu aceitar sua oferta e ligou para marcar um encontro. Gottlieb disse que todos eram bem-vindos. Quando Alice, Eric e Nils Olson apareceram, sua primeira reação foi de alívio.

"Fico feliz que vocês não tenham vindo armados", disse Gottlieb. "Sonhei que, quando eu abria a porta, vocês atiravam em mim."

Eric ficou chocado. "Não viemos para machucar ninguém, só queremos conversar e fazer algumas perguntas sobre meu pai", disse ele. Tempos depois, Eric, espantado, descreveu o poder de manipulação de Gottlieb. "Antes de entrarmos, já estávamos pedindo desculpas e tranquilizando", disse ele. "Foi uma maneira brilhante e sofisticada de virar a mesa."

O encontro começou com conversas banais. Margaret Gottlieb e Alice Olson descobriram que seus pais haviam sido missionários na Ásia e falaram um pouco sobre suas experiências. Em seguida, Margaret se retirou, e Gottlieb chamou seus convidados para a sala de estar. Inicialmente, ele descreveu o que ocorrera em Deep Creek Lake no dia 19 de novembro de 1953. Segundo Gottlieb, Frank Olson e outros oficiais ingeriram LSD em um experimento que investigava "o que poderia ocorrer caso um cientista fosse capturado e drogado: ele revelaria informações secretas?" Depois, Gottlieb falou sobre Olson.

"Seu pai e eu éramos muito parecidos", contou a Eric. "Entramos no programa movidos pelo patriotismo. Mas fomos um pouco longe demais e fizemos coisas que não deveríamos ter feito."

Essa foi a declaração de Gottlieb mais próxima de uma confissão de que se tem notícia. Ele não disse quais aspectos do MK-ULTRA foram "um pouco longe demais" nem que coisas Olson e ele fizeram que "não deveriam ter feito". Também não abordou as inconsistências na versão oficial da morte de Olson. Ao ser pressionado por Eric, Gottlieb teve uma reação brusca.

"Ele estava tenso", lembrou Eric. "Estava hiperalerta e era extremamente inteligente. Dava para sentir isso. Eu estava lidando com alguém de uma inteligência e de uma astúcia extraordinárias. Era como brincar de gato e rato, e ele estava muito à frente. Ele sabia desestabilizar as pessoas... Tinha um charme excepcional. Você poderia se apaixonar por aquele cara. Durante todo o encontro, ele irradiava uma força poderosa que dizia: 'Aquele sujeito, o outro Gottlieb, fez algumas coisas de que tenho vergonha, mas não sou mais ele. Deixei isso para trás. Saí da Agência, fui para a Índia, ensino crianças com dificuldades de aprendizagem e estou expandindo minha consciência. Não sou aquele cara.'"

"Você está dizendo que mudou de visão e que agora é um novo Gottlieb", disse Eric. "Mas e as respostas? E quanto ao velho Gottlieb? Que tal marcar uma reunião, repensar tudo e definir a situação?"

"Veja bem. Se vocês não acreditam em mim, não há razão para estarem aqui", disse Gottlieb aos visitantes. "Não há razão para eu contar nada. Concordei com essa reunião para contar tudo que sei."

Enquanto a família se preparava para ir embora, Gottlieb abordou Eric. "Você obviamente se sente muito angustiado com o suicídio do seu pai", disse ele. "Já pensou em frequentar um grupo de terapia para pessoas que passaram pelo suicídio dos pais?"

Eric não seguiu esse conselho, mas o episódio foi profundamente marcante. Durante anos, ele ficara confuso e deprimido com a história da morte do pai. Mas só depois de conhecer Gottlieb ele resolveu dedicar sua vida a encontrar a verdade.

"Meu ceticismo não era sólido o suficiente para ignorar as tergiversações dele, mas aquela sugestão do grupo de terapia foi um exagero", disse ele. "Nesse momento, percebi que Gottlieb queria me neutralizar. Foi aí que nasceu a determinação de provar o papel dele no assassinato do meu pai."

Só na outra década — depois da morte da sua mãe —, Eric Olson deu o próximo passo: pedir a exumação do corpo do pai. No dia 2 de junho de 1994, vários repórteres observavam enquanto uma retroescavadeira abria um buraco na terra do Linden Hills Cemetery, em Frederick.

"Não sei se descobriremos o que aconteceu com meu pai", disse Eric aos repórteres. "Mas queremos fazer tudo que for possível para isso."

James Starrs, um patologista forense da Faculdade de Direito da Universidade George Washington, estudou o corpo de Olson durante um mês. Quando terminou, ele convocou uma coletiva de imprensa. Os testes de toxinas não revelaram nada. Porém, o padrão dos ferimentos era estranho. Starrs não encontrou estilhaços de vidro na cabeça e no pescoço da vítima, uma característica das pessoas que se atiram de janelas fechadas. Mais intrigante, Olson caíra de costas, mas a região do crânio acima do seu olho esquerdo estava desfigurada.

"Para mim, esse hematoma sugere que a cabeça do Dr. Olson recebeu um golpe muito forte de uma pessoa ou instrumento antes da sua queda da janela do quarto 1018A", concluiu Starrs. Em outro momento, ele foi mais enfático: "Acho que Frank Olson foi intencionalmente atirado da janela."

Além de realizar a autópsia, Starrs também entrevistou pessoas ligadas ao caso, inclusive Gottlieb. A entrevista dele ocorreu em uma manhã de domingo, em sua casa na Virgínia. Mais tarde, Starrs escreveu que aquela entrevista fora "a mais desconcertante de todas". O relato de Gottlieb sobre o que fizera antes e depois da morte de Olson era, "no mínimo, insatisfatório e, no máximo, inacreditável... O resultado da entrevista foi desfavorável ao Dr. Gottlieb e reforçou sua participação na morte de Olson".

> O momento mais perturbador e desconfortável foi quando, ao final da entrevista, o Dr. Gottlieb espontaneamente abordou um ponto que, segundo ele, poderia passar despercebido. Ele apontou enfaticamente que, em 1953, a ameaça russa era bastante presente... Espantado, eu ouvia suas descrições quando notei uma foto do bispo sul-africano Tutu na parede. A imagem me inspirou a perguntar como ele pôde, de maneira tão imprudente e confiante, colocar a vida dos agentes em risco naquele experimento com LSD em Deep Creek Lodge. "Professor", ele disse, sem papas na língua. "O senhor não entende. A segurança do país estava em minhas mãos." E não disse mais nada; de fato, nem precisava. Perplexo, também não fiz nenhum comentário. A mensagem implícita era cristalina. Arriscar a vida dos participantes desinformados do experimento de Deep Creek era só um meio para a obtenção de um bem maior, a segurança nacional.

Nos termos do contrato firmado com a CIA em 1975 para o recebimento da indenização de US$750 mil, a família de Olson não podia processar a Agência. No entanto, Eric Olson colaborou com os promotores de Nova York que investigavam a morte do seu pai. Em 1999, eles convenceram o médico-legista responsável a reclassificar o suicídio de Frank Olson como "Morte por Causa Desconhecida, Investigação em Aberto". Mas, apesar de todas as diligências, o procurador Morgenthau concluiu que não havia evidências suficientes para exigir responsabilização criminal, e o caso nunca foi a júri.

Porém, nada disso diminuiu as suspeitas da família. Novos indícios surgiram, e embora nenhum deles fosse uma prova cabal, todos ajudaram a elucidar o contexto do caso. Um dos mais surpreendentes foi um manual de oito páginas intitulado "Um Estudo sobre o Assassinato". O documento foi escrito em 1953 — ano da morte de Olson — e divulgado pela CIA em

1997. O manual não está assinado, mas um oficial ligado ao MK-ULTRA afirmou que a autoria era de Gottlieb. Algumas orientações sobre métodos de assassinatos sugerem coincidências sinistras com o caso de Olson.

"Forjar um acidente é a técnica mais eficaz", recomenda o manual. "Quando bem executada, essa técnica causa pouca comoção e pouco interesse em investigações. O 'acidente' mais indicado, em assassinatos simples, é uma queda de 20m ou mais sobre uma superfície dura... De modo geral, será preciso atordoar ou drogar o indivíduo antes da queda. É necessário ter cuidado para não deixar nenhuma ferida ou condição não relacionada à queda que seja identificável após a morte... Uma pedra ou uma peça pesada de madeira, mas nada com aparência de arma, deve ser adquirida, transportada e descartada posteriormente. Os golpes devem atingir a região da têmpora."

Essas descobertas reforçaram as suspeitas com relação à morte do seu pai, mas Eric não conseguia provar o crime. Diante desse fato doloroso, com o irmão, ele decidiu sepultar novamente o corpo. Em 8 de agosto de 2002, um dia antes do enterro, Eric chamou a imprensa e anunciou que chegara a uma nova conclusão sobre o episódio.

"Em 28 de novembro de 1953, Frank Olson não cometeu suicídio, foi assassinado", declarou Eric. "A narrativa dos experimentos com LSD, apresentada em 1975, não é real. O caso envolvia guerra biológica. Frank Olson não foi uma cobaia experimental que morreu após uma 'bad trip'. Ele foi assassinado para não revelar informações sobre o 'Artichoke', um programa ultrassecreto de interrogatórios executado pela CIA no início dos anos 1950, e sobre o uso de armas biológicas pelos EUA na Guerra da Coreia."

Gottlieb só é lembrado como um personagem secundário do drama de Frank Olson. Em dois documentários, ele foi interpretado por atores. Como não tinham fotos de Gottlieb durante sua época na CIA, os produtores recriaram sua aparência. Em *CIA Secret Experiments* ["Experimentos Secretos da CIA", em tradução livre], produzido pela National Geographic em 2008, Gottlieb aparece como um homem elegante e de cabelos brancos que coloca LSD na fatídica garrafa de Cointreau de Olson — a imagem é imprecisa, pois ele tinha apenas 35 anos na época e, segundo testemunhas, foi Lashbrook quem batizou as bebidas naquela noite.

Gottlieb também aparece em várias cenas de *Wormwood*, um filme de quatro horas sobre o caso de Olson, dirigido por Errol Morris e lançado em

2017. O ator Tim Blake Nelson interpreta Gottlieb como um homem jovem e autoconfiante. *Wormwood* é pontuado por entrevistas com Eric Olson, que descreve o episódio e sua busca incessante por respostas. O filme sugere que Olson foi assassinado e que Gottlieb estava envolvido no crime.

Em 2017, Stephen Saracco, um promotor assistente aposentado de Nova York que investigara o caso e continuava interessado nele, visitou pela primeira vez o quarto de hotel onde Olson passara sua última noite. Uma equipe filmou Saracco abrindo a porta e entrando no quarto 1018A. Alguns móveis haviam sido substituídos, mas as dimensões e a disposição dos cômodos eram as mesmas de 1953.

"Aqui, fico pensando em como seria possível", disse Saracco, examinando o quarto. Olson precisaria ter corrido em alta velocidade em um pequeno cômodo, pulado sobre um radiador de 80cm de altura instalado embaixo da janela e atravessado a placa de vidro sem colidir com o batente, 70cm acima do radiador. Saracco não entendia por que, se pretendia se matar, Olson "daria uma de Superman" em vez de apenas abrir a janela e pular.

"Esse suicídio dificilmente teria dado certo", concluiu Saracco. "Havia um motivo para matá-lo. Ele conhecia os segredos mais profundos e sinistros da Guerra Fria. O governo norte-americano mataria um cidadão que atuava como cientista na CIA e no Exército se visse nele uma ameaça à segurança nacional? Alguns dizem: 'Sem dúvida.'"

FRANK OLSON NÃO era a única vítima de Gottlieb que sempre batia à sua porta. Após a divulgação dos fatos sobre o MK-ULTRA, ele respondeu várias ações judiciais e passou por muitos interrogatórios duros. Nessas situações, sempre ecoava uma máxima shakespeariana: "As maldades aparecerão, mesmo que a Terra as oculte dos olhos humanos."

O primeiro sinal de ameaça judicial para Gottlieb surgiu em 1980, quando três ex-detentos da Penitenciária Federal de Atlanta entraram com uma ação contra a CIA e o diretor William Casey. Os três afirmavam que, depois de terem participado de experimentos com drogas coordenados pelo Dr. Carl Pfeiffer, sofreram de alucinações, flashbacks, paranoia e outros distúrbios psíquicos por duas décadas. Eles acusavam o governo de negligência por ter permitido a realização desses experimentos e pediam indenização com base na Lei Federal de Responsabilidade Civil da Administração.

Gottlieb não foi citado como réu, mas certamente seria notificado para testemunhar na audiência. Isso nunca aconteceu. Em 29 de abril de 1983, um juiz federal declarou inadmissível o pedido dos ex-presidiários, apontando que os crimes alegados já estavam prescritos.

Gottlieb não pôde comemorar essa decisão. Dez dias antes, ele havia sido intimado como testemunha em outra ação e passou por uma inquirição bastante intensa. O processo fora iniciado pela família de Velma Orlikow, uma das vítimas canadenses do Dr. Ewen Cameron, chefe do Allan Memorial Institute, em Montreal. Orlikow buscara tratamento para uma depressão pós-parto no instituto em 1957, mas mergulhou em um pesadelo do qual nunca se recuperou. Anos depois, David, seu marido e membro do parlamento canadense, processou a CIA. Segundo David, sob a direção da Agência, Cameron havia submetido sua esposa a um tratamento "horrível" que reduzira sua existência "a 20%", eliminando sua capacidade de ler, comer com talheres e reconhecer seus familiares.

A família de Orlikow contratara Joseph Rauh, um dos advogados mais combativos dos Estados Unidos na área dos direitos civis. Rauh obteve um mandado para um interrogatório preliminar com Gottlieb. Na primavera de 1983, ele passou por três dias de inquirição no Boxwood House Motel em Culpeper, no estado da Virgínia.

Gottlieb demonstrou lapsos de memória bastante improváveis. Quando Rauh perguntou em qual divisão ele iniciara sua carreira na CIA, em 1951, Gottlieb respondeu: "Não me lembro de detalhes tão específicos." Ele conduziu pesquisas sobre os efeitos de eletrochoques? "Não me lembro." O que ele havia dito aos investigadores da CIA após a morte de Frank Olson? "Talvez eu esteja com um bloqueio mental." Ele fora preparado por oficiais da CIA antes de prestar seu depoimento no Congresso na década de 1970? "Minha memória é muito vaga com relação a isso." E mais notável: como era o relacionamento dele com o oficial Richard Helms, colaborador de Gottlieb na criação do MK-ULTRA e seu principal apoiador por vinte anos?

"Não recordo qual era o trabalho do Sr. Helms", declarou Gottlieb. "Não me lembro da função dele."

Rauh foi sarcástico. "O Dr. Gottlieb demonstra um completo desprezo pela vida humana", disse ele. A defesa de Gottlieb — que foi representado por advogados da CIA nesses depoimentos e não por Terry Lenzner — protestou imediatamente.

"Respeite a testemunha!", reclamou o advogado. "O senhor só está abusando deste homem."

Nesse interrogatório e nos dois seguintes, Gottlieb forneceu algumas informações intrigantes. Ao ser questionado sobre o objetivo do MK-ULTRA, ele condensou a resposta em uma frase precisa: "O projeto MK-ULTRA investigava o potencial defensivo e ofensivo de várias técnicas de controle comportamental para operações de inteligência." Ele admitiu que se sentira "um pouco insultado" e "bastante irritado" quando a CIA liberou documentos relacionados ao MK-ULTRA com alguns nomes excluídos e o dele intacto. Ao ser pressionado sobre o caso de Olson, Gottlieb ficou indignado.

"Fiquei muito triste com a morte daquele ser humano", disse ele. "Eu não queria que isso acontecesse. Foi um completo acidente. Poucos veem algo premeditado no episódio; você é um deles."

Gottlieb admitiu que alguns funcionários da CIA não quiseram aplicar as técnicas desenvolvidas porque "achavam a ideia desconfortável e estranha. Suas objeções eram de ordem moral". Ao ser questionado sobre sua responsabilidade pela dor que Ewen Cameron infligira na época do MK-ULTRA, ele respondeu: "É muito difícil responder a essa pergunta."

"Passava pela cabeça de alguém a ideia de adotar algo parecido com o Código de Nuremberg?", perguntou Rauh.

"Não", respondeu Gottlieb.

O caso de Orlikow se arrastou por cinco anos e foi resolvido extrajudicialmente em 1988. A CIA pagou à família Orlikow e às famílias dos outros oito canadenses prejudicados por Ewen Cameron uma indenização de US$750 mil no total. A Agência não se declarou culpada nem responsável pelo ocorrido.

Mas os problemas de Gottlieb com a justiça não pararam por aí. Ele foi citado em outro processo, movido em nome de Stanley Glickman, o jovem artista cuja vida fora abalada depois de um encontro, em um café de Paris, com um norte-americano que tinha um pé torto. Glickman morava em Nova York quando a imprensa publicou as revelações sobre o MK-ULTRA. Logo que soube das notícias, Glickman entendeu, pela primeira vez em mais de vinte anos desde aquele fatídico Chartreuse, o que tinha acontecido com ele.

A pedido da sua irmã, Glickman escreveu cartas para o Departamento de Justiça e para pessoas que talvez pudessem ajudá-lo, sem sucesso. Em 1981, ele entrou com uma ação amparada na Lei Federal de Responsabilidade Civil da Administração e acusou a CIA de invasão de privacidade e danos dolosos. Glickman apontou dois oficiais como réus: Gottlieb e Richard Helms.

Os advogados da CIA protelaram o processo durante vários anos. A ação quase foi extinta com a morte de Glickman em 1992 por insuficiência cardíaca. Mas sua irmã não desistiu do processo. Algum tempo depois, um juiz intimou Gottlieb para tomar seu depoimento. Na manhã de 19 de setembro de 1995, ele chegou à sede do Tribunal Federal em Washington para quatro dias intensos de inquirição.

Outra vez, Gottlieb alegou que havia esquecido a maior parte do seu passado. Ao ser questionado sobre o Bluebird, o primeiro projeto de "interrogatórios especiais" da CIA, que estava a todo vapor na época da sua entrada na Agência, ele respondeu: "A palavra Bluebird me confunde totalmente. Não posso ajudá-los com isso." Quando indagado sobre Robert Lashbrook, o diretor-adjunto do MK-ULTRA, sua resposta também foi implausível.

"Ele era seu adjunto?"

"Não tenho uma memória clara sobre meu diretor-adjunto", respondeu Gottlieb.

Quanto ao relato de que teria drogado Stanley Glickman no Café Select em Paris, Gottlieb foi mais preciso. Ele afirmou que nunca estivera em Paris antes de 1958 e, portanto, não poderia ter participado do envenenamento de uma pessoa na cidade seis anos antes.

"Isso nunca aconteceu", disse Gottlieb. "Dediquei quatro dias do tempo limitado que me resta a um questionamento sobre algo que nunca aconteceu. É inacreditável."

Mas a negação não dissuadiu os advogados de Glickman. Eles prosseguiram na ação e acabaram conquistando uma vitória decisiva. Em 1998, o tribunal federal de recursos decidiu que, como não tivera participação direta no caso, Richard Helms não poderia ser processado — mas a ação contra Gottlieb continuaria tramitando.

"Se reconhecesse a obrigação atribuída a Gottlieb de preservar os documentos relacionados ao MK-ULTRA, cuja destruição foi ordenada por ele, o júri poderia fazer uma inferência negativa em detrimento de Gottlieb", apontava o parecer do tribunal. "Essa possibilidade e as evidências circunstanciais indicando que o autor teria sido drogado pela CIA — e, especificamente, por Gottlieb — são suficientes para que a ação vá a júri."

Era incrível. Pela primeira vez na vida, Gottlieb seria processado criminalmente. Ele teria que testemunhar sobre o MK-ULTRA em público, sob juramento e como réu.

"Se Gottlieb for condenado, será a primeira vez", escreveu um repórter que cobria o caso. "A Agência protege os seus funcionários muito bem — não só Gottlieb, mas todos os integrantes do MK-ULTRA. A audiência está marcada para 3 de janeiro."

GOTTLIEB CONSEGUIU ADIAR o início das sessões do caso de Stanley Glickman. Nas primeiras semanas de 1999, enquanto ele esperava o julgamento, alguns detetives de Nova York retomavam as investigações sobre a morte de Frank Olson. O tempo fechara. Nessa época, Gottlieb encontrou um antigo amigo da faculdade. Ele lembrou que, certa vez, havia ridicularizado a admiração desse amigo pelo melancólico poema "Dover Beach", de Matthew Arnold. Ele disse que tinha mudado de opinião e memorizado o poema.

> ... the world, which seems
> To lie before us like a land of dreams,
> So various, so beautiful, so new,
> Hath really neither joy, nor love, nor light,
> Nor certitude, nor peace, nor help from pain;
> And we are here as on a darkling plain
> Swept with confused alarms of struggle and flight,
> Where ignorant armies clash by night.[1]

Mesmo na velhice, Sidney e Margaret continuavam participando ativamente da comunidade. "Hoje em dia, o dinheiro quase não compra nada", escreveu Margaret para a família. "Dois dias por semana, Sid trabalha como fonoaudiólogo nas escolas de Culpeper e adora ter contato com as crianças.

---

[1] Em tradução livre: "... o mundo, que se estende / Diante de nós como uma terra de sonhos, / Tão variado, tão belo, tão novo, / Na verdade, não tem alegria, nem amor, nem luz, / Nem certeza, nem paz, nem alívio para a dor; / Estamos aqui como habitantes de uma planície sombria, / Atordoados por uma confusão de chamados para lutas e fugas, / Perto de exércitos ignorantes que combatem à noite."

Neste exato momento, ele está com um paciente do asilo, ajudando o homem a fazer a passagem... Sou voluntária no programa de alfabetização de adultos e ensino na escola e na cadeia. São muitas coisas. Fora isso, esperamos que o inverno acabe logo para cuidar do jardim."

O jornalista Seymour Hersh, um incansável revelador de segredos, visitou Gottlieb nesse período. "Foi muito estranho", lembrou Hersh, tempos depois. "Gottlieb vivia em um local parecido com um ashram indiano, sem eletricidade nem água corrente. Fora da casa, havia um banheiro com um sanitário compostável. Ele queria se redimir, expiar seus pecados. Se fosse católico, teria ido para um mosteiro. Era um homem arruinado, corroído pela culpa."

Outras pessoas que tiveram contato com Gottlieb em seus últimos anos chegaram a conclusões semelhantes. "Sid passou o final da vida em um processo de expiação, necessário ou não, depois de ter sido exposto como um cientista do mal", disse um professor do Centro de Aprendizagem e Assistência Infantil, onde Gottlieb atuava como voluntário. Segundo Carla Theodore, uma rabina e amiga que também tinha um espírito aventureiro — ela fora sindicalista no sul do país antes de se tornar rabina —, Gottlieb lhe disse que seus filhos não falavam com ele: "Fiz coisas de que me arrependo, mas estou aprendendo a guardar esse sentimento dentro de mim."

"Percebi que ele estava em um processo de expiação, consciente ou inconscientemente", recordou Theodore. "Muitos lamentos vinham de todas as direções. Seu passado era muito pesado. De certa forma, ele convivia com isso. Era um delírio recorrente. Certa vez, perguntei se ele poderia conversar sobre isso, e ele disse: 'Sim, poucos quiseram fazer isso.' Mas as respostas dele eram tão defensivas que acabei desistindo em alguns minutos. Havia uma barreira. A verdade era inacessível para mim. Ele era uma pessoa encantadora, mas eu também via nele uma grande aflição, que sempre estava lá. Talvez ele estivesse tão perplexo com suas ações quanto nós, que só conhecíamos a situação por alto."

Gottlieb morreu em 7 de março de 1999, em sua casa na Virgínia. Tinha 80 anos. Margaret não revelou a causa da morte.

Nos dias seguintes, os obituários divulgaram tudo que se sabia sobre a ligação de Gottlieb com o MK-ULTRA. Em um deles, o psicólogo John Gittinger definia Gottlieb como "um dos mais homens brilhantes que já conheci" e alguém que sempre estava "disposto a tudo para descobrir algo".

"Estávamos com o espírito da Segunda Guerra Mundial", disse Gittinger. "Durante a Guerra Fria, a Agência e nós agíamos como se estivéssemos em uma guerra de verdade. E, na guerra, fazemos coisas que normalmente não faríamos."

William Hood, o oficial da CIA que fora chefe de Gottlieb nos seus dois anos em Munique, também demonstrou compreensão. "Acredito que ele ultrapassou os limites em algumas ações", disse Hood. Mas acrescentou: "Acho que só os envolvidos entendem essa situação. Os serviços de inteligência não devem ser confundidos com os grupos de escoteiros."

John Marks, cujo livro *The Search for the "Manchurian Candidate"* revelou o MK-ULTRA para o grande público, foi por um caminho semelhante.

"Sem dúvida, ele era um patriota, um homem de grande inventividade", disse Marks ao redator de um obituário. "Gottlieb não fez o que fez movido por razões desumanas. Ele acreditava que tudo aquilo era necessário. E, naquele contexto, quem discordaria? Porém, ao realizar experimentos sem o consentimento das pessoas, Gottlieb violou o Código de Nuremberg — depois da Segunda Guerra Mundial, os médicos nazistas foram executados por crimes contra a humanidade associados a essas práticas."

Todos os obituários tiveram dificuldades em abordar a aparente contradição entre a natureza generosa de Gottlieb e seu terrível trabalho na CIA. A maioria dos redatores optou por destacar um elemento central na vida dele. "Sabendo dos seus hobbies altruístas", concluiu um deles. "Alguns podem ter dúvidas sobre o bizarro bioquímico que levou as batalhas da Guerra Fria para os cerebelos dos desavisados. Mas seu patriotismo e sua fé nos resultados dos estudos formam o elo que liga o pequeno agricultor adepto da vida comunitária ao Mengele psicodélico do passado."

Logo que soube da morte de Gottlieb, Eric Olson fez uma visita a Sidney Bender, o advogado de Nova York que atuara no caso de Glickman. Eles brindaram a morte do homem que consideravam um monstro e chegaram à mesma conclusão: Gottlieb se suicidara.

"Além de mim, a promotoria de Nova York também estava investigando Gottlieb pelo assassinato de Frank Olson", observou Bender. "Isso trazia graves preocupações para ele. Se ele fosse condenado, quais seriam as consequências para a CIA? Ele era o instrumento de uma possível contaminação total. O júri revelaria as ações criminosas cometidas pela CIA e por ele. Gottlieb gostava de controlar tudo e, no final, resolveu controlar seu próprio destino. Sua morte foi uma maneira de proteger a CIA das consequências civis e penais do caso. Ele conseguira ludibriar o Congresso, mas tudo viria à tona na audiência — que estava prestes a começar — e no indiciamento pelo assassinato de Olson. Ele nunca poderia ser condenado pelo que fizera. Sua alternativa foi renunciar à vida."

Tom Wilson, um advogado de Washington que representou Gottlieb em seus últimos anos, não arriscaria um palpite como esse. Porém, Wilson disse que a possibilidade de responder judicialmente pela intoxicação de Stanley Glickman deixara seu cliente "bastante desanimado".

"Sua maior preocupação era nunca ter paz de espírito na vida", disse Wilson a um entrevistador. "Ele já não queria mais lutar." Outro amigo lembrou que Gottlieb "ficou gradualmente deprimido, e é difícil dizer se a causa disso foi a doença cardíaca ou o grande número de processos judiciais. Nos últimos anos de vida, ele já não era o mesmo homem."

O corpo de Gottlieb foi cremado, e Margaret pediu para que a funerária não divulgasse o destino das cinzas. Em uma tarde nublada de sábado, muitas semanas depois, cerca de cem pessoas se reuniram no ginásio da Rappahannock High School para uma cerimônia em homenagem a ele. "Os dois mundos de Gottlieb se uniram", escreveu um repórter, algum tempo depois. "Na ocasião, falaram vizinhos e amigos da sua segunda vida, mas no local também havia homens idosos de Langley, que, apesar de não terem falado, conversaram com os demais após a cerimônia."

Esses amigos da "segunda vida" de Gottlieb compartilharam suas lembranças. Um deles elogiou os poemas que Gottlieb havia escrito em seus últimos anos. Outro lembrou a sabedoria das contribuições dele para um grupo de estudo sobre zen-budismo. Um rapaz de agasalho pediu permissão à viúva para dizer algumas palavras. Ela não reconheceu o jovem, mas assentiu. Ele se aproximou do microfone.

"Todos que conheciam Sid sabiam que ele carregava uma grande angústia", disse ele. Em seguida, o rapaz pediu para que todos os presentes rezassem um pai-nosso a fim de "eliminar essa aflição para sempre, para que Margaret e sua família possam viver em paz".

Com a morte de Gottlieb, o ritmo já lento das investigações sobre o MK-ULTRA desacelerou ainda mais. Os poucos veteranos da CIA que conheciam os segredos do programa guardaram silêncio até a morte. Agora, o último capítulo da longa história de ocultação poderia ser escrito. Seu título seria: "Foi Tudo Culpa de Sidney."

Há muito tempo, Gottlieb percebera que seus ex-colegas queriam proteger a CIA e se eximir da responsabilidade pelos excessos do MK-ULTRA. Todos afirmaram aos investigadores que sabiam pouco ou nada sobre o programa. Helms, um dos mais ligados ao projeto, foi o que menos revelou informações, declarando que só conhecia as linhas gerais do MK-ULTRA.

"Helms era um mentiroso, mas um mentiroso encantador e habilidoso", recordou Frederick Schwarz, o principal assessor jurídico da Comissão Church. "Ele mentiu sobre todos os aspectos mais importantes."

Retratar Gottlieb como um oficial que atuara sem supervisão e passara dos limites era uma estratégia pragmática. Esse plano ocultava o fato de que altos oficiais da CIA, como Dulles e Helms, aprovaram e incentivaram o trabalho dele. Além disso, a estratégia desviava o foco da responsabilidade institucional que cabia à CIA, à Casa Branca e ao Congresso.

"Entre aqueles que conversaram com Gottlieb nos últimos anos", apontou um obituário. "Há quem diga que, para o químico, a Agência queria fazer dele o bode expiatório do programa."

16

Você Nunca Vai Saber Quem Ele Realmente Era

Tusko, um elefante macho que pesava mais de três toneladas, foi a maior vítima de um experimento com LSD ligado a Gottlieb. "Jolly" West, um psiquiatra barbudo e corpulento, conduzia experimentos sobre "sugestionabilidade" e métodos para induzir "estados dissociativos" no âmbito do Subprojeto 43 do MK-ULTRA. Em uma manhã de agosto de 1962, depois de conversar com o diretor do Lincoln Park Zoo, em Oklahoma City, West disparou um dardo com 300 mil microgramas de LSD no corpo de Tusko. Cinco minutos depois, segundo o relatório de West, o elefante "soltou um bramido, estremeceu, caiu à direita, defecou e entrou em estado epiléptico". West aplicou nele um coquetel de drogas, mas não conseguiu salvá-lo. Tusko morreu 1h40 depois de ter sido drogado.

Embora o LSD não fizesse bem aos elefantes, West acreditava no potencial da substância para reformular a psique humana. Como ele, alguns colaboradores de Gottlieb deram continuidade ao trabalho após o fim do MK-ULTRA. Nenhum deles aceitava a conclusão de que o controle da mente não existia.

Por muitos anos, West manteve uma clínica no distrito de Haight-Ashbury, em São Francisco, onde administrava LSD a voluntários e monitorava suas reações. Em 1969, ele se tornou diretor do Departamento de

Psiquiatria e do Instituto Neuropsiquiátrico da Universidade da Califórnia em Los Angeles. Algum tempo depois, West causou uma enorme controvérsia ao propor a criação de um complexo "cercado" em uma área de lançamento de mísseis desativada nas montanhas de Santa Monica. O local seria "o primeiro centro mundial dedicado ao estudo da violência interpessoal". Mas o projeto, apoiado pelo governador Ronald Reagan, foi abortado depois de "uma série de protestos que viram no estudo da violência apenas uma oportunidade para fazer experimentos com pessoas desfavorecidas, realizar operações cerebrais, colocar eletrodos nas cabeças delas e tratá-las como cobaias", segundo West. Apesar disso, ele teve uma carreira de sucesso como pesquisador de técnicas de controle comportamental. Entre 1974 e 1989, o ano da sua aposentadoria, West recebeu mais de US$5 milhões em financiamentos do Instituto Nacional de Saúde Mental, uma entidade utilizada pela CIA.

Carl Pfeiffer, outro pesquisador favorito de Gottlieb, chegou a coordenar quatro "subprojetos" do MK-ULTRA e cultivou seu interesse em drogas psicoativas pela vida toda. Nos anos 1960, Pfeiffer participou de uma comissão da Food and Drug Administration que distribuía LSD para pesquisadores e, depois, ganhou destaque com seus estudos sobre a esquizofrenia. Em 1971, ele destruiu os registros dos experimentos com LSD envolvendo prisioneiros da Penitenciária Federal de Atlanta. Mas não eliminou todas as evidências.

O jornal *Atlanta Constitution* destacou um trecho do relatório da Comissão Rockefeller, divulgado em 1975, revelando que os experimentos com LSD conduzidos no presídio nos anos 1950 não se destinavam a encontrar uma cura para a esquizofrenia, como Pfeiffer havia dito aos presidiários, mas a executar um programa secreto da CIA. Essa informação chegou a James "Whitey" Bulger, o gângster de Boston que fora uma das vítimas de Pfeiffer. Assim que John Marks publicou o livro *The Search for the "Manchurian Candidate"*, em 1979, Bulger leu a obra e, segundo um biógrafo, "ficou furioso quando soube das muitas vidas destruídas pelo programa secreto". Ao perceber que fora torturado por Pfeiffer para atender aos interesses da CIA, e não da ciência, Bulger resolveu se vingar. Ele disse a um membro da sua gangue que planejava encontrar e matar Pfeiffer.

"Durmo com as luzes acesas o tempo todo por conta dos problemas psicológicos (pesadelos terríveis) que desenvolvi depois de ter participado de um projeto chamado MK-ULTRA", escreveu Bulger. "Até 1979, eu achava que era louco."

Pfeiffer nunca soube dos planos de Bulger e morreu de causas naturais. Bulger sumiu ao receber um alerta de que estava prestes a ser capturado pelo FBI por outros crimes. Dois anos depois da sua captura, ocorrida em 2011, ele foi condenado à prisão perpétua por onze assassinatos e outros delitos. Em seu julgamento, ninguém mencionou o LSD, o MK-ULTRA ou a CIA. Algum tempo depois, Anthony Cardinale, um advogado de Boston com experiência em representar mafiosos, afirmou que, se tivesse defendido Bulger, teria abordado esse tema até "tirá-lo da cadeia".

"É uma defesa simples", disse Cardinale. "Dois anos de testes com LSD fritaram o cérebro dele. Era só chamar peritos, psiquiatras e outras pessoas que descreveriam os suicídios e a hospitalização de muitos participantes desse programa secreto da CIA. Eu teria colocado Bulger no banco das testemunhas, babando e batendo a cabeça na parede. Ele é uma vítima do seu próprio governo... Em seus delírios, ele não consegue discernir entre o certo e o errado, acha que pode matar impunemente... Estou dizendo: eu teria comovido o júri com a história de Whitey Bulger: 'Senhoras e senhores do júri, meu cliente é uma vítima; os grandes culpados aqui são o governo e seus agentes. Ele não acreditava que seria punido. Ele não discernia o certo do errado. Eles colocaram tudo isso na cabeça dele. Eles manipularam, prejudicaram e transformaram meu cliente em um assassino psicótico.'"

O único médico norte-americano ligado ao MK-ULTRA com desempenho comparável a Pfeiffer foi Harris Isbell, do Addiction Research Center em Lexington, Kentucky, cuja carreira também foi excepcional. Em 1962, Isbell recebeu do procurador-geral Robert Kennedy a distinção de Mérito na Saúde Pública por ser "um pesquisador extraordinário". Pouco depois, ele saiu do centro para atuar como professor nas faculdades de medicina e farmacologia da Universidade do Kentucky.

Após a descoberta do MK-ULTRA, a real natureza dos experimentos de Isbell com prisioneiros veio à tona. Em 1975, ele prestou depoimento em uma audiência conduzida por subcomissões ligadas às Comissões do Senado para o Judiciário e para o Trabalho e Bem-estar Social, que investigavam "os estudos com seres humanos realizados pelo Departamento de Defesa e pela Agência Central de Inteligência". Os senadores ficaram intrigados, mas não indignados. Quando um senador perguntou se ele havia dado heroína a viciados como pagamento pela participação em experimentos, Isbell respondeu: "Isso era comum na época."

"Era outra época", disse Isbell. "Os códigos de ética não eram tão desenvolvidos e, para proteger a população, precisávamos estudar o potencial dos narcóticos... O trabalho era fundamental, e penso que fizemos um excelente serviço."

Harold Abramson, o médico favorito de Sidney Gottlieb no MK-ULTRA, também não foi repreendido por seu trabalho. Nos EUA, Abramson acompanhara Gottlieb no pequeno grupo de adeptos que se formou em torno do LSD na década de 1950 e era o único que conhecia o MK-ULTRA fora da CIA e da Divisão de Operações Especiais de Fort Detrick. Mas, ao contrário de Gottlieb, seu fascínio pela substância nunca diminuiu. Nas décadas de 1960 e 1970, ele organizou várias conferências internacionais sobre o LSD. Em 1967, Abramson publicou o livro *The Use of LSD in Psychotherapy and Alcoholism* [O Uso do LSD na Psicoterapia e no Tratamento do Alcoolismo, em tradução livre]. Ele também trabalhou nas suas especialidades — Abramson nunca estudou psiquiatria ou farmacologia — e foi um dos fundadores do periódico *Journal of Asthma*. No final da vida, a revelação de que ele cuidara de Frank Olson em seus últimos dias causou um certo incômodo. No entanto, quando Abramson morreu, em 1980, sua reputação estava intacta.

"Todos que conhecem a obra de Harold", apontava um obituário publicado no *Journal of Asthma*, "percebem que a morte desse cientista pioneiro, humanista, educador, psicanalista e pensador marca o final de uma era de ebulição intelectual e exploração multidisciplinar dos mistérios da existência, das aspirações e do sofrimento humano".

Ewen Cameron, o médico responsável pelo experimento mais terrível do MK-ULTRA, morreu em 1967. Segundo o *Toronto Star*, "Cameron morreu depois de cair de um penhasco em circunstâncias misteriosas". Até o fim da vida, Cameron teve uma boa fama, mas, depois que a existência e a natureza do MK-ULTRA vieram à tona, as vítimas dos experimentos de "condução psíquica" começaram a aparecer. Em 1980, duas delas falaram em um documentário produzido por um canal de televisão canadense. Depois, outras se manifestaram. Esses relatos desencadearam uma avalanche de reportagens sensacionalistas, como: AS EXPERIÊNCIAS DE CONTROLE MENTAL DA CIA DESTRUÍRAM A MENTE BRILHANTE E PRODUTIVA DO MEU PAI e "ELA QUERIA SE TRATAR" — FAMÍLIA DE WINNIPEG LEMBRA DA VÍTIMA DE LAVAGEM CEREBRAL DA CIA. Diante da pressão da opinião pública e de uma série de processos, o governo canadense anunciou o "Plano de Assistência às Pessoas Despadronizadas do Allan Memorial Institute", que pagou indenizações de

US$100 mil para 77 pacientes de Cameron. Em 2004, um juiz canadense concedeu a indenização para mais 250 vítimas.

"Para os pacientes do Dr. Ewen Cameron, nossa universidade proporcionou meses intermináveis de torturas disfarçadas de experimentos médicos", apontou uma longa reportagem publicada no *McGill Daily* em 2012. "Nessa instituição científica e educacional respeitada, ocorreram eventos macabros e métodos de tortura foram desenvolvidos."

Os dois parceiros mais importantes de Gottlieb na CIA morreram em um intervalo de poucas semanas no outono de 2002. Robert Lashbrook, seu braço direito no MK-ULTRA, tinha 84 anos quando não resistiu a uma doença pulmonar e morreu no Ojai Valley Community Hospital, na Califórnia. Uma pequena nota no jornal local informava que Lashbrook servira como militar na Segunda Guerra Mundial e também tinha atuado como "professor de química". Não houve nenhuma cerimônia.

Já a morte de Richard Helms, que passou mais de duas décadas na CIA e foi diretor da Agência, chamou bem mais atenção. Helms morreu em casa, na cidade de Washington, aos 89 anos. Segundo o obituário do *New York Times*, ele "guardava alguns dos segredos mais sombrios da Guerra Fria". O jornal também mencionou a explicação de Helms para as mentiras que contara a uma comissão do Congresso sobre seu papel no golpe de 1973 no Chile: "Jurei proteger certos segredos."

Como outros funcionários da CIA associados a escândalos na década de 1970, Helms teve que ser seletivo com seus juramentos. Antes de depor no Congresso, ele jurou dizer "a verdade, toda a verdade e nada além da verdade". Porém, como todos os oficiais, Helms assinara um acordo de confidencialidade, declarando que "nunca divulgaria, publicaria ou revelaria, por palavras, conduta ou qualquer outro meio, informações e dados confidenciais". Sua escolha foi a de Gottlieb e Lashbrook: mentir no depoimento para proteger seus segredos. Para eles, essa alternativa era patriótica. Por outro lado, a opção também era a mais conveniente, pois evitava a execração pública e a responsabilização judicial.

Helms ficou possesso quando William Colby, seu sucessor, resolveu ser aberto com relação ao MK-ULTRA e a outros projetos secretos da CIA. "Colby fez um trabalho surpreendentemente bom em bagunçar tudo", disse ele, já aposentado. "Em Washington, uma cidade sofisticada, ele deve ser visto como o maior cretino da vizinhança. Isso é muito triste, ele colocou tudo a perder com sua conversa fiada. Devia ter ficado de boca fechada sobre alguns assuntos." Helms só elogiava um aspecto do antigo colega: "Não acredito que Colby era um agente da KGB." Sua raiva era tão forte que, quando Colby morreu praticando canoagem em 1996, várias pessoas, incluindo seu biógrafo, pensaram que a morte fora executada por agentes da CIA como um acerto de contas ou para impedir novas revelações.

Helms concluiu seu livro de memórias pouco antes de morrer, mas não há nenhuma menção ao MK-ULTRA nas 496 páginas da obra. Ao ser questionado sobre essa omissão durante uma entrevista, ele respondeu: "Não foi possível expor a situação no espaço disponível." Algum tempo depois, Helms refletiu sobre seu velho amigo.

"Ah, pobre Sid Gottlieb", lamentou. "Ele vem sofrendo uma perseguição implacável, mas, para defendê-lo, esses poucos minutos não são suficientes. Não sei se posso ajudá-lo. A nação soube de algo e não gostou do que viu, e a culpa sobrou para ele."

As revelações sobre o MK-ULTRA jogaram a opinião pública contra a CIA. "Hoje, está claro que Gottlieb armou uma bomba-relógio que explodiu na década de 1970, destruindo boa parte da imagem da Agência como uma entidade que defendia os valores norte-americanos", concluiu o historiador da inteligência John Ranelagh. "Aqueles projetos que desenvolviam métodos e dispositivos para matar e controlar indivíduos e que, durante duas décadas, envolveram centenas de pessoas, inclusive gente de fora da Agência atuando sob contrato, mais cedo ou mais tarde vazariam."

Após a explosão dessa "bomba-relógio", em meados da década de 1970, foram criadas a Comissão Especial do Senado para as Atividades de Inteligência, com o objetivo de executar a "supervisão legislativa das atividades de inteligência dos Estados Unidos", e a Comissão Especial Permanente da Câmara para as Atividades de Inteligência, cuja finalidade era semelhante. Em 1978, o Congresso aprovou a Lei de Vigilância de Informações Externas, que regulou as escutas telefônicas e outras formas de vigilância. A última grande reforma da época foi promovida pela Lei de Supervisão das Atividades de Inteligência, de 1980. A norma estabeleceu para a CIA e outras agências de inteligência a obrigação de "informar suas atividades ao Congresso de forma plena e tempestiva", bem como parâmetros legais para o monitoramento de atividades clandestinas. Porém, o Congresso nunca quis se aprofundar nessa missão. Muitos parlamentares achavam que exercer uma supervisão muito estrita sobre a CIA e suas atividades seria uma ameaça à segurança nacional. Essa visão se consolidou após os ataques terroristas do

11 de setembro, e a supervisão do Congresso não alterou profundamente a dinâmica interna das agências de inteligência.

"Acredito que os novos procedimentos de supervisão, adotados em 1975 e fortalecidos nos vinte anos seguintes, têm reforçado o equilíbrio entre liberdade e segurança nos Estados Unidos", escreveu Loch Johnson, um ex-colaborador da Comissão Church. "Além disso, a qualidade e a consistência dos mecanismos de responsabilização dos órgãos de inteligência não eram prioridades para os reformadores na época da investigação promovida pela Comissão Church."

Gottlieb e os poucos oficiais da CIA que conheciam bem o MK-ULTRA levaram seus segredos para o túmulo. Com a morte deles e a destruição dos registros do programa, muitas das atividades de Gottlieb continuarão desconhecidas. Sua esposa também contribuiu para isso.

Durante uma audiência civil, anos depois da sua aposentadoria, o advogado da outra parte perguntou se Gottlieb já havia falado sobre o MK-ULTRA com alguém de fora da Agência. "Conversei com minha esposa sobre algumas coisas", disse ele. Margaret nunca revelou o que sabia. Dois anos depois da morte do marido, ela recusou um convite de um repórter para uma conversa.

"Você nunca vai entender", disse Margaret. "Você nunca vai saber quem ele realmente era. Eu queria que esse assunto fosse enterrado para sempre."

Em 2 de novembro de 2011, mais de 12 anos depois da morte de Gottlieb, Margaret morreu aos 92 anos na Virgínia. "Ela era uma entusiasta da dança folclórica e, por muitos anos, o casal ensinou as coreografias para vários grupos", destacou o *Rappahannock News*. "Margaret Gottlieb será sempre lembrada pela personalidade arrojada, que também caracterizava seu marido."

Os quatro filhos do casal levaram vidas criativas e, aparentemente, plenas. Com o marido, um acadêmico, Rachel morou na Zâmbia e, depois, abriu uma pré-escola na Califórnia. Penny atuava como professora do ensino fundamental. Peter escreveu um livro sobre a história dos afro-americanos (que dedicou "aos seus pais, Sidney e Margaret Gottlieb") e foi diretor do arquivo do estado de Wisconsin. Stephen, o caçula, se tornou guitarrista e professor de música.

Em 2013, Peter, Penny e um dos filhos dela integraram um grupo de voluntários que passou uma semana construindo casas para famílias pobres em El Salvador. Essa viagem revelava o humanismo compartilhado pelos quatro irmãos. Porém, nenhum deles falava sobre o pai. Depois da morte dele, a mãe pediu para que eles nunca mais se referissem a Sidney em público. Os irmãos cumpriram a promessa.

"Há algum tempo, decidimos parar de falar sobre isso com pessoas como você", disse um membro da família a um autor, em 2018. "Se dependesse só de mim, eu conversaria com você, mas eles têm um acordo que fizeram com a mãe, e não posso passar por cima disso."

A esposa de Sidney Gottlieb viveu mais do que seus contemporâneos mais próximos. Após a morte de todos os envolvidos — e com a recusa dos filhos em acrescentar mais informações sobre a vida do pai —, ele passou para a história. Isso também ocorreu com seus antigos locais de trabalho.

O prédio original da CIA, na 2430 E Street, em Washington, um espaço chefiado por Gottlieb depois da mudança para Langley, chegou perto de ser demolido em 2014. Oficiais de inteligência que haviam trabalhado lá se mobilizaram para salvar o local. Hoje, o imponente complexo abriga agências do Departamento de Estado.

O Fort Detrick, em Maryland, onde Frank Olson e seus colegas fabricavam toxinas, continua sendo o principal centro de pesquisas biológicas do Exército. Ao lado de fileiras de estufas, os cientistas cultivam e estudam bactérias mortais em câmaras fechadas. No local, medicamentos exóticos são armazenados para encaminhamento em caso de catástrofes. A "Eight Ball", a esfera gigante utilizada em testes com aerossóis em seres humanos e animais, está parada e esquecida, enferrujando.

Os imóveis em Nova York e São Francisco onde Gottlieb instalara seus "centros" foram demolidos. O mesmo ocorreu com o prédio em Manhattan onde Harold Abramson realizou seus primeiros experimentos com LSD — e onde cuidou de Frank Olson em seus últimos dias. O Statler Hotel, de onde Olson se lançou para a morte, continua operando, perto da Penn Station, como Hotel Pennsylvania, seu nome na época da fundação, em 1919.

Blackwater Homestead, o local na Virgínia onde Gottlieb morou a maior parte da sua vida adulta, ainda está no topo de uma colina distante, como um ponto moderno em meio à natureza. "Não havia outro lugar mais ensolarado na época", disse o proprietário atual, que adquiriu o terreno de Gottlieb no final dos anos 1990. Falando a um visitante, vinte anos depois, ele mencionou que lembrava muito bem de Gottlieb e que tivera uma boa relação com sua viúva: "Duas das melhores pessoas que já conheci."

Na Alemanha, os locais onde os interrogadores do Artichoke e do MK-ULTRA conduziam experimentos intensos não existem mais ou são utilizados para finalidades totalmente diferentes. Camp King, onde os "caras durões" abusavam dos prisioneiros com a colaboração dos agentes de Gottlieb e de ex-nazistas, foi fechado em 1993. A Villa Schuster continua no mesmo local e ainda lembra o espaço onde ocorriam torturas com suspeitos de espionagem e outros indivíduos azarados. Esse nome apareceu no noticiário depois que dois pesquisadores alemães publicaram, em 2002, a obra *Code Name Artichoke: Secret Human Experimentation by the CIA* ["Codinome Artichoke: Experimentos Secretos da CIA com Seres Humanos", em tradução livre], um estudo bastante documentado. Segundo um jornal, o local era "uma 'villa' que guardava segredos sombrios, onde a CIA havia conduzido experimentos com seres humanos... um monumento à loucura daquela época". O *Der Spiegel*, a maior revista do país, investigou as operações da CIA na Alemanha e chegou à conclusão de que "as piores coisas aconteceram na Villa Schuster, uma propriedade da virada do século em Kronberg... Houve mortes, mas não se sabe o número".

Depois que a CIA fechou a prisão secreta da Villa Schuster, em meados da década de 1950, o local foi ocupado pelo governo da Alemanha Ocidental e se tornou um retiro para funcionários públicos. Em 2016, a propriedade foi adquirida por um jovem empresário alemão. Ele reformou o prédio, dividiu os cômodos em apartamentos, alugou as unidades e construiu um portão de acesso. As câmaras do porão, onde as vítimas eram drogadas e recebiam eletrochoques, agora são depósitos.

"Nesta casa, a CIA fez experimentos como os nazistas faziam nos campos de concentração", disse o proprietário atual, ao mostrar a casa a um visitante. "Não é segredo. A vizinhança conhece a história. Dizem que os corpos das vítimas foram enterrados nas florestas — nesses locais, hoje há shopping centers e prédios residenciais. Eu tinha acabado de comprar a propriedade e estava trabalhando no quintal quando uma senhora idosa que mora mais adiante na estrada apareceu. Ela disse que podia fazer um ritual de purificação: queimar ervas ou algo do tipo para expulsar os espíritos malignos da casa. Eu lhe disse que não acreditava nessas coisas."

JASON BOURNE, UM dos assassinos ficcionais mais famosos do século XXI, é poliglota e um gênio na arte de matar. No entanto, não sabe como adquiriu essas habilidades nem por quê. Gradualmente, Bourne lembra que atuava na Operação Treadstone, um projeto secreto da CIA que desenvolvia uma técnica que limpava completamente a memória dos indivíduos.

Pouco antes da chegada de Jason Bourne às telas, outro personagem fora destacado para encontrar testemunhas de pousos alienígenas e induzi-las a esquecer o que viram. Para isso, o agente disparava um flash luminoso nos olhos delas com um pequeno dispositivo. Em seguida, ele implantava memórias falsas para substituir as lembranças eliminadas. Seu companheiro, um novato na organização Men in Black ["Homens de Preto"], ficava impressionado.

"Quando vou ter meu próprio neuralizador de memórias?", perguntou o recruta.

Quando encerrou o MK-ULTRA, no início dos anos 1960, Sidney Gottlieb disse aos seus superiores que não conseguira encontrar nenhum método eficiente para limpar a memória, anular a consciência ou induzir as pessoas a cometerem crimes e esquecerem dos seus atos. Tempos depois, ele repetiu sua conclusão nas audiências realizadas pelo Congresso. Porém, isso não limitou a imaginação dos roteiristas e criadores da cultura pop. Na verdade, eles ficaram muito interessados quando souberam do MK-ULTRA. As revelações de que a CIA pesquisara técnicas de controle da mente e realizara experimentos bizarros deram um grande estímulo para a imaginação dos criadores. Tramas que antes pareciam muito extravagantes se tornaram plausíveis. Experimentos de controle mental e "lavagem cerebral", planos do governo para criar assassinos programados e outros enredos inspirados no MK-ULTRA apareceram em obras de autores como Thomas Pynchon, E. L. Doctorow, Joseph Heller e Ishmael Reed.

O MK-ULTRA se desenvolveu a partir de fantasias inspiradas em obras ficcionais. Décadas depois, houve uma inversão nesse processo. Um novo subgênero de romances, contos, filmes, programas de televisão e videogames surgiu a partir das notícias sobre o MK-ULTRA. Essas obras se baseiam no fascínio pelo controle da mente que, há séculos, estimula a imaginação humana, mas têm um diferencial. As representações modernas de Svengali e Dr. Caligari são bem mais aterrorizantes porque trabalham para o governo.

No romance *Graça Infinita*, de David Foster Wallace, um personagem fabrica comprimidos que já tinham sido "usados em experimentos obscuros da CIA". Quando perguntam se ele pretende desenvolver técnicas de controle da mente, o personagem responde: "O objetivo é mais induzir o inimigo a pensar que suas armas são hortênsias, que ele é um parente consanguíneo, esse tipo de coisa." Kathy Acker, outra romancista contemporânea, faz uma descrição diferente dos experimentos na obra *Empire of the Senseless* ["O Império do Absurdo", em tradução livre]: "Os indivíduos interrogados pela CIA, infelizmente para a CIA, se lembravam das perguntas, do que haviam revelado e das pessoas a quem deveriam informar sobre as revelações que haviam feito. A CIA tinha que destruir essa memória humana. O assassinato, em muitos casos, era uma solução inviável porque tendia a vir à tona. Isso também valia para a lobotomia... O objetivo do MK-ULTRA era desenvolver métodos que causassem amnésia total em seres humanos."

O cinema gravou a ideia de controle da mente de forma mais vívida na consciência norte-americana. O filme *A Identidade Bourne*, que trazia Matt Damon como o agente desorientado da Operação Treadstone, foi lançado em 2002 e teve duas continuações. *MIB – Homens de Preto*, com Tommy Lee Jones e Will Smith, também foi muito popular e apresentou o célebre "embaralhador luminoso", um aparelho que limpava as memórias dos últimos minutos, dias ou anos e implantava novas lembranças. Esses dispositivos começaram a aparecer com frequência nas telas. Em um episódio de *Os Simpsons*, o vice-presidente Dick Cheney apagava a memória de um subordinado que estava prestes a pedir demissão. A série de animação *Uma Família da Pesada* e o game *Marvel Heroes* também utilizaram esse recurso.

Uma aplicação relativamente positiva da técnica do "embaralhador luminoso" está no filme *Brilho Eterno de uma Mente sem Lembranças*, de 2004, no qual um casal, interpretado por Jim Carrey e Kate Winslet, resolve apagar suas memórias do relacionamento. No blockbuster *A Origem*, de 2010, Leonardo DiCaprio interpreta um espião corporativo que rouba segredos guardados no subconsciente das vítimas. No game *Remember Me*, os jogadores podem "remixar" a mente dos personagens. Em *O Pagamento*, Ben Affleck interpreta um consultor que pratica atos de espionagem industrial e passa por sessões de "limpeza da memória" para esquecer seus crimes. O MK-ULTRA alimentou a imaginação dos criadores dessas obras.

Após a morte de Sidney Gottlieb, as referências culturais ao MK-ULTRA ficaram cada vez mais explícitas. No filme *American Ultra: Armados e Alucinados*, o personagem de Jesse Eisenberg descobre que sua memória foi apagada, sem consentimento, no "Projeto Ultra" da CIA. O MK-ULTRA foi mencionado em episódios de várias séries de televisão, incluindo *Fringe*,

Arquivo X e *Stranger Things*. No filme *Teoria da Conspiração*, o personagem de Mel Gibson descreve seu passado ao personagem de Julia Roberts.

"Anos atrás, trabalhei na CIA, no MK-ULTRA. Já ouviu falar?"

"Era um programa de controle da mente, tipo *Manchurian Candidate*."

"Isso é uma generalização vulgar, mas, sim, o objetivo era transformar um homem comum em um assassino. Isso mesmo."

Nos anos 1990, surgiu uma banda de rock chamada MK-ULTRA em Chicago, mas, após algumas questões legais, o grupo teve que mudar de nome. A banda britânica Muse se deu bem melhor. Em seu álbum *The Resistance*, premiado com o Grammy, há uma música chamada "MK-ULTRA", que pergunta: "How much deception can you take? How many lies will you create? How much longer until you break?"[1]

Em 2003, a Cannabis Cup, um evento realizado em Amsterdã que premia a melhor maconha do mundo, consagrou o híbrido MK-ULTRA. "O nome da cepa, *indica,* faz referência ao Projeto MK-ULTRA da CIA, cujo objetivo era utilizar métodos estratégicos para fins de manipulação mental", apontava uma resenha do material. "O MK-ULTRA produz efeitos cerebrais extremos, daí sua relação com o projeto da CIA."

A notável artista canadense Sarah Anne Johnson é neta de Velma Orlikow, a mulher de Winnipeg que moveu um processo contra o Dr. Ewen Cameron e se tornou uma das vítimas mais conhecidas do MK-ULTRA. Johnson se dedica a contar a história da avó. Uma escultura dela retrata sua avó usando um capuz e luvas, como os pacientes ficavam nos experimentos de "condução psíquica" de Cameron. Em outra homenagem, uma rede de figuras oníricas estampa a página de um jornal que descreve o caso da sua avó, com a manchete O Antro de horrores de Montreal: psiquiatra financiado pela CIA fez lavagem cerebral em seus pacientes.

A obra estava ao lado de imagens muito criativas de Lee Harvey Oswald, J. Edgar Hoover e Martin Luther King Jr. em uma exposição realizada em 2018 no Metropolitan Museum of Art, em Nova York, cujo tema era: "Tudo Está Conectado: Arte e Conspiração." O MK-ULTRA ficou gravado na cultura popular. O programa não só passou para a história, como também serviu de inspiração para os artistas mais imaginativos. Esse foi o legado mais inusitado de Sidney Gottlieb.

---

[1] Em tradução livre: "Quantas farsas você vai encarar? Quantas mentiras vai inventar? Até quando vai aguentar?"

O FECHAMENTO DA Villa Schuster, de Camp King e de outros centros de interrogatório e pesquisa utilizados por oficiais da CIA não marcou o fim do uso da tortura pelos Estados Unidos. Muito pelo contrário, o Bluebird, o Artichoke e o MK-ULTRA geraram muitos descendentes. O trabalho de Gottlieb foi essencial para o desenvolvimento de técnicas que os norte-americanos e seus aliados aplicaram em centros de detenção no Vietnã, na América Latina, no Afeganistão, no Iraque, em Guantánamo e em prisões secretas espalhadas pelo mundo todo.

No início da década de 1960, com a intensificação da Guerra do Vietnã e das insurreições esquerdistas na América Latina, a CIA elaborou um manual para interrogadores, concluído em 1963. O documento era o *KUBARK Counter-Intelligence Interrogation* — o codinome KUBARK indicava a CIA. O manual de 128 páginas, que só foi divulgado totalmente em 2014, sintetizava tudo que a CIA sabia sobre o "interrogatório coercitivo de fontes inflexíveis para fins de contrainteligência". No texto, há referências a trabalhos acadêmicos e "pesquisas conduzidas por especialistas", como os estudos coordenados por Ewen Cameron, o entusiasta do MK-ULTRA que chefiava o Allan Memorial Institution, em Montreal. Durante a década de 1960, o manual era leitura obrigatória para os interrogadores da CIA e dos "serviços de inteligência aliados" de vários países. O texto forneceu a base para o programa Phoenix, executado no Vietnã, que interrogava suspeitos de ligações com os comunistas e causou a morte de, pelo menos, 20 mil pessoas. A maioria das técnicas e descrições contidas no manual sobre as reações dos prisioneiros a várias formas de abuso vinha do MK-ULTRA.

- A noção de identidade está vinculada à continuidade na percepção do ambiente, hábitos, aparência, ações, relacionamentos etc. Com a detenção, o interrogador pode cortar esses vínculos.
- Ao controlar o ambiente da fonte, o interrogador pode determinar sua dieta, padrão de sono e outros elementos fundamentais. Quando essas variáveis são manipuladas e desreguladas, o indivíduo fica desorientado e mais propenso a sentimentos de medo e impotência.
- O efeito mais importante da prisão e da detenção, e especialmente do confinamento solitário, é privar o indivíduo da maioria dos sons, cheiros, gostos e sensações táteis aos quais está habituado.
- Os resultados obtidos após várias semanas ou meses de prisão em uma cela comum podem ser registrados em algumas horas ou dias em uma

cela sem iluminação (ou com luz artificial sem variação), com isolamento acústico, sem odores etc. Um ambiente mais controlável, como um tanque de água ou um pulmão de aço, é mais eficaz.
- Drogas podem ser mais eficazes que outras técnicas na superação de uma possível resistência.
- As principais técnicas coercitivas são prisão, detenção, privação de estímulos sensoriais, ameaças e indução de medo, debilidade e dor, aumento da sugestionabilidade, hipnose e drogas.
- O efeito mais comum da coerção é a regressão. Quando o interrogado é infantilizado, suas defesas caem.
- A voltagem da rede elétrica deve ser conhecida para facilitar o uso de transformadores e outros dispositivos.
- Há relatos de fortes oposições morais com relação ao uso de técnicas que causam dano psicológico irreversível. Avaliar a validade de argumentos éticos sobre a coerção excede o escopo deste manual.

Em 1983, vinte anos após a elaboração do manual *KUBARK*, a CIA produziu uma nova versão intitulada *Manual de Treinamento em Exploração de Recursos Humanos*. O documento foi elaborado especificamente para países da América Latina governados por militares. As forças policiais de Honduras e El Salvador logo receberam o manual; os dois países eram conhecidos pela extrema brutalidade das suas polícias. Algum tempo depois, um grupo de instrutores dos Boinas Verdes difundiu o manual em outras nações onde a tortura era uma prática comum. O documento originou sete textos voltados para países específicos, todos baseados no princípio de que os interrogadores deveriam "manipular o ambiente do indivíduo" para criar "situações intoleráveis que desregulassem os padrões de tempo, espaço e percepção sensorial... Quanto mais completa for a privação, mais rápido e impactante será o processo sobre o indivíduo". As técnicas descritas no *Manual* são muito parecidas com as orientações do *KUBARK*.

"Nosso objetivo não é recomendar o uso de técnicas coercitivas", aponta o manual. "Porém, queremos fornecer informações precisas e instruções para o uso apropriado dessas técnicas."

Um agente que já havia treinado interrogadores latino-americanos na aplicação das técnicas descritas nesses manuais — seu nome continua sob sigilo — passou a chefiar os interrogatórios conduzidos pelo Grupo de Remoção da CIA, formado após os ataques terroristas do 11 de setembro e acusado de sequestrar e interrogar suspeitos de terrorismo em prisões secretas. A presença desse agente indicava a continuidade das técnicas de interrogatório utilizadas pela CIA na América Latina na década de 1980 e em outros casos notórios no século XXI. Essas práticas incluíam imobilização, privação do sono, eletrochoques, confinamento em câmaras estreitas e uso de capuz para causar privação sensorial. Segundo os psicólogos que contribuíram para a elaboração dessas técnicas, o objetivo era reduzir o prisioneiro a um estado de dependência com relação ao interrogador — a mesma recomendação dos supervisores do MK-ULTRA e dos autores do manual *KUBARK*.

Segundo Cofer Black, chefe da contrainteligência na CIA, depois dos ataques de 11 de setembro, quando os líderes norte-americanos decidiram reagir "com força total", havia muito conhecimento acumulado. Para formular uma lista com técnicas de "interrogatório radical" aplicáveis aos prisioneiros muçulmanos, bastava tirar manuais antigos da gaveta, atualizar as recomendações e encaminhar os textos aos interrogadores. O fluxograma é evidente: o conhecimento de Kurt Blome e Shiro Ishii foi repassado aos diretores do projeto Bluebird, que depois passou a ser chamado de Artichoke; em seguida, foi transmitido para Gottlieb e o MK-ULTRA; depois, para o *KUBARK Counter-Intelligence Interrogation* e, na sequência, para o *Manual de Treinamento em Exploração de Recursos Humanos*; esses manuais chegaram a Guantánamo, Abu Ghraib e centros clandestinos da CIA no mundo todo. Gottlieb é um elo fundamental nessa cadeia sinistra.

A HISTÓRIA E a moral dificultam qualquer avaliação da vida e da obra de Sidney Gottlieb. Ele pode ser celebrado como patriota e, por outro lado, repudiado como um facínora. Para julgá-lo, é necessário fazer uma exploração profunda na mente e na alma humana.

Como todos nós, Gottlieb foi um produto do seu mundo. Seus pais eram judeus que saíram da Europa para fugir da opressão, um ponto em comum com a maioria dos seus colegas de escola. Os EUA salvaram essas pessoas do Holocausto. Para elas, o país era um lugar em que, segundo um filho de imigrantes judeus, "seus sonhos mais incríveis se realizavam". Gottlieb também foi contagiado pelo fervor patriótico despertado pelo ataque a Pearl Harbor, em 1941, e ficou arrasado quando foi considerado inapto para o serviço militar. A CIA lhe deu uma oportunidade de servir.

Nos EUA, muitos dos "melhores" aproveitaram essa chance, e Gottlieb não pode ser culpabilizado por ter entrado. Na verdade, é até admirável que ele tenha optado por integrar uma elite secreta que pretendia defender os Estados Unidos contra um inimigo implacável.

Gottlieb também não pode ser censurado pelos sete anos em que chefiou a Divisão de Serviços Técnicos da CIA. Se as nações precisam de espiões, alguém deve criar ferramentas para eles. Gottlieb tinha os talentos necessários para se destacar nesse estranho campo.

A produção de venenos para atentados contra líderes estrangeiros, outro aspecto do trabalho de Gottlieb, desencadeou sua breve notoriedade na década de 1970. Essa atividade era terrível. Os presidentes devem ser culpabilizados por suas decisões de eliminar líderes estrangeiros. Os funcionários da CIA que participaram dessas conspirações, incluindo Gottlieb, trafegavam por uma zona moral muito obscura e foram tão responsáveis quanto Eisenhower e Kennedy.

Porém, o fato mais grave imputado a Gottlieb é seu trabalho no MK-ULTRA. Com outro líder, talvez esse programa tivesse sido bem menos radical. Gottlieb não apenas se recusava a impor limites, como também pressionava seus subordinados a ultrapassarem todos os limites imagináveis. Seus terríveis "subprojetos" e os "interrogatórios especiais" que ele conduzia em prisões secretas no mundo todo trouxeram muito sofrimento para seres humanos. Gottlieb era um cientista talentoso e um servidor público diligente, mas também foi o torturador mais prolífico da sua geração.

Um aspecto muito intrigante da ética calculista de Gottlieb foi sua cooperação com cientistas nazistas associados à tortura e ao assassinato de judeus nos campos de concentração. Muitos norte-americanos que trabalharam com esses cientistas só tinham motivos genéricos ou teóricos para repudiar o nazismo e, pouco depois do fim da Segunda Guerra Mundial, com a definição do comunismo como o novo inimigo, logo esqueceram suas dúvidas. Mas Gottlieb estava a apenas uma geração do *shtetl*, como eram conhecidas as pequenas cidades que abrigavam muitos judeus no leste e no centro da Europa. Se seus pais não tivessem saído do continente no início do século XX, ele teria sido colocado em um gueto, enviado para um campo de concentração e, talvez, assassinado em um experimento letal. Apesar disso, Gottlieb colaborou com os cientistas que realizaram esses experimentos.

Gottlieb não era sádico, mas poderia ter sido. No MK-ULTRA, ele tinha um grande poder sobre a mente e o corpo das outras pessoas. Gottlieb era um gênio da manipulação, fascinado por seu status e pelas possibilidades que o cargo lhe dava. Movido por forças internas e externas, ele justificava todo tipo de brutalidade e desenvolveu uma tolerância psíquica extraordinária a violências contra outros seres humanos. Na América Latina, alguns líderes de esquadrões da morte, antes de saírem para operações noturnas de tortura e assassinato, colocavam seus filhos com ternura na cama. Da mesma forma, a alegria e o espírito comunitário de Gottlieb eram uma fachada que encobria sua prática profissional de supervisionar experimentos que destruíam vidas humanas.

Hoje, os historiadores da Guerra Fria concordam que havia um grande exagero no medo norte-americano de um ataque soviético. Porém, na época, o perigo parecia bem real. Segundo alguns oficiais, a urgência na percepção dessa ameaça justificava os excessos da CIA. "A sensação era de que o país estava em grave risco e que era necessário fazer de tudo para salvá-lo", disse um oficial. Para outro agente, era como estar "totalmente envolvido em algo que agora não pode ser compreendido. Naquela época, a Guerra Fria era muito real; havia centenas de milhares de soldados, tanques e aviões soviéticos na fronteira com a Alemanha Oriental. Essa força poderia chegar ao Canal da Mancha em 48 horas".

A causa serve como justificativa para atos imorais, e o patriotismo é uma das causas mais atraentes. Segundo esse princípio, a nação é um valor tão transcendente que todas as ações realizadas em nome dela são consideradas virtuosas. Para o ensaísta Jan Kott, esse sentimento evidencia uma "discrepância entre a ordem moral e a ordem do comportamento prático".

"Ele ouve a voz da consciência", escreveu Kott, analisando um assassino. "Mas, ao mesmo tempo, percebe que não é possível conciliar a consciência e as leis com a ordem do mundo em que vive — essa postura é supérflua, ridícula e inconveniente."

Gottlieb encarava uma questão angustiante: quais eram os limites do mal praticado em nome de uma causa justa? Talvez ele até acreditasse na existência desses limites, na teoria ou em casos práticos, mas nunca aplicou nenhum princípio como esses em seu trabalho. Gottlieb acreditava que estava defendendo a sobrevivência dos Estados Unidos e a liberdade humana no planeta inteiro. Com base nisso, justificava graves ataques à vida e à dignidade de seres humanos. Gottlieb brincava de Deus, destruindo a vida de inocentes por motivos que achava bons. Esse foi seu pecado mais profundo e causou muito sofrimento a Gottlieb em seus últimos anos.

Gottlieb era apenas uma peça no grande mecanismo que originou e desenvolveu o MK-ULTRA a partir de muito sofrimento. Alguma estrutura como essa teria existido mesmo que Gottlieb, Helms, Dulles e Eisenhower não tivessem nascido. Trata-se de uma armadilha moral clássica. A maioria das pessoas é capaz de distinguir o certo do errado. Algumas fazem coisas erradas por motivos que consideram bons. Contudo, em sua geração, só Gottlieb recebeu do governo o poder de fazer tantas coisas terrivelmente erradas. Não se tem notícia de nenhum outro cidadão que tenha exercido um poder dessa escala e, ao mesmo tempo, conservado sua invisibilidade no processo.

Gottlieb se via como uma pessoa espiritualizada. Porém, a verdadeira espiritualidade sugere que uma medida de compaixão e percepção está presente em todos os aspectos da vida da pessoa. Esse não foi o caso de Gottlieb. Sua curiosidade científica, seu patriotismo e sua filantropia não compensam seus muitos anos de abusos cometidos contra outras pessoas.

Os últimos vinte anos de Gottlieb foram exemplares. Ele se tornou algo que, para ele, era sua verdadeira essência, o verdadeiro Sidney Gottlieb: um líder comunitário atencioso e altruísta, sempre disposto a ajudar os mais necessitados. Porém, embora se recusasse a falar sobre o MK-ULTRA, Gottlieb não podia negar que o programa tinha existido. Mesmo que as investigações e processos judiciais não tivessem ocorrido, sua memória ainda teria sido um tormento. Para quem acredita em julgamento divino ou ciclo cármico, se lembrar de uma carreira como a dele só inspira horror.

A busca de Gottlieb por paz interior foi tão intensa quanto a destruição que ele promoveu nas mentes e nos corpos de outras pessoas. Havia dois arquétipos opostos nele: o criador e o destruidor, um fora da lei que servia ao poder, um torturador benevolente. Acima de tudo, Gottlieb foi um instrumento da história. Compreendê-lo é uma forma perturbadora de entender a nós mesmos.

Notas

Agradecimentos

vii   "O nome de Sidney Gottlieb é apenas uma obscura nota de rodapé": Gup, "Coldest Warrior".

1. Eu Precisava de Algo Mais Desafiador

2   "Estive com o Dr. Morte em pessoa": Terry Lenzner, *The Investigator: Fifty Years of Uncovering the Truth* (Nova York: Penguin Random House/Blue Rider Press, 2013), p. 190.

2   MORRE SIDNEY GOTTLIEB AOS 80 ANOS: Tim Weiner, "Sidney Gottlieb, 80, Dies; Took LSD to C.I.A.", *New York Times*, 10 de abril de 1999.

3   "James Bond tinha Q": Elaine Woo, "CIA's Gottlieb Ran LSD Mind Control Testing", *Los Angeles Times*, 4 de abril de 1999.

3   TRAFICANTE, ASSASSINO & CAFETÃO: Ken Hollington, *Wolves, Jackals, and Foxes: The Assassins Who Changed History* (Nova York: Thomas Dunne Books, 2008), p. 397; Jeffrey St. Clair e Alexander Cockburn, "Pusher, Assassin & Pimp: US Official Poisoner Dies", *Counterpunch*, 15 de junho de 1999.

3   "está situado entre os Jekyll e Hyde": Elsa Davidson, "Polarity of Sidney Gottlieb", *Feed*, 18 de março de 1999.

3   "tudo aquilo que se imagina de um cientista louco": Rupert Cornwell, "Obituary: Sidney Gottlieb", *Guardian*, 10 de março de 1999.

3   "o melhor argumento": *Independent*, 4 de abril de 1999.

3   "Quando falou de um mundo": "Sidney Gottlieb", *Times*, 12 de março de 1999.

3	'bruxo das trevas': Gordon Corera, *The Art of Betrayal: The Secret History of MI6* (Nova York: Pegasus, 2012), p. 123.
4	Com certa dose de sarcasmo: Mark Frauenfelder, *The World's Worst: A Guide to the Most Disgusting, Hideous, Inept and Dangerous People, Places, and Things on Earth* (Vancouver: Raincoast, 2005), p. 86.
4	"Um cientista chamado Dr. Gottlieb foi contratado": Barbara Kingsolver, *The Poisonwood Bible* (Nova York: Harper Perennial Modern Classics, 2008), p. 319.
4	"um tino cósmico": Norman Mailer, *Harlot's Ghost* (Nova York: Random House, 1992), p. 331.
4	como um avião de borracha: Robert Wallace e H. Keith Melton, com Henry Robert Schlesinger, *Spycraft: The Secret History of the CIA's Spytechs from Communism to Al-Qaeda* (Nova York: Dutton, 2008), pp. 290, 297.
4	"sob a liderança de Gottlieb": Ibid., pp. 379-80.
5	Aos 12 anos: Ted Gup, "The Coldest Warrior", *Washington Post*, 16 de dezembro de 2001. "Nasci com os pés tortos, e o problema foi corrigido da melhor maneira possível, para a época, nos meus primeiros dois anos de vida. Usei aparelhos ortopédicos para continuar o processo terapêutico ... Usei sapatos especiais em vários períodos"; U.S. District Court of Appeals for the Second Circuit, *Gloria Kronisch, Executrix of the Estate of Stanley Milton Glickman, against United States of America, Sidney Gottlieb, et al.*, "Deposition of Sidney Gottlieb", 9 de setembro de 1995, Cr62448.0-Cr62451, pp. 6-7.
6	"violentíssimas": H. P. Albarelli Jr., *A Terrible Mistake: The Murder of Frank Olson and the CIA's Secret Cold War Experiments* (Walterville, OR: Trine Day, 2009), p. 102.
6	estudou alemão em nível avançado: Sidney Gottlieb Admissions Papers, Series 19/12/2/1, University of Wisconsin-Madison Archives.
6	A resposta foi curta, mas cordial: Ibid.
6	ele aproveitou os cursos: Ibid.
6	cantava no Glee Club: *Agricola* (Russellville: Arkansas Polytechnic College, 1938).
6	"um ianque que sabe agradar os sulistas": Ibid.
7	"Tenho mantido uma média A": solicitação de matrícula de Gottlieb.
7	a Liga Socialista dos Jovens: Weiner, "Sidney Gottlieb, 80, Dies"; Gup, "Coldest Warrior".
7	Baldwin lhe deu uma ótima recomendação: Accession 1990/061, College of Agriculture, pasta estudantil, University of Wisconsin-Madison Archives.
8	"Alunos de pós-graduação não devem se casar": Margaret Moore Gottlieb, "Autobiographical Essays" (Box 1, Folder 24—Call No. RG 489), Presbyterian Historical Society, Filadélfia, PA.
8	"Ficamos muito empolgados quando recebemos um telegrama": Ibid.
8	"Queria fazer a minha parte no esforço de guerra": Albarelli, *Terrible Mistake*, p. 102.
9	"Eu gostava de trabalhar na FDA": Ibid., p. 103.
9	"encontramos uma casinha muito antiga e rústica": Margaret Gottlieb, "Autobiographical Essays".
9	quatro dias com a jovem família: Ibid.
10	"Sid está dando tudo de si": Ibid.

2. Negócio Sujo

11   perto da Odeonsplatz: "Munich City 1945 in Colour—Old City", vídeo no YouTube, 3:22, postado por Timeline, 24 de fevereiro de 2014, https://www.youtube.com/watch?v=idiJegt7tFw.
12   "um homem bem vestido": Annie Jacobsen, *Operation Paperclip: The Secret Intelligence Program That Brought Nazi Scientists to America* (Nova York: Back Bay, 2014), p. 75; Egmont R. Koch e Michael Wech, *Deckname Artischocke: Die Geheimen Menschenversuche der CIA* (Munique: Bertelsmann, 2002), p. 28.
12   O complexo era cercado por muros de três metros: Ute Deichmann, *Biologists under Hitler* (Cambridge, MA: Harvard University Press, 1996), p. 283; Linda Hunt, *Secret Agenda: The United States Government, Nazi Scientists, and Project Paperclip, 1944-1990* (Nova York: St. Martin's Press, 1991), p. 180; Jacobsen, *Operation Paperclip*, pp. 159-64.
13   "muito preocupado": Deichmann, *Biologists under Hitler*, p. 287.
13   Os interrogadores do Corpo de Contrainteligência: Jacobsen, *Operation Paperclip*, pp. 160-65.
13   "Em 1943, Blome estava pesquisando técnicas de guerra bacteriológica": Operation Paperclip Info, "Kurt Blome", http://www.operationpaperclip.info/kurt-blome.php.
14   "A melhor defesa é o ataque": Ed Regis, *The Biology of Doom: The History of America's Secret Germ Warfare Project* (Nova York: Henry Holt/Owl Books, 1999), p. 21.
14   "A guerra biológica é, sem sombra de dúvida, um 'negócio sujo'": Ibid., p. 25.
14   "O valor da guerra biológica": Ernest T. Takafuji, *Biological Weapons and Modern Warfare* (Washington, DC: National Defense University Press, 1991), p. ii.
15   Churchill recorreu aos norte-americanos: PBS *American Experience*, "The Living Weapon", https://www.dailymotion.com/video/x35q3xt; Regis, *Biology of Doom*, p. 69.
15   "Quase todos ali que": University of Wisconsin Oral History Program, "Interview with Ira L. Baldwin, 1974. First Interview of Three", http://www.worldcat.org/title/oral-history-program-interview-with-ira-l-baldwin-1974-first-interview-of-three/oclc/227181167&referer=brief_results.
16   "Para entender o programa de guerra biológica": Ibid.
16   'Quero aquele sujeito': Ibid.
17   Baldwin e alguns oficiais do Serviço de Guerra Química: History Net, "Dr. Ira Baldwin: Biological Weapons Pioneer", http://www.historynet.com/dr-ira-baldwin-biological-weapons-pioneer.htm; PBS, "The Living Weapon"; Regis, *Biology of Doom*, pp. 38-39.
17   Escritório de Serviços Estratégicos (a agência de inteligência norte-americana em tempos de guerra): Albarelli, *Terrible Mistake*, pp. 46-47.
17   Em 9 de março de 1943, o Exército anunciou: Regis, *Biology of Doom*, p. 41.
18   De imediato, o primeiro comandante gastou: Ibid., p. 79; Peter Williams e David Wallace, *Unit 731: The Shattering Exposé of the Japanese Army's Secret of Secrets* (Londres: Grafton, 1989), p. 160.

18	Tudo que Baldwin requisitava era providenciado imediatamente: Regis, *Biology of Doom*, p. 80.
18	"Certa vez, em uma festa": PBS, "The Living Weapon".
18	Com o tempo, cerca de 1,5 mil pesquisadores: Oral History, "Interview with Ira L. Baldwin".
18	"Eles eram apaixonados pela ciência": PBS, "The Living Weapon".
18	"Caso eu venha a falecer": Albarelli, *Terrible Mistake*, p. 41.
18	Os talentosos novatos: Regis, *Biology of Doom*, pp. 66–67.
19	No início de 1944: *American History*, "Dr. Ira Baldwin: Biological Weapons Pioneer", http://www.historynet.com/dr-ira-baldwin-biological-weapons-pioneer.htm; PBS, "The Living Weapon".
20	Centenas de cientistas: Norman Covert, *Cutting Edge: A History of Fort Detrick, Maryland 1943–1993* (Fort Detrick, MD: Headquarters U.S. Army Garrison Public Affairs Office, 1993), p. 19.
20	Baldwin também coordenara: Regis, *Biology of Doom*, pp. 79–80; Oral History, "Interview with Ira L. Baldwin".
20	Donovan queria oferecer imunidade: Hunt, *Secret Agenda*, pp. 9–10.
21	Na central de interrogatórios do Castelo de Kransberg: Jacobsen, *Operation Paperclip*, p. 227.
21	O presidente Harry Truman iniciou essa operação: Hunt, *Secret Agenda*, pp. 38–40.
21	mais de setecentos cientistas, engenheiros e especialistas: As estimativas variam entre 765 (Linda Hunt, "U.S. Coverup of Nazi Scientists", *Bulletin of the Atomic Scientists*, abril de 1985) e mais de 1.600 (Annie Jacobsen, "What Cold War CIA Interrogators Learned from the Nazis", *Daily Beast*, 11 de fevereiro de 2014, https://www.thedailybeast.com/what-cold-war-cia-interrogators-learned-from-the-nazis?ref=author).
22	Parte das suas atribuições consistia em ensinar: Hunt, *Secret Agenda*, pp. 160–61.
22	Sistematicamente, os agentes eliminavam: Ibid., p. 108; Ralph Blumenthal, "Nazi Whitewash in 1940s Charged", *New York Times*, 11 de março de 1985.
22	Os indivíduos que tinham sido classificados: Hunt, *Secret Agenda*, pp.118–19.
22	"De fato": Ibid., p. 10.
23	No país, o FBI: Ibid., p. 112.
23	A Federação Americana de Cientistas alertou o presidente Truman: Ibid., p. 113.
23	Os jornais apontaram que: United Nations War Crimes Commission, *Law Reports of Trials of War Criminals*, vol. 10: *The G. Farben and Krupp Trials* (Londres: His Majesty's Stationery Office),1949, p. 1.
23	Não era o caso de Bosquet Wev: Hunt, *Secret Agenda*, p. 110; Hunt, "U.S. Coverup"; Blumenthal, "Nazi Whitewash".
23	Os diplomatas mais enfáticos: Hunt, *Secret Agenda*, p. 123.
23	A imprensa retratava o conflito: Ibid., p. 122.
24	Como recompensa e sinal de respeito: Entrevista com Manfred Kopp, historiador de Oberursel, 2017; Koch e Wech, *Deckname Artischocke*, p. 54.
24	Eles descobriram que o cirurgião-chefe da Unidade 731: Ibid., p. 55.

24 Duas obsessões: Daniel Barenblatt, *A Plague upon Humanity: The Hidden History of Japan's Biological Warfare Program* (Nova York: Harper Perennial, 2005), pp. 10-20; Sheldon H. Harris, *Factories of Death: Japanese Biological Warfare, 1932-45, and the American Cover-up* (Nova York: Routledge, 1994), pp. 13-22; Hal Gold, *Unit 731 Testimony: Japan's Wartime Human Experimentation Program* (Clarendon, VT: Tuttle Publishing, 2004), pp. 23-25.

24 Em 1928: Harris, *Factories of Death*, pp. 40-49; Williams e Wallace, *Unit 731*, pp. 39-45.

25 "um mulherengo inveterado": Christopher Hudson, "Doctors of Depravity", *Daily Mail*, 2 de março de 2007.

25 "Nossa missão divina": Regis, *Biology of Doom*, pp. 40-41.

25 Os soldados japoneses deram início a uma varredura: Gold, *Unit 731 Testimony*, pp. 40-42; Hudson, "Doctors of Depravity"; Williams e Wallace, *Unit 731*, pp. 81-82.

25 Para quem tem coragem e um estômago forte: Gold, *Unit 731 Testimony*, pp. 83-85; Harris, *Factories of Death*, pp. 41-82; Robert Harris e Jeremy Paxman, *A Higher Form of Killing: The Secret Story of Chemical and Biological Warfare* (Nova York: Noonday, 1982), pp. 57-82; Nicholas D. Kristof, "Unmasking Horror: Japan Confronting Gruesome War Atrocity", *New York Times*, 17 de março de 1995; Keiichi Tsuneishi, *The Germ Warfare Unit That Disappeared: The Kwangtung Army's 731st Unit* (Tóquio: Kai-mei-sha, 1982), pp. 1-166; Williams e Wallace, *Unit 731*, pp. 50-101.

26 Nos derradeiros dias da guerra: Gold, *Unit 731 Testimony*, p. 10; Williams e Wallace, *Unit 731*, pp. 144-51.

27 "Ele literalmente implorou": Williams e Wallace, *Unit 731*, p. 227.

27 O japonês não admitiu crime algum: Ibid., pp. 228-52; Koch e Wech, *Deckname Artischocke*, p. 56; Regis, *Biology of Doom*, pp. 104-11.

27 os norte-americanos estavam interessados em "informações técnicas e científicas": Regis, *Biology of Doom*, p. 109.

27 "O valor dos dados japoneses sobre armas biológicas": Williams e Wallace, *Unit 731*, p. 314.

27 "Quanto às declarações de Ishii": Gold, *Unit 731 Testimony*, p. 109.

28 "Apenas racismo não explica inteiramente": Lee Nisson, "Acknowledging Plunder: The Consequences of How the United States Acquired Japanese and German Technological Secrets after WWII", tese de graduação, Brandeis University, 2014, p. 143.

28 Cada lâmina continha uma amostra: Regis, *Biology of Doom*, pp. 126-27.

28 "Agora, há mais informações": Harris e Paxman, *Higher Form of Killing*, p. 154.

29 Nos anos seguintes: Howard Brody et al., "United States Responses to Japanese Wartime Inhuman Experimentation after World War II: National Security and Wartime Exigency", *Cambridge Quarterly of Health Care Ethics*, vol. 23, no. 2 (abril de 2014), https://www.ncbi.nlm.nih.gov/pmc/articles/PMC4487829/; Ralph Blumenthal, "Revisiting World War II Atrocities: Comparing the Unspeakable to the Unthinkable", *New York Times*, 7 de março de 1999.

29 Posteriormente, evidências indicaram: Nisson, "Acknowledging Plunder", p. 154.

29 os designs dos centros de tortura médica: Christian W. Spang e Rolf-Harald Wippich, eds., *Japanese-German Relations, 1895-1945: War, Diplomacy and Public Opinion* (Nova York: Routledge, 2008), p. 208.

29 A pancada do martelo: Vivien Spitz, *Doctors from Hell: The Horrific Account of Nazi Human Experiments* (Boulder, CO: Sentient, 2005), pp. 42-45.

30 Blome se defendeu com determinação: Jacobsen, *Operation Paperclip*, pp. 273-74; Nisson, "Acknowledging Plunder", pp. 68-69; Douglas O. Lindor, "The Nuremberg Trials: The Doctors Trial", *Famous Trials*, https://www.famoustrials.com/nuremberg/1903-doctortrial.

30 O depoimento de Blome: "Operation Paperclip Nazi Rogues Page", http://ahrp.org/operation-paperclip-nazi-rogues-page/; "Operation Paperclip: Kurt Blome", http://www.operationpaperclip.info/kurt-blome.php.

31 "As cartas estavam claramente marcadas": Koch e Wech, *Deckname Artischocke*, p. 54.

31 "O Dr. Kurt Blome já está disponível para interrogatórios": Jacobsen, *Operation Paperclip*, p. 292.

31 Porém, ele mencionou: Ibid., p. 295.

33 Na primavera de 1949: Scott Shane, "Buried Secrets of Bio-Warfare", *Baltimore Sun*, 1º de agosto de 2004.

33 "um pequeno Detrick dentro de Detrick": Ibid.

3. Cobaias, Voluntárias ou Não

35 Pelas duas horas seguintes: Robert Campbell, "The Chemistry of Madness", *Life*, 26 de novembro de 1971.

36 "Tive grande dificuldade em falar coerentemente": Julian B. Rotter, *Psychology* (Glenview, IL: Scott, Foresman, 1975), p. 183.

36 Hofmann descreveu: Albert Hofmann, "The Discovery of LSD and Subsequent Investigations on Naturally Occurring Hallucinogens", *Psychedelic Library*, http://www.psychedelic-library.org/hofmann.htm.

37 Ele reuniu as informações disponíveis: Hunt, *Secret Agenda*, p. 162.

34 "A resistência seria muito enfraquecida": Jacobsen, *Operation Paperclip*, p. 289.

37 "Ao longo da história": Armin Krishnan, *Military Neuroscience and the Coming Age of Neurowarfare* (Abingdon, UK: Routledge, 2018), p. 26.

37 Com esse "acordo informal": Albarelli, *Terrible Mistake*, p. 65.

38 "À sombra do MK-NAOMI": John Marks, *The Search for the "Manchurian Candidate": The CIA and Mind Control* (Nova York: W. W. Norton, 1978), pp. 80-81.

38 Houve testes de armas biológicas: Albarelli, *Terrible Mistake*, p. 73; "Deckname Artischocke—Geheime Menschenversuche", vídeo do YouTube, 44:47, postado por Taurus322, 15 de junho de 2011, https://www.youtube.com/watch?v=O7xD7_IJIrk&t=145s; BBC, "Germ Warfare Fiasco Revealed", 19 de novembro de 1999, http://news.bbc.co.uk/2/hi/uk_news/politics/526870.stm; "Operation Harness, 1948-1949 [Título Atribuído]", vídeo, postado por Imperial War Museum, catalog n. DED 85, https://www.iwm.org.uk/collections/item/object/1060017887.

38 No mesmo ano, seis membros da: Albarelli, *Terrible Mistake*, p. 117.

38	Eles escolheram São Francisco: Jim Carlton, "Of Microbes and Mock Attacks: Years Ago, the Military Sprayed Germs on U.S. Cities", *Wall Street Journal*, 22 de outubro de 2001; Leonard A. Cole, *Clouds of Secrecy: The Army's GermWarfare Tests over Populated Areas* (Totowa, NJ: Rowman and Littlefield, 1988), pp. 75-84.
39	"um ataque bem-sucedido": Rebecca Kreston, "Blood and Fog: The Military's Germ Warfare Tests in San Francisco", *Discovery*, junho de 2015.
39	o programa teria recebido o codinome Bluebird: Albarelli, *Terrible Mistake*, pp. 28, 208; Marks, *Search for the "Manchurian Candidate"*, p. 24.
39	Um dos primeiros memorandos do Bluebird: Albarelli, *Terrible Mistake*, p. 208; Marks, *Search for the "Manchurian Candidate"*, p. 24.
39	Os experimentos teriam como meta: William Bowart, *Operation Mind Control* (Nova York: Delacorte, 1977), p. 104.
40	Mal transcorridos seis meses: Albarelli, *Terrible Mistake*, pp. 208-9.
41	"Em nossa conversa de 9 de fevereiro de 1951": Jacobsen, *Operation Paperclip*, p. 366.
41	Outros memorandos desse período: Albarelli, *Terrible Mistake*, pp. 208-9.
42	O Camp King era a base dos "caras durões": Entrevista do autor com Manfred Kopp; Alfred W. McCoy, "Science in Dachau's Shadow: Hebb, Beecher, and the Development of CIA Psychological Torture and Modern Medical Ethics", *Journal of the History of the Behavioral Sciences*, vol. 43(4) (Outono de 2007).
42	"A unidade se orgulhava dos apelidos": H. P. Albarelli Jr. e Jeffrey S. Kaye, "The CIA's Shocking Experiments on Children Exposed: Drugging, Electroshocks and Brainwashing", *Alternet*, https://www.alternet.org/story/147834/the_cia's_shocking_experiments_on_children_exposed_—_drugging,_electroshocks_and_brainwashing.
42	"não seria nenhum problema": Marks, *Search for the "Manchurian Candidate"*, p. 42.
43	A poucos quilômetros de Camp King: Koch and Wech, *Deckname Artischocke*, pp. 98-100.
43	"Essa vila nos arredores de Kronberg": WDR German Television, "Deckname Artischocke: Geheime Menschenversuche", https://www.youtube.com/watch?v=O7xD7_IJIrk&t=145s.
44	"geralmente resultavam em uma agonia lenta e uma morte terrível": Hunt, *Secret Agenda*, pp. 151-52; Koch e Wech, *Deckname Artischocke*, pp. 29-30; Jacobsen, *Operation Paperclip*, pp. 303-4.
44	"O ex-médico-chefe do exército alemão": Koch e Wech, *Deckname Artischocke*, p. 91.
44	pesquisador vinculado à CIA: SWR German Television, *Folterexperten— Die Geheimen Methoden der CIA* (filme), https://www.dailymotion.com/video/xvzl7j; "Henry K. Beecher", *Enacademic*, http://enacademic.com/dic.nsf/enwiki/2224000.
44	Muito tempo depois, pesquisadores alemães identificaram: Albarelli, *Terrible Mistake*, p. 79; WDR German Television, *Deckname Artischocke* (filme).
45	Lá, as equipes de interrogadores do Bluebird injetavam várias drogas: Bowart, *Operation Mind Control*, pp. 102-5; Marks, *Search for the "Manchurian*

Candidate", p. 25; Dominic Streatfeild, *Brainwash: The Secret History of Mind Control* (Nova York: Thomas Dunne Books, 2007), p. 50.

46 Ele já havia aprovado dezenas: Hunt, *Secret Agenda*, pp. 180-81; Jacobsen, *Operation Paperclip*, pp. 344-45; Koch e Wech, *Deckname Artischocke*, pp. 28-30.

47 Felizmente, o emprego ideal: Jacobsen, *Operation Paperclip*, pp. 347, 364-65; Koch e Wech, *Deckname Artischocke*, pp. 106-8.

47 As respostas, segundo um memorando: Documento da CIA divulgado, MORI #140401, "Special Research, Bluebird", https://www.wanttoknow.info/mind_control/foia_mind_control/19520101_140401.

4. A Chave que Abriria as Portas do Universo

49 Ondas de calor úmido tomavam conta de Washington: Albarelli, *Terrible Mistake*, p. 103; Weather Underground, "Weather for KDCA—July 1951", https://english.wunderground.com/history/airport/KDCA/1951/7/13/DailyHistory.html?req_city=&req_state=&req_statename=&reqdb.zip=&reqdb.magic=&reqdb.wmo=. Segundo Wallace et al., *Spycraft*, a Equipe de Serviços Técnicos de Gottlieb ocupava um "prédio sem identificação na 14th Street, próximo do Departamento de Agricultura" (p. 47).

49 "O senhor sabe por que foi recrutado?": U.S. District Court 2nd Circuit, "Deposition of Sidney Gottlieb", 19 de setembro de 1995, p. 11.

50 "prosseguia no seu trabalho": Koch e Wech, *Deckname Artischocke*, p. 63.

50 Vários anos antes, Baldwin havia orientado: Gordon Thomas, *Secrets and Lies: A History of CIA Mind Control and Germ Warfare* (Old Saybrook, CT: Konecky and Konecky, 2007), p. 42.

51 "É incrível": H. P. Albarelli, "The Mysterious Death of Frank Olson", *Crime*, 19 de maio de 2003, http://www.crimemagazine.com/part-two-mysterious-death-cia-scientist-frank-olson.

51 Ele confessou a John Gittinger: Gup, "Coldest Warrior"; Weiner, "Sidney Gottlieb, 80, Dies".

52 nunca chegaram a caminhar normalmente: Thomas, *Secrets and Lies*, p. 63.

52 "um elo forte": Albarelli, *Terrible Mistake*, p. 103.

52 A primeira tarefa de Gottlieb na CIA: U.S. District Court 2nd Circuit, "Deposition of Sidney Gottlieb", 19 de setembro de 1995, p. 311.

53 Em 20 de agosto de 1951: Tani M. Linville, "Project MKULTRA and the Search for Mind Control: Clandestine Use of LSD within the CIA", *Digital Commons*, 26 de abril de 2016, https://digitalcommons.cedarville.edu/cgi/viewcontent.cgi?article=1005&context=history_capstones; Susan Maret, "Murky Projects and Uneven Information Policies: A Case Study of the Psychological Strategy Board and CIA", *Secrecy and Society*, vol. 1, n. 2, Fevereiro de 2018, https://scholarworks.sjsu.edu/cgi/viewcontent.cgi?referer=https://www.google.com/&httpsredir=1&article=1034&context=secrecyandsociety; Colin Ross, *The CIA Doctors: Human Rights Violations by American Psychiatrists* (Richardson, TX: Manitou, 2006), p. 34.

53 Talvez o nome fosse: Albarelli, *Terrible Mistake*, p. 226; Richard Gilbride, *Matrix for Assassination: The JFK Conspiracy* (Bloomington, IN: Trafford, 2009), p. 31.

53 As primeiras diretrizes: John Ranelagh, *The Agency: The Rise and Decline of the CIA* (Nova York: Simon and Schuster, 1986), pp. 211-13.
53 "Nosso principal objetivo": Ibid., p. 214.
53 "já dispomos de drogas": Martin A. Lee e Bruce Shlain, *Acid Dreams: The Complete Social History of LSD: The CIA, the Sixties, and Beyond* (Nova York: Grove, 1985), p. 13.
54 A primeira cobaia: Jeffrey Kaye e H. P. Albarelli, "The Real Roots of the CIA's Rendition and Black Sites Program", *Truthout*, 17 de fevereiro de 2010, https://truthout.org/articles/the-real-roots-of-the-cias-rendition-and-black-sites-program/.
54 Hunter, jornalista e militante anticomunista: Albarelli, *Terrible Mistake*, pp. 187-90; Marcia Holmes, "Edward Hunter and the Origin of 'Brainwashing'", 26 de maio de 2017, http://www.bbk.ac.uk/hiddenpersuaders/blog/hunter-origins-of-brainwashing/; *New World Encyclopedia*, "Brainwashing", http://www.newworldencyclopedia.org/entry/Brainwashing; Matthew W. Dunne, *A Cold War State of Mind: Brainwashing and Postwar American Society* (Amherst: University of Massachusetts Press, 2003), pp. 3-56; Kathleen Taylor, *Brainwashing: The Science of Thought Control* (Oxford: Oxford University Press, 2004), pp. 3-11, 101-4.
55 "uma guerra psicológica em uma escala": Timothy Melley, *The Covert Sphere: Secrecy, Fiction, and the National Security State* (Ithaca: Cornell University Press, 2012), p. 48.
55 "Os Vermelhos dispõem de especialistas": Tim Weiner, "Remembering Brainwashing", *New York Times*, 6 de julho de 2008.
56 "Havia uma intensa preocupação com a questão da lavagem cerebral": Central Intelligence Agency, "An Interview with Richard Helms", https://www.cia.gov/library/center-for-the-study-of-intelligence/kent-csi/vol44no4/html/v44i4a07p_0020.htm.
56 "É necessário realizar pesquisas específicas": Central Intelligence Agency, "Special Research for Artichoke", 24 de abril de 1952, https://mikemcclaughry.wordpress.com/the-reading-library/cia-declassified-document-library/project-artichoke-special-research-areas-april-24-1952/.
57 Em cada equipe do Artichoke: Albarelli, *Terrible Mistake*, pp. 228-29; Koch e Wech, *Deckname Artischocke*, p. 75; Marks, *Search for the "Manchurian Candidate"*, pp. 31-36, 40-47.
55 "Como regra": Albarelli, *Terrible Mistake*, pp. 228-30.
58 Em 1950, depois de mais de dois anos de trabalho: Chris Heidenrich, *Frederick: Local and National Crossroads* (Mount Pleasant, SC: Arcadia, 2003), p. 144; Jacobsen, *Operation Paperclip*, p. 291.
58 "estudos aerobiológicos": U.S. Department of the Interior, "National Register of Historic Places Registration Form: One-Million-Liter Test Sphere", https://mht.maryland.gov/secure/medusa/PDF/Frederick/F-3-46.pdf.
58 Ele ampliou o uso dos polígrafos: Marks, *Search for the "Manchurian Candidate"*, pp. 26-28.
59 "combinações perigosas de drogas": Alfred W. McCoy, *Torture and Impunity: The U.S. Doctrine of Coercive Interrogation* (Madison: University of Wisconsin Press, 2012), p. 77.

59	Após um curso de quatro dias: Streatfeild, *Brainwash*, pp. 151-54.
59	"Se for possível estabelecer um controle hipnótico": Ibid., p. 154.
59	o primeiro candidato: Lee e Shlain, *Acid Dreams*, p. 4; Marks, *Search for the "Manchurian Candidate"*, p. 7.
60	A cocaína foi a próxima candidata: Lee e Shlain, *Acid Dreams*, pp. 11-12.
60	"era consumida com frequência por policiais e agentes de inteligência": Ibid., p. 12.
60	No final de 1950: Marks, *Search for the "Manchurian Candidate"*, pp. 39-42.
60	A mescalina: Lee e Shlain, *Acid Dreams*, p. 5; Marks, *Search for the "Manchurian Candidate"*, pp. 4, 11; McCoy, "Science in Dachau's Shadow".
61	O nome do projeto MK-NAOMI: Regis, *Biology of Doom*, p. 158.
61	"Era como se eu estivesse fora do corpo": U.S. District Court 2nd Circuit, "Deposition of Sidney Gottlieb", 19 de setembro de 1995, p. 86.
61	Mais tarde, alguns novatos na Agência, ainda em treinamento, receberam LSD sem nenhum aviso: Streatfeild, *Brainwash*, p. 68; "Eles sabiam que isso aconteceria em algum ponto. Porém, não sabiam qual seria o momento." U.S. District Court for the District of Columbia, Civil Action No. 80-3163, "Deposition of Sidney Gottlieb", 19 de abril de 1983, p. 156.
62	"Houve muitos voluntários": Lee e Shlain, *Acid Dreams*, p. 29.
62	"A princípio": Marks, *Search for the "Manchurian Candidate"*, p. 110.
62	Para incentivar a coerência da equipe: Albarelli, *Terrible Mistake*, p. 60.
63	"Camadas desnecessárias de interações e aprovações": Ibid., p. 66.
63	"Havia gente da CIA infiltrada": Ibid., p. 76.
63	que ainda não defendera o LSD publicamente: Ibid., pp. 63-64.
64	"Fiquei fascinado com as ideias de Greene": Ibid., p. 61.
64	"o aspecto mais fascinante": Marks, *Search for the "Manchurian Candidate"*, p. 58.
65	"Embora não haja nenhum dado soviético": Lee e Shlain, *Acid Dreams*, pp. 14-16.
65	a se identificarem como um "grupo de apoio": Depoimento de Charles Senseney à Comissão Church, https://www.aarclibrary.org/publib/church/reports/vol1/pdf/ChurchV1_6_Senseney.pdf, pp. 160-61.
65	"Você sabe o que é uma 'operação independente padrão'":Albarelli, *Terrible Mistake*, p. 76.
65	"Em 1951 uma equipe de cientistas da CIA": Thomas, *Secrets and Lies*, pp. 66-67.
66	Por mais de um ano, nos termos do MK-NAOMI: Albarelli, *Terrible Mistake*, p. 65; Marks, *Search for the "Manchurian Candidate"*, p. 32.
66	"Nos termos de um acordo firmado com o Exército em 1952": Carta de Stansfield Turner ao senador Daniel Inouye, citada em Wayne Madsen, "The US Continued Biological Weapons Research Until 2003", *Strategic Culture*, 28 de agosto de 2016, https://www.strategic-culture.org/news/2016/08/23/us-continued-biological-weapons-research-until-2003.html.
67	"Vinda de Paris, cheguei a Frankfurt": "Letters Home: Joan Eisenmann to Elmer and Frances Eisenmann", https://www.yumpu.com/en/document/view/3767896/letters-home-joan-eisenmann-to-elmer-frances-eisenmann.

67 Os boêmios de Paris: Noel Riley Fitch, *Paris Café: The Select Crowd* (Nova York: Soft Skull, 2007), pp. 57-104.
67 Stanley Glickman já demonstrava talento para as artes: Albarelli, *Terrible Mistake*, pp. 643-45; Alliance for Human Research Protection, "Stanley Glickman Was Another Human Casualty of Sidney Gottlieb's LSD Antics", http://ahrp.org/1952-stanley-glickman-was-another-human-casualty-of-sidney-gottliebs-lsd-antics/; Russ Baker, "Acid, Americans and the Agency", *Guardian*, 14 de fevereiro de 1999; *Glickman v. United States*, https://law.justia.com/cases/federal/district-courts/FSupp/626/171/1398799/; José Cabranes, *Kronisch v. United States*, 9 de julho de 1998, https://caselaw.findlaw.com/us-2nd-circuit/1364923.html.
68 "Havia muitas figuras caricatas naquelas ruas": Baker, *Guardian*, 14 de fevereiro de 1999.
69 "indivíduos com uma ligeira modificação": Ibid.
69 Em 5 de dezembro de 1952: Albarelli, *Terrible Mistake*, pp. 161-62; Alliance for Human Research Protection, "NYPSI an Early CIA-Contracted Academic Institution under MK-NAOMI", http://ahrp.org/nypsi-an-early-cia-contracted-academic-institution-under-mk-naomi/; Harris e Paxman, *Higher Form of Killing*, p. 191; J. Francis Wolfe, "10 Real Victims of the CIA's MKULTRA Program", *Listverse*, 28 de maio de 2015, http://listverse.com/2015/05/28/10-real-victims-of-the-cias-mkultra-program/.
71 Na noite de 30 de março de 1953: Albarelli, *Terrible Mistake*, pp. 132-34; William R. Corson, Susan B. Trento e Joseph John Trento, *Widows: Four American Spies, the Wives They Left Behind, and the KGB's Crippling of American Intelligence* (Nova York: Crown, 1989), pp. 11-13; David Talbot, *The Devil's Chessboard: Allen Dulles, the CIA, and the Rise of America's Secret Government* (Nova York: HarperCollins, 2015), pp. 297-300; Paul Vidich, "An Honorable Man: Backstory", http://paulvidich.com/books/an-honorable-man/.
71 "Allen provavelmente já tinha uma poção": Peter Janney, *Mary's Mosaic: The CIA Conspiracy to Murder John F. Kennedy, Mary Pinchot Meyer, and Their Vision for World Peace* (Nova York: Skyhorse, 2016), p. 379.
72 Uma versão editada: Central Intelligence Agency, "Project MK-ULTRA: Extremely Sensitive Research and Development Programs", https://cryptome.org/mkultra-0003.htm (Tab A).
72 Em 10 de abril de 1953: "Summary of Remarks by Mr. Allen W. Dulles at the National Alumni Conference of the Graduate Council of Princeton University, Hot Springs, Va., on Brain Warfare", https://www.cia.gov/library/readingroom/docs/CIA-RDP80R01731R001700030015-9.pdf.
73 "Fazia parte do imaginário": Marks, *Search for the "Manchurian Candidate"*, p. 61.
74 ele recebeu três ativos: Gary Kamiya, "When the CIA Ran a LSD Sex-House in San Francisco", *San Francisco Chronicle*, 1º de abril de 2016; Marks, *Search for the "Manchurian Candidate"*, p. 61; Kim Zettler, "April 13, 1953: CIA OKs MK-ULTRA Mind-Control Tests", *Wired*, 13 de abril de 2010.

5. Abolindo a Consciência

75 "gordo como um boi": Douglas Valentine, "Sex, Drugs and the CIA", *Counterpunch*, 19 de junho de 2002, https://www.counterpunch.org/2002/06/19/sex-drugs-and-the-cia-2/.

75 "sujeito desleixado e obeso": Johann Hari, "The Hunting of Billie Holiday", *Politico*, 17 de janeiro de 2015, https://www.politico.com/magazine/story/2015/01/drug-war-the-hunting-of-billie-holiday-114298_Page3.html.

75 "uma bola de boliche muito ameaçadora": Marks, *Search for the "Manchurian Candidate"*, p. 96.

75 Para sua primeira esposa: Valentine, "Sex, Drugs and the CIA".

76 Seu consumo de álcool: Marks, *Search for the "Manchurian Candidate"*, p. 97.

76 Também tinha alguns fetiches sexuais: Albarelli, *Terrible Mistake*, p. 411; Valentine, "Sex, Drugs and the CIA".

76 "O sacaninha não resistiu": John Jacobs, "The Diaries of a CIA Operative", *Washington Post*, 5 de setembro de 1977.

76 A revista *True*: *True*, dezembro de 1959.

76 Ele participou de um treinamento paramilitar: "The LSD Chronicles: George Hunter White, Part One", http://visupview.blogspot.com/2012/12/the-lsd-chronicles-george-hunter-white.html.

76 Vários pupilos dele: Ibid.

76 Em 1949, seu nome saiu em manchetes: Hari, "The Hunting of Billie Holiday".

78 Eles falaram sobre o OSS: Albarelli, *Terrible Mistake*, p. 67.

78 "foi uma oportunidade para discutirmos assuntos de interesse": Ibid., p. 217.

78 "Nós vínhamos das melhores faculdades, éramos brancos de classe média": Marks, *Search for the "Manchurian Candidate"*, p. 98.

78 ela compartilhava muitos dos interesses dele: Valentine, "Sex, Drugs and the CIA".

79 Em 1952, o casal fez um jantar de Ação de Graças: Albarelli, *Terrible Mistake*, p. 240.

79 "Gottlieb me ofereceu um cargo de consultor da CIA": Jacobs, "Diaries"; Marks, *Search for the "Manchurian Candidate"*, p. 96.

79 "Uns despeitados metidos": Ibid., p. 97.

80 "CIA — recebi a liberação": Jacobs, "Diaries".

80 "Ele se apresentava como marinheiro mercante": Valentine, "Sex, Drugs and the CIA".

80 "Fiquei com raiva de George": Ibid.

81 Esses episódios eram abafados: Ibid.

81 "um bando de meninos ricos e esnobes": Albarelli, *Terrible Mistake*, p. 98.

81 "Um informante confidencial": Internet Archive, "Full Text of George Hunter White", https://archive.org/stream/GeorgeHunterWhite/FBI_white-george1_djvu.txt.

81 White agora fazia artesanato em couro como hobby: Albarelli, *Terrible Mistake*, p. 413.

81 Gottlieb lhe ensinou o *jig*: Marks, *Search for the "Manchurian Candidate"*, p. 99.

81 "Aquele período, até 1954": Entrevista do autor com "BD", um oficial da CIA aposentado.

82   "Em todos os lugares": "John Foster Dulles Interview: U.S. Secretary of State under Dwight D. Eisenhower (1952)", vídeo do YouTube, 12:16, postado por Film Archives, 23 de maio de 2012, https://www.youtube.com/watch?v=7EJZdikc6OA.

83   Ele enviou US$1 milhão ao diretor da estação da CIA em Teerã: James Risen, "Secrets of History: The CIA in Iran, a Special Report", *New York Times*, 16 de abril de 2000.

84   Os resultados mais importantes: Albarelli, *Terrible Mistake*, pp. 365-66.

85   "A DOE desenvolveu dardos revestidos": Redfern, *Secret History*, p. 158; U.S. Senate, *Final Report of the Select Committee to Study Governmental Operations with Respect to Intelligence Activities, Book I: Foreign and Military Intelligence* (Washington, DC: Government Printing Office, 1976), p. 361, https://www.maryferrell.org/showDoc.html?docId=1157&relPageId=369; U.S. Senate, *Joint Hearing before the Select Committee on Intelligence and the Subcommittee on Health and Scientific Research of the Committee on Human Resources: Project MK-ULTRA, the CIA's Program of Research on Behavioral Modification* (Washington, DC: Government Printing Office, 1977), p. 389.

85   Os norte-americanos estavam prestes a comemorar: Lorraine Boissoneault, "The True Story of Brainwashing and How It Shaped America", *Smithsonian.com*, 22 de maio de 2017, https://www.smithsonianmag.com/history/true-story-brainwashing-and-how-it-shaped-america-180963400/; Marks, *Search for the "Manchurian Candidate"*, p. 134; Thomas, *Journey into Madness*, p. 157; Charles S. Young, "Missing Action: POW Films, Brainwashing and the Korean War, 1954-1968", *Historical Journal of Film, Radio and Television* 18, n. 1, 1998, https://www.tandfonline.com/doi/abs/10.1080/01439689800260021.

85   "A bomba de germes mais comum pesava 220kg": Thomas, *Secrets and Lies*, p. 59.

85   "especialistas independentes renomados": Ibid., p. 85.

86   "desonestos e abjetos": "Korea: The Sorriest Bunch", *Newsweek*, 8 de fevereiro de 1954.

86   LAVAGEM CEREBRAL COMUNISTA — ESTAMOS PREPARADOS?: *New Republic*, 8 de junho de 1953.

86   "Nos interrogatórios conduzidos": Ross, *CIA Doctors*, p. 35.

87   "Há fartas evidências": Michael Otterman, *American Torture: From the Cold War to Abu Ghraib and Beyond* (Londres: Pluto, 2007), p. 21.

87   "É muito difícil reproduzir, nos dias de hoje": Ibid., p. 22.

88   Alguns "subprojetos" dessa fase inicial: Ross, *CIA Doctors*, p. 60.

88   "hipnotizar as pessoas": Bowart, *Operation Mind Control*, p. 59; McCoy, *Question of Torture*, p. 24.

88   Após a implementação do MK-ULTRA: Ross, *CIA Doctors*, pp. 152-53.

89   Em 1953: Streatfeild, *Brainwash*, p. 160.

89   Essa visão contrariava: Albarelli, *Terrible Mistake*, p. 270.

89   Uma de suas primeiras iniciativas nesse sentido foi o Subprojeto 5: Ross, *CIA Doctors*, pp. 63-66.

90   West pesquisava métodos: Ibid., pp. 106-17, 289.

6. Não é Permitida Nenhuma Interferência no Projeto MK-ULTRA

91 Uma gaiola desaparece: John Mulholland, *John Mulholland's Book of Magic* (Nova York: Charles Scribner's Sons, 1963), pp. 29-57.

91 Seu círculo de amigos e admiradores: Ben Robinson, *The Magician: John Mulholland's Secret Life* (Lybrary.com: 2008), p. 53.

91 Sua biblioteca tinha: Michael Edwards, "The Sphinx and the Spy: The Clandestine World of John Mulholland", *Genii: The Conjurer's Magazine*, abril de 2001.

91 Após a morte de Mulholland: Robinson, *Magician*, pp. 202-3.

91 Quando não estava escrevendo ou se apresentando: Tatiana Kontou, *The Ashgate Research Companion to Nineteenth-century Spiritualism and the Occult* (Nova York: Routledge, 2012), p. 257; Robinson, *Magician*, p. 54.

92 Em 13 de abril de 1953: Robinson, *Magician*, p. 96.

92 "psicologia do engano": Ibid., p. 77.

92 "John era um cidadão dos EUA": Ibid., p. 85.

92 "Ele aceitou porque o pedido": Edwards, "Sphinx and the Spy".

92 "Nossa prioridade eram os truques ágeis": Albarelli, *Terrible Mistake*, p. 271.

93 "em um manual conciso": Edwards, "Sphinx and the Spy".

93 Mas um aspecto da história pessoal de Mulholland: Robinson, *Magician*, pp. 62-63.

93 Na CIA, poucos aprovavam: Albarelli, *Terrible Mistake*, p. 253.

93 O papel timbrado: Robinson, *Magician*, pp. 88-92.

94 Mulholland precisou assinar: Ibid., pp. 98-99.

94 "Caro Sherman": Edwards, "Sphinx and Spy".

94 "O propósito desta obra é instruir o leitor": Ibid.

95 A obra foi publicada com um título bem apropriado: Ki Mae Heussner, "Secret CIA 'Magic' Manual Reveals Cold War Spy Tricks", *ABC News*, 4 de dezembro de 2009, https://abcnews.go.com/Technology/secret-cia-magic-manual-reveals-cold-war-spy/story?id=9229248; Noah Shachtman, "CIA's Lost Magic Manual Resurfaces", *Wired*, 24 de novembro de 2009; Robert Wallace e Keith Melton, eds., *The Official CIA Manual of Trickery and Deception* (Nova York: William Morrow, 2010).

95 "Esse convite para um projeto": Wallace and Melton, eds., *Official CIA Manual of Trickery and Deception*, p. xiii.

96 No início de 1953: Albarelli, *Terrible Mistake*, p. 312.

96 Cumprindo o protocolo burocrático criteriosamente: Ibid., pp. 311-12.

97 "O acordo era muito simples": Streatfeild, *Brainwash*, p. 66.

97 Os contratos de Isbell com o MK-ULTRA incluíam: Central Intelligence Agency, "MKULTRA Briefing Book: Containing Brief Summaries of Each of the 149 MKULTRA Subprojects", 1º de janeiro de 1976, https://ia600206.us.archive.org/31/items/MKULTRABriefingBookListOfSubprojectsWithBriefDescriptionsJanuary1976/MKULTRA%20Briefing%20Book%20-%20List%20of%20subprojects%20with%20brief%20descriptions%20-%20January%201976.pdf; Ross, *CIA Doctors*, pp. 291, 296.

97 Um dos seus artigos cita um voluntário: Harris Isbell et al., "Studies on Lysergic Acid Diethylamide (LSD-25): Effects in Former Morphine Addicts and

	Development of Tolerance During Chronic Intoxication", *Archives of Neurology and Psychiatry*, Novembro de 1956, https://jamanetwork.com/journals/archneurpsyc/article-abstract/652297.
97	"Tenho certeza que é do seu interesse": Albarelli, *Terrible Mistake*, p. 312.
97	Um mês depois: Ibid., pp. 313-14.
98	Em algumas ocasiões, levou Frank Olson: Ibid., p. 311.
98	"Harris Isbell cometeu uma agressão contra meu pai": William Henry Wall, *From Healing to Hell* (Montgomery, AL: NewSouth, 2011), p. 186.
98	"Os sete pacientes estão ingerindo a droga há 42 dias": Streatfeild, *Brainwash*, p. 67.
99	"Foi o pior bagulho que já tomei na vida": Marks, *Search for the "Manchurian Candidate"*, pp. 68-69.
99	Carl Pfeiffer era o mais entusiasmado: CIA, "MKULTRA Briefing Book", https://archive.org/stream/DOC_0000190090/DOC_0000190090_djvu.txt.
99	"convulsões do tipo epiléptico": Albarelli, *Terrible Mistake*, p. 235.
99	"produziu uma psicose modelo": Ibid., pp. 303-4.
99	"Aprendemos muito com os experimentos de Atlanta": Ibid., p. 302.
99	Essa conclusão é ratificada: Dick Lehr e Gerard O'Neill, *Whitey: The Life of America's Most Notorious Mob Boss* (Nova York: Broadway, 2013), pp. 102-22; Wolfe, "10 Real Victims".
99	Em um caderno escrito já em liberdade: Kathy Curran, "Whitey Bulger's Notebook Chronicles LSD Prison Testing", WBZ-TV, 7 de julho de 2011, https://boston.cbslocal.com/2011/07/07/i-team-whitey-bulger-volunteered-for-lsd-testing-while-in-prison-in-1950s/.
100	"Em 1957": James "Whitey" Bulger, "Whitey Bulger: I Was a Guinea Pig for CIA Drug Experiments", *Oxy*, 9 de maio de 2017, https://www.ozy.com/true-story/whitey-bulger-i-was-a-guinea-pig-for-cia-drug-experiments/76409.
101	Sua primeira tarefa, arquivada por Gottlieb como Subprojeto 2: Albarelli, *Terrible Mistake*, pp. 283-84; CIA, "MKULTRA Briefing Book"; Marks, *Search for the "Manchurian Candidate"*, p. 215; Ross, *CIA Doctors*, p. 286.
101	Hyde tinha o diferencial: Marks, *Search for the "Manchurian Candidate"*, p. 180; Ryan H. Walsh, *Astral Weeks: A Secret History of 1968* (Nova York: Penguin, 2018), p. 191.
101	Para os colegas: Albarelli, *Terrible Mistake*, p. 299.
101	Quando a CIA começou a financiar: Walsh, *Astral Weeks*, p. 192.
101	Cada estudante ganhava US$15: Albarelli, *Terrible Mistake*, p. 299.
101	"nenhum dos envolvidos nos experimentos": Walsh, *Astral Weeks*, p. 192.
101	As tarefas atribuídas por Gottlieb eram bastante amplas: Central Intelligence Agency, "List of MKULTRA Subprojects", https://www.illuminatirex.com/list-of-mkultra-subprojects/.
102	"loucas e frenéticas": Albarelli, *Terrible Mistake*, p. 286.
102	Em meados de 1953: Marks, *Search for the "Manchurian Candidate"*, p. 66.
102	Mais perturbador, Abramson desenvolveu: Albarelli, *Terrible Mistake*, p. 285.
102	"Tudo ocorreu sob grande sigilo": Marks, *Search for the "Manchurian Candidate"*, p. 136.
102	"Na Agência, o Dr. Gottlieb": Thomas, *Journey into Madness*, p. 237.
103	"Perco a paciência quando": Margaret Gottlieb, "Autobiographical Essays".

103 Para reforçar essa mística: Albarelli, *Terrible Mistake*, p. 103.
104 "Você não sabe como os diplomatas estrangeiros vivem em Moscou?": George Kennan, *Encounters with Kennan: The Great Debate* (Nova York: Routledge, 1979), p. 42.
104 Os líderes soviéticos não podiam tolerar: George F. Kennan, *Memoirs, 1925–1950* (Nova York: Pantheon, 1967), pp. 145-67.
104 Para amigos do Departamento de Estado, Kennan disse: Walter L. Hixon, *George F. Kennan: Cold War Iconoclast* (Nova York: Columbia University Press, 1991), p. 128.
104 Porém, uma razão mais sombria surgiu na CIA: Albarelli, *Terrible Mistake*, p. 104; CIA, "Interview with Richard Helms".
105 Allen Dulles fazia parte: Streatfeild, *Brainwash*, p. 23.
105 Poucas pessoas conheciam: Albarelli, *Terrible Mistake*, p. 91; McCoy, *Question of Torture*, p. 28.
105 "O conhecimento era um perigo": Don DeLillo, *Libra* (Nova York: Penguin, 1991), p. 21.
106 "No outono de 1953": Albarelli, *Terrible Mistake*, pp. 176-77.
107 "Na Agência, algumas pessoas": Streatfeild, *Brainwash*, pp. 223-24.
107 "Não existe isso de ser informado em um interrogatório com P-1": U.S. District Court 2nd Circuit, "Deposition of Sidney Gottlieb", 19 de setembro de 1995, p. 195.
107 "Sid voltou de Manila": Margaret Gottlieb, "Autobiographical Essays".

7. Caiu ou Pulou

109 Na 7ª Avenida, um som de vidro estilhaçado: Albarelli, *Terrible Mistake*, pp. 17-35; Bob Coen e Eric Nadler, *Dead Silence* (Berkeley: Counterpoint, 2009), pp. 83-102; Mary A. Fischer, "The Man Who Knew Too Much", *Gentleman's Quarterly*, Janeiro de 2000, http://stevenwarranresearch.blogspot.com/2014/10/january-2000-gentlemans-quarterly-man.html; Michael Ignatieff, "Who Killed Frank Olson?", *New York Review of Books*, 22 de fevereiro de 2018, https://www.nybooks.com/articles/2018/02/22/who-killed-frank-olson/; Regis, *Biology of Doom*, pp. 178-79; James Starrs e Katherine Ramsland, *A Voice for the Dead: A Forensic Investigator's Pursuit for Truth in the Grave* (Nova York: Putnam, 2005), pp. 105-55.
110 "Em todos aqueles anos de hotelaria": Albarelli, *Terrible Mistake*, p. 14.
110 "Bem, ele se foi", disse quem telefonou: "Frank Olson", https://unsolved.com/gallery/frank-olson/.
111 Durante o treinamento: Jacobsen, *Operation Paperclip*, p. 371; Frank Olson Project, "Frank Olson Is Recruited to Camp Detrick", https://frankolsonproject.org/timeline/.
112 "Como no projeto da bomba atômica": Albarelli, *Terrible Mistake*, p. 41.
112 Olson foi dispensado do Exército em 1944: Ibid., p. 75.
112 Ele foi coautor de um estudo de 220 páginas: Ibid., pp. 55-56.
112 Em 1949, Olson estava no grupo de cientistas: Ibid., p. 73.
112 Ele viajava regularmente para Fort Terry: Ibid., p. 75.
113 Olson tomou conhecimento: Ibid., p. 88.

113	Suas atribuições eram vagas: Ibid., p. 60.
113	"distribuição de germes por via aérea": Thomas, *Journey into Madness*, p. 241.
113	"Certa manhã": Entrevista do autor com Eric Olson, 2018.
113	"Nos 'centros' da CIA na Alemanha": Richard Belzer e David Wayne, *Dead Wrong: Straight Facts on the Country's Most Controversial Coverups* (Nova York: Skyhorse, 2012), pp. 7-8.
114	Na carta, havia uma inscrição: "Deep Creek Rendezvous", https://frankolsonproject.org/staging01/wp-content/uploads/2018/01/deep-creek-memo-1.jpg.
114	Robert Lashbrook... surgiu com uma garrafa de Cointreau: Albarelli, *Terrible Mistake*, pp. 28, 259-60; Regis, *Biology of Doom*, pp. 153-54.
115	"barulhentos, rindo à toa": Albarelli, *Terrible Mistake*, p. 28.
115	"Cometi um erro terrível": Entrevista do autor com Eric Olson, 2018.
115	"Penso que, na reunião em Deep Creek": Ibid.
116	"Acho que não escolhemos bem o filme": Ibid.
116	"a mais assustadora que já tivera": Corey Ransom, "Paper on the Death of Frank Olson", Seminar on American History since 1865, University of Delaware, outono de 1999, parte 6, pp. 5-6.
116	"Ele parecia agitado": Albarelli, *Terrible Mistake*, p. 108; Regis, *Biology of Doom*, p. 158.
116	"à prova de tudo e todos": Albarelli, *Terrible Mistake*, p. 59.
117	Ele viajara para a Alemanha várias vezes: Ibid., pp. 78, 681.
117	Olson integrava o grupo de cientistas: Ibid., pp. 350-57; Loïc Chauvin, "En 1951, un village français a-t-il été arrosé de LSD par la CIA?", *Rue 89*, 8 de março de 2010, https://www.nouvelobs.com/rue89/rue89-nos-vies-connectees/20100308.RUE5429/en-1951-un-village-francais-a-t-il-ete-arrose-de-lsd-par-la-cia.html; Mike Thomson, "Pont-Saint-Esprit Poisoning: Did the CIA Spread LSD?", BBC News, 23 de agosto de 2010, https://www.bbc.com/news/world-10996838; TootlaFrance, "The Idyllic French Village That Went Insane", 29 de julho de 2014, http://www.tootlafrance.ie/features/the-idyllic-french-village-that-went-insane.
117	"Ele era muito, muito franco": Belzer e Wayne, *Dead Wrong*, p. 7.
117	um soldado de 20 anos de idade: Anthony Barnett, "Final Agony of RAF Volunteer Killed by Sarin—in Britain", *Guardian*, 28 de setembro de 2003, https://www.theguardian.com/uk/2003/sep/28/military.antonybarnett; Rob Evans, "The Past Porton Down Can't Hide", *Guardian*, 6 de maio de 2004, https://www.theguardian.com/science/2004/may/06/science.research.
117	Um mês depois: Thomas, *Secrets and Lies*, p. 155.
117	Segundo registros confidenciais: *Deckname Artischocke* (filme).
117	"visitou um 'centro' da CIA": Gordon Tomas, "US Vice President Dick Cheney and Secretary of Defense Donald Rumsfeld Linked to 'Murder of CIA Scientist'", *Rence.com*, 25 de junho de 2004, https://rense.com/general54/ewerwopr.htm.
118	ele foi para a Escandinávia e, em seguida, para Paris: Albarelli, "Mysterious Death"; Frank Olson Project, "Frank Olson Travels to Berlin", https://frankolsonproject.org/timeline/; *Deckname Artischocke* (filme).
118	Logo após a visita: Thomas, *Secrets and Lies*, pp. 155-56.
118	Assim que voltou para casa: Belzer e Wayne, *Dead Wrong*, p. 8.

118	"se envolveu naquela situação": Albarelli, *Terrible Mistake*, p. 681.
118	"parecia estar confuso": Ibid., p. 119.
118	"Concordei em consultar um psiquiatra": Ibid., pp. 107-9.
119	"muito confuso": Regis, *Biology of Doom*, p. 158.
119	Disseram a Alice Olson: Albarelli, *Terrible Mistake*, p. 109.
120	Naquela noite, Abramson foi: Ibid., p. 111.
120	"Puxa, eu me sinto muito melhor": Regis, *Biology of Doom*, p. 159.
120	Segundo uma reportagem posterior: "What Did the CIA Do to His Father?", *New York Times*, 11 de abril de 2001.
120	"ficou transtornado": Albarelli, "Mysterious Death".
120	Ele disse que vagara: Regis, *Biology of Doom*, p. 159.
121	"O que foi?", perguntou Ruwet: Albarelli, *Terrible Mistake*, pp. 109-19.
121	Na manhã seguinte, Abramson, Lashbrook e Olson: Marks, *Search for the "Manchurian Candidate"*, p. 87.
122	"O senhor sabe onde está a carteira do Sr. Olson?": Ibid., p. 23.
123	Logo após a queda de Olson: Albarelli, "Mysterious Death".
124	"Seu pai sofreu um acidente": Entrevista do autor com Eric Olson.
124	"Passei muitos anos": "Frank Olson: Did a Government Scientist Jump to His Death from a New York Hotel? Or Was He Pushed?", https://unsolved.com/gallery/frank-olson/.
124	Tempos depois, foi revelado: Albarelli, *Terrible Mistake*, pp. 86-92.
125	"Fechada a porta": Ibid., pp. 93-94.
125	O detetive encarregado do caso: Regis, *Biology of Doom*, p. 180.
125	"Um bacteriologista, ligado ao centro de pesquisa": "Army Bacteriologist Dies in Plunge from NY Hotel", *Frederick News-Post*, 29 de novembro de 1953, https://stevenwarran.blogspot.com/2014/10/.
126	"Eram Bob Lashbrook e o chefe dele": Albarelli, *Terrible Mistake*, p. 169.
126	Ainda naquela semana: Ibid.
126	"Provavelmente, eles queriam verificar": ABC Closeup, "Mission Mind Control", 1979, https://boingboing.net/2015/07/21/tv-documentary-about-mkultra.html.
126	"Sem recorrer a teorias da conspiração": Ransom, "Paper on the Death", parte 9, p. 7.
127	O diretor jurídico Lawrence Houston: Albarelli, *Terrible Mistake*, pp. 145-46.
128	"tentei confirmar o que ouvi": Ibid., p. 139.
128	"É necessário estabelecer": Ibid., p. 143.
128	"Entregar pessoalmente": Ibid., p. 144.
128	Nas duas primeiras cartas: Ibid.
128	"Examinei pessoalmente os registros": Bowart, *Operation Mind Control*, p. 102.

8. Operação Clímax da Meia-noite

129	O senador Joseph McCarthy declarou: William H. Chafe, *The Unfinished Journey: America Since World War II* (Oxford: Oxford University Press, 2014), p. 127.
129	O Congresso aprovou a Lei de Proscrição do Partido Comunista: Richard Alan Schwartz, *The 1950s* (Nova York: Facts on File, 2002), p. 230.

130 Em 15 de dezembro: Lee e Shlain, *Acid Dreams*, p. 29; Streatfeild, *Brainwash*, p. 68.
130 "os químicos da Eli Lilly Company": Albarelli, *Terrible Mistake*, p. 153.
130 Com acesso a um suprimento constante: Marks, *Search for the "Manchurian Candidate"*, pp. 70-71; Ross, *CIA Doctors*, p. 59.
131 "Da noite para o dia": Lee e Shlain, *Acid Dreams*, p. 19.
131 Muitos "subprojetos" financiados pela CIA: Darla Jones, "MK-Ultra Involved Hospitals, Universities and Government Facilities", *Zodiac Killer Site*, 10 de novembro de 2012, http://www.zodiackillersite.com/viewtopic.php?f=102&t=2025; "List of Agencies, Institutions, and Individuals Involved in Mind Control", *Global Village*, http://grahamhancock.com/phorum/read.php?2,507101,507101; Colin Ross, *Bluebird: Deliberate Creation of Multiple Personality by Psychiatrists* (Richardson, TX: Manitou, 2000), p. 70. "O programa MK-ULTRA utilizava três tipos de instituições: entidades acadêmicas, empresas legítimas e organizações estaduais/federais. Nas últimas semanas, o Diretor Jurídico notificou 76 instituições apontando seu envolvimento nos programas de testes com drogas promovidos pela Agência." Central Intelligence Agency, "Memorandum for Director of Central Intelligence", 16 de setembro de 1977, https://www.cia.gov/library/readingroom/docs/CIA-RDP79M00983A002200070014-3.pdf.
131 Alguns desses experimentos com drogas: J. Samuel Walker, *Permissible Dose: A History of Radiation Protection in the Twentieth Century* (Berkeley: University of California Press, 2000), p. 17; Zareena Hussain, "MIT to Pay Victims $1.85 Million in Fernald Radiation Settlement", *Tech*, 7 de janeiro de 1998, http://tech.mit.edu/V117/N65/bfernald.65n.html.
132 Pouco depois que o Dr. Robert Hyde: Marks, *Search for the "Manchurian Candidate"*, p. 64.
132 No início de 1955, Gottlieb escreveu: Nick Redfern, *Secret History: Conspiracies from Ancient Aliens to the New World Order* (Canton Township, MI: Visible Ink, 2005), pp. 159-60; U.S. Senate, *Project MK-ULTRA*, p. 123.
133 "Os pesquisadores da CIA deixavam": "Mind-Control Studies Had Origins in Trial of Mindszenty", *New York Times*, 2 de agosto de 1977.
133 "Realizamos operações com o LSD no Extremo Oriente": U.S. District Court 2nd Circuit, "Deposition of Sidney Gottlieb", 20 de setembro de 1995, pp. 249, 286.
133 Em 1955, Gottlieb participou de uma trama: Harvey Ferguson, *The Last Cavalryman: The Life of General Lucian Truscott, Jr.* (Norman: University of Oklahoma Press, 2015), p. 351; Joseph J. Trento, *The Secret History of the CIA* (Nova York: MJF, 2001), p. 194.
134 Segundo seu biógrafo: H. Paul Jeffers, *Command of Honor: General Lucian Truscott's Path to Victory in World War II* (Open Library: NAL Hardcover, 2008), p. 293.
134 Na Coreia, um pelotão de fuzileiros: Presidential Library Veterans Remember Oral History project, "An Interview with Allen M. Dulles", https://www2.illinois.gov/alplm/library/collections/oralhistory/VeteransRemember/koreanwar/Documents/DullesAllen/Dulles_All_4FNL.pdf.

135	apresentou várias propostas de pesquisa: Marks, *Search for the "Manchurian Candidate"*, pp. 158-59.
135	"mudanças comportamentais": CIA, "MKULTRA Briefing Book".
135	Assim, a Society for the Investigation of Human Ecology foi estabelecida: Thomas, *Secrets and Lies*, p. 72.
135	Logo após a criação dessa "fundação": Harvey Weinstein, *Father, Son and CIA: The Riveting Account of the Destruction of One Man's Life by Secret Mind Control Experiments Funded by the CIA* (Halifax: Goodread, 1990), p. 139.
136	"influência do comportamento humano": Albarelli, *Terrible Mistake*, p. 194.
136	Um dos primeiros "subprojetos" financiados pela entidade: Marks, *Search for the "Manchurian Candidate"*, pp. 160-69.
136	"efeitos do isolamento radical": Alfred W. McCoy, *A Question of Torture: CIA Interrogation, from the Cold War to the War on Terror* (Nova York: Henry Holt / Owl Books, 2006), p. 35.
136	cada estudante voluntário: Ross, *CIA Doctors*, pp. 286-96.
137	Segundo o Dr. James Hebb: Ibid., p. 36.
137	Em um memorando, o Escritório de Segurança: Central Intelligence Agency, "Memorandum for the Record", 31 de janeiro de 1975, in Robert Clayton Buick, *Assassination* (Bloomington, IN: XLibris, 2012), p. 99.
137	Em 1955, Morse Allen: Streatfeild, *Brainwash*, p. 117.
137	Em sua resposta, ele escreveu: McCoy, *A Question of Torture*, pp. 37-38.
137	Em 1956, o célebre médico Ewen Cameron: Ibid., p. 43.
138	"Quando inventarmos mecanismos": Weinstein, *Father, Son and CIA*, p. 100.
138	"não apenas uma perda da noção de espaço-tempo": "MK-ULTRA Violence: How McGill Pioneered Psychological Torture", *McGill Daily*, 6 de setembro de 2012.
138	Para eliminar pensamentos indesejados: Alliance for Human Research Protection, "Dr. Ewen Cameron Destroyed Minds at Allan Memorial Hospital in Montreal", http://ahrp.org/1950s-1960s-dr-ewen-cameron-destroyed-minds-at-allan-memorial-hospital-in-montreal/; McCoy, *Question of Torture*, p. 44; *McGill Daily*, 12 de setembro de 2012; Weinstein, *Father, Son and CIA*, pp. 108-30.
139	"o tratamento de choque transformou": Alliance for Human Research Protection, "Dr. Ewen Cameron", http://ahrp.org/1950s-1960s-dr-ewen-cameron-destroyed-minds-at-allan-memorial-hospital-in-montreal/.
139	"Embora a paciente tenha passado": Sid Taylor, "A History of Secret CIA Mind Control Research", *Nexus*, Abril-Maio de 1992, http://all.net/journal/deception/MKULTRA/www.profreedom.free4all.co.uk/skeletons_1.html.
139	Como muitos colaboradores do MK-ULTRA: Streatfeild, *Brainwash*, p. 231.
139	O contrato firmado entre eles: McCoy, *A Question of Torture*, p. 43.
140	"aproximadamente cem pacientes": Ibid., p. 44.
140	"O Dr. G deixou claro": Thomas, *Secrets and Lies*, p. 91.
140	Uma análise das técnicas: Alliance for Human Research Protection, "Dr. Ewen Cameron".
140	Todavia, Gottlieb achava: Streatfeild, *Brainwash*, pp. 212-15; Thomas, *Secrets and Lies*, pp. 86-93.

141 "O químico que não é um místico": Roman Katzer, "Albert Hofmann und sein LSD: We eine Droge unser Weltbild revolutionierte", *Newsage* 2, 2012, https://www.newsage.de/2012/04/albert-hofmann-und-sein-lsd/.

141 White mergulhou de cabeça na nova tarefa: Darien Cavanaugh, "The CIA's Operation 'Midnight Climax' Was Exactly What It Sounded Like: Agents Lured Johns to Brothels for Drug-Laced Encounters", *War Is Boring*, 17 de setembro de 2016, https://medium.com/war-is-boring/the-cias-operation-midnight-climax-was-exactly-what-it-sounded-like-fa63f84ad015; Channel 2 KTVU,*11 PM News* (Oakland), https://www.cia.gov/library/readingroom/docs/CIA-RDP88-01315R000200230006-5.pdf; Marks, *Search for the "Manchurian Candidate"*, pp. 101-4; U.S. Senate, *Joint Hearing*, p. 48; Jim Wood, "CIA Chief Deplores CIA Brothels", *San Francisco Examiner*, 5 de agosto de 1977.

141 "tinha mais grampos do que um salão de beleza": Streatfeild, *Brainwash*, p. 84.

142 "Havia uma biblioteca completa na Chestnut Street": Behmke Reporting and Video Services, *Transcript of Consensually Monitored Conversation: Conversation Between Ike Feldman and Unidentified Speakers*, Investigation N. C00-3940 MHP, 26 de janeiro de 2003, pp. 66-67.

142 Entre os documentos que a CIA disponibilizou: Black Vault, MKULTRA/Mind Control Collection, pp. 42-179, http://documents.theblackvault.com/documents/mkultra/mkultra4/DOC_0000017440/DOC_0000017440.pdf.

142 Foram mais de cem: Ibid., pp. 42-144.

142 "Diante da natureza altamente controversa": Marks, *Search for the "Manchurian Candidate"*, p. 107.

143 "Recebi uma ligação de White": Richard Stratton, "Altered States of America", *Spin*, março de 1994, http://mirror.macintosharchive.org/ca.cdn.preterhuman.net/texts/thought_and_writing/mind_control/MKULTRA/Stratton%20-%20Altered%20States%20of%20America%20(Spin%201994).pdf.

143 Nos meses seguintes, ele se infiltrou no submundo: Marks, *Search for the "Manchurian Candidate"*, p. 102; Stratton, "Altered States".

143 "Um dia, White me chamou na sala dele": Stratton, "Altered States".

143 Na sua viagem seguinte a São Francisco: Behmke Reporting Services, *Transcript of Consensually Monitored Conversation*, pp. 22-25.

144 Por cada cliente conduzido até o "centro": Alliance for Human Research Protection, "1953-1964: Operation Midnight Climax—CIA's Lurid Ventures into Sex, Hookers and LSD", http://ahrp.org/1953-1964-operation-midnight-climax-cias-lurid-ventures-into-sex-hookers-and-lsd/; Lee e Shlain, *Acid Dreams*, p. 32; Stratton, "Altered States".

144 "Nos bares e casas de massagem": "Mind Control Murder" vídeo do YouTube, 45:12, postado por Capitan Black, 18 de março de 2016, https://www.youtube.com/watch?v=e2ot9noqQUw.

145 "Estávamos interessados na combinação": "The LSD Chronicles: George Hunter White", http://thegipster.blogspot.com/2012/12/the-lsd-chronicles-george-hunter-white_1757.html.

145 "indivíduos que administravam o material furtivamente": Marks, *Search for the "Manchurian Candidate"*, p. 107.

145 "Quando nenhum de nós topava": Ibid., p. 105.

145 "White experimentava tudo": Stratton, "Altered States".

145	White observava: Streatfeild, *Brainwash*, p. 84.
145	"Quando era uma garota": Stratton, "Altered States".
146	"Encontrar uma prostituta disposta": "Mind Control Murder", vídeo do YouTube, https://www.youtube.com/watch?v=e2ot9noqQUw.
146	White montou um segundo centro: Jo Thomas, "CIA Sought to Spray Drug on Partygoers", *New York Times*, 21 de setembro de 1977.
146	Gottlieb fabricou e mandou vários produtos: Marks, *Search for the "Manchurian Candidate"*, p. 107; U.S. Senate, *Hearings before the Subcommittee on Health and Scientific Research of the Committee on Human Resources: Human Drug Testing by the CIA* (Washington, DC: Government Printing Office, 1977), pp. 107-8.
146	Gottlieb queria drogar: U.S. Senate, *Human Drug Testing*, pp. 101, 107-8; Jo Thomas, "CIA Sought to Spray Drug".
146	"Quando não estava operando o bordel": Lee e Shlain, *Acid Dreams*, p. 33.
147	No final de 1957: Wolfe, "10 Real Victims".
147	"Eu não fazia nenhum serviço de acompanhamento": U.S. District Court, District of California, San Francisco Division, *Wayne A. Ritchie, Plaintiff, against United States of America, Defendant*, Continued Videotaped Deposition of Ira Feldman, 7 de fevereiro de 2003, p. 428.
148	No final do processo, o juiz rejeitou: U.S. District Court, District of California, San Francisco Division, *Wayne Ritchie, Plaintiff-Appellant, v. United States of America et al.*, 451 F.3d 1019 (9th Cir. 2006), 26 de junho de 2006, https://law.justia.com/cases/federal/appellate-courts/F3/451/1019/627287/.
148	"White podia ser um filho da puta": Stratton, "Altered States".
149	"Ele era tarado": U.S. District Court, *Ritchie v. US*, Continued Videotape Deposition of Ira Feldman, 7 de fevereiro de 2003, pp. 20, 26.
149	"Toda vez que vinha a São Francisco": Ibid., pp. 449-50.
149	"Gottlieb estava transando com a mulher dele": Behmke Reporting and Video Services, Transcript of Consensually Monitored Conversation, Investigation N. C003940 MHP, pp. 21-25.
149	Em um memorando que encaminhou aos seus superiores: Central Intelligence Agency, *Subproject 35 MKULTRA*, https://cryptome.org/mkultra-0005.htm.
150	"levou a proposta para o comitê especial do presidente Eisenhower": Marks, *Search for the "Manchurian Candidate"*, p. 217.
150	Pouco se sabe sobre os experimentos: U.S. Senate, *Joint Hearing*, pp. 40, 120, 126-33.
151	Duas décadas depois, sob pressão: Ibid., p. 21.
151	Ele sempre contava a história: Nicholas M. Horrock, "Destruction of LSD Data Laid to C.I.A. Aide in '73", *New York Times*, 18 de julho de 1975.
151	"Nos últimos quatro anos": "Memorandum from Director of Central Intelligence Dulles to Secretary of Defense Wilson", https://history.state.gov/historicaldocuments/frus1950-55Intel/d244.

9. O Cogumelo Divino

153	"Em virtude da natureza da Agência Central de Inteligência": *Congressional Quarterly*, "CIA 'Watchdog' Committee", em *CQ Almanac 1956*, http://library.cqpress.com/cqalmanac/cqal56-1349665.

153 Mansfield sugeria a criação: *Congressional Record—Senate*, 9 de abril de 1956, p. 5930.
154 O título de um artigo do *Washington Star*: Richard Fryklund, "CIA Leaders Are Cool to Watchdog Proposal", *Washington Star*, 20 de fevereiro de 1956.
154 "sobre o meu cadáver": James Reston, "Washington: File and Forget?", *New York Times*, 22 de julho de 1987.
154 "Se há uma agência governamental que merece crédito": Central Intelligence Agency, "How Intelligence-Sharing with Congress Has Evolved", 19 de março de 2007, https://www.cia.gov/library/center-for-the-study-of-intelligence/csi-publications/books-and-monographs/sharing-secrets-with-lawmakers-congress-as-a-user-of-intelligence/1.htm#rft4.
155 "Na condição de membro": *Congressional Record—Senate*, 9 de abril de 1956, pp. 5923-24.
155 O senador Russell declarou: *Congressional Quarterly*, "CIA 'Watchdog' Committee".
155 "Estou me sentindo como Davi": *Congressional Record—Senate*, 11 de abril de 1956, p. 5939.
155 "Vamos falar agora da tecnologia do assassinato": Albarelli, *Terrible Mistake*, p. 323.
156 Morse Allen ouviu falar de uma planta mexicana: Marks, *Search for the "Manchurian Candidate"*, pp. 114-16; Streatfeild, *Brainwash*, pp. 77-78.
156 "As primeiras descrições de algumas cerimônias": Marks, *Search for the "Manchurian Candidate"*, p. 115.
156 "Se eu soubesse que participaria": Ibid., p. 117.
156 Em plena lua de mel: Jan Irvin, "R. Gordon Wasson: The Man, the Legend, the Myth", in John Rush, ed., *Entheogens and the Development of Culture: The Anthropology and Neurobiology of Ecstatic Experience* (Berkeley: North Atlantic, 2013), pp. 565-616.
157 até a casa de uma mulher mazateca: R. Gordon Wasson, "Seeking the Magic Mushroom", *Life*, 10 de junho de 1957, http://www.imaginaria.org/wasson/life.htm.
157 "Eu sou a mulher que pastoreia a imensidão": "María Sabina Documental", vídeo do YouTube, 1:20:47, postado por Soy Eus, 16 de julho de 2016, https://www.youtube.com/watch?v=30s3ZCF7E3A.
157 "Nunca estivemos tão despertos": Wasson, "Seeking the Magic Mushroom".
157 O acordo foi fechado: Marks, *Search for the "Manchurian Candidate"*, p. 122; Streatfeild, *Brainwash*, pp. 80-81.
158 Tempos depois, ele escreveu: Marks, *Search for the "Manchurian Candidate"*, p. 123.
158 Porém, Gottlieb destacou: Jay Stevens, *Storming Heaven: LSD and the American Dream* (Nova York: Harper and Row, 1987), p. 83.
158 O texto de Wasson tinha dezessete páginas: Wasson, "Seeking the Magic Mushroom".
159 "Na década de 1950 e até um pouco depois": H. P. Albarelli e Jeffrey Kaye, "Cries from the Past: Torture's Ugly Echoes", *Truthout*, 23 de maio de 2010, https://truthout.org/articles/cries-from-the-past-tortures-ugly-echoes/.

159   Um relatório do inspetor-geral da CIA: Streatfeild, *Brainwash*, p. 86; *Orlikow v. United States*, U.S. District Court, 12 de setembro de 1988, p. 5, http://breggin.com/wp-content/uploads/2008/03/civilDOrlikowPretrialstatmnt.pdf.

160   "Gottlieb queria aplicar seus truques sujos": Joseph J. Trento, *The Secret History of the CIA* (Nova York: MJF, 2001), p. 195. "Treinei para atuar no exterior na primavera de 1957. E cheguei a atuar. Creio que partimos em agosto ou setembro", US District Court for the District of Columbia, "Deposition of Sidney Gottlieb", 19 de abril de 1983, p. 77; "Quando o senhor voltou para Washington?" "Em 1959", Ibid., p. 172; "O que o senhor fez lá?" "Não tenho permissão para dizer", Ibid., p. 15.

160   um líder ucraniano exilado: Christopher Andrew, *The Sword and the Shield: The Mitrokhin Archive and the Secret History of the KGB* (Nova York: Basic Books, 1999), p. 362.

160   "Quando se tratava de espionagem": John le Carré, *The Secret Pilgrim* (Nova York: Ballantine, 2008), p. 132.

161   "sem o conhecimento das autoridades do país": Klaus Wiegrefe, "Das Geheimnis der Villa im Taunus", *Der Spiegel*, 12 de dezembro de 2015, http://www.spiegel.de/spiegel/print/d-140390016.html.

161   "Por dois anos, ele trabalhou disfarçado": Gup, "Coldest Warrior".

161   "Na época da palestra dele": Entrevista do autor com "BD", um oficial da CIA aposentado.

163   Segundo os dicionários: *Dictionary.com*, https://www.dictionary.com/browse/svengali; *Merriam-Webster*, https://twitter.com/merriamwebster/status/404308437888421888; *Oxford Living Dictionaries*, https://en.oxforddictionaries.com/definition/svengali.

164   "improbabilidades horríveis como coisas próximas e familiares": John Henry Ingram, *Elizabeth Barrett Browning* (CreateSpace, 2017), p. 144.

165   "O gaslighting é a aplicação persistente de manipulação": Preston Ni, "8 Signs That Someone Is in a Relationship with a Gaslighter", *Psychology Today*, 15 de fevereiro de 2017.

166   mais de duzentos artigos: Timothy Melley, *The Covert Sphere: Secrecy, Fiction, and the National Security State* (Ithaca: Cornell University Press, 2012), p. 148.

167   "uma mistura cheia de delírio e vigor, bem agradável de ler": Frederick Morton, "One Thing Led to Another", *New York Times Book Review*, 26 de abril de 1959.

168   "As teorias da conspiração do pós-guerra": Timothy Melley, "Brainwashed! Conspiracy Theory and Ideology in the Postwar United States", *New German Critique* 103 (Inverno de 2008), https://www.jstor.org/stable/27669224?seq=1#page_scan_tab_contents.

168   "Em 1961 ou 1962, ficou comprovado": U.S. Senate, *Joint Hearing*, p. 62.

10. A Comissão de Alteração da Saúde

169   a 20 quilômetros dos Montes Urais: Christopher Moran, *Company Confessions: Secrets, Memoirs and the CIA* (Nova York: St. Martin's Press, 2015), pp. 89–90; Francis Gary Powers e Curt Gentry, *Operation Overflight: A Memoir of the U-2 Incident* (Lincoln, NE: Potomac, 2003), pp. 61–63; Villon Films, "Counterpoint: The U-2 Story", http://www.villonfilms.ca/counterpoint-the-u-2-story/.

169 "torturas e horrores desconhecidos": Michael Dobbs, "Gary Powers Kept a Secret Diary with Him After He Was Captured by the Soviets", *Smithsonian*, 15 de outubro de 2015, https://www.smithsonianmag.com/smithsonian-institution/gary-powers-secret-diary-soviet-capture-180956939/.
170 Carmine Vito decolou: Norman Polmar, *Spyplane: The U-2 History Declassified* (Minneapolis: Zenith, 2001), pp. 103–4.
171 "Dentro do dólar havia um alfinete": Powers e Gentry, *Operation Overflight*, p. 50.
172 Powers afirmou em seu depoimento: Dobbs, "Gary Powers Kept a Secret Diary".
172 "Não houve, repito": Howard Jones, *Crucible of Power: A History of American Foreign Relations from 1945* (Lanham, MD: Rowman and Littlefield, 2008), p. 94.
173 "Para eliminar as provas do crime": Union of Journalists of the USSR, "Aggressors Must Be Sent to the Pillory: The Truth about the Provocative Intrusion of the American Plane into the Air Space of the USSR" [CIA Translation], https://www.cia.gov/library/readingroom/docs/CIA-RDP80T00246A074400420001-9.pdf.
173 "Se a missão de Powers": Powers e Gentry, *Operation Overflight*, p. 152.
173 "O estudo do alfinete produziu": Francis Gary Powers, *The Trial of the U2: Exclusive Authorized Account of the Court Proceedings of the Case of Francis Gary Powers* (Whitefish, MT: Literary Licensing, 2011), p. 93; Powers e Gentry, *Operation Overflight*, p. 151.
173 "supera o de substâncias mais comuns": Neil Edwards, "Saxitoxin: From Food Poisoning to Chemical Warfare", *The Chemical Laboratories* (University of Sussex at Brighton), http://www.bris.ac.uk/Depts/Chemistry/MOTM/stx/saxi1.htm; Vladyslav V. Goncharuk, *Drinking Water: Physics, Chemistry and Biology* (Nova York: Springer, 2014), p. 13.
174 "cumprido muito bem seu dever": Powers e Gentry, *Operation Overflight*, p. 296.
174 "Ele se apresentará como Joe de Paris": Loch Johnson, ed., *Strategic Intelligence: Understanding the Hidden Side of Government* (Westport, CT: Praeger, 2007), p. 209.
174 "Era um oficial sênior": Larry Devlin, *Chief of Station, Congo: Fighting the Cold War in a Hot Zone* (Nova York: Public Affairs, 2007), p. 95.
175 Nesse período, também integrou um grupo informal: Leonard Mosley, *Dulles* (Nova York: Dial, 1978), p. 459; David Wise, "The CIA, Licensed to Kill", *Los Angeles Times*, 22 de junho de 2009.
175 No meio da manhã de 18 de agosto de 1960: The President's Appointments, July–December, 1960, *President's Daily Appointment Schedules: Dwight D. Eisenhower: Records as President, 1953–1961*, Dwight D. Eisenhower Library.
175 "A embaixada e a estação acreditam": William H. Worger et al., *Africa and the West: A Documentary History*, vol. 2, *From Colonialism to Independence, 1875 to the Present* (Nova York: Oxford University Press, 2010), p. 136.
175 "Depois de um silêncio atônito de 15 segundos": Martin Kettle, "President 'Ordered Murder' of Congo Leader", *Guardian*, 9 de agosto de 2000.
175 "a caça aqui é boa na luz certa": Johnson, *Strategic Intelligence*, p. 219.
176 "Gottlieb sugeriu que agentes biológicos": Regis, *Biology of Doom*, p. 183.
177 "Meu Deus": Devlin, *Chief of Station*, p. 95.

177 "Devia ser algo que entraria em contato com a boca dele": U.S. Senate, *An Interim Report of the Select Committee to Study Governmental Operations with Respect to Intelligence Activities: Alleged Assassination Plots Involving Foreign Leaders* (Washington, DC: Government Printing Office, 1975), p. 25.
177 "vestígios típicos de algumas doenças fatais": Ibid.
177 "infiltrar-se no local": Ibid., p. 27.
178 "certos itens de utilidade perene": Ibid., p. 29.
178 Em 17 de janeiro de 1961: Brian Urquhart, "The Tragedy of Lumumba", *New York Review of Books*, 4 de outubro de 2001.
178 "minha cabeça começou a girar": Devlin, *Station Chief*, pp. 96-97.
179 Roselli disse que preferia uma ação: U.S. Senate, *Alleged Assassination Plots*, p. 80.
179 o presidente Eisenhower ordenou o "fim" de Castro: Jim Rasenberger, *The Brilliant Disaster: JFK, Castro, and America's Doomed Invasion of Cuba's Bay of Pigs* (Nova York: Scribner, 2011), p. 83.
179 Eisenhower não usou nenhuma "palavra pesada": Central Intelligence Agency, "Memorandum for the Record, Subject: Report on Plots to Assassinate Fidel Castro", 22 de maio de 1967, in Fabian Escalante (Introduction), *CIA Targets Fidel: The Secret Assassination Report* (Melbourne: Ocean, 2002), p. 34.
179 Como seria necessário produzir venenos: Thomas Powers, *The Man Who Kept the Secrets: Richard Helms and the CIA* (Nova York: Pocket, 1979), p. 184.
179 A primeira vinha do contínuo fascínio de Gottlieb: U.S. Senate, *Alleged Assassination Plots*, p. 72.
179 Em seguida, a equipe de Gottlieb: Ibid.
180 "contaminou uma caixa com cinquenta charutos": Escalante, *CIA Targets Fidel*, p. 37.
180 "Sidney Gottlieb, da TSD": Ibid., p. 30.
180 Os charutos Cohiba: Ibid., p. 37.
181 Segundo uma investigação do Senado: U.S. Senate, *Alleged Assassination Plots*, p. 71.
182 Samuel Halpern, que atuava no mais alto escalão: Seymour Hersh, *The Dark Side of Camelot* (Boston: Back Bay, 1998), p. 268.
182 "Havia um projeto comandado pela Casa Branca": Central Intelligence Agency, "Summary of Facts: Investigation of CIA Involvement in Plans to Assassinate Foreign Leaders", p. 54, https://www.fordlibrarymuseum.gov/library/document/0005/7324009.pdf.
182 "Nenhuma das conchas típicas do Caribe": Escalante, *CIA Targets Fidel*, p. 77.
183 "A divisão comprou uma roupa de mergulho": Wallace et al., *Spycraft*, p. 275.
183 "quatro métodos foram considerados": Escalante, *CIA Targets Fidel*, p. 38.
183 Entre 1961 e 1962: Ibid., pp. 55-57.
184 "um lápis com um sistema oculto": Ibid., p. 40.
184 "uma caneta esferográfica": CIA, "Summary of Facts", p. 63.
184 "tão fina": Wallace et al., *Spycraft*, p. 275.
184 "uma maldita firma do tipo Assassinatos Ltda. no Caribe": Evan Thomas, "The Real Cover-Up", *Newsweek*, 21 de novembro de 1993.

11. Devemos Sempre Lembrar de Agradecer à CIA

185 "Capture o inseto verde para fins de referência": Jefferson Morley, "Clare Boothe Luce's Acid Test", *Washington Post*, 22 de outubro de 1997.

186 "Harold A. Abramson, do Laboratório Biológico de Cold Spring Harbor": "Medicine: Artificial Psychoses", *Time*, 19 de dezembro de 1955, http://content.time.com/time/subscriber/article/0,33009,861768-2,00.html.

186 o LSD era "moda" na elite nova-iorquina: Morley, "Clare Boothe Luce's Acid Test".

186 por meio de Sidney Cohen: Online Archives of California, Sidney Cohen Collection, 1910-1987, https://oac.cdlib.org/findaid/ark:/13030/kt0d5nf1w1/entire_text/.

186 A primeira celebridade a falar publicamente sobre o LSD: Stevens, *Storming Heaven*, pp. 64-65; Geoffrey Wansell, *Haunted Idol: The Story of the Real Cary Grant* (Nova York: William Morrow, 1984), pp. 232-33.

186 "Depois que as colunas saíram": Bob Gaines, "LSD: Hollywood's Status Symbol Drug", *Cosmopolitan*, novembro de 1963.

186 "Os pesquisadores passaram a negligenciar": Steven J. Novak, "LSD before Leary: Sidney Cohen's Critique of 1950s Psychedelic Research", *Isis* 88, n. 1 (março de 1997), https://www.jstor.org/stable/235827?seq=1#page_scan_tab_contents.

186 Um dos estudantes que tomaram LSD: Lee and Shlain, *Acid Dreams*, pp. 119-26; Stevens, *Storming Heaven*, pp. 226-51; Wolfe, "10 Real Victims".

187 "uma festa psicodélica sem fim: Lauren Marie Dickens, "Driving Further into the Counterculture: Ken Kesey On and Off the Bus in the 1960s", Master of Arts thesis, Middle Tennessee State University, 2015, http://jewlscholar.mtsu.edu/bitstream/handle/mtsu/4737/Dickens_mtsu_0170N_10481.pdf?sequence=1.

187 A música do Grateful Dead: Steven Gimbel, ed., *The Grateful Dead and Philosophy: Getting High-Minded About Love and Haight* (Chicago: Open Court, 2007), pp. 52-54.

187 Hunter foi outro viajante psicodélico: *Acid Dreams*, p. 143.

187 "Ele participou de testes psicológicos": Dennis McNally, *A Long Strange Trip: The Inside History of the Grateful Dead* (Nova York: Three Rivers Press, 2003), pp. 42-43.

187 Mais tarde, ele disse que o objetivo: David Browne, "Robert Hunter on Grateful Dead's Early Days, Wild Tours, 'Sacred' Songs", *Rolling Stone*, 9 de março de 2015, https://www.rollingstone.com/music/music-news/robert-hunter-on-grateful-deads-early-days-wild-tours-sacred-songs-37978/.

188 "Relaxe imagine você mesmo ": McNally, *Long Strange Trip*, p. 42.

188 "Psiquiatras ligados": John L. Potash, *Drugs as Weapons against Us: The CIA's Murderous Targeting of SDS, Panthers, Hendrix, Lennon, Cobain, Tupac, and Other Leftists* (Waterville, OR: Trine Day, 2015), pp. 58-59.

188 "Ele foi voluntário": Steve Silberman, "The Plot to Turn On the World: The Leary/Ginsberg Acid Conspiracy", *NeuroTribes*, 21 de abril de 2011, https://blogs.plos.org/neurotribes/2011/04/21/the-plot-to-turn-on-the-world-the-learyginsberg-acid-conspiracy/.

188 Nas primeiras sessões: Lee e Shlain, *Acid Dreams*, p. 59.

188 "aventuras saudáveis": Don McNeill, "Why Leading Beatnik Poet Allen Ginsberg Was a Crusader for Legalizing LSD", *Alternet*, 8 de março de 2017, https://www.alternet.org/books/why-leading-beatnik-poet-allen-ginsberg-was-crusader-legalizing-lsd.

188 "sobretudo e sem nenhuma dúvida": "Playboy Interview: Timothy Leary", *Playboy*, setembro de 1966, https://archive.org/details/playboylearyinte00playrich.

189 "o homem mais perigoso dos Estados Unidos": Ari Shapiro, "Nixon's Manhunt for the High Priest of LSD in 'The Most Dangerous Man in America'", NPR, 5 de janeiro de 2018, https://www.npr.org/2018/01/05/575392333/nixons-manhunt-for-the-high-priest-of-lsd-in-the-most-dangerous-man-in-america.

189 "inicialmente, o uso da droga se restringia a pequenos grupos": Marks, *Search for the "Manchurian Candidate"*, p. 129.

189 "Os autores analisaram corretamente": Ibid.

189 "O governo dos Estados Unidos foi, de certa forma, responsável": Gimbel, *Grateful Dead and Philosophy*, p. 53.

189 "Eu, Allen Ginsberg": Allen Ginsberg, *Poems All Over the Place* (Cherry Valley, NY: Cherry Valley Editions, 1978), p. 53.

190 "A finalidade ali era enlouquecer as pessoas": David Bianculli, "Ken Kesey on Misconceptions of the Counterculture", *NPR*, 12 de agosto de 2011, https://www.npr.org/templates/transcript/transcript.php?storyId=139259106.

190 "O movimento do LSD foi iniciado pela CIA": Lee e Shlain, *Acid Dreams*, p. xx.

190 "Devemos sempre lembrar de agradecer à CIA": "Playboy Interview: John Lennon", *Playboy*, janeiro de 1981, http://www.beatlesinterviews.org/dbjypb.int3.html.

190 Sob a escadaria de um prédio residencial desbotado em Moscou: Jeremy Duns, *Dead Drop: The True Story of Oleg Penkovsky and the Cold War's Most Dangerous Operation* (Londres: Simon and Schuster, 2013), p. 169; Wallace et al., *Spycraft*, pp. 25-34.

190 Alguns relatórios da CIA sobre a perda: Wallace et al., *Spycraft*, p. 37.

191 De imediato, McCone foi para cima: Marks, *Search for the "Manchurian Candidate"*, p. 210; Jeffrey T. Richelson, *The Wizards of Langley: Inside the CIA's Directorate of Science and Technology* (Boulder, CO: Westview, 2001), pp. 42-46.

191 "A liderança da divisão tinha que encarar grandes desafios": Wallace et al., *Spycraft*, p. 58.

191 Havia muito espaço: U.S. Department of the Interior, "National Register of Historic Places Registration Form: E Street Complex (Office of Strategic Services and Central Intelligence Agency Headquarters)", p. 33, https://osssociety.org/pdfs/oss_nr_final_to_hpo.pdf.

191 Sabendo da crescente importância da tecnologia: Wallace et al., *Spycraft*, p. 54.

192 Os diplomatas estão discutindo assuntos delicados: Ibid., pp. 197-98.

192 Os Serviços Técnicos inventaram uma microcâmera: Ibid., pp. 89-90.

192 O espião está exigindo: Óculos exposto no International Spy Museum, em Washington, DC, 2017.

193 "um estudo especial sobre a análise da caligrafia": Marks, *Search for the "Manchurian Candidate"*, pp. 182-83.

193 "Os grafólogos determinarão": Central Intelligence Agency, "Memorandum for the Record", 16 de dezembro de 1958, pp. 83-91, https://ia601202.us.archive.org/33/items/DOC_0000017485/DOC_0000017485.pdf.
193 "[Editado] vem conduzindo um estudo": Sidney Gottlieb, "Memorandum for the Record", 18 de abril de 1958, http://www.all.net/journal/deception/MKULTRA/64.224.212.103/Mkultra/subproject.html.
194 "Até 1960, não se conhecia nenhuma substância eficaz": Central Intelligence Agency, *Report of Inspection of MKULTRA/TSD*, https://cryptome.org/mkultra-0003.htm.
194 "A criação de um 'candidato da Manchúria'": Streatfeild, *Brainwash*, p. 169.
195 Eles convenceram McCone: Powers, *Man Who Kept the Secrets*, pp. 436-37.
195 Earman encaminhou seu relatório: J. S. Earman, "Memorandum for Director of Central Intelligence", 26 de julho de 1963, https://cryptome.org/mkultra-0003.htm.
197 "Nos últimos anos, ficou cada mais óbvio": Hilary Evans e Robert E. Bartholomew, *Outbreak!: The Encyclopedia of Extraordinary Social Behavior* (Charlottesville, VA: Anomalist, 2015), p. 411.
197 "Ele disse que os soviéticos": Entrevista do autor com "HD", um oficial da CIA aposentado.

12. Isso Tem que Morrer Conosco

199 "Nossa visão sobre a formação espiritual": Margaret Gottlieb, "Autobiographical Essays".
200 "Eu era uma menina inteligente": Entrevista do autor com "Elizabeth".
201 Em silêncio, um grupo de funcionários da CIA: Richelson, *Wizards of Langley*, p. 145; Wallace et al., *Spycraft*, pp. 200-201.
202 "Escute esses dois caras": Charlotte Edwardes, "CIA Recruited Cat to Bug Russians", *Telegraph*, 4 de novembro de 2001, https://www.telegraph.co.uk/news/worldnews/northamerica/usa/1361462/CIA-recruited-cat-to-bug-Russians.html.
202 "Tecnicamente, o sistema de áudio funcionou": Wallace et al., *Spycraft*, p. 201.
203 "O trabalho realizado ao longo dos anos": Edwardes, "CIA Recruited Cat".
203 "desenvolver métodos para manipular o comportamento humano": General Counsel of the Department of Defense, "Memorandum for the Secretary of Defense", 20 de setembro de 1977, http://www.unwittingvictim.com/DeclassifiedHumanExperimentationMKULTRAAndMore.pdf.
203 "aquele judeu de pés tortos": Entrevista do autor com "LD", oficial da CIA aposentado.
204 Gottlieb hesitou: Regis, *Biology of Doom*, pp. 213-17.
204 Nathan Gordon revelou: Nicholas M. Horrock, "A Mass Poison, Linked to C.I.A., Reported Found at Army Base", *New York Times*, 9 de setembro de 1975; U.S. Senate, Select Committee to Study Governmental Operations with Respect to Intelligence Activities, *Unauthorized Storage of Toxic Agents* (Washington, DC: Government Printing Office, 1975), pp. 52-91, https://www.intelligence.senate.gov/sites/default/files/94intelligence_activities_I.pdf.

205 Os funcionários de Gottlieb criavam: Wallace et al., *Spycraft*, pp. 74, 285, 393, 418.
205 Os "engenheiros da dissimulação" de Gottlieb: Christopher Moran, *Company Confessions: Secrets, Memoirs, and the CIA* (Nova York: St. Martin's Press, 2015), p. 125; Christopher Moran, "Turning Against the CIA: Whistleblowers During the 'Time of Troubles'", *History: The Journal of the Historical Association*, 27 de março de 2015, https://onlinelibrary.wiley.com/doi/full/10.1111/1468-229X.12099; Wallace et al., *Spycraft*, pp. 195-96.
206 "Dá para fazer isso?": Wallace et al., *Spycraft*, p. 112.
206 "trinta a quarenta missões por dia": Ibid., p. 295.
206 Os engenheiros da Divisão de Serviços Técnicos: Ibid., pp. 279-84.
206 "Ao longo de 1968, o Dr. Gottlieb continuou": Thomas, *Journey into Madness*, pp. 399-400.
207 "Em 1968, os israelenses passaram três meses": Ronen Bergman, "How Arafat Eluded Israel's Assassination Machine", *New York Times Magazine*, 28 de janeiro de 2018.
207 No almoço, comia o que trazia de casa: Thomas, *Secrets and Lies*, pp. 29, 34-35.
207 "Pode soar brega": Wallace et al., *Spycraft*, p. 83.
208 A Divisão de Serviços Técnicos havia fornecido documentos falsos: Richelson, *Wizards of Langley*, p. 164; Harry Rositzke, *CIA's Secret Operations: Espionage, Counterespionage, and Covert Action* (Pleasantville, NY: Reader's Digest Press, 1977), pp. 220-21.
208 "No início de 1973, o Dr. Gottlieb": Central Intelligence Agency, "Memorandum for Director, OTS", 9 de agosto de 1975, https://www.cia.gov/library/readingroom/docs/DOC_0005444840.pdf.
209 "Apesar das minhas objeções formais": Bowart, *Operation Mind Control*, p. 108.
209 Na mesma ocasião, Gottlieb orientou sua secretária: Albarelli, *Terrible Mistake*, pp. 451-52; U.S. District Court 2nd Circuit, "Deposition of Sidney Gottlieb", 22 de setembro de 1995, p. 623; Marks, *Search for the "Manchurian Candidate"*, pp. 219-20; Powers, *Man Who Kept the Secrets*, p. 348.
209 "Schlesinger entrou pegando pesado": William Colby, com Peter Forbath, *Honorable Men: My Life in the CIA* (Nova York: Simon and Schuster, 1978), p. 329.
210 Em uma tarde de abril: Central Intelligence Agency History Staff Oral History Program, "Tough, Unconventional, and Effective: An Interview with Former DDCI John N. McMahon", https://www.cia.gov/library/readingroom/docs/DOC_0001407025.pdf; Richelson, *Wizards of Langley*, p. 164; U.S. Congress, Select Committee on Intelligence, *Nomination of John N. McMahon* (Washington, DC: Government Printing Office, 1982), p. 18; Wallace et al., *Spycraft*, p. 460.
212 Sidney Gottlieb se aposentou da CIA: U.S. Senate, *Hearings before the Subcommittee on Health and Scientific Research*, p. 208.
212 Pouco antes, recebeu uma das maiores honrarias da Agência: Scott C. Monje, *The Central Intelligence Agency: A Documentary History* (Westport, CT: Greenwood, 2008), pp. 133-38.

13. Alguns Agentes Estavam Fora de Controle Naquela Época

213 "Estou determinado a aplicar a lei": Monje, *Central Intelligence Agency*, p. 174.
214 "Ele era católico": Ranelagh, *Agency*, pp. 554, 557.
214 "Em janeiro de 1973": Albarelli, *Terrible Mistake*, p. 468.
215 "a Agência Central de Inteligência, violando diretamente seu estatuto": Seymour Hersh, "Huge CIA Operation Reported in US Against Antiwar Forces, Other Dissidents in Nixon Years", *New York Times*, 22 de dezembro de 1974.
215 "surgiriam revelações desnecessárias": Gerald R. Ford, *A Time to Heal: The Autobiography of Gerald Ford* (Harper and Row, 1979), p. 224.
216 "constante ameaça": Gerald R. Ford, "Statement Announcing Establishment of a Commission on CIA Activities within the United States", 4 de janeiro de 1975, https://www.presidency.ucsb.edu/documents/statement-announcing-establishment-commission-cia-activities-within-the-united-states.
216 "Francamente, estamos em uma enrascada": Jussi M. Hanhimaki e Odd Arne Westad, eds., *The Cold War: A History in Documents and Eyewitness Accounts* (Oxford: Oxford University Press, 2004), p. 477.
216 "O armário está cheio de esqueletos": White House, *Memorandum of Conversation*, 4 de janeiro de 1975, https://www.fordlibrarymuseum.gov/library/document/0314/1552899.pdf.
217 "Bill, você precisa mesmo fornecer todo esse material": Colby, *Honorable Men*, p. 400.
217 Diante das circunstâncias, o relatório da Comissão Rockefeller: *Report to the President by the Commission on CIA Activities within the United States*, junho de 1975, p. 227, https://www.fordlibrarymuseum.gov/library/document/0005/1561495.pdf.
218 A manchete de uma delas: Thomas O'Toole, "Suicide Revealed", *Washington Post*, 11 de junho de 1975.
218 "Você já leu o *Washington Post* de hoje?": Albarelli, *Terrible Mistake*, p. 478.
218 "Foi incrível": *Crazy Rulers of the World: Episode 3, The Psychic Foot-Soldiers* (filme), https://www.youtube.com/watch?v=EQKTMjApnkI&t=1029s.
219 "Essa é a família mais complacente dos Estados Unidos": *Wormwood* (filme), https://www.netflix.com/title/80059446.
219 "Desde 1953, não conseguimos": Eric Olson et al., "August 8, 2002, Press Conference, Family Statement on the Murder of Frank Olson", http://stevenwarran-backstage.blogspot.com/2014/11/august-8-2002-press-conference.html.
219 "investigando todo o contexto": Albarelli, *Terrible Mistake*, p. 500.
219 "Não sei o que posso dizer": "Former CIA Agent Tells of Olson's Last Days", *News* (Frederick, MD), https://newspaperarchive.com/news-jul-18-1975-p-1/.
219 No dia em que o *Post* publicou a entrevista: Horrock, "Destruction of LSD Data".
220 "Donald Rumsfeld, chefe de gabinete do presidente Ford": Maureen Farrell, "Dick Cheney, Donald Rumsfeld and the Manchurian Candidate", 18 de maio de 2004, https://www.scribd.com/document/61308378/Dick-Cheney-Donald-Rumsfeld-and-the-Manchurian-Candidate; Thomas, "US Vice President".

220 "É com o mais profundo e sincero pesar": arquivos de Edward C. Schmultz, "Olson, Frank, Meeting with Olson's Family 7/22/75", Gerald Ford Presidential Library.
221 "Alguns agentes estavam fora de controle naquela época": Albarelli, *Terrible Mistake*, p. 511.
221 Gottlieb indicou que tinha 55 anos: U.S. Civil Service Commission, "Security Investigation Data for Sensitive Position — Sidney Gottlieb", liberado pelo National Personnel Records Center, 15 de maio de 2016.
221 Gottlieb passou sete meses na DEA: Horrock, "Destruction of LSD Data".
222 "Sid se aposentou cedo demais: Margaret Gottlieb, "Autobiographical Essays".
222 "Eu nunca quis voltar para a Índia": Ibid.
223 A poucos quilômetros da Casa Branca: Lenzner, *The Investigator* (2013), pp. 190-92.
224 "Veja bem, Sid": Ibid., p. 196.
224 "Por ser especialista em venenos": Ibid., pp. 194-95.
225 Ele encaminhou um resumo das atividades: Redfern, *Secret History*, p. 158.
225 Em seu depoimento, Colby declarou: Nicholas M. Horrock, "Colby Describes CIA Poison Work", *New York Times*, 17 de setembro de 1975.
225 "o general Patton depois dos esteroides": Richard Leiby, "Terry Lenzner, the Private Eye Who Has Seen It All, from Watergate to Microsoft", *Washington Post*, 9 de outubro de 2013.
226 "40 e poucas horas de depoimento": U.S. Senate, *Human Drug Testing*, p. 170.
226 A gravura mostra um monge capuchinho: "The Left Bower Smoking Tobacco Manufactured by Joseph Scheider, 100 Walker St., N.Y.", Pickryl, https://picryl.com/media/the-left-bower-smoking-tobacco-manufactured-by-joseph-scheider-100-walker-st.
226 "Joseph Scheider declarou que, em 1960": U.S. Senate, *Alleged Assassination Plots*, pp. 20-24.
226 "Sid disse que fora encarregado": Lenzner, *The Investigator*, p. 198.
227 Em certo ponto da série metódica de perguntas: Ibid., pp. 198-200.
228 "disse que esquecera de praticamente tudo": Streatfeild, *Brainwash*, p. 65.
229 "quando lhe pediram para matar Lumumba": Depoimento de "Joseph Scheider", 9 de outubro de 1975, citado em Loch Johnson, *Strategic Intelligence: Covert Action; Behind the Veils of Secret Foreign Policy* (Westport, CT: Praeger, 2006), p. 208.
228 "Na época, minha visão sobre meu trabalho": Ranelagh, *Agency*, p. 343.
228 "Fontes indicam que o Dr. Sidney Gottlieb": Bill Richards, "Ex-CIA Aide Set to Talk of Drug File", *Washington Post*, 2 de setembro de 1975.
229 Em 14 de outubro de 1975: Federal Bureau of Investigation, "Airtel to SAC, Alexandria", 14 de outubro de 1975, FBI Release #52-101074-13, http://documents.theblackvault.com/documents/fbifiles/historical/sidneygottlieb-FBI1.pdf.
229 Nesse xadrez jurídico, o FBI: Ibid.
229 Porém, depois da audiência na comissão: Federal Bureau of Investigation, "Doctor Sidney Gottlieb: Destruction of Government Property", 3 de novembro de 1975, FBI Release #52-2392-28; Federal Bureau of Investigation, "Doctor Sidney Gottlieb: Destruction of Government Property", 14 de janeiro de 1976,

	FBI Release #52-101074-18, http://documents.theblackvault.com/documents/fbifiles/historical/sidneygottlieb-FBI1.pdf.
229	Um memorando interno do FBI, datado de 8 de dezembro: Federal Bureau of Investigation, "Airtel to Director, FBI", 8 de dezembro de 1975, FBI Release #52-101074-16, http://documents.theblackvault.com/documents/fbifiles/historical/sidneygottlieb-FBI1.pdf.
229	"A Divisão Criminal do Departamento de Justiça": Federal Bureau of Investigation, "Airtel to SAC, Alexandria", 21 de janeiro de 1976, FBI Release #522392-84, http://documents.theblackvault.com/documents/fbifiles/historical/sidneygottlieb-FBI1.pdf.
230	"Eu disse que não": Katherine A. Scott, ed., *Church Committee Members and Staff, 1975-1976, Oral History Interviews* (Washington, DC: U.S. Senate Historical Office, 2016), p. 462.
230	O relatório do Senado, publicado alguns dias depois: U.S. Senate, *Alleged Assassination Plots*, p. 20.
230	"Eles se recusaram a identificar o cliente": Nicholas M. Horrock, "Bid to Cut Name in Report on C.I.A. Fails", *New York Times*, 8 de novembro de 1975.

14. Eu me Sinto Perseguido

231	Ao longo de 15 meses: Moran, *Company Confessions*, p. 108.
231	"As agências de inteligência violaram os direitos constitucionais dos cidadãos": U.S. Senate, "Select Committee to Study Governmental Operations with Respect to Intelligence Activities", https://www.senate.gov/artandhistory/history/common/investigations/ChurchCommittee.htm.
231	Enterrada nos seis volumes do relatório final: U.S. Senate, *Final Report of the Select Committee to Study Government Operations with Respect to Intelligence Activities* (Washington, DC: Government Printing Office, 1976), pp. 39-97.
231	O relatório também indicava: Ibid., pp. 385-95.
233	"fez um trabalho muito diligente, digno de um Sherlock Holmes": U.S. Senate, *Human Drug Testing*, p. 124.
233	"Os documentos divulgados ontem": John Jacobs, "CIA Papers Detail Secret Experiments on Behavior Control", *Washington Post*, 21 de julho de 1977.
233	Ele começou apontando que o MK-ULTRA: U.S. Senate, *Joint Hearing before the Select Committee on Intelligence and the Subcommittee on Health and Scientific Research*, pp. 8-15.
233	"Almirante Turner, esse relato é terrível": Ibid., pp. 15-16.
234	"A memória do Sr. Gottlieb se revelou": Ibid., pp. 45-47.
234	"Não é possível apurar toda a extensão": Nicholas M. Horrock, "80 Institutions Used in CIA Mind Studies", *New York Times*, 4 de agosto de 1977.
234	"Ao longo da investigação: U.S. Senate, *Project MKULTRA*, p. 49.
235	"Uma ordem circulava na equipe da subcomissão": "Key Witness in C.I.A. Inquiry", *New York Times*, 20 de setembro de 1977.
235	"Como os testes com drogas ocorreram": John Crewdson e Jo Thomas, "Ex-CIA Aide Asks Immunity to Testify", *New York Times*, 7 de setembro de 1977.
235	Enquanto os assessores jurídicos do Senado: Jacobs, "Diaries".

236 Por um tempo, ele serviu como oficial do corpo de bombeiros: Valentine, "Sex, Drugs and the CIA".
236 "Fui um mero missionário": U.S. Court of Appeals 2nd Circuit, Plaintiff's Confidential Exhibits, Volume III of III, p. E1383; Troy Hooper, "Operation Midnight Climax: How the CIA Dosed S.F. Citizens with LSD", *SFWeekly*, 14 de março de 2010.
236 "Exigi que a audiência": Lenzner, *The Investigator*, p. 201.
236 "a primeira aparição pública do eminente cientista": *New York Times*, "Key Witness".
237 "O Dr. Sidney Gottlieb, uma figura importante e obscura": Jo Thomas, "Key Figure Testifies in Private on C.I.A. Drug Tests", *New York Times*, 27 de setembro de 1977.
237 Ele começou falando sobre o MK-ULTRA: U.S. Senate, *Human Drug Testing*, pp. 170-71.
237 "Gostaria que esta comissão soubesse": Ibid., p. 174.
238 "Essa ocasião foi traumática para mim": Ibid., p. 185.
238 "Ficou decidido que": Ibid., p. 188.
238 a conclusão que já havia informado: Ibid., p. 190.
238 antes de sair da CIA, em 1973: Ibid., pp. 195-96.
239 "Eu me sinto perseguido e chocado": Ibid., p. 173
239 "O projeto passava por uma avaliação anual": Ibid., pp. 179-80.
239 "diante do número de conversas informais": William L. d'Ambruoso, "The Persistence of Torture: Explaining Coercive Interrogation in America's Small Wars", dissertação de doutorado, University of Washington, 2015, p. 114, https://digital.lib.washington.edu/researchworks/bitstream/handle/1773/37225/DAmbruoso_washington_0250E_16413.pdf?sequence=1.
240 "Para ser preciso": U.S. Senate, *Human Drug Testing*, p. 204.
240 "notável habilidade na elaboração": Jeremiah O'Leary, "CIA's Drug Tests Are Defended in Cold War Context", *Washington Star*, 22 de setembro de 1977.
240 "Havia evidências de que": U.S. Senate, *Human Drug Testing*, p. 170.
240 "Os participantes não foram informados nem protegidos": Ibid., p. 172.
241 "Fomos enrolados": Entrevista do autor com Burton Wides, 2018.
241 O senador Gary Hart: Entrevista do autor com Gary Hart, 2018.
241 Robert Lashbrook admitiu que tinha sido adjunto de Gottlieb: U.S. Senate, *Human Drug Testing*, p. 114.
241 "não tinha a menor ideia": U.S. Senate, *Project MKULTRA*, p. 62.
241 "uma rica variedade de aposentados estúpidos": Mary McGrory, "Getting Absurdity Out of the CIA", *Sarasota Herald-Tribune*, 24 de setembro de 1977.

15. Se Gottlieb For Condenado, Será a Primeira Vez

243 "Droga!", disse o secretário de Defesa Harold Brown: Albarelli, *Terrible Mistake*, p. 552.
244 o historiador da inteligência Thomas Powers: Marks, *Search for the "Manchurian Candidate"*, pp. xvii-xviii.
245 "Gottlieb tinha apenas 33 anos": Ibid., pp. 59-60.

245	"Infelizmente, os arquivos disponíveis": Central Intelligence Agency, "Memorandum for Director of Central Intelligence", 16 de setembro de 1977, divulgado em 5 de janeiro de 2002.
245	Turner explicou ao procurador-geral Griffin Bell: H. P. Albarelli, "Government-Linked 'Suicide' Probed", *WND*, 8 de setembro de 2002, https://www.wnd.com/2002/09/15128/.
245	"O objetivo dos testes sem consentimento": Albarelli, *Terrible Mistake*, p. 577.
245	"Não li": U.S. District Court 2nd Circuit, "Deposition of Sidney Gottlieb", 22 de setembro de 1995, p. 546.
246	"Sid frequenta o curso na San José": Margaret Gottlieb, "Autobiographical Essays".
246	"A casa era muito iluminada": Entrevista do autor com "LD", um oficial da CIA aposentado.
246	Com a esposa: Gup, "Coldest Warrior".
247	"Foi uma transformação completa": Ibid.
247	"Como nossos antigos santuários": Margaret Gottlieb, "Autobiographical Essays".
248	"Já recebi muitas homenagens": "David Gottlieb, 1911-1982", https://www.apsnet.org/publications/phytopathology/backissues/Documents/1983Articles/phyto73n01_32.pdf; P. D. Shaw e R. E. Ford, "David Gottlieb, 1911-1982", *Mycologia*, 75 (2), Março-Abril de 1983, https://www.jstor.org/stable/3792802?seq=1#page_scan_tab_contents.
248	a CIA divulgou uma "Declaração sobre o MK-ULTRA": Central Intelligence Agency, "Statement on MKULTRA", 1º de março de 1984, https://www.cia.gov/library/readingroom/docs/CIA-RDP86M00886R000800010039-4.pdf.
248	Alguns anos depois, um repórter de televisão: Albarelli, "Mysterious Death"; *Crazy Rulers of the World* (filme).
249	"Fico feliz que vocês não tenham vindo armados": Entrevista do autor com Eric Olson, 2018.
249	"o que poderia ocorrer caso um cientista": Albarelli, *Terrible Mistake*, p. 593.
249	"Seu pai e eu éramos muito parecidos": Entrevista do autor com Eric Olson.
249	"Ele estava tenso": Ibid.
250	"Você está dizendo que mudou de visão": Ibid.
250	"Veja bem. Se vocês não acreditam em mim": Albarelli, *Terrible Mistake*, p. 594.
250	Enquanto a família se preparava: Ibid.
250	"Meu ceticismo não era sólido": Ibid.
250	"Não sei se descobriremos": Brian Mooar, "Digging for New Evidence", *Washington Post*, 3 de junho de 1994.
250	"Para mim, esse hematoma sugere": National Geographic Channel, *CIA Secret Experiments* (filme), https://www.youtube.com/watch?v=7Afjf2ZgGZE.
251	"a mais desconcertante de todas": Starrs e Ramsland, *Voice for the Dead*, p. 144.
252	O manual não está assinado: Thomas, *Secrets and Lies*, p. 17.
252	"Forjar um acidente": Central Intelligence Agency, "A Study of Assassination", https://archive.org/details/CIAAStudyOfAssassination1953.
252	"Frank Olson não cometeu suicídio": "Family Statement on the Murder of Frank Olson", https://frankolsonproject.org/descent/; Stephanie Desmon, "In

Reburial, Olsons Hope to Lay Saga of Father to Rest", *Baltimore Sun*, 9 de agosto de 2002.
252 Gottlieb aparece como um homem elegante e de cabelos brancos: National Geographic Channel, *CIA Secret Experiments*.
252 foi Lashbrook: U.S. District Court for the District of Columbia, "Deposition of Sidney Gottlieb", 19 de abril de 1983, p. 192: "Quem colocou o LSD?" "Foi o Dr. Lashbrook." "Seguindo suas instruções?" "Sim, seguindo minhas instruções gerais."
252 Gottlieb também aparece em várias cenas: *Wormwood* (filme).
253 Em 2017, Stephen Saracco: Science Channel, *CIA Drug Conspiracy* (filme), https://www.sciencechannel.com/tv-shows/deadly-intelligence/full-episodes/cia-drug-conspiracy.
254 Segundo David, sob a direção da Agência: Thomas, *Journey into Madness*, pp. 257-63; Thomas, *Secrets and Lies*, pp. 185-90; Kristin Annable, "'She Went Away, Hoping to Get Better': Family Remembers Winnipeg Woman Put through CIA-Funded Brainwashing", *CBC News*, 15 de dezembro de 2017, https://www.cbc.ca/news/canada/manitoba/mkultra-cia-velma-orlikow-1.4449922; *Toronto Star*, 25 de maio de 1990.
254 "Não me lembro de detalhes tão específicos": U.S. District Court for the District of Columbia, "Deposition of Sidney Gottlieb", 19 de abril de 1983, p. 10.
254 Ele conduziu pesquisas sobre os efeitos: Ibid., p. 333.
254 "Talvez eu esteja com um bloqueio mental": Ibid., p. 213.
254 "Minha memória é muito vaga": Ibid., p. 70.
254 "Não recordo qual era o trabalho do Sr. Helms": Ibid., p. 132.
254 "O Dr. Gottlieb demonstra um completo desprezo": Ibid., p. 44.
255 "Respeite a testemunha!": Ibid., p. 41.
255 "O senhor só está abusando deste homem": Ibid., p. 207.
255 "O projeto MK-ULTRA investigava": Ibid., p. 107.
255 "um pouco insultado": Ibid., p. 204.
255 "bastante irritado": Ibid., p. 43.
255 "Fiquei muito triste com a morte daquele ser humano": Ibid., p. 206.
255 Gottlieb admitiu que: U.S. District Court for the District of Columbia, "Deposition of Sidney Gottlieb", 17 de maio de 1983, p. 263.
255 "É muito difícil responder a essa pergunta": Ibid., p. 363.
255 "algo parecido com o Código de Nuremberg": U.S. District Court for the District of Columbia, "Deposition of Sidney Gottlieb", 19 de abril de 1983, p. 149.
255 A CIA pagou à família Orlikow: Helen L. McGonigle, "The Law and Mind Control: A Look at the Law and Government Mind Control through Five Cases", *Smart*, 15 de agosto de 1999, https://ritualabuse.us/mindcontrol/articles-books/the-law-and-mind-control-a-look-at-the-law-and-goverment-mind-control-through-five-cases/.
256 "A palavra Bluebird me confunde totalmente": U.S. District Court 2nd Circuit, "Deposition of Sidney Gottlieb", 22 de setembro de 1995, p. 648.
256 "Ele era seu adjunto?": U.S. District Court 2nd Circuit, "Deposition of Sidney Gottlieb", 21 de setembro de 1995, p. 492.
256 Ele afirmou que nunca estivera em Paris: U.S. District Court 2nd Circuit, "Deposition of Sidney Gottlieb", 22 de setembro de 1995, p. 557.

256 "Isso nunca aconteceu": Ibid., p. 610.
256 "Se reconhecesse a obrigação": U.S. Court of Appeals 2nd Circuit, *Gloria Kronisch, Executrix of the Estate of Stanley Milton Glickman, Plaintiff-Appellant, v. United States of America, Sidney Gottlieb, in his individual and in his official capacities, Richard Helms, in his individual and in his official capacities, and John Does, unknown agents of the Central Intelligence Agency,* n. 97–6116, 9 de julho de 1998, https://caselaw.findlaw.com/us-2nd-circuit/1364923.html.
257 "Se Gottlieb for condenado, será a primeira vez": Sarah Foster, "Meet Sidney Gottlieb — CIA Dirty Trickster", *WND,* 19 de novembro de 1998, https://www.wnd.com/1998/11/3426/.
257 Gottlieb encontrou um antigo amigo da faculdade: Gup, "Coldest Warrior".
257 "o dinheiro quase não compra nada": Margaret Gottlieb, "Autobiographical Essays".
258 O jornalista Seymour Hersh: Entrevista do autor com Seymour Hersh, 2018.
258 "Sid passou o final da vida": Gup, "Coldest Warrior".
258 "Percebi que ele estava em um processo de expiação": Ibid.
258 Gottlieb morreu em 7 de março de 1999 Weiner, "Sidney Gottlieb, 80, Dies".
259 "Estávamos com o espírito da Segunda Guerra Mundial": Ibid.
259 William Hood, o oficial da CIA que fora chefe: Gup, "Coldest Warrior".
259 "Sem dúvida, ele era um patriota": Weiner, "Sidney Gottlieb, 80, Dies".
259 "Sabendo dos seus hobbies altruístas": Davidson, "Polarity of Sidney Gottlieb".
259 "Além de mim": Entrevista do autor com Sidney Bender, 2018.
260 "Sua maior preocupação era": Albarelli, "Mysterious Death".
260 "ficou gradualmente deprimido": Gup, "Coldest Warrior".
260 Margaret pediu para que a funerária: Thomas, *Secrets and Lies,* p. 37.
260 "Os dois mundos de Gottlieb se uniram": Gup, "Coldest Warrior".
260 "Todos que conheciam Sid sabiam": Regis, *Biology of Doom,* p. 231; Thomas, *Secrets and Lies,* p. 36.
260 Com a morte de Gottlieb, o ritmo já lento: CIA, "Interview with Richard Helms".
261 "Helms era um mentiroso": Entrevista do autor com Frederick Schwarz, 2018.
261 "Entre aqueles que conversaram": St. Clair e Cockburn, "Pusher, Assassin and Pimp".

16. Você Nunca Vai Saber Quem Ele Realmente Era

263 um elefante macho que pesava mais de três toneladas: Streatfeild, *Brainwash,* p. 67; *Tusko: The Elephant Who Died on LSD* (filme), https://www.youtube.com/watch?v=hy1fD-0ZwtU.
264 causou uma enorme controvérsia: Philip J. Hilts, "Louis J. West, 74, Psychiatrist Who Studied Extremes, Dies", *New York Times,* 9 de janeiro de 1999.
264 "Durmo com as luzes acesas": Kyle Scott Clauss, "Whitey Bulger Disciplined for Pleasuring Himself in Prison", *Boston,* 26 de fevereiro de 2016, https://www.bostonmagazine.com/news/2016/02/26/whitey-bulger-masturbating/.
265 um advogado de Boston com experiência em representar mafiosos: "The Defense That Sank Whitey Bulger", *Daily Beast,* 13 de agosto de 2012, https://www.thedailybeast.com/the-defense-that-sank-whitey-bulger.

265 "Isso era comum na época": U.S. Senate, *Joint Hearings before the Subcommittee on Health of the Committee on Labor and Public Welfare and the Subcommittee on Administrative Practice and Procedure of the Committee on the Judiciary: Biomedical and Behavioral Research* (Washington, DC: Government Printing Office, 1975), pp. 253-54.

266 "Todos que conhecem a obra de Harold": J. Falliers, "In Memoriam: Harold A. Abramson, M.D., 1899-1980", *Journal of Asthma*, vol. 18, n. 1 (1981), https://www.tandfonline.com/doi/abs/10.3109/02770908109118319?journalCode=ijas20.

266 "Cameron morreu depois de cair de um penhasco em circunstâncias misteriosas": Jim Lewis, "Val Orlikow, 73, Was Victim of CIA Brainwashing Tests", *Toronto Star*, 25 de maio de 1990.

267 "Para os pacientes do Dr. Ewen Cameron": "MK-ULTRA Violence", *McGill Daily*.

267 Uma pequena nota no jornal local: "California — Ventura Country — Miscellaneous Obituaries", www.genealogybuff.com/ucd/webbbs_config.pl/noframes/read/1929.

267 Segundo o obituário do *New York Times*: Christopher Marquis, "Richard Helms, Ex-C.I.A. Chief, Dies at 89", *New York Times*, 24 de outubro de 2002.

267 Porém, como todos os oficiais: *United States of America, Appellee, v. Victor L. Marchetti, Appellant*, 466 F.2d 1309 (4th Cir. 1972), 11 de setembro de 1972, https://law.justia.com/cases/federal/appellate-courts/F2/466/1309/424716/.

268 "Colby fez um trabalho surpreendentemente bom em bagunçar tudo": Moran, *Company Confessions*, pp. 151-52.

268 Helms só elogiava: CIA, "Interview with Richard Helms".

268 "Não foi possível expor a situação": Gup, "Coldest Warrior".

268 "Ah, pobre Sid Gottlieb": Ibid.

268 "Hoje, está claro que Gottlieb": Ranelagh, *Agency*, p. 208.

269 "Acredito que os novos procedimentos de supervisão": Loch Johnson, *Spy Watching: Intelligence Accountability in the United States* (Nova York: Oxford University Press, 2018), pp. 431-32.

269 "Conversei com minha esposa": U.S. District Court for the District of Columbia, "Deposition of Sidney Gottlieb", 19 de abril de 1983, p. 66.

269 "Você nunca vai entender": Gup, "Coldest Warrior".

269 "Ela era uma entusiasta da dança folclórica": "Margaret Gottlieb", *Rappahannock News*, 11 de dezembro de 2011, https://www.pressreader.com/usa/rappahannock-news/20111208/282815008071703.

269 Peter escreveu um livro sobre a história dos afro-americanos: Peter Gottlieb, *Making Their Own Way: Southern Blacks' Migration to Pittsburgh, 1916-30* (Champaign: University of Illinois Press, 1996).

269 Em 2013, Peter, Penny e um dos filhos dela: Chris Mertes, "Sun Prairie Resident Returns from El Salvador Trip", *Sun Prairie Star*, 18 de fevereiro de 2013, http://www.hngnews.com/sun_prairie_star/community/features/article_8b72347e-7a1e-11e2-b7fa-001a4bcf6878.html.

270 "Há algum tempo, decidimos": Entrevista do autor com um parente de Gottlieb, 2018.

271 "uma 'villa' que guardava segredos sombrios": "Die Geheimnisse der Villa Schuster", *Taunus-Zeitung*, 11 de janeiro de 2016.

271 "as piores coisas aconteceram na Villa Schuster": Klaus Wiegrefe, "Das Geheimnis", *Der Spiegel*, 12 de dezembro de 2015.

271 "Nesta casa, a CIA fez experimentos": Entrevista do autor com o proprietário atual da Villa Schuster.

272 um personagem fabrica comprimidos: David Foster Wallace, *Infinite Jest* (Nova York: Back Bay, 2006), p. 212.

273 "Os indivíduos interrogados pela CIA": Kathy Acker, *Empire of the Senseless* (Nova York: Grove, 2018), p. 142.

274 A notável artista canadense Sarah Anne Johnson: Ashifa Kassam, "The Toxic Legacy of Canada's Brainwashing Experiments", *Guardian*, 3 de maio de 2018; Douglas Eklund et al., *Everything Is Connected: Art and Conspiracy* (Nova York: Metropolitan Museum of Art, 2018), pp. 146-62; Murray White, "Sarah Anne Johnson Takes Grim Trip into Family Past", *Toronto Star*, 14 de abril de 2016.

275 concluído em 1963: Central Intelligence Agency, *KUBARK Counter-Intelligence Interrogation*, Julho de 1963, https://nsarchive2.gwu.edu/NSAEBB/NSAEBB27/docs/doc01.pdf.

276 Em 1983, vinte anos após a elaboração do manual: Central Intelligence Agency, *Human Resources Exploitation Manual*, 1963, https://nsarchive2.gwu.edu/NSAEBB/NSAEBB122/CIA%20Human%20Res%20Exploit%20A1-G11.pdf; McCoy, *Question of Torture*, pp. 88-96; McCoy, *Torture and Impunity*, pp. 27-29.

276 Um agente que já havia treinado interrogadores latino-americanos: Peter Foster, "Torture Report: CIA Interrogations Chief Was Involved in Latin American Torture Camps", *Telegraph*, 11 de dezembro de 2014.

277 "com força total": National Commission on Terrorist Attacks upon the United States, "Testimony of Cofer Black", 14 de abril de 2004, https://fas.org/irp/congress/2002_hr/092602black.html.

279 Segundo alguns oficiais: Marks, *Search for the "Manchurian Candidate"*, p. 30.

279 esse sentimento evidencia: Jan Kott, *Shakespeare Our Contemporary* (Nova York: W. W. Norton, 1974), pp. 17, 33.

Bibliografia

Agee, Philip. *Inside the Company: CIA Diary*. São Francisco: Stonehill, 1975.
Albarelli, H. P., Jr. *A Terrible Mistake: The Murder of Frank Olson and the CIA's Secret Cold War Experiments*. Walterville, OR: Trine Day, 2009.
Alibeck, Ken Stepheen Handelman. *Biohazard: The Chilling True Story of the Largest Covert Biological Weapons Program in the World — Told from Inside by the Man Who Ran It*. Nova York: Random House, 2000.
Allen, Michael T. *The Business of Genocide: The SS, Slave Labor, and the Concentration Camps*. Chapel Hill: University of North Carolina Press, 2002.
Andrew, Christopher. *For the President's Eyes Only: Secret Intelligence and the American Presidency from Washington to Bush*. Nova York: HarperCollins, 1995.
———. *The Sword and the Shield: The Mitrokhin Archive and the Secret History of the KGB*. Nova York: Basic Books, 1999.
Andrews, George. *MKULTRA: The CIA's Top Secret Program in Human Experimentation and Behavior Modification*. Winston-Salem, NC: Healthnet, 2001.
Bain, Donald. *The Control of Candy Jones*. Londres: Futura, 1979.
Barenblatt, Daniel. *A Plague upon Humanity: The Hidden History of Japan's Biological Warfare Program*. Nova York: Harper Perennial, 2005.
———. *A Plague upon Humanity: The Secret Genocide of Axis Japan's Germ Warfare Operation*. Nova York: HarperCollins, 2004.
Barrett, David M. *The CIA and Congress: The Untold Story from Truman to Kennedy*. Lawrence: University of Kansas Press, 2005.
Bar-Zohar, Michael. *The Hunt for German Scientists*. Nova York: Avon, 1970.
Beck, Melvin C. *Secret Contenders: The Myth of Cold War Counterintelligence*. Nova York: Sheridan Square, 1984.
Belzer, Richard e David Wayne. *Dead Wrong: Straight Facts on the Country's Most Controversial Cover-ups*. Nova York: Skyhorse, 2012.

Bergen-Cico, Dessa K. *War and Drugs: The Role of Military Conflict in the Development of Substance Abuse*. Nova York: Routledge, 2012.

Bissell, Richard M., et al. *Reflections of a Cold Warrior: From Yalta to the Bay of Pigs*. New Haven: Yale University Press, 1996.

Blome, Kurt. *Artzt im Kampf*. Leipzig: Johann Ambrosius Barth, 1942. Bowart, William. *Operation Mind Control*. Nova York: Delacorte, 1977.

Bower, Tom. *The Paperclip Conspiracy: The Hunt for Nazi Scientists*. Boston: Little, Brown, 1987.

Brackman, Arnold C. *The Other Nuremberg: The Untold Story of the Tokyo War Crimes Trials*. Nova York: William Morrow, 1987.

Braden, William. *The Private Sea: LSD and the Search for God*. Chicago: Quadrangle, 1967.

Breitman, Richard, et al. *U.S. Intelligence and the Nazis*. Nova York: Cambridge University Press, 2005.

Brown, Anthony Cave. *Wild Bill Donovan: The Last Hero*. Nova York: Times Books, 1982. Buick, Robert Clayton. *Assassination*. Bloomington, IN: XLibris, 2012.

Burgess, Frank. *The Cardinal on Trial*. Daventry, UK: Sword, 1949.

Carl, Leo D. *International Dictionary of Intelligence*. McLean, VA: International Defense Consultant Services, 1990.

Carroll, Michael Christopher. *Lab 257: The Disturbing Story of the Government's Secret Plum Island Germ Laboratory*. Nova York: William Morrow, 2004.

Chafe, William H. *The Unfinished Journey: America since World War II*. Nova York: Oxford University Press, 2014.

Clendenin, Lt. Col. Richard M. *Science and Technology at Fort Detrick, 1943–1968*. Frederick, MD: Fort Detrick, 1968.

Cockburn, Alexander e Jeffrey St. Clair. *Whiteout: The CIA, Drugs, and the Press*. Londres: Verso, 1998.

Coen, Bob e Eric Nadle. *Dead Silence*. Berkeley: Counterpoint, 2009. Cohen, Sidney. *The Beyond Within: The LSD Story*. Nova York: Atheneum, 1967.

Colby, William, com Peter Forbath. *Honorable Men: My Life in the CIA*. Nova York: Simon and Schuster, 1978.

Cole, Leonard A. *Clouds of Secrecy: The Army's Germ Warfare Tests over Populated Areas*. Totowa, NJ: Rowman and Littlefield, 1988.

Collins, Anne. *In the Sleep Room*. Toronto: Key Porter, 1988.

Condon, Richard. *The Manchurian Candidate*. Nova York: Pocket Star, 1987. Constantine, Alex. *Virtual Government: CIA Mind Control Experiments in America*. Venice, CA: Feral House, 1997.

Corera, Gordon. *The Art of Betrayal: The Secret History of MI-6*. Nova York: Pegasus, 2012.

Cornwell, John. *Hitler's Scientists: Science, War and the Devil's Pact*. Nova York: Penguin, 2004.

Corson, William R., com Susan B. Trento e Joseph John Trento. *Widows: Four American Spies, the Wives They Left Behind, and the KGB's Crippling of American Intelligence*. Nova York: Crown, 1989.

Covert, Norman. *Cutting Edge: A History of Fort Detrick, Maryland, 1943–1993*. Fort Detrick, MD: Headquarters U.S. Army Garrison Public Affairs Office, 1993.

d'Ambruoso, William L. "The Persistence of Torture: Explaining Coercive

Interrogation in America's Small Wars." Doctoral dissertation, University of Washington, 2015.
Davis, Brion David, ed. *The Fear of Conspiracy: Images of Un-American Subversion from the Revolution to the Present*. Ithaca: Cornell University Press, 1971.
Deichmann, Ute. *Biologists under Hitler*. Cambridge, MA: Harvard University Press, 1996. DeLillo, Don. *Libra*. Nova York: Penguin, 1991.
Devine, Frank com Vernon Loeb. *Good Hunting: An American Spymaster's Story*. Nova York: Farrar, Straus and Giroux / Sarah Crichton, 2014.
Devlin, Larry. *Chief of Station, Congo: Fighting the Cold War in a Hot Zone*. Nova York: Public Affairs, 2007.
Dickens, Lauren Marie. "Driving Further into the Counterculture: Ken Kesey On and Off the Bus in the 1960s." Master of Arts thesis, Middle Tennessee State University, 2015. DuBois, Josiah E. *The Devil's Chemists: 24 Conspirators of the International Farben Cartel Who Manufacture Wars*. Boston: Beacon, 1952.
Dunne, Matthew W. *A Cold War State of Mind: Brainwashing and Postwar American Society*. Amherst: University of Massachusetts Press, 2003.
Duns, Jeremy. *Dead Drop: The True Story of Oleg Penkovsky and the Cold War's Most Dangerous Operation*. Londres: Simon and Schuster, 2013.
Eklund, Douglas, et al. *Everything Is Connected: Art and Conspiracy*. Nova York: Metropolitan Museum of Art, 2018.
Endicott, Stephen. *The United States and Biological Warfare: Secrets from the Early Cold War and Korea*. Bloomington: Indiana University Press, 1999.
Escalante, Fabian (introdução). *CIA Targets Fidel: The Secret Assassination Report*. Melbourne: Ocean Press, 2002.
Estabrooks, George. *Hypnotism*. Nova York: E. P. Dutton, 1943.
Estrada, Alvaro. *María Sabina: Her Life and Chants*. Santa Barbara: Ross-Erikson, 1981. Evans, Hilary, and Robert E. Bartholomew, *Outbreak! The Encyclopedia of Extraordinary Social Behavior*. Charlottesville, VA: Anomalist Books, 2015.
Ferguson, Harvey. *The Last Cavalryman: The Life of General Lucian Truscott, Jr*. Norman: University of Oklahoma Press, 2015.
Fitch, Noel Riley. *Paris Café: The Select Crowd*. Nova York: Soft Skull Press, 2007.
Ford, Gerald R. *A Time to Heal: The Autobiography of Gerald Ford*. Nova York: Harper and Row, 1979.
Forte, Robert, ed. *Timothy Leary: Outside Looking In*. Rochester, VT: Park Street Press, 1999.
Frauenfelder, Mark. *The World's Worst: A Guide to the Most Disgusting, Hideous, Inept and Dangerous People, Places, and Things on Earth*. Vancouver, BC: Raincoast Books, 2005.
Frost, Michael e Michael Gratton. *Spyworld: Inside the Canadian and American Intelligence Establishments*. Toronto: Doubleday, 1994.
Gilbride, Richard. *Matrix for Assassination: The JFK Conspiracy*. Bloomington, IN: Trafford, 2009.
Gillmor, Don. *I Swear by Apollo: Dr. Ewen Cameron and the CIA-Brainwashing Experiments*. Montreal: Eden Press, 1987.
Gold, Hal. *Unit 731 Testimony: Japan's Wartime Human Experimentation Program*. Clarendon, VT: Tuttle Publishing, 2004.

Goncharuk, Vladyslav V. *Drinking Water: Physics, Chemistry and Biology.* Nova York: Springer, 2014.

Grim, Ryan. *This Is Your Country on Drugs: The Secret History of Getting High in America.* Hoboken, NJ: Wiley, 2009.

Grose, Peter. *Gentleman Spy: The Life of Allen Dulles.* Nova York: Houghton Mifflin, 1994. Guillemin, Jeanne. *Hidden Atrocities: Japanese Germ Warfare and American Obstruction of Justice at the Tokyo Trial.* Nova York: Columbia University Press, 2017.

Halberstam, David. *The Fifties.* Nova York: Random House, 1993.

Hanhimaki, Jussi M e Odd Arne Westad, eds. *The Cold War: A History in Documents and Eyewitness Accounts.* Oxford: Oxford University Press, 2004.

Harris, Robert e Jeremy Paxman. *A Higher Form of Killing: The Secret Story of Chemical and Biological Warfare.* Nova York: Chatto & Windus, 1982.

Harris, Sheldon H. *Factories of Death: Japanese Biological Warfare, 1932-45, and the American Cover-up.* Nova York: Routledge, 1994.

Heidenrich, Chris. *Frederick: Local and National Crossroads.* Mount Pleasant, SC: Arcadia Publishing, 2003.

Helms, Richard. *A Look over My Shoulder: A Life in the Central Intelligence Agency.* Nova York: Random House, 2003.

Hersh, Seymour M. *Chemical and Biological Warfare: America's Hidden Arsenal.* Nova York: Anchor Books, 1969.

———. *The Dark Side of Camelot.* Boston: Back Bay, 1998.

Hixon, Walter L. *George F. Kennan: Cold War Iconoclast.* Nova York: Columbia University Press, 1991.

Hofmann, Albert. *LSD: My Problem Child.* Londres: McGraw-Hill, 1983.

Hollington, Ken. *Wolves, Jackals, and Foxes: The Assassins Who Changed History.* Nova York: Thomas Dunne Books, 2008.

Hunt, Linda. *Secret Agenda: The United States Government, Nazi Scientists, and Project Paperclip, 1944-1990.* Nova York: St. Martin's Press, 1991.

Hunter, Edward. *Brain-washing in Red China: The Calculated Destruction of Men's Minds.* Nova York: Pyramid, 1951.

Jacobsen, Annie. *Operation Paperclip: The Secret Intelligence Program That Brought Nazi Scientists to America.* Nova York: Back Bay, 2014.

Janney, Peter, *Mary's Mosaic: The CIA Conspiracy to Murder John F. Kennedy, Mary Pinchot Meyer, and Their Vision for World Peace.* Nova York: Skyhorse, 2016.

Jeffers, H. Paul. *Command of Honor: General Lucian Truscott's Path to Victory in World War II.* Open Library: NAL Hardcover, 2008.

Johnson, Loch K. *A Season of Inquiry: Congress and Intelligence.* Chicago: Dorsey, 1988.

———. *Spy Watching: Intelligence Accountability in the United States.* Nova York: Oxford University Press, 2018.

———, ed. *Strategic Intelligence: Covert Action: Behind the Veils of Secret Foreign Policy.* Westport, CT: Praeger, 2006.

———, ed. *Strategic Intelligence: Understanding the Hidden Side of Government.* Westport, CT: Praeger, 2007.

Jones, Howard. *Crucible of Power: A History of American Foreign Relations from 1945.* Lanham, MD: Rowman and Littlefield, 2008.

Kennan, George F. *Memoirs 1925-1950*. Nova York: Pantheon, 1967.
———. *Encounters with Kennan: The Great Debate*. Nova York: Routledge, 1979.
Kessler, Pamela. *Undercover Washington: Where Famous Spies Lived, Worked and Loved*. Sterling, VA: Capital Books, 2005.
Kessler, Ronald. *Inside the CIA: Revealing the Secrets of the World's Most Powerful Spy Agency*. Nova York: Pocket Books, 1992.
Kingsolver, Barbara. *The Poisonwood Bible*. Nova York: Harper Perennial Modern Classics, 2008.
Kleps, Art. *Millbrook: The True Story of the Early Years of the Psychedelic Revolution*. Oakland: Bench Press, 1977.
Koch, Egmont R. e Michael Wech. *Deckname Artischocke: Die Geheimen Menschenversuche der CIA*. Munich: Bertelsmann, 2002.
Kontou, Tatiana. *The Ashgate Research Companion to Nineteenth-Century Spiritualism and the Occult*. Nova York: Routledge, 2012.
Kouzminov, Alexander. *Biological Espionage: Special Operation of the Soviet and Russian Foreign Intelligence Services in the West*. Londres: Greenhill, 2005.
Krishnan, Armin. *Military Neuroscience and the Coming Age of Neurowarfare*. Abingdon, UK: Routledge, 2018.
Kross, Peter. *American Conspiracy Files: The Stories We Were Never Told*. Kempton, IL: Adventures Unlimited, 2016.
Lasby, Clarence G. *Project Paperclip: German Scientists and the Cold War*. Nova York: Atheneum, 1971.
Lattin, Don. *The Harvard Psychedelic Club: How Timothy Leary, Ram Dass, Huston Smith, and Andrew Weil Killed the Fifties and Ushered in a New Age for America*. Nova York: HarperOne, 2010.
le Carré, John. *The Secret Pilgrim*. Nova York: Ballantine, 2008.
Lee, Martin A., e Bruce Shlain. *Acid Dreams: The Complete Social History of LSD: The CIA, the Sixties, and Beyond*. Nova York: Grove Press, 1985.
Lehr, Dick e Gerard O'Neill. *Whitey: The Life of America's Most Notorious Mob Boss*. Nova York: Broadway, 2013.
Lenzner, Terry. *The Investigator: Fifty Years of Uncovering the Truth*. Nova York: Penguin Random House / Blue Rider Press, 2013.
Lichtblau, Eric. *The Nazis Next Door: How America Became a Safe Haven for Hitler's Men*. Nova York: Houghton Mifflin Harcourt, 2014.
Lifton, Robert J. *The Nazi Doctors: Medical Killing and the Psychology of Genocide*. Nova York: Basic Books, 1986.
Lipschutz, Ronnie D. *Cold War Fantasies: Film, Fiction, and Foreign Policy*. Londres: Rowman and Littlefield, 2001.
Lockwood, Jeffrey A. *Six-Legged Soldiers: Using Insects as Weapons of War*. Nova York: Oxford University Press, 2009.
Lovell, Stanley. *Of Spies and Stratagems*. Londres: Prentice-Hall, 1963. Mailer, Norman. *Harlot's Ghost*. Nova York: Random House, 1992.
Marchetti, Victor e John Marks. *The CIA and the Cult of Intelligence*. Nova York: Alfred A. Knopf, 1974.
Marks, John. *The Search for the "Manchurian Candidate": The CIA and Mind Control*. Nova York: W. W. Norton, 1978.

Martin, David C. *Wilderness of Mirrors: Intrigue, Deception, and the Secrets That Destroyed Two of the Cold War's Most Important Agents*. Nova York: Harper and Row, 1980.

McCoy, Alfred W. *A Question of Torture: CIA Interrogation, from the Cold War to the War on Terror*. Nova York: Henry Holt / Owl Books, 2006.

———. *Torture and Impunity: The U.S. Doctrine of Coercive Interrogation*. Madison: University of Wisconsin Press, 2012.

McDermott, Jeanne. *The Killing Winds: The Menace of Biological Warfare*. Nova York: Arbor, 1987.

McNally, Dennis. *A Long Strange Trip: The Inside History of the Grateful Dead*. Nova York: Three Rivers Press, 2003.

Meerloo, Joost A. M. *Rape of the Mind: The Psychology of Thought Control, Menticide, and Brainwashing*. Cleveland: World Publishing, 1956.

Melley, Timothy. *The Covert Sphere: Secrecy, Fiction, and the National Security State*. Ithaca: Cornell University Press, 2012.

———. *Empire of Conspiracy: The Culture of Paranoia in Postwar America*. Ithaca: Cornell University Press, 2000.

Melton, Keith. *CIA Special Weapons and Equipment: Spy Devices of the Cold War*. Nova York: Sterling, 1994.

Miller, Nathan. *Spying for America: The Hidden History of U.S. Intelligence*. Nova York: Paragon, 1989.

Monje, Scott C. *The Central Intelligence Agency: A Documentary History*. Westport, CT: Greenwood, 2008.

Moran, Christopher. *Company Confessions: Secrets, Memoirs, and the CIA*. Nova York: St. Martin's Press, 2015.

Moreno, Jonathan D. *Undue Risk: Secret State Experiments on Humans*. Nova York: W. H. Freeman, 1999.

Mosley, Leonard. *Dulles*. Nova York: Dial Press, 1978.

Mulholland, John. *John Mulholland's Book of Magic*. Nova York: Charles Scribner's Sons, 1963.

Muller-Hill, Benno. *Murderous Science: Elimination by Scientific Selection of Jews, Gypsies and Others, Germany 1933–1945*. Oxford: Oxford University Press, 1988.

Nagib, Judith. *MK-ULTRA: A Tale of One Family, the CIA and the War on Drugs*. Bloomington, IN: XLibris, 2000.

Nisson, Lee. "Acknowledging Plunder: The Consequences of How the United States Acquired Japanese and German Technological Secrets after WWII." Senior thesis, Brandeis University, 2014.

Otterman, Michael. *American Torture: From the Cold War to Abu Ghraib and Beyond*. Londres: Pluto, 2007.

Pash, Boris T. *The Alsos Mission*. Nova York: Charter, 1969.

Pocock, Chris. *Dragon Lady: The History of the U2 Spyplane*. Shrewsbury, UK: Airlife, 1989.

Polmar, Norman. *Spyplane: The U-2 History Declassified*. Minneapolis: Zenith, 2001.

Potash, John L. *Drugs as Weapons Against Us: The CIA's Murderous Targeting of SDS, Panthers, Hendrix, Lennon, Cobain, Tupac, and Other Leftists*. Waterville, OR: Trine Day, 2015.

Powers, Francis Gary e Curt Gentry. *Operation Overflight: A Memoir of the U-2 Incident*. Lincoln, NE: Potomac, 2003.
Powers, Thomas. *The Man Who Kept the Secrets: Richard Helms and the CIA*. Nova York: Pocket Books, 1979.
Prados, John. *Lost Crusader: The Secret Wars of CIA Director William Colby*. Nova York: Oxford University Press, 2003.
Preston, Richard. *The Hot Zone*. Nova York: Random House, 2004.
Proctor, Robert N. *The Nazi War on Cancer*. Princeton: Princeton University Press, 1999.
Ranelagh, John. *The Agency: The Rise and Decline of the CIA*. Nova York: Simon and Schuster, 1986.
———. *CIA: A History*. Londres: BBS, 1992.
Redfern, Nick. *Secret History: Conspiracies from Ancient Aliens to the New World Order*. Canton Township, MI: Visible Ink, 2005.
Regis, Ed. *The Biology of Doom: The History of America's Secret Germ Warfare Project*. Nova York: Henry Holt / Owl Books, 1999.
Richelson, Jeffrey T. *The Wizards of Langley: Inside the CIA's Directorate of Science and Technology*. Boulder, CO: Westview, 2001.
Robinson, Ben. *The Magician: John Mulholland's Secret Life*. Library.com, 2008.
Ronson, John. *The Men Who Stare at Goats*. Londres: Picador, 2004.
Ross, Colin. *The CIA Doctors: Human Rights Violations by American Psychiatrists*. Richardson, TX: Manitou, 2006.
———. *Bluebird: Deliberate Creation of Multiple Personality by Psychiatrists*. Richardson, TX: Manitou, 2000.
Rotter, Julian B. *Psychology*. Glenview, IL: Scott, Foresman, 1975.
Rush, John, ed. *Entheogens and the Development of Culture: The Anthropology and Neurobiology of Ecstatic Experience*. Berkeley: North Atlantic, 2013.
Sargant, William. *Battle for the Mind*. Londres: Heinemann, 1957.
———. *The Unquiet Mind: The Autobiography of a Physician in Psychological Medicine*. Londres: Heinemann, 1967.
Schaub, Thomas. *American Fiction in the Cold War*. Madison: University of Wisconsin Press, 1991.
Schnabel, Jim. *Remote Viewers: The Secret History of America's Psychic Spies*. Nova York: Dell, 1997.
Schwartz, Richard A. *The 1950s: An Eyewitness History*. Nova York: Facts on File, 2003.
Scott, Katherine A., ed. *Church Committee Members and Staff, 1975-1976, Oral History Interviews*. Washington, DC: U.S. Senate Historical Office, 2016.
Seed, David. *The Fictions of Mind Control: A Study of Novels and Films since World War II*. Kent, OH: Kent State University Press, 2004.
Simpson, Christopher. *Blowback: The First Full Account of America's Recruitment of Nazis and Its Disastrous Effects on Our Domestic and Foreign Policy*. Nova York: Weidenfeld and Nicolson, 1998.
Smith, Joseph B. *Portrait of a Cold Warrior: Second Thoughts of a Top CIA Agent*. Nova York: G. P. Putnam's Sons, 1976.
Snider, L. Britt. *The Agency and the Hill: CIA's Relationship with Congress, 1946-2004*. Washington, DC: Center for the Study of Intelligence, 2008.

Solomon, Philip, ed. *Sensory Deprivation: A Symposium at Harvard Medical School*. Cambridge, MA: Harvard University Press, 1961.

Spang, Christian W. e Rolf-Harald Wippich, eds. *Japanese-German Relations, 1895–1945: War, Diplomacy and Public Opinion*. Nova York: Routledge, 2008.

Spitz, Vivien. *Doctors from Hell: The Horrific Account of Nazi Human Experiments*. Boulder, CO: Sentient, 2005.

Starrs, James, e Katherine Ramsland. *A Voice for the Dead: A Forensic Investigator's Pursuit for Truth in the Grave*. Nova York: Putnam, 2005.

Stevens, Jay. *Storming Heaven: LSD and the American Dream*. Nova York: Harper and Row, 1987.

Streatfeild, Dominic. *Brainwash: The Secret History of Mind Control*. Nova York: Thomas Dunne Books, 2007.

Takafuji, Ernest T. *Biological Weapons and Modern Warfare*. Washington, DC: National Defense University Press, 1991.

Talbot, David. *The Devil's Chessboard: Allen Dulles, the CIA, and the Rise of America's Secret Government*. Nova York: HarperCollins, 2015.

Taylor, Kathleen. *Brainwashing: The Science of Thought Control*. Oxford: Oxford University Press, 2004.

Thomas, Evan. *The Very Best Men: The Daring Early Years of the CIA*. Nova York: Simon and Schuster, 2006.

Thomas, Gordon. *Journey into Madness: Medical Torture and the Mind Controllers*. Nova York: Bantam, 1988.

———. *Secrets and Lies: A History of CIA Mind Control and Germ Warfare*. Old Saybrook, CT: Konecky and Konecky, 2007.

Trento, Joseph J. *The Secret History of the CIA*. Nova York: MJF, 2001.

Tsuneishi, Keeichi. *The Germ Warfare Unit That Disappeared: The Kwangtung Army's 731st Unit*. Tokyo: Kai-mei-sha, 1982.

Tucker, Jonathan B. *War of Nerves: Chemical Warfare from World War I to al-Qaeda*. Nova York: Pantheon, 2006.

United Nations War Crimes Commission. *Law Reports of Trials of War Criminals*, vol 10: *The I. G. Farben and Krupp Trials*. Londres: His Majesty's Stationery Office, 1949.

United States House of Representatives. *Inquiry into the Alleged Involvement of the Central Intelligence Agency in the Watergate and Ellsberg Matters*. Washington, DC: Government Printing Office, 1974.

United States Senate. *Alleged Assassination Plots Involving Foreign Leaders*. Washington, DC: Government Printing Office, 1975.

———. *Biological Testing Involving Human Subjects by the Department of Defense*. Washington, DC: Government Printing Office, 1977.

———. *Biomedical and Behavioral Research*. Washington, DC: Government Printing Office, 1975.

———. *Project MK-ULTRA, the CIA's Program of Research on Behavioral Modification*. Washington, DC: Government Printing Office, 1977.

———. *Unauthorized Storage of Toxic Agents*. Washington, DC: Government Printing Office, 1975.

Volodarsky, Boris. *The KGB's Poison Factory: From Lenin to Litvinenko*. Minneapolis: Zenith, 2009.

Walker, J. Samuel. *Permissible Dose: A History of Radiation Protection in the Twentieth Century.* Berkeley: University of California Press, 2000.

Wallace, David Foster. *Infinite Jest.* Nova York: Back Bay, 2006.

Wallace, Robert e Keith Melton, eds. *The Official CIA Manual of Trickery and Deception.* Nova York: William Morrow, 2010.

Wallace, Robert e Keith Melton, com Henry Robert Schlesinger. *Spy Sites of Washington, DC: A Guide to the Capital Region's Secret History.* Washington, DC: Georgetown University Press, 2017.

——. *Spycraft: The Secret History of the CIA's Spytechs from Communism to Al-Qaeda.* Nova York: Dutton, 2008.

Walsh, Ryan H. *Astral Weeks: A Secret History of 1968.* Nova York: Penguin, 2018.

Wansell, Geoffrey. *Haunted Idol: The Story of the Real Cary Grant.* Nova York: William Morrow, 1984.

Wasson, Gordon, and Valentina Wasson. *Mushrooms, Russia and History.* Nova York: Pantheon, 1957.

Weber, Ralph E., ed. *Spymasters: Ten CIA Officers in Their Own Words.* Wilmington, DE: Scholarly Resources, 1999.

Weiner, Tim. *Legacy of Ashes: The History of the CIA.* Nova York: Anchor, 2008.

Weinstein, Harvey. *Father, Son and CIA: The Riveting Account of the Destruction of One Man's Life by Secret Mind Control Experiments Funded by the CIA.* Halifax: Goodread, 1990.

Welsome, Eileen. *The Plutonium Files: America's Secret Medical Experiments in the Cold War.* Nova York: Dial, 1999.

Wetmore, Karen. *Surviving Evil: CIA Mind Control Experiments in Vermont.* Richardson, TX: Manitou, 2014.

Whitmer, Peter. *Aquarius Revisited: Seven Who Created the Sixties Counterculture That Changed America.* Nova York: Citadel, 1987.

Whitney, Craig R. *Spy Trade: The Darkest Secrets of the Cold War.* Nova York: Times, 1994.

Williams, Peter e David Wallace. *Unit 731: The Shattering Exposé of the Japanese Army's Secret of Secrets.* Londres: Grafton, 1989.

Wolfe, Tom. *The Electric Kool-Aid Acid Test.* Nova York: Farrar, Straus and Giroux, 1968.

Woods, Randall B. *Shadow Warrior: William Egan Colby and the CIA.* Nova York: Basic Books, 2013.

Worger, William H., et al. *Africa and the West: A Documentary History*, vol. 2, *From Colonialism to Independence, 1875 to the Present.* Nova York: Oxford University Press, 2010.

Documentários

"American Experience—The Living Weapon—PBS Documentary." Dailymotion vídeo, 52:44. Postado por Shortfilms, 2016. https://www.dailymotion.com/video/x35q3xt.

Channel 4—Jon Ronson—*Crazy Rulers of the World: Episode 3, The Psychic Footsoldiers* (2004). Vídeo do YouTube, 59:01. Postado por TheDocumentaryChannel103, 6 de maio de 2014. https://www.youtube.com/watch?v=EQKTMjApnkI&t=1029s.

"CIA Documentary—Biological Weapons and Experimentation on Humans (Frank Olson)." Vídeo do YouTube, 50:29. Postado por Proper Gander, 18 de setembro de 2016. https://www.youtube.com/watch?v=XHEis6616AM&t=5s.

"CIA Drug Conspiracy." Science Channel vídeo, 42:00. 8 de abril de 2018. https://www.sciencechannel.com/tv-shows/deadly-intelligence/full-episodes/cia-drug-conspiracy.

"Counterpoint: The U-2 Story." Villon vídeo, 54:58. Postado por Peter Davis, 12 de novembro de 2012. http://www.villonfilms.ca/counterpoint-the-u-2-story/.

"Deckname Artischocke—Geheime Menschenversuche." Vídeo do YouTube, 44:47. Postado por Taurus322, 15 de junho de 2011. https://www.youtube.com/watch?v=O7xD7_IJIrk&t=145s.

"Folterexperten—Die geheimen Methoden der CIA—Doku." Dailymotion vídeo, 43:52. Postado por Dokuhouse, 2013. https://www.dailymotion.com/video/xvzl7j.

"John Foster Dulles Interview: U.S. Secretary of State under Dwight D. Eisenhower (1952)." Vídeo do YouTube, 12:16. Postado por the Film Archives, 23 de maio de 2012. https:// www.youtube.com/watch?v=7EJZdikc6OA.

"Maria Sabina Documental." Vídeo do YouTube, 1:20:47. Postado por Soy Eus, 16 de julho de 2016. https://www.youtube.com/watch?v=30s3ZCF7E3A.

"Mind Control Murder." Vídeo do YouTube, 45:12. Postado por Capitan Black, 18 de março de 2016. https://www.youtube.com/watch?v=e2ot9noqQUw.

"MK ULTRA (History Channel Documentary)." Vídeo do YouTube, 41:20. Postado por Truth Talk News Channel 2, 22 de junho de 2017. https://www.youtube.com/watch?v=64Z1hcn5UZE.

Morris, Errol, diretor. *Wormwood* (filme). Netflix, 2017. https://www.netflix.com/title/80059446.

"Munich City 1945 in Colour—Old City". Vídeo do YouTube, 3:22, Postado por Timeline, 23 de fevereiro de 2014. https://www.youtube.com/watch?v=idiJegt7tFw.

"National Geographic—CIA Secret Experiments Documentary." Vídeo do YouTube, 50:12. Postado por Somebody Smoking, 26 de dezembro de 2016. https://www.youtube.com/watch?v=7Afjf2ZgGZE.

"Operation Harness, 1948–1949 [Allocated Title]." Vídeo. Postado por the Imperial War Museum, catalog no. DED 85. https://www.iwm.org.uk/collections/item/object/1060017887.

"Tusko: The Elephant Who Died on LSD." Vídeo do YouTube, 8:23. Postado por Audible484, 25 de outubro de 2017. https://www.youtube.com/watch?v=hy1fD-0ZwtU.

Índice

A
abuso psicológico, 165
ação secreta, 4, 17, 51, 154, 182
ação sinérgica, 101
ácido lisérgico, 130
aerobiologia, 112
aerossol, 112, 146, 179
agências de inteligência, 144
agente
    biológico, 16, 38, 85, 112, 162, 176, 204, 231
    químico, 33, 135, 162, 231-232
alfinete, 173-174
alucinações, 68, 99, 156
alucinógeno, 9, 36, 45, 99, 102
amnésia, 132, 203, 273
    amnésicos, 70
    induzida, 107, 162
antraz, 14, 41, 112, 113
armadilha moral, 280
armas
    biológicas, 14, 38, 85, 117, 203
    de guerra, 17
    nucleares, 32
arte do engano, 93
assassinato, 155, 223
assassino
    programado, 207, 244
ataque psíquico, 55, 166
atos imorais, 279

B
bactéria
    botulínica, 176
    mortal, 270
bacteriologistas, 15, 18
Billie Holiday, 77
Bola Oito, 58, 66

C
cálcio radioativo, 131-132
câmara
    de alta pressão, 25-26
    de isolamento, 135
Camp Detrick, 38-39, 50, 58, 112-113
Camp King, 41-42, 57, 275
campos de concentração, 12, 46
Camp X, 76
Casa Branca, 150, 175, 203-204, 208, 220, 239
choque
    elétrico, 41, 87, 138
    psíquico, 75

CIA, 2, 31–32, 111, 129, 153, 169, 185, 201, 213, 231, 243, 264
   agentes da, 4–5, 38, 43, 62, 75, 92, 159, 268
   casa de tortura da, 43
cientistas
   militares, 37–38
   nazistas, 13, 21, 278
Código de Nuremberg, 47, 84, 259
cogumelo, 155, 240
   mágico, 156, 188
Comissão Church, 223, 232–233
Comissão de Alteração da Saúde, 175, 227
Comissão Rockefeller, 216–217, 222–223, 244
comportamento humano, 136, 203
compostos químicos, 63
comunismo, 31, 40, 80–83, 86, 278
condicionamento cultural, 164
condução psíquica, 138, 167, 266, 274
consciência humana, 132
contracultura, 51, 185–190
controle
   comportamental, 150, 195, 255, 264
   da mente, 13, 39, 49, 83, 84, 130, 154–155, 175, 185, 221, 232, 247, 263
   da mente (programas de), 232
Corpo de Contrainteligência, 11–13, 24, 42
Cortina de Ferro, 160
crimes
   de guerra, 20–23, 27, 46, 85
   nazistas, 30

D

Deep Creek Lake, 114, 114–116, 126, 249
descartáveis, 43–44, 58, 65–66, 77–78, 97, 113, 175
desvio de atenção, 95
dióxido de carbono, 101
dispositivos eletrônicos remotos, 136
doenças mentais, 36, 62
dólar de prata, 171–172
drogas
   alucinógenas, 70, 143
   comportamentais, 214
   da verdade, 59, 112
   depressoras, 99
   experimentos com, 77, 84, 97, 131–132, 188, 215, 230, 240
   presença de, 9
   psicoativas, 13, 37, 86, 96, 123, 264
   psicodélicas, 106, 188
   testes de, 214, 235

E

ecologia humana, 135
efeitos
   de longo prazo, 57
   hipnóticos, 45, 156
eletrochoque, 50, 139, 233, 277
eletrodos, 193, 203, 264
encobrimento, 123
engenheiros da dissimulação, 205
envenenador-chefe, 71
enzima ergot, 35, 117
espiões, 174
   nazistas, 21
espionagem, 148, 160, 226
   ferramentas para, 94, 197
esquizofrenia, 100, 264
estado
   de dependência, 277
   de transe, 101
   dissociativo, 90, 263
   psicótico, 99
   semi-comatoso, 138
estresse, 135
experimentos, 245
   bizarros, 272
   comportamentais, 140, 203
   médicos, 2, 29, 267
   radicais, 166, 175

F

fazenda de tumores, 12
fenômenos psíquicos, 193
Fidel Castro, 179–184

G

gás
   intoxicação por, 113
   tóxico, 25, 146
   venenoso, 23, 30, 160
gaslighting, 165
germes, 14, 112, 176
   biológicos, 113

golpe de estado, 83
grafologia, 193, 224
guerra
    biológica, 11, 18, 38, 72, 100, 111, 252
    de germes, 112
    psicológica, 55, 105
    psicoquímica, 37, 62
    química, 14, 72
    secreta, 40, 159
    Guerra do Vietnã, 187, 206, 275
    Guerra Fria, 23, 37, 73, 88, 95, 143, 160, 174, 253, 279

H
heroína, 60, 97, 143
hipnose, 41, 50, 87, 106, 114, 132, 193, 232
histeria, 117
    em massa, 63
horror existencial, 83

I
ilusionismo, 91–92, 193
insetos infectados, 14
interrogatório, 53, 136
    especial, 2, 44, 60, 84, 152
    não convencional, 47
    radical, 221, 277
intoxicação, 86, 156, 260
isolamento
    radical, 136
    sensorial, 90, 139
    técnica de, 137
    total, 137

J
joias da família, 214–216

K
KUBARK (manual), 275–277

L
laboratório secreto, 58, 150
lavagem cerebral, 54, 86, 95, 132, 136, 162, 207
    técnicas de, 114
Lei da Liberdade de Informação, 232–233, 236, 243

Lei de Segurança Nacional, 31, 127
LSD, 36, 56, 75, 96–101, 111, 179, 185, 245, 263

M
maconha, 59–61, 274
maleabilidade ética, 51
manipulação
    ambiental, 90
    mental, 274
mensageiro hipnótico, 88
mescalina, 13, 60, 97, 187
MH-CHAOS, 215
microbiologistas, 26
MK-NAOMI, 181, 225
MK-SEARCH, 203
MK-ULTRA, 74, 75, 92, 111, 130, 154, 169, 186, 203, 215, 231, 243, 248, 274
    Subprojeto 42, 141–142
    Subprojeto 43, 263
    Subprojeto 58, 158
    Subprojeto 73, 97
    Subprojeto 91, 97
    Subprojeto 147, 97
Mossad, 207
múltiplas personalidades, 88

N
narcóticos, 97, 266
nazismo, 43, 278
neonazistas, 154

O
Operação Clímax da Meia-noite, 141
Operação Paperclip, 21–24, 45
operações
    clandestinas, 4, 195
    de inteligência, 255
    secretas, 32, 40, 52, 162

P
países em desenvolvimento, 83
paralisia respiratória, 45, 173
Partido Nazista, 11–12, 21–22
patógenos, 38, 233
patriotismo, 50, 249, 259, 279
pentotal de sódio, 232

pesquisa biológica, 45
pílulas botulínicas, 183
planos de assassinato, 217
polígrafo, 58, 89
prisão secreta, 84, 142, 154, 271
privação
  do sono, 277
  sensorial, 50, 135, 165
produtos químicos, 47, 84, 99, 169, 179, 204
Projeto Artichoke, 53-54, 80
Projeto Bluebird, 39-48, 49, 52-53, 80, 232, 275
propriedades psicoativas, 158
psicofarmacologia, 59
psicologia
  comportamental, 165
  do engano, 92
  paranormal, 95
psicoquímicos, 63-65, 97, 151-152
psilocibina, 187
psique humana, 13, 156
psiquiatria abusiva, 135

R
radiação, 233
razões de segurança nacional, 122
reações
  racionais, 73
  voluntárias, 73
responsabilidade institucional, 261

S
sais de tálio, 180
sarin, 22, 117
saxitoxina, 171, 204
segunda vida, 260
segurança nacional, 56, 144, 220
Serratia marcescens, 39
serviço secreto, 21, 32, 144, 190
sinais de personalidade alterada, 105
soro da verdade, 59, 76, 96, 185, 193
substâncias
  do grupo curare, 173-174
  psicoativas, 156
  químicas, 84, 151
  tóxicas, 38

sugestão pós-hipnótica, 40-41, 162
sugestionabilidade, 263
suicídio, 123, 127, 250, 251
  dispositivo de, 170-171
  L-pills, 204
  pílula de, 38
svengali, 163

T
técnicas
  de controle mental, 2, 32
  de interrogatório especial, 44, 50
  psicológicas, 57
teorias da conspiração, 119, 168
Terceiro Reich, 11-12, 21
tortura, 114, 214
toxina, 20, 58, 93, 112, 134, 244, 270
  botulínica, 38, 180
transe hipnótico, 59

U
Unidade 731, 24-31
urânio, 131
usuários de drogas, 77, 97, 143

V
veneno, 2, 12, 92, 169, 204, 221
viagem
  alucinógena, 75
  psíquica, 61
Villa Schuster, 59, 117, 275
violência interpessoal, 264
visionário psicodélico, 62
vivissecção, 25
voluntários humanos, 214

W
Watergate
  Comitê, 2
  escândalo de, 124, 213-215

Projetos corporativos e edições personalizadas
dentro da sua estratégia de negócio. Já pensou nisso?

Coordenação de Eventos
Viviane Paiva
viviane@altabooks.com.br

Assistente Comercial
Fillipe Amorim
vendas.corporativas@altabooks.com.br

A Alta Books tem criado experiências incríveis no meio corporativo. Com a crescente implementação da educação corporativa nas empresas, o livro entra como uma importante fonte de conhecimento. Com atendimento personalizado, conseguimos identificar as principais necessidades, e criar uma seleção de livros que podem ser utilizados de diversas maneiras, como por exemplo, para fortalecer relacionamento com suas equipes/ seus clientes. Você já utilizou o livro para alguma ação estratégica na sua empresa?

Entre em contato com nosso time para entender melhor as possibilidades de personalização e incentivo ao desenvolvimento pessoal e profissional.

PUBLIQUE SEU LIVRO

Publique seu livro com a Alta Books. Para mais informações envie um e-mail para: autoria@altabooks.com.br

 /altabooks /alta-books /altabooks /altabooks

CONHEÇA OUTROS LIVROS DA **ALTA BOOKS**

Todas as imagens são meramente ilustrativas.